KB275145

21세기 한국교회를 위한

# 베드로전서 강설

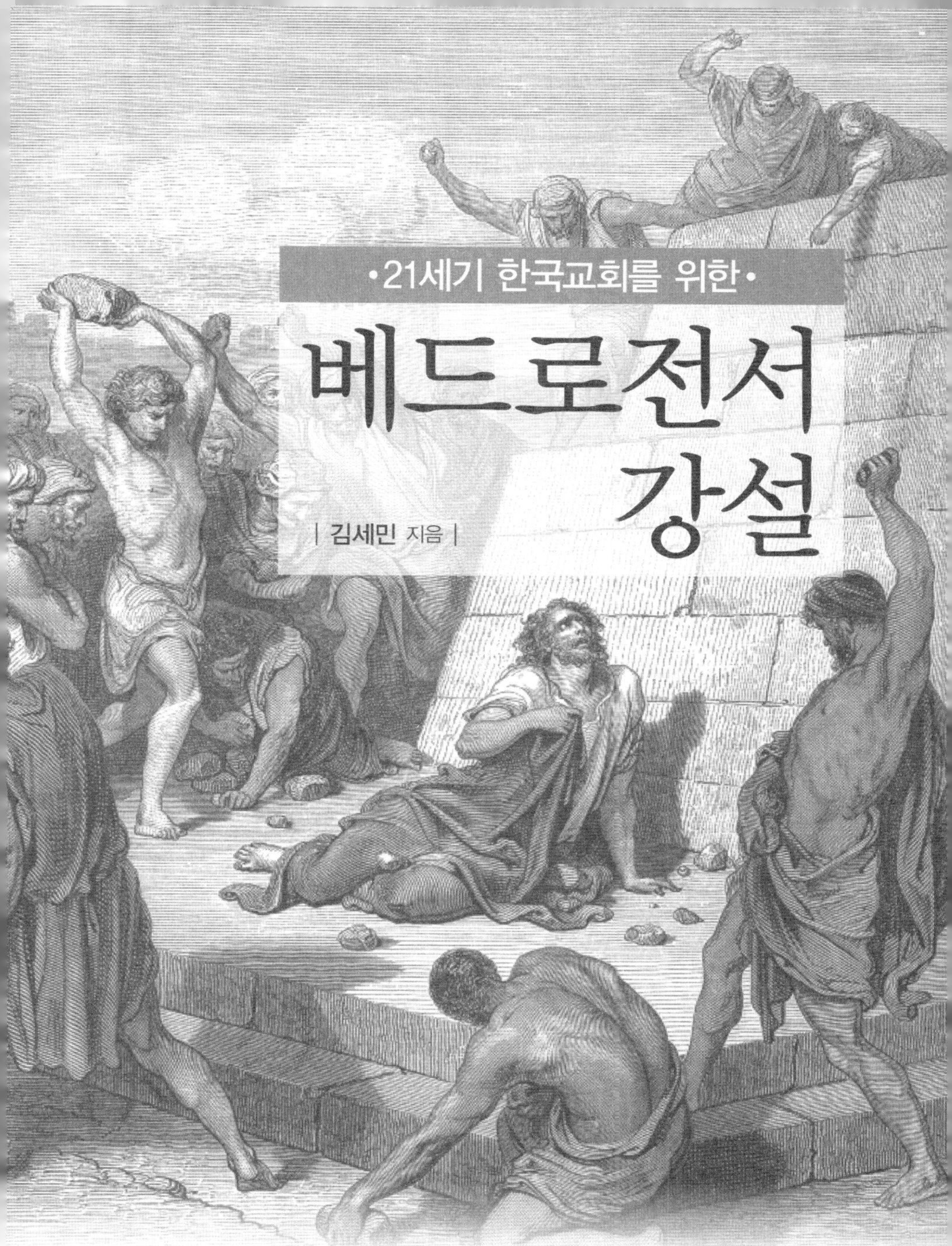

•21세기 한국교회를 위한•

# 베드로전서 강설

| 김세민 지음 |

1세기에 기록된 베드로전서를
21세기 한국교회와 일반 독자들을 위해
정확하고 풍부하게 강설해서 엮은 말세의 메시지!

# 머리말

---

이 책은 2025년 1월부터 7월까지 교회에서 베드로전서를 강설한 원고를 정리한 것으로써, 그리스도인들은 물론이고 복음을 들은 적은 있지만 아직 그리스도를 믿는 신앙까지는 이르지 못한 독자들, 설령 복음을 들은 적이 없더라도 희망과 절망에 대해, 사랑과 증오에 대해, 진실과 거짓에 대해, 세상의 시작과 종말에 대해, 또는 삶과 죽음에 대해 진지하게 고민해 본 적이 있는 독자들에게도 꼭 필요하고 유익한 책이 될 것입니다.

"예수 그리스도의 사도 베드로는 본도, 갈라디아, 갑바도기아, 아시아와 비두니아에 흩어진 나그네 곧 하나님 아버지의 미리 아심을 따라 성령이 거룩하게 하심으로 순종함과 예수 그리스도의 피 뿌림을 얻기 위하여 택하심을 받은 자들에게 편지하노니 은혜와 평강이 너희에게 더욱 많을지어다"(벧전 1:1~2)라는 인사말에서 알 수 있듯이, 베드로전서는 사도 베드로가 로마의 속주(屬州)였던 지역 중 소아시아 지역(현 튀르키예) 교회들을 향해 보낸 편지로, 신약성경 27권 중 제21권에 해당합니다. 로마에서 순교한 베드로는 그곳에 머무르는 동안, 비방과 박해를 당하고 있었던 교회들, 그리고 머잖은 장래에 큰 박해를 당하게 될 교회들을 위로하고, 강한 믿음으로 고난의 시련을 극복하도록 AD 63~64년경에 편지를 썼습니다. 이 편지는 박해당했던 당시 그리스도인들은 물론이고, 콘스탄티누스 황제가 밀라노 칙령(313년)을 통해 기독교를 공인하기 몇 년 전까지 극심한 박해를 받았던 그리스도인들에게, 고문과 박해와 죽음의 두려움에도 불구하고 천국에 대한 소망을 품을 수 있도록 위로와 용기를 주었습니다. 그래서 1세기 당시 그리스도인들은 로마 제국에서 가장 작은 규모의 신앙 공동체였지만, 392년 테오도시우스 황제 때 로마 제국의 국교가 되었습니다. '쾌락의 제국' 로마를 '기독교 제국'으로 바꾼 힘은 상상을 초월하는 고문과 처형과 학살에도 불구하고 더욱 강해지는 예수 그리스도에 대한 믿음이었고, 박해당하면 당할수록 더욱 늘어나는 그리스도인들의 숫자였습니다. 하지만 그 이후 교회는 구성원 개인적으로 핍박과 비방을 받을 수는 있었을지라도, 교회 공동체로는 더 이상 공권력에 의한 박해를 받지 않음으로써 점점 세속화되거나 이득을 추구하는 종교집단이 되어 버렸는데, 이 점에 있어서는 21세기 한국교회도 크게 다르지 않습니다. 이제 베드로전서를 강설한 이 책이 인류의 종말이 아직 멀었다고 생각한 나머지 긴장감이 전혀 없이 나태한 신앙생활을 이어가거나, 반대로 지나치게 종말을 의식한 나머지 책임 있는 사회적 삶과 그리스도인의 윤리적 삶을 소홀히 하는 그리스도인들에게, 또한 종말과 심판에 대한 의식조차 없는 독자들에게 큰 경종이 되기를 바랍니다.

2000년대 이후 우리나라는 역사 교육 문제로 논란이 일어났는데, 특히 2011년 초 교육부가 대학입시 과목 중 역사를 선택과목으로 바꾸는 결정을 함으로써, 사회 전반에서 우려하는 목소리가 나왔습니다. 그렇지 않아도 중요하지 않게 여기는 역사를 누가 열심히 배우겠냐고 생각한 사람들이 있었고, 다른 한편으로는, 어차피 암기 위주의 역사 교육이라면 필수과목이어도 높은 점수를 얻기 위한 공부이지, 역사를 제대로 배우는 공부가 되겠느냐고 생각한 사람들도 있었습니다. 여기서 우리는 두 가지 모두 문제가 있음을 인식해야 합니다. 하나는 역사를 소홀히 여기거나 아예 배우지 않으려는 문제고, 다른 하나는 단순 암기식으로 역사를 수박 겉핥기식으로 배우거나 잘못 배우는 것입니다. 그러나 또 다른 문제가 있습니다. 그것은 곧 우리가 가르치고 배우는 역사 기록에 대한 신뢰성 문제입니다. 그러므로 필수냐 선택이냐의 문제보다 중요한 건 바로 기록된 역사의 진실성입니다. 이점에 있어서 우리나라 역사 교육은 조선시대 사대주의와 소중화사상(小中華思想)에 기초한 역사관과 일제강점기 식민사관에 의해 왜곡되고 조작된 역사를 바로잡는 것이 우선입니다. 역사적 사건과 인물, 그리고 때와 장소는 변함없는 사실입니다. 다만 그것을 기록하고 정리해서 후대에 남기는 일과 가르치는 일은 별개의 문제입니다. 우리나라 역사의 기록과 검증과 보존과는 달리, 성경에 기록된 인물들과 사건들과 이야기들, 그리고 때와 장소는 이미 약 1,600년의 기간에 걸쳐 정확하게 기록되었고, 신뢰할 만한 사본들을 바탕으로 다양한 언어로 번역되어 보존되고 있습니다. 이제 문제는 성경 해석에 대한 접근입니다. 인간의 언어로 기록되었지만,

하나님의 뜻이 기록되어 있고, 하나님의 영으로 감동된 사람들(약 36명)이 기록했기에, 해석에 따라 하나님의 뜻이나 사람의 뜻이 되기도 합니다. 즉 정통 신앙이나 이단 사상이 되기도 합니다. 그만큼 해석이 중요하다는 뜻입니다. 세상과 인류의 시작과 끝을 사실대로 제시하는 진상과 진실의 기록이요 진리의 보고(寶庫)인 성경은 소홀히 대해서도, 잘못 가르치거나 잘못 배워서도 안 됩니다. 또한 성경을 읽고 깨닫는 것은 누구에게나 선택이 아니라 필수입니다. 창조주 하나님, 세상 만물의 기원, 인간의 죄와 타락, 전 지구적 대홍수 사건, 이스라엘 백성의 선택, 율법과 양심의 법, 복음, 구원자 예수 그리스도, 그리스도의 십자가 대속(代贖)과 부활, 교회의 시작 등에 대한 역사를 사람이라면 누구나 알아야 합니다. 아울러 역사를 통해 교훈을 얻고 미래를 전망하고 올바른 길로 나아가듯이, 성경을 거울삼아 자기 삶과 인류의 역사를 들여다보고 미래를 내다보아야 합니다. 그러나 성경은 다른 역사적 기록과는 달리 세상의 종말과 심판, 그리고 영원한 지옥과 천국에 대한 '예언'(預言: 선지자나 사도 등에게 맡겨진 하나님의 말씀)이 기록되어 있습니다. 그래서 사람이라면 누구나 이 예언을 통해 세상과 인간의 종말에 대해 반드시 알아야 합니다. 그러므로 성경을 어떻게 해석하고 가르치느냐가 중요하기에 베드로전서에 대한 강설 역시 명확성과 신뢰성이 중요합니다. 이 강설은 성경 전체 및 베드로전서 맥락과 개혁교회의 교리적 틀에서 이루어졌고, 번역본은 《개역개정》을 사용했으며, 그 외에 《표준새번역》, 《현대인의성경》, 《원문번역주석성경》, 《NASB》, 《RSV》, 《Amplified Bible》 등도 참고하거나 인용했습니다. 아울러, 베드로 사도 당시 소아시아 지역의 '문화적이고 사회적인 환경'이었던 'Sitz im Leben'(실침 레이번)에 대해서도 충분히 살폈습니다.

아리스토텔레스는 『수사학』에서 청중을 설득하는 세 가지 요소로 '로고스'(logos: 논리), '파토스'(pathos: 감정), '에토스'(ethos: 윤리)를 말했는데, 이 책은 '로고스'(말씀)에 해당하는 베드로전서를 개혁교회 교리와 개혁주의 신학의 틀에서 해석하고 다양한 분야를 아우르는 설명과 예시를 통해 독자들을 자극하는 강력한 파장의 '파토스'(강설)를 전달합니다. '에토스'는 원래 설득하는 화자와 설득받는 청중이 서로 신뢰하고 하나가 되는 성품과 같은 것이었습니다. 그렇다면 이 책의 '로고스'와 '파토스'를 통해서 필자와 독자가 함께 만들어내야 할 것은 '에토스' 즉 상호 신뢰를 바탕으로 한 '윤리'(ethics)입니다. 종말이 더욱 가까워진 21세기에 성경의 교훈에 따라 그리스도를 믿고 그리스도인의 윤리를 실천하며, 인류 최후의 날이 올 때까지 사회와 국가를 위해 책임과 의무를 다하고 그리스도와 교회를 섬기는 독자 여러분이 되기를 기원합니다.

2025년 8월 용인에서

김세민 목사

CONTENTS

# 크리스천 디아스포라
## (Christian Diaspora)

베드로전서와 베드로후서는 예수님이 열두 제자를 택하셨을 때 첫 번째로 제자가 된 베드로가 쓴 서신입니다. 먼저 베드로가 예수님의 제자가 된 내용을 복음서에서 찾아보면, "갈릴리 해변에 다니시다가 두 형제 곧 베드로라 하는 시몬과 그의 형제 안드레가 바다에 그물 던지는 것을 보시니 그들은 어부라 말씀하시되 나를 따라오라 내가 너희를 사람을 낚는 어부가 되게 하리라 하시니 그들이 곧 그물을 버려 두고 예수를 따르니라"(마 4:18~20)는 말씀에 기록되어 있듯이 어부였던 베드로(시몬)와 그의 동생 안드레를 예수님이 제자로 부르셨고, 두 형제는 곧바로 예수님을 따랐습니다. '베드로'라는 이름은 예수님이 특별히 지어 주신 이름인데, 아람어 '게바'를 헬라어로 번역한 말로 '반석'이라는 뜻입니다(요 1:12).

베드로는 먼저 자기가 누구인지를 단순하게 "예수 그리스도의 사도 베드로"라고 했습니다. 사도 바울과는 다르게 긴 수식어가 필요하지 않았습니다. 그는 어디에서든 당연히 사도로 인정받았고, 바울처럼 사도직의 진정성을 의심받는 일도 없었습니다. 그는 예수님의 수(首)제자였고, 예루살렘교회에서 기둥과 같은 역할을 하고 있었습니다. 그러나 베드로는 바울과 달리 갈릴리 어부 출신이었습니다. 갈릴리는 앗수르가 북쪽 이스라엘을 침략해서 이방 민족을 이주시킴으로써 이방인들이 살았던 곳이었는데, 남쪽 유다가 나중에 바벨론으로 포로로 잡혀갔다가 귀환해서 유대인들이 들어와 살게 되었습니다. 이미 갈릴리는 거의 이방인 문화와 종교가 자리 잡은 곳으로 변했고, 호수 주변에 많은 인구가 몰려 살게 되었는데 어부와 농부가 대부분이었습니다. 그래서 예수님 당시 유대인들은 갈릴리 사람들을 천하고 무식하다고 여기고 좋아하지 않았습니다. 베드로 역시 바울처럼 자신을 내세울만한 특별한 "스펙"(specialty)이 없었습니다. 그에게 가장 큰 "스펙"은 "*예수 그리스도의 사도*"였습니다. 천지 만물을 창조하신 하나님에 의해 구원자로 보내심을 받은 그리스도의 첫 번째 사도가 되었다는 것은 인류 역사에서 가장 위대한 인물이 되었다는 사실입니다. 그러므로 하나님의 선택을 받고 그 아들 예수 그리스도께로 인도된 사람들 역시 모두 위대한 사람들임을 믿고 감사해야 합니다.

베드로는 "*본도, 갈라디아, 갑바도기아, 아시아와 비두니아에 흩어진 나그네*"에게 이 편지를 보낸다고 글을 시작했습니다. 이 다섯 개 지역은 지금의 튀르키예(터키) 남쪽 타우르스(Taurus) 산맥을 제외한 튀르키예 서부와 중부 거의 모든 지역으로, 동서로는 약 800km, 남북으로는 약 400km 정도 거리로 우리나라 몇 배 이상 면적에 해당하는 지역에서 흩어져 살고 있었던 그리스도인들에게 편지를 보냈는데, 이 지역이 모두 로마 제국의 식민지였고, 본도와 비두니아 두 지역이 합쳐서 한 주(州)였으며, 갈라디아와 갑바도기아와 아시아 세 지역이 합쳐서 한 주였습니다. 로마의 식민지가 되었던 시기는 클라우디우스(Claudius) 황제(재위 41~54) 때였습니다. 사도 바울이 갈라디아에 편지했던 때가 대략 50

년 전후이기에 제4대 황제 클라디우스가 다스리던 때였습니다. 다음 황제가 바로 악명 높은 제5대 황제 네로(Nero, 재위 54~68년)였습니다. 베드로가 이 지역에 편지를 보낸 시기를 그리스도인들에 대한 네로 황제의 박해가 시작되기 전이나 후로 보는 견해가 일반적입니다. 박해가 시작된 시기는 로마 대화재 발생(64년 7월 18일) 이후였고, 박해가 8월(11월로 보기도 함)에 시작되었기에 편지를 보낸 시기를 화재 1년 전 63년부터 64년 화재 후 어느 때로 생각할 수 있습니다. 이 지역은 바울 사도가 전도한 지역이기도 한데 베드로 역시 흩어져 있는 유대인들을 대상으로 복음을 전했기에 두 사도가 서로 다른 지역에서 복음을 전하기도 했을 것이고, 중복된 지역도 있었을 것입니다. 그러함에도 불구하고, 바울이 보낸 편지에 이어 이 지역에 베드로가 편지를 보낸 가장 큰 이유는 곧 대환란을 당할 교회들의 신앙을 견고하게 하는 것이지만, 이전에 바울 사도를 의심했던 지역 교회들이 바울의 가르침을 더욱 단단히 붙잡을 수 있도록, 베드로나 바울 모두 그리스도 예수의 기둥과 같은 사도라는 사실을 바울이 전한 교훈과 다르지 않은 베드로의 교훈을 통해 확실히 보여주려는 의도 또한 빼놓을 수 없습니다. 당시 베드로는 몇 년 전에 로마에 들어와서 체류 중에 소아시아 지역 교회들을 향해 편지를 쓴 것입니다. 그는 편지 끝에 *"택하심을 함께 받은 바벨론에 있는 교회가 너희에게 문안하고 내 아들 마가도 그리하느니라"*(벧전 5:13)고 했는데, 로마를 *"바벨론"*으로 표현했습니다.

이 지역에 사는 그리스도인들을 *"흩어진 나그네"*라고 표현했는데, 이 방인 나라들 곳곳에 흩어져 사는 디아스포라(diaspora, 본국을 떠나 세계 곳곳에 흩어져 사는 유대인 또는 어떤 민족) 유대인처럼 이 세상에 사는 동안 어디에 살든 *"나그네"*와 같은 삶을 살아가는 그리스도인들을 뜻합니다. 야곱은 요셉이 총리가 된 애굽에 가서 바로 왕에게 "내 나그네 길의 세월이 백삼십 년이니이다 내 나이가 얼마 못 되니 우리 조상의 나그네 길의 연조에 미치지 못하나 험악한 세월을 보내었나이다"(창 47:9)라고 하면서 자기 자신의 삶을 "나그네" 삶이라 했습니다. 또한 "나그네 되었을 때에 영접하지 아니하였고 헐벗었을 때에 옷 입히지 아니하였고 병들었을 때와 옥에 갇혔을 때에 돌보지 아니하였느니라"(마 25:43)는 말씀에서 알 수 있듯이 예수님은 예수님 자신과 제자들을 "나그네"라고 하셨습니다. 그러므로 그리스도를 믿는 모든 사람은 "그들이 이제는 더 나은 본향을 사모하니 곧 하늘에 있는 것이라"(히 11:6)는 말씀처럼 저 천국을 본향으로 삼고 이 세상에 흩어져 있는 나그네 삶을 살아가는 자들임을 기억하기를 바랍니다.

베드로전서와 베드로후서는 신약성경 전체 27권 중 베드로가 쓴 두 개의 서신인데, 야고보서, 요한일서·이서·삼서, 유다서와 함께 총 7권에 대해 칭하는 일반서신(Catholic Epistles, 보편서신 또는 공동서신)에 해당합니다. 다만 공동서신이라고 할 때는 요한이서와 요한삼서의 수신자가 개인이기 때문에 이 두 서신을 뺀 나머지 5권을 정확히 공동서신이라고도 합니다. 일반서신은 특정 개인이나 지역을 대상으로 한 서신이 아닌 것, 그리고 내용이 바울서신과는 다르게 일반적인 것이 대부분이어서 그렇게 불리기도 합니다. 또한 회람을 목적으로 한 서신으로 성격상 일반적 또는 보편적 서신입니다.

"본도, 갈라디아, 갑바도기아, 아시아와 비두니아" 지역은 지금의 튀르키예(터키)로 중앙아시아에서 만주 지역까지 걸쳐서 거주했던 돌궐족에서 시작한 것으로 알려져 있습니다. 갈라디아의 경우는 '고울'(Gaul)이라는 말에서 시작된 것으로, 이탈리아반도 위쪽 알프스산맥 북쪽 지역(오늘날 프랑스와 스위스 지역) 사람들 일부가 튀르키예 지역으로 내려와 이주하게 되면서 '갈라티아'(고울 사람들이 사는 지역)가 되었습니다. 전반적으로 튀르키예는 야벳의 일곱 아들 중에서 마곡(창 10:2, 대상 1:5)의 후손들이 자리 잡게 되었고, 이들 중에서 스키타이인들이 나왔습니다. 그들의 혈통 또는 문화를 이은 민족이 바로 흉노족, 돌궐족(터키족), 훈족, 위구르족, 선비족, 퉁구스족, 티무르족, 거란족, 여진족, 몽골족 등입니다. 우리 민족은 남방계 셈 혈통이 섞인 북방계 스키타이인들로 거슬러 올라갑니다. 튀르키예 역사 교과서에는 6~7세기에 돌궐이 고구려(고구리)와 피로 동맹을 맺었다는 내용이 기술되어 있습니다. 그 이전에는 고조선의 후예 중 돌궐족이나 흉노족이 나중에 다시 서방으로 진출해서 지금의 터키, 불가리아, 핀란드, 헝가리까지 진출했다는 설도 설득력이 있습니다. 이는 19세기 중엽부터 핀란드나 헝가리 언어학자들이 자기 민족들의 언어를 추적하면서 우리 민족처럼 우랄산맥과 알타이산맥 지역에서 왔다는 사실을 밝혀냄으로써 알 수 있게 되었습니다. 베드로가 편지를 쓴 당시 우리나라는 고구려(고구리) 제6대왕 태조대왕(53~146) 시대였고, 나중에 광개토경평안호태왕(廣開土境平安好太王, 391~413) 때는 영토를 중앙아시아를 걸쳐 토욕혼(현 티베트)까지 넓힌 역사 기록(광개토태황 비석 2면)이 있어서 고구려 초기에도 상당한 영토를 가지고 있었고 옛 돌궐족과 지금의 터키족을 비교할 때 우리 민족의 조상 일부와도 깊은 관련이 있다고 볼 수 있습니다. 실제 튀르키예 초등학교 6학년 교과서에 역사의 기원은 흉노족(훈족), 최초 국가명으로는 돌궐이었다고 기록되어 있습니다. 돌궐의 영역은 만주와 몽골부터 시작해서, 남시베리아와 북중국, 그리고 위구르와 티베트 등의 중앙아시아 지역까지 포괄한 지역으로 소개되어 있습니다. 이렇게 볼 때 베드로 당시 튀르키예 지역에 살았던 이방인들은 우리의 먼 조상과 관계가 깊음을 알 수 있습니다(김석동, 『김석동의 한민족의 DNA를 찾아서』, 78~79, 85, 136~138쪽 등).

2절을 보면 "곧 하나님 아버지의 미리 아심을 따라 성령이 거룩하게 하심으로 순종함과 예수 그리스도의 피 뿌림을 얻기 위하여 택하심을 받은 자들에게 편지하노니 은혜와 평강이 너희에게 더욱 많을지어다"라고 함으로써 몇 가지 중요한 교리를 내포하고 있습니다. 첫째 "하나님 아버지의 미리 아심"(하나님의 예지), 둘째 "성령이 거룩하게 하심"(성령의 성화 사역), 셋째 "순종"(믿음), 넷째 "예수 그리스도의 피 뿌림"(그리스도의 새 언약), 다섯째 "택하심"(하나님의 선택)입니다.

먼저 "하나님 아버지의 미리 아심"의 경우 하나님의 예지(foreknowledge)와 예정(predestination)으로 나누어 설명하는 경우보다는 하나로 보되, 예지는 하나님의 지혜를 강조하고, 예정은 하나님의 뜻(계획)을 강조한 표현이라고 생각하면 쉽게 이해될 것입니다. 그런데 여기서 하나님의 지혜보다는 미리 내다보는 능력으로써 예지를 생각하게 되면 알미니안주의(Arminianism) 사상으로 빠지게 됩니다. 누가 언제 어떻게 행동할 것인지 하나님이 미리 아시고 그를 구원하기로 작정하시는 것이 되므로, 구원에 있어서 인간의 의지가 더 중요한 역할을 하고, 하나님은 지혜는 뛰어나더라도 인간의 행위에 따라 구원을 결정하시는 이상한 존재가 됩니다. 알미니안주의나 칼빈주의(Calvinism) 모두 기본적으로 하나님을 강조하되, 알미니안주의는 예지를, 칼빈주의는 예정을 강조합니다. 결과적으로 알미니안주의에서는 사람이 구원의 주체가 되고, 칼빈주의에서는 하나님이 주체가 되는 큰 차이를 보이게 됩니다. 그래서 네덜란드 국회가 1619년 알미니안주의를 이단으로 정죄했습니다. 그런데 10여 년 후에는 종교관용 정책으로 활동을 허용함으로써 오늘날 대부분의 기독교가 알미니안 노선을 더 따르는 현실이 되었습니다. 그러나 우리는 도르트 신경(Canons of Dordrecht)이 제시한 칼빈주의 5대 강령을 따라야 합니다. 전적 타락(Total Depravity), 불가항력적 은혜(Irresistible Grace), 제한 속죄(Limited Atonement), 무조건적 선택(Unconditional Elect), 성도의 견인(Perseverance of the Saints)을 항상 기억하기를 바랍니다. 그러므로 하나님은 인간의 행동을 미리 내다보시고 구원할 것인지 아닌지 결정하시는 것이 아니라 사람이 이해할 수 없는 오묘한 지혜를 통해 사람이 어떤 행동을 하든 말든 상관없이 전적으로 하나님의 뜻에 따라 구원하시기로 예정하셨다는 것을 확실히 믿기를 바랍니다.

다음으로 *"성령이 거룩하게 하심"*(성령의 성화 사역)을 말했는데, 하나님 아버지의 구원 사역과 구분해서 성령이 하시는 일에 대해서 말한 것으로, 성도를 거룩하게 하시는 분이 바로 성령 하나님이라고 한 것입니다. 삼위일체 하나님이 하신 일을 구분할 때, 성부 하나님은 구원을 계획하시고, 성자 하나님 그리스도가 성취하시며, 성령 하나님이 성도의 인격과 삶에 구원을 적용하십니다. 그래서 하나님의 자녀로 구별되고 그리스도 안에서 성령이 이끄시는 거룩한 삶을 이어가게 됩니다. 결국 하나님의 뜻에 대한 "순종"으로 이어지는데 이는 믿음으로 표현될 수 있습니다. 하나님의 예정을 믿고, 그리스도의 십자가 구속을 믿으며, 거룩하게 하시는 성령의 역사를 믿는 것입니다. 그러므로 하나님의 선택은 그리스도인의 믿음으로 또는 순종으로 열매를 맺게 됨을 깨닫기를 바랍니다.

이어서 *"예수 그리스도의 피 뿌림"*을 언급했는데, 구약성경을 인용한

 21세기 한국교회를 위한 **베드로전서 강설**

것입니다. 베드로는 직접적인 인용보다는 암시적으로 또는 상징적으로 자연스럽게 인용했습니다. *"피 뿌림"*의 경우도 출애굽기 24장 3~8절의 내용을 연상하게 합니다.

3. 모세가 와서 여호와의 모든 말씀과 그의 모든 율례를 백성에게 전하매 그들이 한 소리로 응답하여 이르되 여호와께서 말씀하신 모든 것을 우리가 준행하리이다
4. 모세가 여호와의 모든 말씀을 기록하고 이른 아침에 일어나 산 아래에 제단을 쌓고 이스라엘 열두 지파대로 열두 기둥을 세우고
5. 이스라엘 자손의 청년들을 보내어 여호와께 소로 번제와 화목제를 드리게 하고
6. 모세가 피를 가지고 반은 여러 양푼에 담고 반은 제단에 뿌리고
7. 언약서를 가져다가 백성에게 낭독하여 듣게 하니 그들이 이르되 여호와의 모든 말씀을 우리가 준행하리이다
8. 모세가 그 피를 가지고 백성에게 뿌리며 이르되 이는 여호와께서 이 모든 말씀에 대하여 너희와 세우신 언약의 피니라

이처럼 피를 뿌린 일은 하나님과 하나님의 백성 사이에 맺은 언약의 보증이요 증표였습니다. 베드로는 그리스도인들의 순종을 예수 그리스도의 구속 즉 피 뿌림과 연결했습니다. 하나님의 선택을 받은 특별한 백성이 되었다는 사실은 그리스도께 순종해야 하는 목적이 있음을 말하고 있는 것입니다. 즉 순종으로써 그리스도를 통해 맺은 하나님의 언약 관계에 있어서 당사자가 되는 것입니다. 순종이 없다면 언약 당사자가 아니라는 뜻이기도 합니다. 그리스도의 새 언약은 그분의 뜻에 순종하는 것으로 맺어짐을 깨닫기를 바랍니다.

　　마지막으로, "택하심" 즉 하나님의 선택에 대한 것입니다. 베드로의 글을 간단하게 보면 "하나님 아버지의 미리 아심을 따라…택하심을 받은 자들"입니다. 그래서 《현대인의성경》의 경우 "하나님 아버지께서는 미리 아신 대로 여러분을 선택하시고"라고 번역했습니다. 선택은 하나님이 조건 없이 구원의 대상을 택하시는 것입니다. "이방인들이 듣고 기뻐하여 하나님의 말씀을 찬송하며 영생을 주시기로 작정된 자는 다 믿더라"(행 13:48)는 말씀을 통해 알 수 있듯이 믿음은 결코 선택의 조건이 아닙니다. 오히려 믿음에 앞서 하나님은 그리스도인을 선택하셨습니다. 그들의 믿음을 보시고 하나님이 구원하기로 작정하시고 선택하셨다는 것이 아닙니다. 하나님이 미리 구원하시기로 작정하신 사람들이 때가 되어 복음을 듣고 하나님을 믿게 된 것임을 깨닫기를 바랍니다. 로마서 9장 15~16절을 보더라도 "모세에게 이르시되 내가 긍휼히 여길 자를 긍휼히 여기고 불쌍히 여길 자를 불쌍히 여기리라 하셨으니 그런즉 원하는 자로 말미암음도 아니요 달음박질하는 자로 말미암음도 아니요 오직 긍휼히 여기시는 하나님으로 말미암음이니라"고 교훈합니다. 구원의 선택은 사람이 어떻게 행하느냐에 달린 것이 아니라 전적으로 하나님께 달려 있다고 강조한 것입니다. 베드로는 이미 갈라디아나 여러 이방인 지역에서 복음을 전하고 가르친 바울의 교훈이 결코 자의적으로 전한 메시지가 아니라 예수 그리스도의 수제자였던 베드로 자신이 그리스도께 듣고 배운 복음과 일치함을 확실하게 보여준 일이기도 합니다. 회람용 편지 첫머리부터 교리적인 내용을 기록했다는 사실은 그만큼 그리스도를 믿고 고난과 환란을 통과해야 할 유대인들과 이방인들 모두 신앙적으로 굳게 세울 필요가 있었던 것입니다. 끝으로 흩어져 살아가는, 즉 나그네로 살아가는 모든 그리스도인을 향해 "은혜와 평강이 너희에게 더욱 많을지어다"라고 축복함으로써, 하나님을 전적으로 의지할 것을 권면했습니다.

베드로가 로마에 머물던 당시에 사도 바울은 로마에서 재판받는 중이었고, 그리스도인들은 로마와 로마 식민지에 속한 모든 지역에서 점점 박해의 어두운 그림자가 드리우고 있음을 보면서 점점 두려움을 느끼기 시작하던 때였습니다. 오늘날 우리도 개인이나 가족이든 국가적으로든 언제 어느 때 고난과 환란을 당할지 모릅니다. 우리의 믿음이 흔들릴 때 베드로전서를 통해 위로받고 구원의 확신을 누리기를 바랍니다. 아멘.

(2025년 1월 5일)

# 제2강

## 부활(Resurrection)

강설 본문: 베드로전서 1장 3~5절

3. 우리 주 예수 그리스도의 아버지 하나님을 찬송하리로다 그의 많으신 긍휼대로 예수 그리스도를 죽은 자 가운데서 부활하게 하심으로 말미암아 우리를 거듭나게 하사 산 소망이 있게 하시며

4. 썩지 않고 더럽지 않고 쇠하지 아니하는 유업을 잇게 하시나니 곧 너희를 위하여 하늘에 간직하신 것이라

5. 너희는 말세에 나타내기로 예비하신 구원을 얻기 위하여 믿음으로 말미암아 하나님의 능력으로 보호하심을 받았느니라

1장 3절부터 12절까지는 왜 그리스도인들이 하나님을 찬송해야 하는지, 왜 교회가 힘들고 고통스러운 이 세상을 살아가면서 소망과 기쁨을 누릴 수 있는지 교훈하는 내용인데, 세 번에 나누어 살펴보고자 합니다. 먼저 3절부터 5절, 다음에는 6절부터 9절, 마지막으로 10절부터 12절을 보겠습니다.

3절부터 5절은 예수 그리스도의 부활로 인해 그를 믿는 모든 사람이 누리게 되는 은혜를 보여줍니다. 순서대로 나열해 보면, 거듭났다는 것, 장래에 대한 소망이 있다는 것, 하늘에 간직된 유업을 잇게 되었다는 것, 그리고 종말의 때에 완성될 구원을 얻기까지 보호받는다는 것입니다. 우선 당시 로마 제국의 속주에 흩어져 살면서 그리스도를 믿게 된 자들에게 이런 은혜를 언급하며 하나님을 찬송해야 하는 근본적인 이유로 제시했는데, 당시 베드로가 경험한 상황을 알면 더 깊이 이해할 수 있습니다. 필립 샤프(Philip Schaff)의 『교회사』에 따르면, 사도 바울은 61년 초에 로마에 도착했고, 베드로는 약 2년 뒤에 방문했다고 언급되어 있습니다(1권, 36쪽). 이 당시만 해도 로마의 행정관들은 그리스도인들에

    21세기 한국교회를 위한 **베드로전서 강설**

대해 큰 의미를 두지 않았습니다. 비록 소수의 상류층 신자들이 생겨나기는 했지만, 로마인들이 보기에 그리스도에 대한 신앙은 노예들과 같은 천한 사람들이 믿는 미신 정도로 취급할 만한 것이었습니다. 그런데 네로 황제가 즉위한 후 10년이 되어 큰 위기가 생겼는데, 로마시에 초대형 화재가 발생했고, 이 화재의 책임을 그리스도인들에게 돌림으로써 엄청난 박해가 시작되었습니다. 최근(2025년 1월 8일) 미국 캘리포니아주 LA에서 발생한 화재로 나흘째 불이 타고 있는데, 서울시 면적의 4분의 1에 해당하는 면적이 불에 탔다고 합니다. 로마 대화재의 경우 로마시 14개 구역 중에서 10개 구역이 피해를 입었을 정도로 큰 화재였습니다. 화재는 64년 7월 18일 밤부터 19일 이른 새벽 사이에 일어났고, 팔라티누스(Palatinus) 언덕 근처 원형경기장에서 가까운 어느 목조 상점에서 발화가 된 것으로 조사되었습니다. 일주일간 로마시를 불태운 참화였는데, 네로 황제는 이 화재의 원인과 책임을 그리스도인들에게 돌렸습니다. 그만큼 그리스도인들이 주목할 만한 세력으로 빠르게 성장하고 있었다는 점도 있고, 자신에게 닥친 통치 위기를 모면하기 위해 그리스도인들을 희생양으로 삼아 흉흉한 민심을 그리스도인들에게 돌렸던 것입니다. 네로 통치 초기에는 로마에 있는 교회들이 결코 주목할 만한 세력이 아니었는데, 바울과 베드로에 의해 몇 년 동안 복음이 빠르게 전파되었고, 그로 인해 로마 사람들에게 반감을 살 정도로 영향력이 커졌던 것입니다. 로마 사람들은 바울과 베드로의 성공적인 복음 전파로 점점 수가 많아진 그리스도인들을 유대인들과 구분하기 시작했고, '제3의 인종'(genus tertium)으로 여기기 시작했습니다. 로마 사회에 속해서 로마 문화와 종교를 따르는 로마인도 아니고, 유대인들도 아닌 매우 위험한 자들로 인식하고 주목하기 시작했던 것입니다. 이런 상황에서 곧 시작될 박해와 그 박해가 로마 외에 다른 속주들까지 이어질 것이라 직감하고 베드로가 편지를 썼거나, 로마 화재 직후 박해가 본격적으로 시작되었을 때 쓴 것으로 알려져 있습니다. 이런 시대적 상황에서 박해라는 환난을 견뎌야 할 그리스도인들을 향해 두려워하지 않도록, 그리고 천국에 대한 소망을 품도록 편지를 쓰게 된 것입니다.

먼저 3절 "우리 주 예수 그리스도의 아버지 하나님을 찬송하리로다"는 말을 통해서 그리스도인들은 어떤 상황과 환경에서도 하나님을 찬송해야 할 존재임을 교훈합니다. 사람은 세상에서 살면서 좋은 일들과 나쁜 일들을 모두 경험하며 살아가기 마련입니다. 그래서 《정감록》(鄭鑑錄)처럼 앞날에 대한 길흉이 예언된 도참(圖讖)에 사람들의 관심이 몰리는 것도 당연한 일이고, 《주역》의 음양 사상을 기초로 일 년의 길흉화복을 점치는 토정비결(土亭祕訣)을 해마다 정월 초에 사람들이 보는 것도 자연스러운 일입니다. 미래에 좋은 일과 좋은 사람을 만나는 것은 누구나 꿈꾸는 일입니다. 좋은 일에 기뻐하고, 나쁜 일에 슬퍼하고 괴로워하는 것은 사람들에게 당연한 일입니다. 그것이 사람들의 일반적인 심리입니다. 그리스도인들도 마찬가지입니다. 좋은 일이 있기에 하나님께 감사하고 하나님을 찬양하는 것입니다. 다만, 차원이 다른 데서 오는 그 차이 때문에 일반 사람들이 그리스도인의 기쁨과 감사와 찬송을 이해하지 못합니다. 로마와 로마의 속주에 속한 지역에 흩어져 살고 있었던 그리스도인들은 땅의 세계에 속한 로마의 통치가 미치는 곳이라면 어디든지 박해를 피할 수 없는 상황이었습니다. 이런 상황에서 그리스도인들이 하나님을 찬송하는 것을 일반 사람들은 도무지 이해하지 못합니다. 그들은 그리스도인들이 로마의 통치 속에만 있지 않다는 사실을 모르기 때문입니다. 그들은 우주 만물의 통치자 하나님을 모릅니다. 그래서 진정한 통치는 바로 우주 만물에 대한 통치이고, 그리스도인들은 땅과 하늘에 대한 하나님의 통치 속에 있기에 소망을 품었던 것입니다. 느헤미야 9장 6절은 "오직 주는 여호와시라 하늘과 하늘들의 하늘과 일월 성신과 땅과 땅 위의 만물과 바다와 그 가운데 모든 것을 지으시고 다 보존하시오니 모든 천군이 주께 경배하나이다"라고 교훈합니다. 그러므로 시편 기자는 "여호와의 이름을 찬양할지어다 그의 이름이 홀로 높으시며 그의 영광이 땅과 하늘 위에 뛰어나심이로다"(시편 148:13)라고 고백한 것입니다. 비유로 단순하게 표현하자면, 그리스도인들도 폭우를 몰고 오는 먹구름 때문에 근심하고 걱정합니다. 그러나 그 위에서 여전히 세상을 비추는 태양이 있음을 알고 희망을 잃지 않는다는 것입니다. 다만 사람들에게 권세를 주셔서 이 세상의 통치를 맡기셨다는 사실을 기억해야 합니다. 로마서 13장 1절은 "각 사람은 위에 있는 권세들에게 복종하라 권세는 하나님으로부터 나지 않음이 없나니 모든 권세는 다 하나님께서 정하신 바라"고 교훈합니다. 그래서 네로 황제도 하나님이 허락하신 권세를 가지고 로마를 통치했던 것입니다. 그러나 또 한 가지 간과하지 말아야 할 것은 "만물이 그에게서 창조되되 하늘과 땅에서 보이는 것들과 보이지 않는 것들과 혹은 왕권들이나 주권들이나 통치자들이나 권세들이나 만물이 다 그로 말미암고 그를 위하여 창조되었고"(골 1:16)라는 말씀이 주는 교훈입니다. 하나님이 허락하신 권세를 교회를 박해하는 일에 사용한다면 권세를 주신 하나님의 뜻을 저버린 것이라는 사실입니다. 네로는 악한 생각으로 그리스도인들에게 화재 참사의 책임을 돌리고자 그들을 희생양으로 삼고 무자비한 폭정을 이어갔습니다. "통치자들아 너희가 정의를 말해야 하거늘 어찌 잠잠하냐 인자들아 너희가 올바르게 판결해야 하거늘 어찌 잠잠하냐"(시편 58:1)는 말씀을 통해서 알 수 있듯이 통치자들은 정의를 말하고 올바른 판결을 해야 합니다. 악에 대해 책임을 묻고 선에 대해 상을 베풀어야 합니다. 그런데 네로 황제는 그 권세를 가지고 하나님의 뜻을 행하기보다는 하나님의 백성을 잔인하게 박해하는 데 사용했습니다. 그러므로 시편 기자는 하나님이 "뭇 나라를 심판하여 시체로 가득하게 하시고 여러 나라의 머리를 쳐서 깨뜨리시며"(시편 110:6)라고 했습니다. 성경에는 이 세상의 통치자들에 대한 심판이 기록되어 있습니다. 그러므로 악한 통치자를 두려워하지 말기를 바랍니다.

반면에 하나님의 백성은 환란 가운데서도 근심할 필요가 없을 정도로 하나님의 특별한 보호를 받게 될 것입니다. 이사야 선지자를 통해 하나님은 "새가 날개 치며 그 새끼를 보호함 같이 나 만군의 여호와가 예루살렘을 보호할 것이라"(사 31:5)고 하셨습니다. 여기서 예루살렘은 지리적인 장소만을 말하는 것이 아니라 궁극적으로 하나님의 백성까지 포함하는 뜻입니다. 다윗은 "주는 나의 은신처이오니 환난에서 나를 보호하시고 구원의 노래로 나를 두르시리이다"(시편 32:7)라고 고백했습니다. 이 세상에는 완전한 은신처와 피난처가 없습니다. 조선시대 중기부터 말기까지 세간에 떠돌던 《정감록》에 제시된 십승지(十乘地)는 일시적이고 불완전한 피신처입니다. 그래서 다윗은 하나님을 은신처와 피난처로 삼았던 것입니다. 마찬가지로 네로 황제의 통치하에서 그리스도인들이 완벽히 피할 수 있는 곳은 없었습니다. '데린쿠유'와 같은 지하도시도 일시적인 피신처에 불과했습니다. 그들의 참된 피난처는 오로지 하나님이었습니다. 베드로 사도는 그리스도인들이 하나님께 피하도록 교훈의 말씀을 편지로 보낸 것입니다.

3. 우리 주 예수 그리스도의 아버지 하나님을 찬송하리로다 그의 많으신 긍휼대로 예수 그리스도를 죽은 자 가운데서 부활하게 하심으로 말미암아 우리를 거듭나게 하사 산 소망이 있게 하시며

4. 썩지 않고 더럽지 않고 쇠하지 아니하는 유업을 잇게 하시나니 곧 너희를 위하여 하늘에 간직하신 것이라

5. 너희는 말세에 나타내기로 예비하신 구원을 얻기 의하여 믿음으로 말미암아 하나님의 능력으로 보호하심을 받았느니라(벧전 1:3~5)

완전한 피신처는 죽음을 면할 수 있는 곳이어야 합니다. "그의 많으신 궁휼대로 예수 그리스도를 죽은 자 가운데서 부활하게 하심으로 말미암아 우리를 거듭나게 하사"라는 말씀은 측량할 수 없이 큰 하나님의 자비가 십자가에서 돌아가신 예수 그리스도의 부활을 통해 그리스도인들에게 주어졌는데, 바로 '거듭남'이라는 은혜입니다. 이 거듭남은 한번 다시 태어나 어느 시점에서 다시 죽는다는 것이 아니라 영원히 죽지 않는 것을 의미합니다. 그렇기에 하나님이 주시는 헤아릴 수 없이 큰 은혜요 자비입니다. 이 거듭남에 대한 교훈은 요한복음 3장 3~7절에 기록된 예수님과 니고데모의 대화에서 찾아볼 수 있습니다.

3. 예수께서 대답하여 이르시되 진실로 진실로 네게 이르노니 사람이 거듭나지 아니하면 하나님의 나라를 볼 수 없느니라

4. 니고데모가 이르되 사람이 늙으면 어떻게 날 수 있사옵나이까 두 번째 모태에 들어갔다가 날 수 있사옵나이까

5. 예수께서 대답하시되 진실로 진실로 네게 이르노니 사람이 물과 성령으로 나지 아니하면 하나님의 나라에 들어갈 수 없느니라

6. 육으로 난 것은 육이요 영으로 난 것은 영이니

7. 내가 네게 거듭나야 하겠다 하는 말을 놀랍게 여기지 말라

요한복음 3장 16절 "하나님이 세상을 이처럼 사랑하사 독생자를 주셨으니 이는 그를 믿는 자마다 멸망하지 않고 영생을 얻게 하려 하심이

라”는 말씀에서 알 수 있듯이 예수님을 구원자로 믿고 거듭나는 것은
곧 부활과 영생으로 이어지는 것입니다. 요한복음 5장 28~29절 “이를
놀랍게 여기지 말라 무덤 속에 있는 자가 다 그의 음성을 들을 때가 오
나니 선한 일을 행한 자는 생명의 부활로, 악한 일을 행한 자는 심판의
부활로 나오리라”는 말씀을 확실히 믿기를 바랍니다. 이 세상에 태어나
살다가 죽은 사람은 누구나 마지막 날에 부활합니다. 다만 영원한 사망
의 심판을 받기 위한 부활이냐, 영원한 생명을 누리기 위한 부활이냐
의 차이가 있습니다. 사도 바울은 고린도 교회를 향해 부활에 대해 이
렇게 교훈했습니다.

16. 만일 죽은 자가 다시 살아나는 일이 없으면 그리스도도 다시 살아나
    신 일이 없었을 터이요
17. 그리스도께서 다시 살아나신 일이 없으면 너희의 믿음도 헛되고 너희
    가 여전히 죄 가운데 있을 것이요
18. 또한 그리스도 안에서 잠자는 자도 망하였으리니
19. 만일 그리스도 안에서 우리가 바라는 것이 다만 이 세상의 삶뿐이면
    모든 사람 가운데 우리가 더욱 불쌍한 자이리라
20. 그러나 이제 그리스도께서 죽은 자 가운데서 다시 살아나사 잠자는 자
    들의 첫 열매가 되셨도다(고전 15:16~20)

예수 그리스도의 부활은 그리스도인들의 부활과 영생에 대한 “첫 열
매”요 보증이라는 사실을 확실히 믿기를 바랍니다. 바울은 당시 그리스
도의 부활을 믿지 못하는 자들에 대해 “그리스도께서 죽은 자 가운데
서 다시 살아나셨다 전파되었거늘 너희 중에서 어떤 사람들은 어찌하여
죽은 자 가운데서 부활이 없다 하느냐 만일 죽은 자의 부활이 없으면
그리스도도 다시 살아나지 못하셨으리라 그리스도께서 만일 다시 살아

나지 못하셨으면 우리가 전파하는 것도 헛것이요 또 너희 믿음도 헛것이며"(고전 15:12~14)라고 확실하게 가르쳤습니다.

또한 "산 소망이 있게 하시며"라고 했는데, 이는 그리스도의 부활로 인해 거듭난 그리스도인들은 부활과 영생에 대해 약속받은 자들이기 때문에 세상이 주는 일시적이고 거짓된 '죽은 소망'과는 결코 비교될 수 없는 영원하고 참된 "산 소망"을 품게 되었다는 뜻입니다. 뎨린쿠유나 십승지와 같은 일시적 피신처가 아니라, 엘도라도(El Dorado)나 유토피아 같은 이상향이 아니라, 더 이상 슬픔과 고통과 재난과 질병과 죽음이 없고 영원히 안전하고 복된 피신처가 바로 하늘에 마련되어 있습니다. 본문 4절 "썩지 않고 더럽지 않고 쇠하지 아니하는 유업을 잇게 하시나니 곧 너희를 위하여 하늘에 간직하신 것이라"는 말씀이 바로 천국을 유업으로 받는다는 말씀입니다. 그러나 "도적이나 탐욕을 부리는 자나 술 취하는 자나 모욕하는 자나 속여 빼앗는 자들은 하나님의 나라를 유업으로 받지 못하리라"(고전 6:10)는 말씀이 교훈하듯이 악인들은 하나님의 나라를 유업으로 받을 수 없습니다. 즉 하나님의 나라에 들어갈 수 없습니다! 악인들도 부활하지만, 이는 영원한 지옥으로 들어가기 위한 "심판의 부활"(요 5:29)입니다.

5절 "너희는 말세에 나타내기로 예비하신 구원을 얻기 위하여 믿음으로 말미암아 하나님의 능력으로 보호하심을 받았느니라"는 말씀은 매우 중요합니다. 지금까지 하늘의 유업은 "썩지 않고 더럽지 않고 쇠하지 아니하는" 것이라고 했습니다. 썩거나 더럽혀지지 않고 시들거나 줄어들 일도 없는 물질을 생각하면 바로 금을 떠올릴 것입니다. 스페인 사람들이 멕시코와 페루를 정복하면서 '금가루를 몸에 칠한 사람들'에 대한 이야기를 들었다고 하는데, 그 이야기의 줄거리는 어떤 나라에 가면 축제가 열리는데 사람들이 벌거벗은 몸에 황금으로 된 가루를 칠하고 의식이 끝나면 구아타비타(Guatavita) 호수에서 몸을 씻고, 그 나라의 신하들은 보석과 황금으로 만든 귀한 물건들을 그 호수에 던지곤 했다는 것입니다. 스페인 사람들이 그곳을 찾아가기 위해 노력했으나 결국 못 찾았다고 합니다. 그래서 그곳은 '엘도라도'라고 불렸고, 이는 "The Golden Place(or People)"로 "황금의 나라" 또는 "황금 인간"이라는 뜻으로 부와 풍요가 넘치는 이상향(유토피아)이 되었습니다. 그러나 만약 이런 곳이 실제로 있더라도 우리가 사는 지구는 멸망이 예정되어 있기에 (벧후 3:7~13, 마 24:35, 막 13:31, 계 6:14, 20:11 등) 덧없고 유한한 장소일 뿐입니다.

그런데 하늘의 유업이 그대로 보존되더라도 인간의 유한성이 문제입니다. 반드시 누구나 죽는다는 사실입니다. 아무리 천국을 약속받아도 사람이 죽는다면 어떻게 될 것인지 의심하기 마련입니다. 그래서 베드로는 *"하나님의 능력으로 보호하심을 받았느니라"*고 덧붙인 것입니다. 이 말씀이 주는 위로와 소망은 이루 말로 표현할 수 없습니다. 하늘의 유업을 얻는다는 것은 곧 구원을 얻는다는 것인데, *"하나님의 능력으로 보호하심을"* 받는다는 것입니다. 문법상으로는 현재 분사형으로 '계속해서 보호하심을 받는'이라는 뜻입니다. 그리고 *"너희는 말세에 나타내기로 예비하신 구원을 얻기 위하여"*는 하나님이 그리스도인들을 선택하고 부르신 목적이 무엇인지를 명확히 나타내 줍니다. 바로 구원을 얻도록 부르셨다는 사실입니다. 그런데 구원을 베푸심에 있어 수단과 방법이 있는데, 바로 *"하나님의 능력으로"*와 *"믿음으로 말미암아"*라는 말씀에서 알 수 있습니다. 여기서 수단과 방법에 대해 생각해 보면, 어떤 행위를 수행

 21세기 한국교회를 위한 **베드로전서 강설**

하는 존재(수행자 또는 수행 도구)는 영어로는 'by'를 사용합니다. 그래서 "*by the power of God*"이라고 한 것입니다. 반면에 어떤 과정이나 절차로써 수단을 말할 때는 'through'를 사용합니다. 그래서 "*through faith*"라고 번역되어 있습니다. 헬라어 역시 by에 해당하는 ἐν, 그리고 through에 해당하는 διά를 사용했습니다. 이렇게 볼 때 그리스도인들을 구원하시는 직접적인 수단은 "하나님의 능력"이고, 간접적인 수단은 "믿음"입니다. 그러므로 하나님이 그리스도인들을 보호하시는 궁극적인 목적은 "*말세에 나타내기로 예비하신 구원*"을 약속받고 '종말의 때에 완성될 구원'을 얻도록 하시는 것임을 확실히 믿기를 바랍니다.

끝으로 하나님은 그리스도인들을 구원하시기 위해 구원자를 세상에 보내셨고, 3절에 있는 말씀과 같이 "*예수 그리스도를 죽은 자 가운데서 부활하게 하심*"으로써 예수 그리스도가 바로 하나님이 세상에 보내신 구원자라는 것을 온 천하에 선포하신 것이고, 그리스도의 부활을 통해 장차 그리스도인들의 부활을 보증하신 것입니다. 바울 사도가 고린도교회에 전한 말씀(고전 15:16~20)을 통해서 더 확실히 믿기를 바랍니다.

그러므로 본문 말씀은 그리스도인들이라면 어떤 상황이든지, 어떤 환경이든지, 그들이 처한 상태의 좋고 나쁨과 상관없이 언제나 하나님을 찬송해야 할 이유를 말하고 있습니다. 고난과 재난 가운데 있더라도, 억울한 죽음을 앞둔 상황이라도, 모든 것을 잃어버린 절망스러운 상황이라도, 질병과 아픔으로 좋아질 희망이 보이지 않을지라도, 박해자가 휘두르는 무서운 칼날 앞에 서 있더라도 "*하나님의 능력으로 보호하심을 받았느니라*"는 말씀을 의지하고 "산 소망"으로 견뎌내고 승리하기를 바랍니다. 아멘.

(2025년 1월 12일)

# 없어질 금 vs. 영원한 천국으로 이끄는 믿음

왜 그리스도인들이 하나님을 찬송해야 하는지, 왜 교회가 고통스러운 이 세상을 살아가면서도 소망과 기쁨을 누려야 하는지 3절부터 12절까지 내용을 통해 답을 얻을 수 있는데, 이번에는 두 번째로, 6절부터 9절을 살펴보고, 다음 주일에는 세 번째 내용(10~12절)을 보도록 하겠습니다.

6절 "그러므로 너희가 이제 여러 가지 시험으로 말미암아 잠깐 근심하게 되지 않을 수 없으나 오히려 크게 기뻐하는도다"라고 베드로 사도가 한 말 중 "크게 기뻐하도다"라는 부분은 "크게 기뻐하라"로 번역해도 됩니다. 베드로의 편지를 받고 읽게 될 그리스도인들이 시험 때문에 근심하더라도 기뻐하라는 말도 되고, 시험 때문에 잠시 근심하더라도 그들이 기뻐하는 것은 마땅하다는 표현도 맞습니다. 본질적으로 그리스도인들은 환난 속에서도 소망과 기쁨을 잃지 않습니다. 사도 바울이 "우리가 환난 중에도 즐거워하나니 이는 환난은 인내를, 인내는 연단을, 연단은 소망을 이루는 줄 앎이로다"(롬 5:3~4)라고 교훈한 내용을 통해 이 세상을 살아가는 그리스도인들의 삶이 어떤 삶인지 알 수 있습니다.

시편 기자는 "내가 주의 인자하심을 기뻐하며 즐거워할 것은 주께서 나의 고난을 보시고 환난 중에 있는 내 영혼을 아셨으며"(시 31:7)라고 고백했습니다. 베드로가 그리스도인들이 박해받게 될 것을 염두에 두고 한 말이든지, 박해가 시작된 상태에서 한 말이든지 환난 가운데서 믿음을 지켜야 한다고 권면한 것이고, 소망과 기쁨을 누리면서 믿음을 지키는 삶이 곧 그리스도인들의 삶임을 교훈한 내용입니다. 사도 바울 또한 우리가 그리스도와 함께 하나님의 나라를 유업으로 받을 상속자라면 영광스러운 상속을 받기 위해서 그리스도처럼 고난도 함께 받아야 마땅하다고 교훈했습니다. "자녀이면 또한 상속자 곧 하나님의 상속자요 그리스도와 함께 한 상속자니 우리가 그와 함께 영광을 받기 위하여 고난도 함께 받아야 할 것이니라 생각하건대 현재의 고난은 장차 우리에게 나타날 영광과 비교할 수 없도다"(롬 8:7~18)라는 말씀에 따라 고난과 박해를 두려워하지 않고 항상 기쁨과 소망 가운데 살기를 바랍니다.

여기서 우리는 "시험"이라는 말의 뜻을 몇 가지 알 필요가 있는데, 하나는 유혹(temptation)이라는 뜻이고, 다른 하나는 시련(test, trial)이라는 뜻입니다. 시련이라는 뜻에 또 다른 의미들이 있는데, 가혹한 고문, 고난, 시험(평가), 재판이라는 뜻이 있습니다. 공통적인 점은 어떤 기준이나 과정을 통과해야 한다는 것입니다. 예를 들어, 금을 단련하는 것으로 생각해 보자면 불순물이 뜨거운 불에 녹아 순수한 금만 남기까지는 일정한 과정이 있듯이, 금을 사람으로 바꿔 생각해 보면 환난과 같은 일정한 기간의 고통을 통해 불순한 모든 것들이 태워지고 하나님 앞에 순수한 믿음만 남아서 하나님으로부터 합격 점수를 받게 되는 영광을 누리게 된다고 말할 수 있습니다. 재판장 여호와 하나님 앞에 설 수 있는 사람은 오로지 하나님께 대한 순수한 믿음을 가진 그리스도인뿐입니다.

그리스도인들은 환난 중에도 인내하고, 인내는 연단으로 이어져서 불순물은 태워지고 금과 같은 순수한 믿음만 남음으로써 하나님 앞에 서게 될 소망을 얻게 됩니다.

베드로가 당시 로마 제국 속주에 살고 있었던 교회들에게 편지를 보냈던 시기에 대환란이라는 무섭고 참혹한 박해가 시작되기 직전이었거나 막 시작되고 있어서 그리스도인들이 그 박해의 고통을 이겨내고 인내해야 했습니다. 당시 많은 사람이 박해당하고 목숨을 잃었습니다. 그러나 그들은 베드로나 바울과 같은 사도들의 편지를 읽고 마음에 품으며 죽음의 강을 건널 때까지 인내하며 소망을 잃지 않았습니다. 그리고 마침내 그리스도인들의 신앙을 로마 제국이 공인하면서 정식 종교가 되었습니다. 313년 로마 황제 콘스탄티누스 1세(Constantinus, 재위 306~337)가 밀라노 칙령(Edict of Milan)을 통해 기독교를 종교의 하나로 공인함으로써 박해는 더 이상 받지 않게 되었습니다. 약 80년이 지나 392년 테오도시우스(Theodosius) 황제가 기독교를 로마 제국의 국교(國敎)로 공포했습니다. 그리스도를 믿는 신앙이 큰 박해를 겪고도 더 널리 퍼지게 되면서 연이어 정식 종교로 인정받고 국교가 되었지만, 세속 정부가 인정하는 종교가 됨으로써 기독교는 오히려 정부의 권한을 통해 다른 종교인들이나 일반 사람들을 박해하는 종교가 되고 말았습니다. 그리스도인들이 고난도 함께 당해야 하는데 하나님의 보호보다는 세속 정부의 보호 아래 평안과 권익을 누리는 시대를 누리게 됨으로써 점점 타락의 길로 향하고 말았습니다. 기독교 외에 다른 종교나 신앙을 이단으로 정죄하고 이단을 처단하는 종교재판을 시작한 것입니다. '마녀사냥'(Witch-hunting)이라고도 하는 종교재판(Inquisition)은 유럽 역사의 암흑기를 상징하는데, 당시 정치와 종교 권력을 가진 자들의 시각에서는 최고의 부

    21세기 한국교회를 위한 **베드로전서 강설**

와 명예와 권력을 누리던 황금기로 빛나고 영광스러운 시대였습니다. 종교재판에 고용된 거의 모든 사람은 마녀로 고발되고 기소된 후 재판받게 된 사람들의 재산을 재판과 그 과정에 사용된 비용으로 사용했고, 그 이상을 빼앗기도 했습니다. 단순히 이단을 처단하는 것에만 그치지 않고 정치적으로나 사상적으로 반대편에 있거나, 특권 계층의 사람들 또는 권력자들에게 저항하거나, 심지어 개인적으로 앙심을 품은 경우에도 이단이나 마녀로 몰아서 재판을 통해 제거해버렸습니다. 일종의 사법권 남용이었던 것입니다. 우리나라도 1958년 이승만 정권 때 법무부장관 홍진기(1917~1986)가 진보당 대표 조봉암(1898~1959)에 대해 간첩 혐의를 씌워서 사법으로 사형에 이르게 한 사건이 있습니다. 홍진기는 법무부장관 시절 국가보안법을 개정했고, 1960년 내무부 장관이 되었을 때는 3·15 부정선거 및 4·19 발포 명령의 책임자로 체포되어, 사형을 선고받았으나 몇 년 후 박정희 정권 때 사면되었습니다.

무소불위의 종교재판은 11세기 유럽부터 시작되어 18세기 미국까지 이어졌습니다. 특히 16~17세기에 절정을 이루었는데, 가장 유명한 종교재판은 스페인에서 300년 이상 이어졌습니다. 스페인은 800년 만에 이베리아반도를 다시 차지하면서 카스티야(Castilla), 아라곤(Aragon), 그라나다(Granada) 왕국이 하나가 되었고, 페르난도 왕과 이사벨 여왕이 공동으로 통치하면서 스페인 제국의 기틀을 마련했는데, 이때 종교를 기독교만 인정하고 유대교와 이슬람교는 허용하지 않았습니다. 그전에는 관용 정책으로 유대교, 이슬람교, 기독교가 공존하는 곳이었는데, 1491년 1월 2일 이사벨 여왕이 그라나다 왕국의 궁전 열쇠를 건네받고 이베리아반도에서 아랍인들의 통치는 막을 내렸습니다. 1492년부터 1826년까지 스페인 종교재판이 이어졌고, 오늘날과 같은 무죄 추정의 원칙이 아닌 유죄 추정의 원칙이 적용되었으며, 많은 사람이 마녀나 이단으로 지목되어 시련 재판(trial by ordeal)으로 죽었습니다. 시련 재판은 죄의 유무를 판단하는 데 시련을 사용했고, 시련으로는 물이나 불이나 독 등을 사용했습니다. 육체적으로 극심한 시련을 겪고 살아나면 무죄, 죽으면 그대로 유죄가 입증되는 재판이었습니다. 누군가 이단이나 마녀로 신고당하면 유죄 추정의 원칙으로 심문받고, 죄를 시인하지 않으면 시련 고문을 받고 살아야 무죄가 되는 악명 높은 재판이었습니다. '스파르딤'(Sephardim) 유대인 대부분이 스페인에서 추방당했지만 추방당하지 않으려는 유대인들은 이런 일을 피하려고 기독교로 개종해서 '콘베르소'(converso, 개종자)가 되었습니다. 그러나 그들이 지켜온 전통이나 의식을 사람들 몰래 지키는 삶 때문에 가짜 개종자라는 의심을 받게 되었습니다. 그래서 그들은 '마라노'(Marrano, 돼지 또는 더러운 사람이라는 뜻)라고 불리곤 했습니다. 스페인 사람들은 그들이 진짜 개종했는지 알아보려고 유대인이라면 절대 먹지 않는 돼지고기를 먹는지 시험해보려고 했는데, 그때 고안한 요리가 바로 새끼돼지를 통으로 구워서 먹는 '코치니요 아사도'(Cochinillo Asado)였습니다. 가짜 개종자들이 살아남기 위해서는 돼지고기를 스페인 기독교도들 앞에서 먹어야만 했습니다. 초대교회 당시 그리스도를 믿는 신앙으로 인해 박해받는 삶을 살다가 로마의 국교가 되면서 중세 시대에는 누구든 기독교인이 되었고, 교회는 타락한 정치적 종교집단이 되고 말았습니다. 그 집단에 순응하지 않거나 저항하는 자들은 곧 이단이 되는 시대가 되었습니다.

7절 "너희 믿음의 확실함은 불로 연단하여도 없어질 금보다 더 귀하여 예수 그리스도께서 나타나실 때에 칭찬과 영광과 존귀를 얻게 할 것이니라"는 말씀은 앞서 언급한 이단이나 마녀로 지목된 사람들이 받는 시련과는 다른 것임을 알아야 합니다. "불로 연단하여도"라는 말은 죽음에 이르는 시련을 뜻하는 것으로, 6절에 언급된 "시험"(시련)과는 본질적으로 다르지 않지만, 그 시련을 하나님이 그리스도인을 단련하시려고 친히 허용하신다는 면에서는 긍정적인 시련입니다. 마치 금광석을 뜨거운 풀무에 넣어 불순물이 제거된 순수한 금을 얻듯이, 그리스도인이 풀무 불과 같은 시련을 겪음으로써 그 신앙이 순전하게 단련되어 예수 그리스도가 나타나시는 재림의 날에 "칭찬과 영광과 존귀"를 얻게 된다는 뜻입니다. 그런데 중요한 사실은 순금조차도 마지막 날에는 없어진다는 것입니다. "이제 하늘과 땅은 그 동일한 말씀으로 불사르기 위하여 보호하신 바 되어 경건하지 아니한 사람들의 심판과 멸망의 날까지 보존하여 두신 것이니라"(벧후 3:7)는 말씀과 "또 내가 새하늘과 새 땅을 보니 처음 하늘과 처음 땅이 없어졌고 바다도 다시 있지 않더라"(계 21:1)와 같이 현재 하늘과 땅은 물론이고 그 속에 있는 모든 것들이 불에 타듯이 금도 마찬가지로 없어지게 됩니다. 그러나 그리스도인들의 믿음은 그리스도가 나타나실 때 금을 포함한 모든 것들이 없어져도 절대로 없어지지 않는다는 말씀임을 확실히 믿기를 바랍니다.

8절 "예수를 너희가 보지 못하였으나 사랑하는도다 이제도 보지 못하나 믿고 말할 수 없는 영광스러운 즐거움으로 기뻐하니"라고 베드로가 그들을 향해 한 말을 통해 당시 로마 제국 속주에 흩어져 살고 있었던 그리스도인들의 믿음이 얼마나 견고했는지 알 수 있습니다. 베드로는 예수 그리스도를 직접 보고 믿은 그리스도인들을 대표하는 전형적인 인물입니다. 그러나 예수님은 제자 중 부활하신 예수님을 직접 보고도 의심했다가 믿게 된 도마에게 하신 말씀 즉 "예수께서 이르시되 너는 나를 본 고로 믿느냐 보지 못하고 믿는 자들은 복되도다 하시니라"

(요 20:29)와 같이 예수님을 보지 않고 믿게 된 자들이 더 복되다고 하셨습니다. 예수님을 보지 않고 믿는다는 것은 성령의 역사를 통해 예수님을 알고 믿게 된 것을 뜻합니다. "시몬 베드로가 대답하여 이르되 주는 그리스도시요 살아 계신 하나님의 아들이시니이다 예수께서 대답하여 이르시되 바요나 시몬아 네가 복이 있도다 이를 네게 알게 한 이는 혈육이 아니요 하늘에 계신 내 아버지시니라"(마 16:16~17)는 말씀과 같이 예수 그리스도를 우리가 눈으로 보든, 그렇지 않든 하나님의 영이 역사하셔서 우리가 예수 그리스도를 믿게 될 때 그 믿음이 참다운 믿음입니다. 제자들이나 당시 사람들처럼 예수님을 직접 본 적이 없는 사람들이 예수님을 구원자로 믿게 된 것은 하나님이 주신 '믿음' 때문에 가능한 일입니다. "너희는 그 은혜에 의하여 믿음으로 말미암아 구원을 받았으니 이것은 너희에게서 난 것이 아니요 하나님의 선물이라"(엡 2:8)고 사도 바울이 교훈한 내용을 보면 믿음도 구원도 모두 하나님의 선물이요 은혜임을 알 수 있습니다. 그래서 노아는 미래 일어날 일에 대해 말씀으로만 듣고도 영적인 눈으로 보게 된 것입니다. "믿음으로 노아는 아직 보이지 않는 일에 경고하심을 받아 경외함으로 방주를 준비하여 그 집을 구원하였으니 이로 말미암아 세상을 정죄하고 믿음을 따르는 의의 상속자가 되었느니라"(히 11:7)는 말씀을 잊지 말기를 바랍니다.

그러므로 베드로는 "예수를 너희가 보지 못하였으나 사랑하는도다 이제도 보지 못하나 믿고 말할 수 없는 영광스러운 즐거움으로 기뻐하니"라고 함으로써 과거에도 예수를 보지 못했고, 지금도 보지 못하고 있음에도 불구하고 예수 그리스도를 믿고 있으니 존귀한 믿음이라고 칭찬한 것입니다. 그들의 믿음은 단순히 고난의 현재를 견디고 나면 기쁜 미래가 올 것이라는 막연한 기대감이 아니라 그들이 고난 가운데서도 실제로 누리는 "영광스러운 즐거움"이 가득한 믿음이었습니다. 세속인들이 말하는 믿음이라는 이상이나 신념이 아니었습니다. 그들의 믿음은 실재였습니다. 그 실재가 바로 9절 "믿음의 결국 곧 영혼의 구원을 받음이라"로 이어집니다. 여기서 사람들은 "영혼"만 구원받고 육체는 구원받지 못한다고 생각하기도 합니다. 어리석은 사람들은 헬라식 사고에 따라 영과 육으로 이분해서 영혼만 구원받는다고 생각합니다. 또 어떤 사람들은 삼분법으로 나누어 영과 혼과 몸 중에서 몸만 빼고 영혼이 구원받는다고 생각합니다. 이런 생각들은 옳지 않습니다. 영혼과 몸을 모두 포함하는 구원임을 확실히 믿기를 바랍니다.

사람은 다른 사람의 몸을 죽일 수는 있어도 영혼은 죽이지 못합니다. 그래서 베드로는 박해와 환난 앞에 놓인 그리스도인들을 향해 구원의 소망에 대한 교훈을 한 것입니다. 이미 예수님은 베드로를 포함한 제자들에게 "몸은 죽여도 영혼은 능히 죽이지 못하는 자들을 두려워하지 말고 오직 몸과 영혼을 능히 지옥에 멸하실 수 있는 이를 두려워하라"(마 10:28)고 말씀하셨습니다. 그래서 몸밖에 죽이지 못하는 이 세상의 악인들에 대해 두려워할 필요가 없습니다. "몸과 영혼을 능히 지옥에 멸하실 수 있는 이"는 하나님이요, 그리스도의 죽은 몸을 살게 하심으로써 우리 영혼이 거듭나게 하셔서 부활에 대한 소망을 누리게 하신 분도 하나님입니다. 베드로전서 1장 3절 "예수 그리스도를 죽은 자 가운데서 부활하게 하심으로 말미암아 우리를 거듭나게 하사 산 소망이 있게 하시며"라는 말씀은 왜 그리스도인들이 시련을 견디고 살아야 하는지, 왜 힘들고 고통스러운 환경에서도 기쁨을 누려야 하는지 그 이유를 명확히 제시합니다. 그리스도인들은 세상을 살아가는 동안 박해와 환난을 피할 수 없습니다. "자녀이면 또한 상속자 곧 하나님의 상속자요 그리스도와 함께 한 상속자니 우리가 그와 함께 영광을 받기 위하여 고난도 함께 받아야 할 것이니라”(롬 8:17)는 말씀으로 바울은 그리스도인들이 당하는 고난이 당연하다고 교훈했습니다. 그러나 고난의 정도가 크든 작든 하나님이 은혜로 주신 믿음에는 그 모든 어려움을 통과할 수 있게 하는 하나님의 능력이 미치고 있음을 알기를 바랍니다. 바로 성령의 능력입니다. 예수님이 제자들에게 교훈하신 말씀을 누가는 “사람이 너희를 회당이나 위정자나 권세 있는 자 앞에 끌고 가거든 어떻게 무엇으로 대답하며 무엇으로 말할까 염려하지 말라 마땅히 할 말을 성령이 곧 그 때에 너희에게 가르치시리라 하시니라”(눅 12:11~12)고 기록했습니다. 그러므로 현재 그리스도인들이 당하는 박해와 고난은 믿음을 단련하는 수단이 된다는 것으로 알고, 마지막 때에 예수님이 재림하시면 단련을 통해 순수한 믿음을 가진 자들이 큰 영광을 누리게 된다는 사실을, 그리고 영원한 천국을 누리게 된다는 사실을 확실히 믿기를 바랍니다. 아멘.

(2025년 1월 19일)

Πάντων δὲ τὸ τέλος ἤγγικεν

만물의 마지막이 가까이 왔으니(벧전 4:7)

# 세이건, 도킨스, 굴드, 셔머, 그리고 당신이 모르는 것

왜 그리스도인들이 하나님을 찬송해야 하는지, 왜 교회가 고통스러운 이 세상을 살아가면서도 소망과 기쁨을 누려야 하는지 이유를 말해주는 3절부터 12절까지 내용 중 10∼12절을 살펴보고자 합니다.

지난 주일에는 베드로 사도의 편지를 회람하게 될 소아시아 지역 그리스도인들이 시련을 겪을 때 잠시 근심할 수밖에 없겠지만 언젠가는 없어질 금보다 귀한 믿음으로 인해 오히려 즐거워할 수 있는 것은 그 믿음 곧 예수 그리스도를 본 적도 없음에도 그리스도를 확실히 믿는 그 믿음이 구원에 이르게 하기 때문이라는 교훈을 살펴보았습니다. 오늘은 "믿음의 결국 곧 영혼의 구원을 받음이라"는 9절 내용에 대한 자세한 설명을 함께 살펴보고자 합니다. 우리가 예수 그리스도를 믿으면 구원받는다고 믿거나 말하고, 또 전도할 때 그렇게 표현하는 일이 기본적이고 보편적입니다. 이는 이미 신약성경에 그렇게 기록되어 있기 때문입니다. 여러 구절을 살펴보면 다음과 같습니다.

주 예수를 믿으라 그리하면 너와 네 집이 구원을 받으리라(행 16:31)

네가 만일 네 입으로 예수를 주로 시인하며 또 하나님께서 그를 죽은 자 가운데서 살리신 것을 네 마음에 믿으면 구원을 받으리라(롬 10:9)

이 예수는 너희 건축자들의 버린 돌로서 집 모퉁이의 머릿돌이 되었느니라 다른 이로써는 구원을 받을 수 없나니 천하 사람 중에 구원을 받을 만한 다른 이름을 우리에게 주신 일이 없음이라 하였더라(행 4:11~12)

하나님이 세상을 이처럼 사랑하사 독생자를 주셨으니 이는 그를 믿는 자마다 멸망하지 않고 영생을 얻게 하려 하심이라(요 3:16)

오직 이것을 기록함은 너희로 예수께서 하나님의 아들 그리스도이심을 믿게 하려 함이요 또 너희로 믿고 그 이름을 힘입어 생명을 얻게 하려 함이니라(요 20:31)

이처럼 베드로 사도 역시 예수 그리스도를 믿으면 구원을 얻는다고 똑같이 선포했습니다. 아울러 "믿음의 결국 곧 영혼의 구원을 받음이라"(벧전 1:9)는 말씀에서 "영혼의 구원"을 사람에 대한 헬라식 이분법으로 접근해서 육체는 구원받지 못하고 영혼만 구원받는 식으로 이해하는 것은 옳지 않다는 것도 지난 주일에 살펴보았습니다. 몸과 영혼에 대한 대표적인 말을 영혼으로 표현했음을 이해해야 하고, 그리스도인들이 사람들로부터 박해받을 때 몸은 죽임을 당할 수 있어도 영혼은 결코 죽임을 당할 수 없는 근거가 되는 말씀 즉 "몸은 죽여도 영혼은 능히 죽이지 못하는 자들을 두려워하지 말고 오직 몸과 영혼을 능히 지옥에 멸하실 수 있는 이를 두려워하라"(마 10:28)고 하신 예수님의 말씀을 더욱 강조하기 위한 것임을 깨닫기를 바랍니다.

　그런데 이 구원은 그리스도를 믿는 사람들이라면 누구나 그 실체에 대해 궁금하게 여길 수 있고, 또 장래에 어떻게 경험하게 될 것인지 정확히 모르고 다만 아직 믿음으로만 받아들일 뿐이라는 사실입니다. 그래서 불신자들은 우리의 구원에 대해 죽어봐야 알게 되는 일을 어떻게 미리 안다고 확신하느냐며 조롱하듯 비아냥거리기도 합니다. 어떤 경우에는 구원에 대한 믿음을 세상에 대한 부적응자들이 천국이라는 이상향을 제시한 그리스도를 의지함으로써 이 세상을 벗어나고자 하는 열망이라고 생각합니다. 마치 예수 그리스도를 믿는 자들을 현실 도피주의자들이라고 여기기도 합니다.

　또한 당대 유명한 학자요 회의주의 학회 설립자요 『왜 사람들은 이상한 것을 믿는가』의 저자 마이클 셔머(Michael Shermer, 1954~)는 원래 그리스도를 열심히 믿고 성경을 꼼꼼히 읽었던 신학생이었는데, 대학원에서 실험심리학과 동물행동학을 공부하면서 그 분야 석학에게 강의를 듣고 신앙을 버리게 되었고, 예수님 대신 과학을 믿음의 대상으로 삼았으며, 교리 대신 진화론을 받아들이게 되었습니다(셔머의 책, 237~238쪽). 그는 사람들이 왜 이상한 것들을 믿는지 몇 가지 동기를 찾아낼 수 있다고 했고, 그중 몇 가지를 소개했습니다. 첫째, '내 마음을 달래주기 때문에 믿는다'고 주장했습니다. 단지 느낌이 좋아서, 편안하고 위로를 주니까 믿는다고 합니다. 둘째, 즉석 만족 때문이라고 합니다. 셔머는 심령술사 전화상담 서비스 예를 들었습니다. 우리 사회도 마찬가지입니다. 사주팔자나 토정비결이 즉석 만족을 주기 때문에 믿는 것입니다. 셋째, 믿음은 단순성을 제시하기 때문이라고 합니다. 세상살이 자체가 복잡하고 예측하기 힘든 면이 있어서 과학이나 학습이나 경험으로 알아가기에는 많은 훈련과 시간이 필요하지만, 운명이나 초자연적인 기적과 미신과 믿음을 단순하게 제시하면 쉽게 믿는다는 것입니다. 넷째, 도덕과 삶의 의미를 제공하므로 쉽게 믿는다고 합니다. 눈에 보이지 않지만 보다 높은 어떤 존재가 있을 거라는 생각으로 사람들은 도덕적으로 행동한다는 것입니다. 또한 과학자들이나 비종교적 인본주의자들이 인생에 필요한 많은 것들을 내놓음에도 불구하고 삶의 의미를 명확히 제시하지 못하니까 사람들은 종교나 신앙을 필요로 한다는 것입니다. 다섯째, 영원히 마르지 않는 희망 때문이라고 합니다. 사람은 본성적으로 더 나은 정도의 행복과 만족을 추구하는 존재라서 그에 맞는 어떤 믿음과 희망을 품는다고 합니다(셔머의 책, 500~511쪽).

마이클 셔머는 칼 세이건(Carl Edward Sagan, 1934~1996), 리처드 도킨스(Clinton Richard Dawkins, 1941~), 스티븐 제이 굴드(Stephen Jay Gould, 1941~2002)와 함께 당대 무신론의 대표적 학자입니다. 동시에 그는 과학과 심리학에 빠지면서 기독교 신앙을 완전히 버린 사람으로 배신자 가룟 유다와 다름없는 사람입니다. 그는 창조론, 미신, 사이비 과학에 맞서 싸우는 삶을 과학자의 사명으로 알고 마치 인류를 이상한 믿음에서 구원할 자인 것처럼 구세주 노릇을 했습니다. 그가 연구하고 주장한 것의 상당한 부분을 인정하고 높이 삽니다. 이런 사람이 인류에 큰 빛을 비추는 사람이라는 점은 틀림없습니다. 그런데 안타깝게도 1%가 부족합니다. 그 1%가 바로 그리스도 예수를 믿음으로써 구원의 은혜를 누리게 되어 하나님의 뜻에 대해 살피는 것입니다. 이 세상에서 99%를 채우고 만족하며 살아가는 사람들이라 할지라도 1%를 채우지 못해서 죽을 때 또는 인류 마지막 날에 0(zero)이 되고 맙니다. 세상에서 아무리 많은 공로를 남기고 업적을 쌓았다 하더라도 그리스도가 없는 그에게 인정되는 것이라고는 하나도 없음을 명심하기를 바랍니다. 그러나 비록 99%까지 채우지 못하고 어설픈 정도만 채웠다 해도 가장 중요한 1%를 얻은 사람 즉 그리스도 예수를 구원자로 믿은 사람은 마지막 때에 100%가 된다는 것입니다. 1%로 표현한 것은 그만큼 세상 사람들의 눈으로 볼 때 1% 정도의 분량밖에 되지 않기 때문입니다. 그러나 그 1%가 세상 사람이 보기에 부족한 한 사람을 마지막에는 온전하고 완벽하고 완전하게 만든다는 사실입니다. 그것이 바로 하나님의 은혜입니다. 마이클 셔머는 그것을 깨닫지 못하고 이성적으로 과학적으로 접근해서 그가 가지고 있었던 하나님에 대한 믿음을 사이비 믿음으로 여겼던 것입니다. 그에게 진짜 믿음의 대상은 과학이었던 것입니다. 결국 그가 기독교 신앙을 버리기 전에 하나님을 믿은 것은 성경이 교훈하는 참된 믿음이 아니라 지식적인 믿음으로, 그가 즐겨 사용했던 일종의 사이비 믿음이었던 것임을 증명하고 말았습니다. 그가 그렇게 신봉하는 과학은 세상을 이해하고 세상을 살아가는 데 필요한 수단이지 결코 믿음의 대상이 아님을 명심하기를 바랍니다.

사도 베드로가 당시 믿음을 가진 그리스도인들에게 교훈했을 때 그들의 믿음은 셔머가 주장한 것처럼 "이상한 것을 믿는" 그런 믿음이 결코 아니었습니다. 그리스도인들이 믿는 그 믿음은 단지 희망 사항이 아니라 구원이라고 하는 하나님의 은혜가 선물로 주어지는 실체(實體)입니다. 지금 형편보다 더 나았으면 좋겠다는, 또는 지금 세상과는 달리 다음 세상에서는 행복했으면 좋겠다는 기대나 희망도 아닙니다. "하나님이 세상을 이처럼 사랑하사 독생자를 주셨으니 이는 그를 믿는 자마다 멸망하지 않고 영생을 얻게 하려 하심이라"(요 3:16)는 말씀은 믿는 자에게 구원 즉 영생이 주어지는 것으로 이 말씀은 실체(實體)요, 실제(實際)요, 그리고 실재(實在)입니다. 허상이 아니라 실상이라는 점에서 실체(truth)요, 명백한 현재 사실이라는 점에서 실제(reality)요, 우리가 누리는 영생이 정말로 존재한다는 점에서 실재(existence)입니다.

베드로가 "이 구원에 대하여는 너희에게 임할 은혜를 예언하던 선지자들이 연구하고 부지런히 살펴서 자기 속에 계신 그리스도의 영이 그 받으실 고난과 후에 받으실 영광을 미리 증언하여 누구를 또는 어떠한 때를 지시하시는지 상고하니라"고 교훈한 것은 구약시대 선지자들이 자기들이 받은 하나님의 말씀을 통해 그리스도에 대해 자세히 알려고 노력했고, 그런 과정에서 그들 속에 임한 그리스도의 영이 그리스도의 때에 대해서, 그리고 그리스도가 받게 될 고난과 그 고난 후에 얻게 될 영광에 대해 미리 알 수 있도록 드러내 주셨다는 뜻입니다. 다만 선지자들이 그리스도에 대해 예언했지만 언제 어떻게 성취될 것인지 정확히 알 수는 없었습니다. 선지자들은 비록 그리스도의 고난과 영광에 대해 예언했지만, 그들 시대에 성취되지 않고 후대에 성취되는 정도만 알고 있었습니다. 그러므로 12절 "이 섬긴 바가 자기를 위한 것이 아니요 너희를 위한 것임이 계시로 알게 되었으니 이것은 하늘로부터 보내신 성령을 힘입어 복음을 전하는 자들로 이제 너희에게 알린 것이요"라는 말씀은 구약시대 예언자들이 그리스도의 고난과 영광에 대해 예언했는데, 이는 그들을 위한 예언이 아니라 후대를 위한 예언이었다는 사실이 계시를 통해 드러났고, "하늘로부터 보내신 성령을 힘입어 복음을 전하는 자들로 이제 너희에게 알린 것이요"라는 말씀과 같이 사도들에 의해 나중에 복음으로써 선포되었다는 뜻입니다.

　예수님 당시 거의 모든 사람이 예수님을 메시아(그리스도)라고 부를 때, 예수님은 오히려 '인자'(사람의 아들)라고 스스로 나타내셨습니다. 다니엘 7장 13~14절 "내가 또 밤 환상 중에 보니 인자 같은 이가 하늘 구름을 타고 와서 옛적부터 항상 계신 이에게 나아가 그 앞으로 인도되매 그에게 권세와 영광과 나라를 주고 모든 백성과 나라들과 다른 언어를 말하는 모든 자들이 그를 섬기게 하였으니 그의 권세는 소멸되지 아니하는 영원한 권세요 그의 나라는 멸망하지 아니할 것이니라"는 예언 중에 "인자 같은 이"가 바로 예수님이었음을 신약성경을 통해 알 수 있습니다.

"갈릴리에 모일 때에 예수께서 제자들에게 이르시되 인자가 장차 사람들의 손에 넘겨져 죽임을 당하고 제삼일에 살아나리라 하시니 제자들이 매우 근심하더라"(마 17:22~23)

"침묵하고 아무 대답도 아니하시거늘 대제사장이 다시 물어 이르되 네가 찬송 받을 이의 아들 그리스도냐 예수께서 이르시되 내가 그니라 인자가 권능자의 우편에 앉은 것과 하늘 구름을 타고 오는 것을 너희가 보리라 하시니 대제사장이 자기 옷을 찢으며 이르되 우리가 어찌 더 증인을 요구하리요 그 신성 모독 하는 말을 너희가 들었도다 너희는 어떻게 생각하느냐 하니 그들이 다 예수를 사형에 해당한 자로 정죄하고 어떤 사람은 그에게 침을 뱉으며 그의 얼굴을 가리고 주먹으로 치며 이르되 선지자 노릇을 하라 하고 하인들은 손바닥으로 치더라"(막 14:61~62)

"그 때에 인자의 징조가 하늘에서 보이겠고 그 때에 땅의 모든 족속들이 통곡하며 그들이 인자가 구름을 타고 능력과 큰 영광으로 오는 것을 보리라 그가 큰 나팔소리와 함께 천사들을 보내리니 그들이 그의 택하신 자들을

하늘 이 끝에서 저 끝까지 사방에서 모으리라"(마 24:30~31)

위 구절들을 통해서 알 수 있듯이 예수님은 스스로 다니엘이 묘사한 '인자'와 연결 지어 말씀하셨습니다. 인성과 신성을 동시에 가지고 계신 분으로 나타내셨습니다. 그러나 예수님 당시 유대인들은 다니엘이 묘사한 '인자'를 제대로 알지 못했고, 대신 정치적 메시아로 믿고 유대인들의 왕이 되어 하나님의 백성을 세상에서 뛰어나게 하실 것으로 기대했던 것입니다(팔머 로벗슨, 『선지자와 그리스도』, 348~356쪽). 이런 정치적 믿음은 한국교회를 보더라도 여전히 사라지지 않고 있습니다. 예수 그리스도를 성경에 계시 된 '인자'로 받아들이기보다는 그들이 지지하는 정치지도자가 하나님의 대리자 역할 즉 메시아 역할을 하기를 원합니다. 1980년 8월 6일, 광주 학살의 책임자 전두환(당시 국보위상임위원장)을 위한 조찬 기도회에 한국교회 여러 교단 총회장급 국사들과 장로들 23명이 참여해서, 전두환을 축복하고 그를 위해 기도했습니다. 어떤 사람은 사회악을 제거한 의인으로 칭송했고, 어떤 사람은 전두환을 "여호수아 같은 인물이 되게 해달라"고 하나님께 기도했습니다. 이때 〈KBS〉와 〈MBC〉가 기도회를 생중계했고, 몇 차례 더 방송했으며, 일간지 1면을 장식했습니다(백중현, 『대통령과 종교』, 115쪽). 그런데 44년이 흐른 지난 2024년 11월 25일 비상계엄령 선포 일주일 전에 대통령을 위한 조찬 기도회가 열렸는데, 참석한 목사들은 윤석열을 향해 느헤미야라고 칭송했다고 합니다(〈에큐메니안〉 2025.01.07., "불의한 통치자 찬양은 정치적 우상 숭배"). 이는 아마도 그들 생각으로 "무너진 우리나라를 다시 세울 메시아와 같은 지도자"로 여긴 것이라 추측됩니다. 이처럼 아직도 이들은 예수 그리스도를 정치적 메시아로 믿고 싶어 합니다. 예수님 당시 유대인들은 그들이 고대해왔던 메시아가 정치적 행보를 이어가지 않자, 예수님을 로마 법정에 세워 십자가형을 받도록 처참하게 제거하고 말았습니다. 오늘날 우리나라 교회도 마찬가지입니다. 교회들 대부분이 그들의 정치적 기대와 이 세상에서 누리는 기득권을 지켜주는 지도자를 하나님의 대리자 격으로 여기고 있습니다. 예수님이 스스로 지칭하신 '인자'에 대해 성경에서 찾아보고 살펴볼 생각은 하지 않습니다. 그러므로 사도들과 같이 복음을 전하는 자들에 의해 전해진 복음에도 관심이 없습니다. 오늘날 많은 사람이 예수님을 그리스도(구원자)로 믿는다고 고백합니다. 그러나 복음을 알지 못합니다. 성경을 알지 못합니다. 복음을 믿지 못하고 성경을 믿지 못합니다. 복음이 무엇인지, 성경이 무엇인지 알지 못합니다. 아전인수격으로 낱말이나 구절을 자기 자신에게 맞게 적용해서 믿고 싶은 대로 믿을 뿐입니다. 예수님을 믿는다는 것은, 곧 예수 그리스도의 교훈인 성경을 믿는 것입니다. 부활하신 예수님은 승천하시기 전에 엠마오로 가는 두 제자에 나타나셔서 이렇게 말씀하셨습니다.

44. 또 이르시되 내가 너희와 함께 있을 때에 너희에게 말한 바 곧 모세의 율법과 선지자의 글과 시편에 나를 가리켜 기록된 모든 것이 이루어져야 하리라 한 말이 이것이라 하시고
45. 이에 그들의 마음을 열어 성경을 깨닫게 하시고
46. 또 이르시되 이같이 그리스도가 고난을 받고 제삼일에 죽은 자 가운데서 살아날 것과
47. 또 그의 이름으로 죄 사함을 받게 하는 회개가 예루살렘에서 시작하여 모든 족속에게 전파될 것이 기록되었으니
48. 너희는 이 모든 일의 증인이라(눅 24:44~48)

성경을 통해서 예수 그리스도를 믿는 것이기에, 성경을 모르면 그리스도를 모르는 것입니다. 성경을 알기 위해, 깨닫기 위해 노력하기를 바랍

니다. 선지자들에게 주어진 예언이 예수 그리스도의 고난과 영광에 대한 계시였고, 복음을 전하는 자들은 성령의 도움으로 예수 그리스도의 복음을 명확히 선포하고 전했습니다. 예수 그리스도를 통해 주어지는 구원에 대해 천사들도 알고 싶어 할 만큼 그들에게는 알려지지 않았다는 것입니다. 구원은 하나님의 자녀들에게 하나님의 은혜로 주어진 것인데, 구약시대 선지자들과 신약시대 사도들을 통해 점진적으로, 그리고 신약시대에는 더 자세히 알려지게 되었습니다. 천사들조차 모르는 구원의 비밀을 그리스도의 영이 우리에게 임하심으로써 우리에게 알려지게 되었다는 사실에 감사하기를 바랍니다. 이렇게 알려지기까지는 사도들의 역할이 가장 컸습니다. 그러므로 환란과 박해 앞에 놓인 그리스도인들을 향해 구원은 단지 세상 사람들이 믿고 싶어 하는 희망 사항이 아니라고 베드로 사도는 믿음과 구원에 대해 분명히 가르쳐야 했습니다. 구원은 *"너희에게 임할 은혜"*(10절)와 *"너희를 위한 것"*과 *"너희에게 알린 것"*(12절)이라고 베드로가 소아시아 지역 교회들을 향해 교훈한 말씀과 같이 그리스도인들에게 임하는 하나님의 은혜요, 죄와 사망 가운데 있는 하나님의 자녀들을 위한 것이요, 그리스도인들에게 알려진 것임을 깨닫고 감사하기를 바랍니다. 아멘.

(2025년 1월 26일)

제5강

# "내가 거룩하니
# 너희도 거룩할지어다"

지난 세 번의 강설을 통해서 왜 그리스도인들이 하나님을 찬송해야 하는지, 왜 교회가 환란과 박해가 존재하는 고통스러운 이 세상을 살아가면서도 소망과 기쁨을 누려야 하는지 이유를 말해주는 1장 3절부터 12절 내용을 함께 살펴보았습니다. 그 이유의 핵심이 바로 *"믿음의 결국 곧 영혼의 구원을 받음이라"*(9절)는 말씀입니다. 이 세상에서 억울한 누명을 쓰고 살다가 죽어도, 불법과 폭력을 앞세운 세상 통치자들의 폭정의 희생자가 되어도, 신실하고 거룩한 그리스도인의 삶을 인정받기는커녕 오히려 비난과 핍박과 박해의 대상자가 되고 순교를 당해도, *"몸은 죽여도 영혼은 능히 죽이지 못하는 자들을 두려워하지 말고 오직 몸과 영혼을 능히 지옥에 멸하실 수 있는 이를 두려워하라"*(마 10:28)는 예수님의 말씀을 믿고 하나님을 경외하며 살아가는 자들에게 구원의 은혜가 주어지므로, 그리스도인들은 슬픔과 고통의 삶 속에서도 소망을 품어야 하고 하나님을 찬송하며 기쁨을 누리며 살아가야 하며, 세상에 존재하는 동안 영적으로 성장하고 성숙해야 한다는 사실을 기억하기를 바랍니다.

베드로 사도는 어둡고 절망적이고 혹독했던 시대를 살고 있었던 소아시아 지역 교회들을 향해 구원의 은혜를 강조하는 편지를 썼습니다. 그러나 그 편지는 2,000년의 세월을 지나 지금 우리 귀에 생생하게 들려지고 있는 예수 그리스도의 말씀임을 기억하기를 바랍니다. 말세에 구원의 은혜를 온전히 누리게 될 그리스도인들이, 세상의 끝이 개인에게나 인류 모두에게나 임박한 상황이든, 아직 시간이 남아 있든 상관없이, 각자 어떻게 믿음을 지켜나가야 하는지 베드로 사도가 교훈하는 내용이 1장 13절부터 2장 10절까지 이어집니다. 그중에 우선 1장 13절부터 16절 내용을 살펴보고자 합니다. 이 부분의 교훈을 통해서 믿음 생활에 대해 임의로 정의하거나 거짓되고 헛된 교훈에 속아 넘어가 잘못 믿는 일이 없도록 명확히 깨닫기를 바랍니다.

먼저 13절부터 16절 내용을 세 가지 교훈으로 나누면, "예수 그리스도께서 나타나실 때에 너희에게 가져다 주실 은혜를 온전히 바랄지어다"(13절)라는 말씀, "너희 사욕을 본받지 말고"(14절)라는 말씀, 그리고 "모든 행실에 거룩한 자가 되라"(15절)는 말씀입니다. 쉽게 정리하면, 첫째 교훈은 이 세상 마지막 날에 예수 그리스도가 나타나실 때 온전히 얻게 될 구원의 은혜를 간절히 또는 받는 그 순간까지 조금도 의심하지 말고 소망하라는 명령입니다. 두 번째는 하나님을 모르고 불순종의 삶을 살았던 과거의 삶 즉 욕망에 이끌렸던 삶을 더 이상 추구하지 말라는 교훈입니다. 이제는 하나님의 뜻에 순종하는 하나님의 자녀들이 되었으니 아버지의 뜻대로 살아야 한다는 교훈입니다. 즉 욕심이나 욕망에 지배당하는 삶에서 벗어나라는 교훈입니다. 마지막은 하나님이 거룩하므로 그리스도인들 역시 거룩해야 한다는 교훈입니다. 더 간단하게 정리하면, 은혜를 바라고, 욕심을 따르지 말고, 거룩하게 살라는 뜻입니다. 이러한 삶은 그리스도인들에게 이 세상에서 단 하루의 삶이 주어져 있든, 1년의 삶이 주어져 있든, 100년의 삶이 주어져 있든 똑같이 적용되고, 박해 앞에 놓여 있거나 평화로운 환경에 살고 있거나 똑같이 적용됩니다. 그러므로 베드로 사도의 편지를 받아 읽었던 당시 그리스도인들과 거의 2,000년이 지난 시대에 살아가고 있는 우리가 똑같이 받아들여야 하는 교훈임을 잊지 말기를 바랍니다.

13절 "그러므로 너희 마음의 허리를 동이고 근신하여 예수 그리스도 께서 나타나실 때에 너희에게 가져다 주실 은혜를 온전히 바랄지어다" 라는 말씀은 이 자체만으로도 엄청난 진리를 계시하고 있습니다. 죄와 사망 가운데 빠진 모든 인간이라면 누구에게나 해당하는 '하나님의 은 혜'를 제시합니다. 그러나 안타깝게도 이 계시는 "너희"라고 특정된 사 람들에게만 알려져 있다는 사실입니다. 예수님은 제자들을 향해 "씨를 뿌리는 자"(막 4:3)의 비유를 들어 천국(하나님 나라)의 계시에 대해 교훈 하셨습니다. "예수께서 홀로 계실 때에 함께 한 사람들이 열두 제자와 더불어 그 비유들에 대하여 물으니 이르시되 하나님 나라의 비밀을 너 희에게는 주었으나 외인에게는 모든 것을 비유로 하나니 이는 그들로 보 기는 보아도 알지 못하며 듣기는 들어도 깨닫지 못하게 하여 돌이켜 죄 사함을 얻지 못하게 하려 함이라"(막 4:10~12)고 하셨습니다. 끝부분 "듣 기는 들어도 깨닫지 못하게 하여 돌이켜 죄 사함을 얻지 못하게 하려 함 이라"는 말씀에서 우리는 비유를 아느냐 모르느냐 문제에 매몰되지 않 아야 합니다. 이 비유는 기본 지식과 상식과 경험이 있는 사람이라면 누 구나 아는 수준으로 특별한 지식이나 교육이 필요하지 않습니다. 예수 님이 말씀하신 뜻을 바르게 알면 간단하고 단순한 내용입니다. 그런데 사이비 종교집단 신천지는 마태복음 13장 31~32절("또 비유를 들어 이르시되 천국은 마치 사람이 자기 밭에 갖다 심은 겨자씨 한 알 같으니 이는 모든 씨보다 작은 것이로되 자란 후에는 풀보다 커서 나무가 되매 공중의 새들이 와서 그 가지에 깃들이느니라")에 나오는 '겨자씨 비유'를 그림으로 그려서 비유를 엉터리로 해석합니다. 씨, 밭, 나무, 그리고 새를 그리면서 이것들에 상응하는 성경 구절을 일일이 찾아서 씨는 말씀, 밭은 마음, 나무는 사람, 새는 영(靈)이라고 풀이합니다. 신천지는 나무라고 하는 사람이 '말씀의 씨'를 마음에 받고 새가 깃들면 즉 영이 임하면 그 사람이 곧 천국이 된다는 가르침입니다. 겨자씨는 팔레스타인 지역에서 볼 수 있는 씨 중에서 가장 작은 씨지만 겨자 나무는 씨의 크기에 비해서 무려 3미터나 자람으로써 그 어떤 풀과 비교해도 크게 자란다는 사실을 당시 사람들은 모두 알고 있었습니다. 비유의 핵심은 지극히 작지만 크게 자란다는 면에 있고, 부연 설명으로 새들이 날아들어 깃들 정도로 제법 큰 나무가 된다는 사실입니다. 이는 교회의 확장성을 말해주는 것입니다. 신천지는 새를 마치 하나님의 영으로 풀이했는데, 비유에 등장하는 새는 당시 사람들의 생각에는 오히려 해로운 존재였습니다. 겨자 나무 잎사귀나 가지를 상하게 하거나 열매를 쪼아버리기에 겨자 나무의 성장과 결실에 방해가 되는 존재가 바로 새입니다. 마찬가지로 교회가 성장할 때 교회 속에 날아드는 마귀와 같은 새들도 더욱 많이 날아들고 깃들일 것이지만 그러함에도 불구하고 교회는 성장한다는 의미이지, 신천지의 비유 풀이는 결코 성경 본문의 맥락과 교훈에 맞지 않은 엉터리 해석임을 명심하기를 바랍니다.

신천지가 중요하게 가르치는 또 다른 그림과 비유가 있는데, '끓는 가마의 비유'라고 하는 것으로, 끓는 가마솥에 양고기를 삶기 위해 나무를 땔감으로 사용하는 것인데, 구약성경에 나오는 끓는 가마(렘 1:13, 겔

24:3~6, 미 3:1~12)를 마치 목사들에 의해 힘든 신앙생활을 하는 신자들로 비유해서 기성교회는 불을 지피기 위해 쓰는 나무인 사탄의 불을 이용해서 믿음 생활을 방해한다고 가르칩니다. 또 한 가지 그림과 비유가 있는데, 구름에서 비가 내려 풀이 생기를 얻고 자란다는 이야기입니다. 구름은 성령, 비는 생명의 말씀, 풀(채소)은 사람이라고 설명합니다. 그들에게는 교주가 곧 생명의 말씀을 주는 비와 같은 존재라고 주장합니다. 예수님이 제자들에게 단순한 비유로 천국을 설명하셨는데, 이들은 오히려 시사점과 맥락을 모르고 세부적인 것을 만들어 낸 것입니다. "악마는 디테일에 있다"는 말이 있는데, 명백하고 단순한 비유에 세부 교훈을 만들어 잘못된 길로 이끄는 것입니다. 원래 의도를 벗어나 전혀 다른 뜻을 내세운 것입니다.

이처럼 예수님이 비유로 말씀하신 것은 그 교훈이 지극히 단순명료해서 그대로 믿고 받아들이면 된다는 뜻입니다. 단어 하나하나에 매몰되어 맥락을 벗어나는 우를 범하지 말아야 합니다. 그리고 설령 비유의 의미를 알아도 제자들이 아닌 자들은 예수님을 따르지 않는다는 사실입니다. "이르시되 하나님 나라의 비밀을 너희에게는 주었으나 외인에게는 모든 것을 비유로 하나니 이는 그들로 보기는 보아도 알지 못하며 듣기는 들어도 깨닫지 못하게 하여 돌이켜 죄 사함을 얻지 못하게 하려 함이라 하시고"(막 4:12)라는 말씀에서 "돌이켜 죄 사함을 얻지 못하게 하려 함이라"는 부분의 말씀을 어리석게 받아들이면 곤란합니다. 비유 자체에 하나님의 자녀가 되거나 되지 못하는 어떤 보이지 않는 힘이 존재한다는 뜻이 아닙니다. 하나님의 자녀가 된다는 것은 철저히 하나님의 뜻임을 명심하기를 바랍니다. 요한복음 1장 12~13절 "영접하는 자 곧 그 이름을 믿는 자들에게는 하나님의 자녀가 되는 권세를 주셨으니 이는 혈통으로나 육정으로나 사람의 뜻으로 나지 아니하고 오직 하나님께로부터 난 자들이니라"는 교훈대로 하나님의 자녀가 되는 일은 어떤 비유를 받아들이고 그 뜻이나 풀이를 아는 사람의 능력이나 뜻에 있는 것이 아니라 하나님의 뜻에 있음을 잊지 말기를 바랍니다. 그러므로 "돌이켜 죄 사함을 얻지 못하게 하려 함이라"는 말씀은 그 비유를 아느냐 모르느냐에 따라 어떤 사람이 천국에 들어가느냐 못 들어가느냐가 달린 것이 아니라 당시 듣는 자들에게 충격적인 방법을 통해 회개하도록 촉구하는 의미임을 알기를 바랍니다.

마태복음 19장에는 하나님의 계명에 대해 잘 알고 있었던 부자 청년 이야기가 등장합니다. 그는 율법에 대해 즉 하나님의 말씀에 대해 잘 알고 있었고, 그 의미를 잘 알고 있었습니다. 그러나 그는 그 말씀을 통해 회개하고 하나님께로 나아가기보다는 물질의 풍요를 누리는 세상에 그대로 있는 삶을 택했습니다. 양심의 가책을 느끼면서도 결국에는 하나님을 섬기는 삶보다는 재물을 추구하고 누리는 삶에서 벗어나지 못했습니다. 마태복음 19장 16절부터 22절 내용을 함께 보겠습니다.

16. 어떤 사람이 주께 와서 이르되 선생님이여 내가 무슨 선한 일을 하여야 영생을 얻으리이까

17. 예수께서 이르시되 어찌하여 선한 일을 내게 묻느냐 선한 이는 오직 한 분이시니라 네가 생명에 들어 가려면 계명들을 지키라

18. 이르되 어느 계명이오니이까 예수께서 이르시되 살인하지 말라, 간음하지 말라, 도둑질하지 말라, 거짓 증언 하지 말라,

19. 네 부모를 공경하라, 네 이웃을 네 자신과 같이 사랑하라 하신 것이니라

20. 그 청년이 이르되 이 모든 것을 내가 지키었사온대 아직도 무엇이 부

족하니이까

21. 예수께서 이르시되 네가 온전하고자 할진대 가서 네 소유를 팔아 가
    난한 자들에게 주라 그리하면 하늘에서 보화가 네게 있으리라 그리고
    와서 나를 따르라 하시니
22. 그 청년이 재물이 많으므로 이 말씀을 듣고 근심하며 가니라

이처럼 하나님의 말씀을 듣고 이해하는 것으로만 끝나지 않고 하나님께 불순종했던 죄를 회개하고 하나님의 뜻에 순종하는, 즉 하나님이 보내신 구원자 예수 그리스도를 믿고 따르는 삶이 말씀의 결실임을 깨닫기를 바랍니다. *"귀 있는 자는 들을지어다"* 또는 *"들을 귀 있는 자들은 들으라"*(마 11:15, 막 4:9, 23, 눅 8:8, 계 2:29 등)는 말씀에서 그 앞이나 다음에 나오는 내용도 알아야 하지만 더 중요한 것은 그렇게 말씀하신 분이 누구인지 정확히 알고 그분의 뜻을 알아야 합니다. 말씀하신 예수님도 모르고, 성경에 드러난 예수님의 뜻도 모르고, 예수님이 하신 말씀의 내용도 모르면서 예수님을 믿는다고 하는 자들은 마태복음 19장에 나오는 한 젊은 부자 청년보다 못한 자들입니다. 예수 그리스도를 믿고 죄를 회개해야 하는데 그렇게 하지 않는 자들은 본문 13절 *"예수 그리스도께서 나타나실 때에 너희에게 가져다 주실 은혜를 온전히 바랄지어다"*라는 말씀과 전혀 관계가 없는 자들입니다. 먼저 그 청년처럼 자기가 가진 재물이 아까워서 예수님 앞을 떠난 사람이기에 *"예수 그리스도께서 나타나실 때"*와 관계없는 사람입니다. 긍정적인 관계가 없다는 뜻입니다. 당연히 부정적으로는 관계가 있습니다. 다음 구절들을 통해 알 수 있습니다.

그 때에 사람들이 인자가 구름을 타고 능력과 큰 영광으로 오는 것을 보리라(눅 21:27)

그 때에 인자가 구름을 타고 큰 권능과 영광으로 오는 것을 사람들이 보리라(막 13:26)

그 때에 인자의 징조가 하늘에서 보이겠고 그 때에 땅의 모든 족속들이 통곡하며 그들이 인자가 구름을 타고 능력과 큰 영광으로 오는 것을 보리라 (마 24:30)

볼지어다 그가 구름을 타고 오시리라 각 사람의 눈이 그를 보겠고 그를 찌른 자들도 볼 것이요 땅에 있는 모든 족속이 그로 말미암아 애곡하리니 그러하리라 아멘(계 1:7)

예수 그리스도를 믿지 않고 그의 교훈을 듣지 않은 자들이 예수 그리스도의 재림 때 관계가 있다고 할 수 있는 것은 그들이 예수님으로부터 심판을 받기 때문입니다. 요한복음 5장 28~29절을 보면 "이를 놀랍게 여기지 말라 무덤 속에 있는 자가 다 그의 음성을 들을 때가 오나니 선한 일을 행한 자는 생명의 부활로, 악한 일을 행한 자는 심판의 부활로 나오리라"는 예수님의 말씀이 기록되어 있습니다. 여기서 선과 악은 인간이 생각하는 상대적 개념이 아닙니다. 절대적인 것으로 하나님의 기준에 따른 것입니다. 요한복음 3장 16~18절을 보면, "하나님이 세상을 이처럼 사랑하사 독생자를 주셨으니 이는 그를 믿는 자마다 멸망하지 않고 영생을 얻게 하려 하심이라 하나님이 그 아들을 세상에 보내신 것은 세상을 심판하려 하심이 아니요 그로 말미암아 세상이 구원을 받게 하려 하심이라 그를 믿는 자는 심판을 받지 아니하는 것이요 믿지 아니하는 자는 하나님의 독생자의 이름을 믿지 아니하므로 벌써 심판을 받은 것이니라"는 말씀이 기록되어 있는데 하나님이 보내신 구원자 예수 그리스도를 믿지 않으면 "벌써 심판을 받은 것"으로 세상 마지막 날에 영원한 지옥의 형벌을 받기 위해 부활하게 됩니다. 하나님의 기준으로 선과 악은 구원자로 오셨고 심판자로 오실 예수 그리스도를 믿느냐 믿지 않느냐에 해당하는 것입니다. 믿으면 선, 믿지 않으면 악입니다. 절대다수는 예수 그리스도를 믿지 않습니다. 그러나 환난과 박해 속에서도 예수 그리스도를 믿고 그 믿음을 끝까지 지킨 사람들은 미래에 대한 소망이 있습니다. 13절 "그러므로 너희 마음의 허리를 동이고 근신하여 예수 그리스도께서 나타나실 때에 너희에게 가져다 주실 은혜를 온전히 바랄지어다"라는 말씀은 예수 그리스도에 대한 믿음을 지킨 자들에게 예수 그리스도가 심판의 주님으로 다시 오실 때 은혜를 주시므로 어떤 상황에서도 끝까지 포기하지 말고 인내하면서 그 은혜를 바라야 한다는 말씀입니다. 그러므로 이 세상이 전부라고 알고 있다면, 전부는 아니더라도 막연하게 다음 세상이 있을 것으로 생각한다면, 그렇게 생각하거나 믿은 사람들은 예수님이 인류 최후의 날에 심판자로 다시 오실 때 엄청난 충격을 받게 될 것입니다. 그들이 받을 은혜는 없습니다. 그들에게 자비가 베풀어지지 않습니다. "다만 네 고집과 회개하지 아니한 마음을 따라 진노의 날 곧 하나님의 의로우신 심판이 나타나는 그 날에 임할 진노를 네게 쌓는도다"(롬 2:5)는 말씀의 교훈을 듣고도 회개하지 않는다면 어떻게 되겠습니까? 하나님의 계시를 받아 마지막 때에 일어날 많은 일을 기록한 사도 요한은 "그가 큰 음성으로 이르되 하나님을 두려워하며 그에게 영광을 돌리라 이는 그의 심판의 시간이 이르렀음이니 하늘과 땅과 바다와 물들의 근원을 만드신 이를 경배하라 하더라"(계 14:7)고 그가 환상으로 본 천사의 말을 전했습니다. 하나님이 세상을 심판하실 때가 온다는 것을 기억하기를 바랍니다. 그래서 베드로는 "너희 마음의 허리를 동이고 근신하여"라고 했습니다. 이 말씀은 마치 허리띠를 단단히 졸라매고 무슨 일을 하기 위해 준비하듯이, 또는 어딘가를 급히 떠나기 위한 채비를 하듯이 마음을 준비하라는 뜻입니다. 이어서 "근신하여"는 정신을 바짝 차린 상태를 말합니다. 이렇게 단단히 마음과 정신상태를 바로 잡아야 하는 이유는 "예수 그리스도께서 나타나실 때에 너희에게 가져다 주실 은혜"라는 말씀과 관련해서 생각해 볼 때 결코 편하고 쉽게 받는 은혜가 아니기 때문입니다. 목숨을 빼앗기는 일이 있더라도 끝까지 믿음을 지키며 온전히 누리게 될 하나님의 은혜를 바라라는 뜻입니다. 그리스도인에게 구원이 이 세상에서 온전히 주어지는 것이 아니라 다만 이 세상에서는 구원의 약속을 받고 기다리는 것이며, 예수님이 다시 오실 때 비로소 온전한 구원을 받게 됨을 잊지 말기를 바랍니다.

다음으로, 14절 "너희가 순종하는 자식처럼 전에 알지 못할 때에 따르던 너희 사욕을 본받지 말고"라는 말씀은 쉽게 말하자면 "이제 여러분은 순종하는 자녀가 되었으므로 이전에 몰랐을 때 좇았던 욕망을 따라 살지 않고"《원문번역주석성경》라는 뜻입니다. 베드로 사도가 이런 권면을 한 것은 박해와 임박한 환난에 처하게 될 그리스도인들에게는 적절한 교훈이 아닌 것으로 여길 수 있습니다. 그러나 우리는 베드로의 생각이나 뜻이 전적으로 당시 소아시아 지역 교회들만 대상으로 한 것이 결코 아님을 알아야 합니다. "모든 성경은 하나님의 감동으로 된 것으로 교훈과 책망과 바르게 함과 의로 교육하기에 유익하니"(딤후 3:16)라는 말씀에서 알 수 있듯이 "하나님의 감동"으로 기록된 것이기에 당시 그리스도인은 물론이고 그 이후부터 앞으로 세상 끝날 때까지 존재하게 될 모든 그리스도인을 포함한다는 사실을 잊지 말아야 합니다. 다만 죽음을 눈앞에 두고 있거나 마지막이 가까운 시대에 살게 될 신자들은 13절의 말씀을 중심으로 받아들여야 하고, 개인의 종말 또는 세상의 종말이 멀리 있다고 여기는 신자들은 14절의 말씀이 더 마음에 와닿을 것입니다. "이제 여러분은 순종하는 자녀가 되었으므로 이전에 몰랐을 때 좇았던 욕망을 따라 살지 않고"라는 말씀을 통해서 종말이 올 때까지 그리스도인들이 이 세상에서 어떤 삶을 살아야 하는지 베드로는 교훈했습니다. 불순종의 삶을 살았을 때는 "욕망을 따라" 살았을지라도 이제는 하나님이 보내신 구원자 그리스도를 믿음으로써 하나님의 자녀가 되었기에, 즉 요한복음 1장 12절 "영접하는 자 곧 그 이름을 믿는 자들에게는 하나님의 자녀가 되는 권세를 주셨으니"라는 말씀처럼 그리스도를 믿는 자는 이제 "순종하는 자녀"이기에 불순종의 자녀들처럼 "욕망을 따라" 살지 말라는 뜻입니다. 이런 점에서는 사도 바울 역시 골로새 교회를 향해 같은 교훈을 했습니다.

1. 그러므로 너희가 그리스도와 함께 다시 살리심을 받았으면 위의 것을 찾으라 거기는 그리스도께서 하나님 우편에 앉아 계시느니라
2. 위의 것을 생각하고 땅의 것을 생각하지 말라
3. 이는 너희가 죽었고 너희 생명이 그리스도와 함께 하나님 안에 감추어졌음이라
4. 우리 생명이신 그리스도께서 나타나실 그 때에 너희도 그와 함께 영광 중에 나타나리라
5. 그러므로 땅에 있는 지체를 죽이라 곧 음란과 부정과 사욕과 악한 정욕과 탐심이니 탐심은 우상 숭배니라
6. 이것들로 말미암아 하나님의 진노가 임하느니라
7. 너희도 전에 그 가운데 살 때에는 그 가운데서 행하였으나(골 3:1~7)

사도 바울은 또한 에베소 교회를 향해 "그 때에 너희는 그 가운데서 행하여 이 세상 풍조를 따르고 공중의 권세 잡은 자를 따랐으니 곧 지금 불순종의 아들들 가운데서 역사하는 영이라 전에는 우리도 다 그 가

운데서 우리 육체의 욕심을 따라 지내며 육체와 마음의 원하는 것을 하여 다른 이들과 같이 본질상 진노의 자녀이었더니"(엡 2:2~3)라고 교훈했습니다. 그리스도를 믿기 전에는 "불순종의 아들들"과 같이 "육체의 욕심을 따라" 살았다는 것입니다. 그러나 그리스도인들은 그 신분이 땅의 사람에서 하늘의 사람으로 바뀌었기에(빌 3:20, 고전 15:49, 고후 5:17, 엡 2:1~10) 골로새서 3장 5절 "땅에 있는 지체를 죽이라"는 말씀을 따라서 살아야 합니다. 《새번역》을 보면 "그러므로 땅에 속한 지체의 일들, 곧 음행과 더러움과 정욕과 악한 욕망과 탐욕을 죽이십시오. 탐욕은 우상숭배입니다."라고 번역되어 있습니다. 예수 그리스도를 믿기 전에는 땅에 속한 자들로서 "욕망을 따라" 살았지만, 예수 그리스도를 믿은 후로는 "욕망을 따라 살지 않고" 다른 삶을 살아야 한다는 뜻입니다. 그렇다면 어떤 삶이 그리스도인들에게 새롭게 주어져 있을까요?

"그런즉 누구든지 그리스도 안에 있으면 새로운 피조물이라 이전 것은 지나갔으니 보라 새 것이 되었도다"(고후 5:17)는 말씀과 같이 "새로운 피조물"이 되었기에 새로운 삶을 살아야 합니다. 이 세로운 삶이 바로 본문 15~16절 "오직 너희를 부르신 거룩한 이처럼 너희도 모든 행실에 거룩한 자가 되라 기록되었으되 내가 거룩하니 너희도 거룩할지어다 하셨느니라"는 말씀에 순종하는 삶입니다. 베드로는 구약성경에 기록된 말씀을 인용했습니다. 즉 레위기 11장 45절 "나는 너희의 하나님이 되려고 너희를 애굽 땅에서 인도하여 낸 여호와라 내가 거룩하니 너희도 거룩할지어다"라는 말씀과 "너는 이스라엘 자손의 온 회중에게 말하여 이르라 너희는 거룩하라 이는 나 여호와 너희 하나님이 거룩함이니라"(레 19:2)는 말씀입니다. 당시 하나님이 모세를 통해 이스라엘 백성에게 말씀하셨는데(레 11:44~45, 19:2, 20:7~8, 26 등), 베드로 사도가 소아시아 지역에 있는 모든 그리스도인을 포함한 영적 이스라엘 백성에게 하나님의 뜻을 전한 것입니다.

먼저 "거룩"의 뜻을 알기를 바랍니다. 히브리어 'קָדוֹשׁ'(qadosh)는 '거룩한' 또는 '구별된'이라는 형용사로 주로 하나님을 수식하는 단어입니다. 원칙적으로는 오직 여호와 하나님께만 사용될 수 있는 수식어이지만, 성경에는 그밖에 두 가지 면으로 사용되는데 하나는 하나님이 명하셔서 하나님을 위해 사용되는 것에 사용할 수 있습니다. 예를 들면 하나님께 제사할 때 사용하는 기구들 모두가 거룩한 물건이 됩니다(대하 5:5, 왕상 8:4 등). 다른 하나는 하나님께 속한 것이나 하나님의 소유에 대해 사용합니다. 기름 부음을 받은 자(민 3:3, *"기름 부음을 받고 거룩하게 구별되어 제사장 직분을 위임 받은 제사장들"*), 거룩한 성전(렘 51:51), 거룩한 백성(출 19:6), 거룩한 땅(겔 45:4), 거룩한 말씀(시 105:42), 거룩한 안식일(출 16:23), 거룩한 자(벧전 1:15) 등입니다. 이처럼 '거룩한' 이라는 말을 사용할 때는 하나님께 대해, 하나님이 사용하시는 것에, 그리고 하나님의 소유에 대해 사용합니다. 한국교회가 흔히 사용하는 '성전'은 '거룩한 집'이라는 뜻인데, 하나님이 명하신 양식대로 오로지 하나님을 위해 지어진 건물이 아니기 때문에 '성전'이 될 수 없습니다. 게다가 구약시대 성전은 참 성전인 예수 그리스도의 그림자였기에 더 이상 존재할 이유가 없습니다. 예배당이나 교회당을 성전이라고 부르는 것은 하나님께 대한 모독임을 기억하기를 바랍니다.

이제 끝으로 15~16절 *"오직 너희를 부르신 거룩한 이처럼 너희도 모든 행실에 거룩한 자가 되라 기록되었으되 내가 거룩하니 너희도 거룩할지어다 하셨느니라"*는 말씀의 뜻을 바로 알고 실천하기를 바랍니다.

하나님 또는 하나님의 것에 대해 수식어로 사용된 것 외에도 '거룩하라'는 명령이 있음을 명심해야 합니다. 베드로 사도는 레위기 19장 2절 *"너희는 거룩하라 이는 나 여호와 너희 하나님이 거룩함이니라"*는 말씀을 인용해서 소아시아 지역 교회들을 포함한 모든 영적 이스라엘 백성에게 *"오직 너희를 부르신 거룩한 이처럼 너희도 모든 행실에 거룩한 자가 되라 기록되었으되 내가 거룩하니 너희도 거룩할지어다 하셨느니라"*고 다시 명령했습니다. 이는 하나님이 가지고 계시는 공유적 속성의 하나로 사람 역시 가질 수 있는 것이기 때문에 명령에 대해 따르는 일이 가능합니다. 다만 하나님은 완전한 거룩을 가지고 계시는 분이고, 우리는 완전에 이를 수는 없으나 단지 흉내를 내는 정도에 불과할 것입니다. 거룩을 빛으로 비유했을 때, 하나님의 거룩이 태양이라면 사람의 거룩은 희미한 촛불에 지나지 않습니다. 그러나 하나님은 불을 밝히지 못하고 꺼져있는 촛불과 같은 그리스도인들에게 불을 밝힐 수 있는 은혜를 주셨습니다. 그래서 바람에 흔들려 꺼지기 쉬운 촛불이라 할지라도 촛불이 꺼질 때까지는 계속 밝히는 것이 우리의 거룩한 삶이라 할 수 있습니다. 베드로 사도 당시 그리스도인들이든 지금 우리든 환난과 박해 앞에서는 언제 꺼질지 모르는 촛불과 같은 존재이고, 또 어떤 사람들은 비교적 평온한 삶을 살기에 촛불이 다 탈 때까지 목숨을 유지할 수도 있을 것입니다. 우리의 삶이 다할 때까지 *"모든 행실에 거룩한 자가 되라"*는 말씀을 기억하고 우리 각자의 삶 속에서 거룩한 행실이 나타나도록 힘쓰기를 바랍니다.

라일(J. C. Ryle, 1816~1900)은 성경적 거룩(scriptural holiness)이 무엇인지 실천적 거룩(practical holiness)이 무엇인지 명확히 알 수 있도록 성경에 기초해서 설교한 20편의 원고를 정리해서 『거룩』(Holiness)이라는 책을 세상에 내놓았습니다. 그의 세 번째 설교는 히브리서 12장 14절 중 "*거룩함을 따르라 이것이 없이는 아무도 주를 보지 못하리라*"는 구절이었습니다. 그는 사람이 거룩하지 않아도 되는 날은 단 하루도 없다면서 언제나 거룩해야 하고, 지위나 신분에 상관없이 누구든지 거룩해야 한다면서 무엇이 참되고 실천적인 거룩인지 다음과 같이 12가지로 설명했습니다.

(1) 성경에 드러난 하나님의 생각을 마음에 품는 습성이 거룩입니다.

(2) 거룩한 사람은 죄로 드러난 모든 것을 피하고, 알려진 모든 계명을 지키려고 애씁니다.

(3) 거룩한 사람은 우리 주 예수 그리스도처럼 되고자 분투합니다.

(4) 거룩한 사람은 온유함과 오래 참음과 양선과 인내와 친절한 성품을 추구하고 혀를 다스리려고 애씁니다.

(5) 거룩한 사람은 자기를 부인하고 절제합니다.

(6) 거룩한 사람은 사랑과 형제 우애에 애씁니다.

(7) 거룩한 사람은 다른 사람을 자비와 박애의 정신으로 대하려고 애씁니다.

(8) 거룩한 사람은 순전한 마음을 추구합니다.

(9) 거룩한 사람은 하나님을 경외합니다.

(10) 거룩한 사람은 겸손합니다.

(11) 거룩한 사람은 삶의 모든 의무와 관계에 있어서 신실함을 추구합니다.

(12) 거룩한 사람은 영적 사고방식을 갖기 위해 힘씁니다.

그는 "이와 같은 것들이 거룩하다 일컫는 사람이 추구하는 성품"이라고 했습니다(라일, 『거룩』, 101~109쪽). 라일은 우리가 아무리 거룩한 생활을 위해 노력해도 완전함에 도달할 수는 없다고 했습니다. 다만 계속 전진하고 항상 거룩한 삶을 살려고 힘쓰는 것이 거룩한 자의 삶이라 했습니다(위의 책, 110~111쪽). 위의 12가지에 하나 덧붙이고자 하는 내용이 있는데, 하나님으로부터 '거룩한 자'로 불리는 것, 거룩한 무리의 뜻인 '성도'라 불리는 것에 대해 그 의미를 깨닫고 하나님께 감사하는 사람이 거룩한 사람입니다. 그러나 우리가 절대로 잊지 말아야 하는 것이 있는데 바로 하나님의 거룩함에 대한 인식입니다. "오직 너희를 부르신 거룩한 이처럼"과 "내가 거룩하니"라는 말씀에 잘 나타나 있는 '하나님의 거룩함'에 대한 올바른 인식입니다. 데이비드 웰스(David F. Wells)는 오늘날 하나님의 거룩함에 대한 인식이 사라졌는데 그 이유를 세 가지로 제시했습니다. 첫째, 하나님이 가볍게 여겨지고 과소 평가되기 때문이라고 했습니다. 둘째, 거룩한 성품을 만들기 싫어하는 사람들의 마음이 하나님의 거룩함과 거룩함에 대한 사람들의 관심을 흐르게 하기 때문이라고 했습니다. 셋째, 오늘날 기독교인들이 하나님을 가장 먼저 사랑의 하나님으로 인식하는 경향이 강해서 하나님의 거룩함에 대해 불쾌하게 생각하기 때문이라고 했습니다(데이비드 웰스, 『거룩하신 하나님』, 206~209쪽). 그러나 하나님의 사람들은 거룩한 하나님에 대해 알기를 힘쓰고, 거룩하게 살라는 하나님의 명령을 따르기 위해 힘쓰는 사람들임을 잊지 말기를 바랍니다. 아멘.

(2025년 2월 2일)

# 팍툼 살루티스(Pactum Salutis)

강설 본문: 베드로전서 1장 17~21절

17. 외모로 보시지 않고 각 사람의 행위대로 심판하시는 이를 너희가 아 버지라 부른즉 너희가 나그네로 있을 때를 두려움으로 지내라

18. 너희가 알거니와 너희 조상이 물려 준 헛된 행실에서 대속함을 받은 것은 은이나 금 같이 없어질 것으로 된 것이 아니요

19. 오직 흠 없고 점 없는 어린 양 같은 그리스도의 보배로운 피로 된 것이니라

20. 그는 창세 전부터 미리 알린 바 되신 이나 이 말세에 너희를 위하여 나타내신 바 되었으니

21. 너희는 그를 죽은 자 가운데서 살리시고 영광을 주신 하나님을 그리 스도로 말미암아 믿는 자니 너희 믿음과 소망이 하나님께 있게 하셨 느니라

사도 베드로가 믿음으로 구원받는 자들에게 거룩한 삶을 살도록 교훈한 내용이 1장 13절부터 2장 10절까지 이어지는데, 성도(the Saints, 거룩한 무리, 거룩한 사람들)라 칭함을 받는 그리스도인들은 그들의 정체성(identity)도 '거룩한 삶'에 있고, 품위(dignity)도 '거룩한 삶'에 있음을 명확히 알 수 있도록 교훈을 받게 됩니다. 1세기 당시나 21세기 오늘날이나 그리스도인들의 정체성과 품위는 변함없이 거룩함에 있다는 것을 항상 기억하기를 바랍니다.

오늘 살펴볼 1장 17절부터 21절 말씀은 헬라어로는 사실상 이어진 하나의 문장입니다. 수식어를 모두 빼고 단순하게 정리하면 "너희는 두려움으로 지내라"입니다. 17절 하반절 "너희가 나그네로 있을 때를 두려움으로 지내라"가 핵심 문장입니다. 《새번역》으로 보면 "여러분은 나그네

삶을 사는 동안 두려운 마음으로 살아가십시오."입니다. 베드로는 박해와 환난 앞에 놓인 그리스도인들을 향해 두려워할 존재가 통치자들이나 박해자들이 아니라 바로 그들이 믿는 하나님이라는 사실을 상기시킨 것입니다. 그런데 '두려움'의 종류가 다릅니다. 통치자들이나 박해자들에 대한 두려움은 일종의 공포심과 같은 것이라면, 하나님에 대한 두려움은 존경심 또는 경외심이라 할 수 있습니다. 그렇다고 해서 권력을 휘두르는 세상 통치자들보다 무섭지 않다는 것은 결코 아닙니다. 예수님은 제자들에게 하나님을 두려워해야 한다는 뜻으로 "몸은 죽여도 영혼은 능히 죽이지 못하는 자들을 두려워하지 말고 오직 몸과 영혼을 능히 지옥에 멸하실 수 있는 이를 두려워하라"(마 10:28)고 하셨습니다. 하나님의 무서움은 이루 말로 표현할 수 없습니다. 여호수아는 가나안 땅에 들어갈 이스라엘 백성을 향해 "만일 너희가 너희의 하나님 여호와께서 너희에게 명령하신 언약을 범하고 가서 다른 신들을 섬겨 그들에게 절하면 여호와의 진노가 너희에게 미치리니 너희에게 주신 아름다운 땅에서 너희가 속히 멸망하리라 하니라"(수 23:16)고 선포했습니다. 다만 우리는 하나님을 아버지라 부를 수 있게 되었기 때문에 엄청난 특권을 가진 자들입니다. "너희가 아들이므로 하나님이 그 아들의 영을 우리 마음 가운데 보내사 아빠 아버지라 부르게 하셨느니라"(갈 4:6)고 바울 사도가 교훈했듯이, 또한 베드로 사도가 "외모로 보시지 않고 각 사람의 행위대로 심판하시는 이를 너희가 아버지라 부른즉"(17절)이라고 말한 것처럼 우리는 사람의 마음에서부터 드러난 행위를 따라 심판하시는 하나님을 아버지로 모시고 있다는 사실을 한편으로는 감사하게 여기고, 또 한편으로는 두려운 마음을 가져야 함을 명심하기를 바랍니다. 그래서 히브리서 기자도 그리스도인들에게 두려움으로 하나님을 섬기라고 했습니다(히 12:28~29, "그러므로 우리가 흔들리지 않는 나라를 받았은즉 은혜를 받

베드로는 하나님이 어떤 면에서 사람과 근본적인 차이가 있는지 보여
줍니다. 사람들은 어떤 사람의 외모를 보고, 즉 겉으로 드러난 사람의
행위를 보고 평가하고 판단합니다. 반면에 하나님은 “외모로 보시지 않
고”라는 표현에서 알 수 있듯이 겉으로 드러난 모습에 따라 판단하시지
않습니다. “외모로 보시지 않고 각 사람의 행위대로 심판하시는 이”라는
말씀을 쉽게 정리하면, 사람들은 어떤 사람의 외모와 그 사람의 행위
를 보고 평가하고 판단하며 재판하지만, 하나님은 어떤 사람의 외모가
아닌 중심(마음속)에서 시작해서 행위까지 보신다는 말씀입니다. 여기서
“행위”는 ‘에르곤’(ἔργον)이라는 말로 복수가 아닌 단수로 사용되었는데,
“사람의 행위” 전체를 하나로 보는 말입니다. 행위는 종종 열매로 비유
되는데, 갈라디아서 5장 22~23절 “오직 성령의 열매는 사랑과 희락과
화평과 오래 참음과 자비와 양선과 충성과 온유와 절제니 이같은 것을
금지할 법이 없느니라”는 말씀에 나타난 “열매”가 바로 단수로 사용되
었습니다. 성령에 의해 맺은 다양한 열매는 곧 하나님에 대한 믿음에서
나오는 하나의 열매라는 뜻입니다. 여러 가지 모습을 하고 있을 뿐이지
근본적으로 하나의 마음에서 나오는 하나의 행위라는 사실입니다. 그래
서 “사람의 행위”는 선하든 악하든 오직 한 가지로 대표됩니다. 하나님
을 향한 마음에서부터 드러나는 행위가 곧 선(善)이고, 자기를 향한 마
음에서 드러나는 행위가 곧 악(惡)입니다. 사람들은 어떤 사람의 마음을
정확히 들여다볼 수 없으므로 외모를 볼 수밖에 없습니다. ‘심리’(心理)
도 겉으로 드러난 마음의 양상(樣相) 즉 외모에 불과한 것입니다. 우리
는 사람의 마음속을 정확하게 들여다볼 수 없습니다. 설령 사람들이 마

음속의 것을 사실대로 드러내놓고 그것을 모아서 정리한 것이라 할지라도 일부만 겉으로 드러난 것이고 단편적이고 일시적이고 불완전합니다. 오직 하나님만이 어떤 사람의 마음을 100% 보실 수 있습니다. "사람은 외모를 보거니와 나 여호와는 중심을 보느니라"(삼상 16:7)고 하셨습니다. 또한 "나 여호와는 심장을 살피며 폐부를 시험하고 각각 그의 행위와 그의 행실대로 보응하나니"(렘 17:10)라고 하셨습니다. 하나님은 어떤 사람의 마음을 태어난 순간부터 죽는 순간까지 모두 다 아시며, 모든 인생에 대한 마음과 삶을 아시고, 세상에서 태어나는 모든 사람의 마음과 행위를 완벽하고 온전히 아시는 분임을 명심하기를 바랍니다. 그러므로 베드로 당시 그리스도인들이든 우리든 이 세상을 잠시 나그네처럼 살아가는 동안 "외모로 보시지 않고 각 사람의 행위대로 심판하시는 이를 너희가 아버지라 부른즉 너희가 나그네로 있을 때를 두려움으로 지내라"는 말씀을 마음에 새기고, 하나님이 인정하시는 선한 마음 즉 하나님이 보내신 구원자 예수 그리스도를 믿는 마음으로 살아가기를 바랍니다.

18~19절 "너희가 알거니와 너희 조상이 물려 준 헛된 행실에서 대속함을 받은 것은 은이나 금 같이 없어질 것으로 된 것이 아니요 오직 흠 없고 점 없는 어린 양 같은 그리스도의 보배로운 피로 된 것이니라"는 말씀은 당시 소아시아 지역 교회들 구성원들이 대부분 이방인이었다는 점을 고려한 표현으로 보는 것이 자연스럽습니다. 예수 그리스도를 믿기 전에는 "조상이 물려 준 헛된 행실" 즉 우상숭배와 탐욕의 삶을 살았던 것을 언급했습니다. 우리 역시 조상으로부터 물려받은 것이 "헛된 행실"이었습니다. 하나님을 모르고 살아가는 모든 행위(종교, 문화, 관습 등)가 헛된 삶이요, 하나님으로부터 진노의 심판을 받게 되는 삶(엡 2:1~3)입니다. 첫 사람 아담의 타락으로 모든 사람에게 죄가 들어왔고(롬 5:15),

그래서 사도 바울이 "모든 사람이 죄를 범하였으매 하나님의 영광에 이르지 못하더니"(롬 3:23)라고 한 것입니다. 그런데 베드로는 당시 그리스도인들이, 그리고 우리가 이런 삶에서 "대속함을 받은 것"이라고 했습니다. "대속"(代贖)은 '구속'(救贖) 또는 '구원'이라는 말인데, 원뜻은 노예의 몸값으로 은이나 금을 지불하고 노예 신분에서 해방되게 해주는 행위입니다. 이때 사용하는 돈을 속전(贖錢)이라고 합니다. 그런데 그리스도인들 역시 하나님으로부터 구원의 은혜를 받기 전에는 사탄의 노예가 되어 죄와 사망 가운데 있었으나, 예수님이 십자가에서 피를 흘리심으로써 즉 속전에 해당하는 희생제물이 됨으로써 우리를 구원하셨습니다. "은이나 금 같이 없어질 것"으로 구원하시지 않았습니다. 베드로에 의하면 은과 금은 다른 물질과 마찬가지로 세상 마지막 날에 없어질 물질입니다. 벧후 3장 10절 "그러나 주의 날이 도둑 같이 오리니 그 날에는 하늘이 큰 소리로 떠나가고 물질이 뜨거운 불에 풀어지고 땅과 그 중에 있는 모든 일이 드러나리로다"는 말씀과 12절 "하나님의 날이 임하기를 바라보고 간절히 사모하라 그 날에 하늘이 불에 타서 풀어지고 물질이 뜨거운 불에 녹아지려니와"에서 알 수 있듯이 인류 마지막 날에 우주와 지구와 모든 물질이 파괴되고 사라집니다. 그러므로 이 세상에 존재하는 금은보화나 천문학적인 액수의 돈을 들여도 한 사람을 죄와 사망에서 구원할 수 없고, "오직 흠 없고 점 없는 어린 양 같은 그리스도의 보배로운 피로"만 구원할 수 있음을 확실히 믿기를 바랍니다. 세례 요한은 예수님을 보고 "보라 세상 죄를 지고 가는 하나님의 어린 양이로다"(요 1:29)라고 외쳤습니다. 구약시대에 희생제물로 사용된 모든 짐승은 예수 그리스도의 모형이요 그림자에 불과했습니다. 구약시대 이스라엘 백성은 예수님이 오시기 전까지 짐승으로 제사를 반복했는데, 온전한 제사가 아니기 때문이었습니다. 이사야 선지자는 예수님이 이스라엘 백성에게 구원자로 오시기 약 700년 전에 이렇게 예언했습니다.

5. 그가 찔림은 우리의 허물 때문이요 그가 상함은 우리의 죄악 때문이라 그가 징계를 받으므로 우리는 평화를 누리고 그가 채찍에 맞으므로 우리는 나음을 받았도다
6. 우리는 다 양 같아서 그릇 행하여 각기 제 길로 갔거늘 여호와께서는 우리 모두의 죄악을 그에게 담당시키셨도다
7. 그가 곤욕을 당하여 괴로울 때에도 그의 입을 열지 아니하였음이여 마치 도수장으로 끌려 가는 어린 양과 털 깎는 자 앞에서 잠잠한 양 같이 그의 입을 열지 아니하였도다(사 53:5~7)

사도 바울은 에베소 교회를 향해 "우리는 그리스도 안에서 그의 은혜의 풍성함을 따라 그의 피로 말미암아 속량 곧 죄 사함을 받았느니라"(엡 1:7)고 했고, 골로새 교회를 향해 "그 아들 안에서 우리가 속량 곧 죄 사함을 얻었도다"(골 1:14)라고 교훈했습니다. 노예를 풀어주어 자유를 주기 위해서는 은이나 금으로 가능하지만, 죄와 사망의 노예를 건지기 위해서는 오직 예수 그리스도의 희생으로만 가능합니다. 사람의 몸으로 이 세상에 오신 하나님의 아들 예수 그리스도만이 "흠 없고 점 없는" 즉 깨끗하고 완전무결한 희생제물입니다. "흠"이 없다는 말은 헬라어 ἄμωμος(amomos)로 영어로는 'unblemished' 또는 'without fault'의 의미입니다. 이는 도덕적으로나 영적으로 깨끗함을 나타냅니다. "점"이 없다는 말은 헬라어 ἄσπιλος(aspilos)로 영어로는 'spotless'로 도덕적으로나 육체적으로 깨끗함을 나타냅니다. 두 단어의 반복을 통해 예수 그리스도의 죄 없음을 강조함과 동시에 이 두 단어를 사용함으로써 사람과는 달리 죄에 오염되지 않고 죄를 짓지도 않은 분임을 드러낸 것입니다. 쉽게 표현하면 선천적으로나 후천적으로 죄와 무관한 분임을 나타낸 표현

입니다. 또한 예수 그리스도는 동정녀 마리아의 몸을 통해 성령으로 잉태되어 태어나셨습니다. 마태는 "예수 그리스도의 나심은 이러하니라 그의 어머니 마리아가 요셉과 약혼하고 동거하기 전에 성령으로 잉태된 것이 나타났더니"(마 1:18)라고 기록했습니다. 하나님은 이스라엘 백성에게 "육체의 생명은 피에 있음이라 내가 이 피를 너희에게 주어 제단에 뿌려 너희의 생명을 위하여 속죄하게 하였나니 생명이 피에 있으므로 피가 죄를 속하느니라"(레 17:11)라고 말씀하셨는데, 짐승의 피를 제단에 뿌림으로써 예수 그리스도의 오심과 십자가 희생을 내다보게 하셨습니다. 그러나 이스라엘 백성은 제사와 짐승 제물 자체에 매몰되어, 예수님이 동정녀 마리아의 몸을 통해 이 세상에 오셨을 때 어리석게도 백성 대부분은 그리스도를 알지 못했고, 십자가에서 흘리신 "흠 없고 점 없는 어린 양 같은 그리스도의 보배로운 피"를 깨닫지 못했습니다. 오히려 소아시아 지역을 비롯한 이방인 지역에 살고 있었던 사람들이 이스라엘 땅에 살고 있었던 사람들보다 예수 그리스도를 믿는 자들이 더 많아지게 된 것입니다. 이방인들은 우상 숭배라는 "헛된 행실"을 이어받았는데도 오히려 예수 그리스도의 "보배로운 피"의 희생으로 인한 은혜를 받게 된 사람들이 많아졌고, 그들을 향해 베드로가 편지를 써서 그들의 정체성은 '거룩한 자'라는 사실에 있고, 그들의 품위는 '거룩한 삶'으로 나타나야 한다고 교훈한 것임을 깨닫기를 바랍니다.

베드로는 20절 "그는 창세 전부터 미리 알린 바 되신 이나 이 말세에 너희를 위하여 나타내신 바 되었으니"라는 말씀을 통해서 예수 그리스도가 어떤 분인지 그리스도인들이 확실히 알고 이 세상에서 나그네처럼 살아가더라도 얼마나 영광스럽고 복된 인생인지 교훈하고자 한 것입니다. 먼저, 예수 그리스도는 창세 전, 창세 후, 그리고 말세까지 계속 하나님과 함께 존재하시는 분임을 나타낸 말씀입니다. 게다가 말세 이후로도 영원히 하나님과 함께 존재하시는 예수 그리스도가 이 세상에 구원자로 오셨다는 사실은 인간이라면 이 세상에서 들을 수 있는 가장 놀랍고 복되고 감격스러운 소식입니다. 노예가 되어 자유를 빼앗기고 힘들고 고단한 삶을 살고 있을 때 어떤 사람이 속전을 지불하고 노예의 삶에서 해방되도록 만들어준다면 얼마나 크게 기뻐하고 감격하겠습니까? 그런데 죄로 인해 사망이 예정돼 있는 가운데 잠시 세상을 살아가는 자에게 구원자 그리스도가 세상에 오셨다는 사실, 즉 세상에 나타나셨다는 사실은 얼마나 놀라운 은혜입니까? 보통 말세라고 하면 헬라어로는 단수로 표현해서 세상 끝을 가리키지만, 복수로 표현하면 넓은 의미의 말세가 되는데, 이는 예수 그리스도가 처음 이 세상에 오셨을 때부터 다시 오실 때까지를 모두 포함하는 뜻입니다. 이 세상에 태어나는 모든 인간은 세상이 멸망하는 최후의 날이 아니더라도 길어야 100년이라는 세월을 말세의 인생으로 살아갑니다. 이 기간에 세상에 태어나 살다가 죽는 모든 사람은 저마다 말세의 인생을 살아가는 것입니다. 단 하루든, 몇 년이든, 수십 년이든, 백 년이든 말세를 살다가 죽는 것은 모두 마찬가지입니다.

20절 말씀을 쉬운 번역으로 다시 보면 다음과 같습니다. "하나님께서는 이 그리스도를 세상이 창조되기 전에 미리 아셨고, 이 마지막 때에 여러분을 위하여 나타내셨습니다."《새번역》 "하나님께서는 세상을 창조하시기 전에 미리 그리스도를 선택하시고 마지막 때에 여러분을 위해 나타나게 하셨습니다."《현대인의성경》 "그리스도께서는 창세 전부터 미리 알려지셨지만 여러분을 위해 마지막 때에 나타나셨습니다."《원문번역주석성경》 다시 정리해 보면, 하나님이 말세에 하나님의 백성을 구원하시기 위해 예수 그리스도를 창세 전에 구원자로 선택하셨다는 뜻입니다. 그리고 그 구원의 일을 정확히 수행하도록 작정하셨고, 그 일이 알려지도록 하셨으며, 예수 그리스도는 십자가에서 대속의 피를 흘리심으로써, 그리고 사망 후 다시 살아나시고 하늘에 오르심으로써 구원의 일을 성취하셨습니다. 또한 고린도후서 13장 4절의 말씀대로 예수 그리스도는 하나님의 능력으로 언제나 살아 계십니다. 즉 하나님은 말세를 살아가는 믿음의 사람들이 그리스도를 만날 수 있도록 세상에 나타내셨다는 말씀입니다. 언약 신학적 관점으로 이해하자면, *"하나님께서는 이 그리스도를 세상이 창조되기 전에 미리 아셨고"*라는 말씀은 '구속 언약'(라. pactum salutis, 팍툼 살루티스)을 잘 나타내 줍니다. 구속 언약은 성부와 성자, 그리고 성령 사이에 맺어진 언약으로 창세 전에 맺어진 하나님의 백성에 대한 구원계획입니다. 이 구속 언약을 토대로 하나님의 백성에게 행위 언약과 은혜 언약이 주어졌는데, 행위 언약은 조건적 언약, 은혜 언약은 무조건적 언약이고, 행위 언약은 예수 그리스도의 순종으로 성취되었습니다. 그로 인해 하나님의 백성이 은혜 언약을 누리게 되었습니다. 이처럼 구속 언약은 삼위일체 하나님 안에서 창세 전에 맺어졌고, 행위 언약과 은혜 언약은 창세 후 하나님과 인간 사이에서 맺어졌으며, 그리스도를 통해 성취되었습니다. 그러므로 *"이 마지막 때에 여러분을 위하여 나타내셨습니다"*라는 말씀은 구속 언약의 목적을 이루기 위해 그리스도께서 행위 언약(율법)을 성취하셨고, 성령께서 하나님의 백성에게 은혜 언약(복음)을 누리게 하셨다는 뜻을 담고 있음을 깨닫기를 바랍니다.

언약은 그리스도인이 구원을 이해하는 데 있어서 매우 중요합니다. 특히 에베소서 1장 4~6절은 구속 언약의 당사자였던 예수 그리스도가 하나님 아버지에 의해 하나님의 백성을 구원하기로 창세 전에 예정되었는데(벧전 1:20), 바로 그때 하나님은 그의 백성을 "그리스도 안에서" 선택하셨고 나머지는 유기하셨다는 것이 바로 예정(predestination)입니다. "곧 창세 전에 그리스도 안에서 우리를 택하사 우리로 사랑 안에서 그 앞에 거룩하고 흠이 없게 하시려고 그 기쁘신 뜻대로 우리를 예정하사 예수 그리스도로 말미암아 자기의 아들들이 되게 하셨으니 이는 그가 사랑하시는 자 안에서 우리에게 거저 주시는 바 그의 은혜의 영광을 찬송하게 하려는 것이라"는 말씀은 베드로 사도가 그리스도인들이 하나님을 찬송해야 할 이유로 제시한 구원과 같은 맥락의 교훈임일 알 수 있습니다. 이처럼 언약은 예정과 연결되어 있고, 예정은 창세 전에 즉 시간이 시작되기 전에 이루어졌기에 시간의 흐름 속에 살아가는 사람들의 생각으로는 언약과 예정을 온전히 이해하는 일이 불가능합니다. 오로지 믿음만이 이해를 가능하게 합니다. 그래서 믿음이 없는 사람들은 창세 전에 인류 중 일부를 구원하시기로 선택하셨다면 인간이 타락하기도 전에 어떻게 구원을 작정하셨다는 것인지 논리적으로 모순된다며 이해할 수 없다고 말합니다. 또한 신적 존재에 대해 막연하고 어렴풋이 이해하는 일반 사람들이나 종교를 가진 사람들은 사람이 인생을 어떻게 살았느냐에 따라 신이 심판하신다고 믿기도 합니다. 그러나 그리스도인들은 '창세 전에' 즉 우주 만물과 인간이 창조되기 전에 하나님에 의해 구원이 예정되었음을 믿어야 합니다. 그런데 여기서 '타락 전 선택설'(Supralapsarianism)과 '타락 후 선택설'(Infralapsarianism)이라는 논쟁이 또 생겨납니다. 그리스도 밖에 있는 사람들은 사람의 논리와 상식으로 이해하려고 하므로 선택이라는 하나님의 예정을 단순하게 시간이 창조되기 이전이나 이후로 생각하게 마련입니다. 그러나 신학적 이해로는, 사람은 시간이라는 틀과 상관없이 타락한(lapsus) 존재입니다. 이런 이해가 전제될 때 '타락 후 선택설'이 더 합당한 이해가 됩니다. 반면에 '타락 전 선택설'의 관점으로 접근하면 인간은 논리적으로 창세 전에 타락할 가능성이 있는(labilis) 존재가 됩니다. 다만 타락 전 선택이든, 타락 후 선택이든 논리적 순서에 따라 나누어 생각하는 것이지 결코 시간의 순서가 아님을 기억하기를 바랍니다. 예정과 관련해서는 좀 더 알아야 하므로 여기까지만 하고 나중에 다루도록 하겠습니다.

끝으로 21절 "너희는 그를 죽은 자 가운데서 살리시고 영광을 주신 하나님을 그리스도로 말미암아 믿는 자니 너희 믿음과 소망이 하나님께 있게 하셨느니라"는 말씀을 간략히 살펴보겠습니다. 하나님은 창세 전에 구원자로 택하신 그리스도를 종말의 때에 사람들에게 나타내셨는데, 그렇게 세상에 나타나신 그리스도는 죄와 사망 가운데 놓인 자들을 구원하시기 위해 십자가에서 대속의 피를 흘리고 돌아가셨습니다. 그래서 하나님은 그리스도를 "죽은 자 가운데서 살리시고 영광을 주신" 것입니다. 그리스도가 피 흘려 돌아가신 것도 하나님의 뜻이요, 사흘 만에 다시 살아나신 것도 하나님의 뜻입니다. 바울은 고린도전서에 하나님의 뜻을 "성경대로"라고 표현했고, 예수님의 부활을 목격한 제자들이 누구인지 나열했습니다.

3. 내가 받은 것을 먼저 너희에게 전하였노니 이는 성경대로 그리스도께서 우리 죄를 위하여 죽으시고

4. 장사 지낸 바 되셨다가 성경대로 사흘 만에 다시 살아나사

5. 게바에게 보이시고 후에 열두 제자에게와

6. 그 후에 오백여 형제에게 일시에 보이셨나니 그 중에 지금까지 대다수는 살아 있고 어떤 사람은 잠들었으며

7. 그 후에 야고보에게 보이셨으며 그 후에 모든 사도에게와

8. 맨 나중에 만삭되지 못하여 난 자 같은 내게도 보이셨느니라(고전 15:3~8)

이처럼 게바 즉 베드로도 부활을 목격했고, 사도 바울 자신도 목격했음을 증언합니다. 사도들과 예수님을 따르던 제자들은 예수님의 부활을 목격하고 유대인들과 이방인들에게 전하기 시작했습니다. 그리고 어느새 소아시아 여러 지역까지 예수 그리스도의 부활이 전해지게 된 것입니다. 베드로는 예수님의 수제자로서 하나님과 구원자 그리스도 예수에 대해 확실히 증언했습니다. 소아시아 지역 그리스도인들에게 예수 그리스도를 사망 가운데서 부활하게 하시고 영광을 주신 하나님을 믿는 자들임을 다시 상기시키면서 그 믿음의 토대가 바로 그리스도임을 강조한 것입니다. 죽은 자 가운데서 부활하시고 영광스럽게 된 예수 그리스도를 구원자로 보내주신 하나님을 믿게 된 믿음 그 자체가 바로 그리스도를 통해서 주어진 것이라는 교훈입니다. 그러므로 그리스도를 부활하게 하시고 영광을 주신 하나님에 대한 믿음과 그들도 부활과 영광을 누리게 될 것이라는 소망이 하나님께 있다는 것을 교훈한 것입니다. "너희는 그를 죽은 자 가운데서 살리시고 영광을 주신 하나님을 그리스도로 말미암아 믿는 자니 너희 믿음과 소망이 하나님께 있게 하셨느니라"는 말씀은 모든 그리스도인에게 부활에 대한 믿음과 소망을 주시는 하나님의 사랑임을 확실히 깨닫기를 바랍니다. 아멘.

(2025년 2월 9일)

# 제7강

# 필라델피아(Philadelphia)

사도 베드로는 이방인들이 대부분이었던 소아시아 지역 그리스도인들에게 "헛된 행실" 즉 우상을 숭배하고 탐욕을 따랐던 옛 삶에서 구속(救贖)받은 것은 "그리스도의 보배로운 피로 된 것"(벧전 1:19)이므로 거룩한 삶을 살아야 한다고 했습니다. 이어서 베드로는 거룩한 삶의 구체적인 예로 '형제 사랑'을 실천하라고 합니다. 오늘은 그리스도인들이 왜 서로 뜨거운 '형제 사랑'을 이어가야 하는지 본문을 통해 깨닫는 시간이 되기를 바랍니다.

22절 "너희가 진리를 순종함으로 너희 영혼을 깨끗하게 하여 거짓이 없이 형제를 사랑하기에 이르렀으니 마음으로 뜨겁게 서로 사랑하라"는 말씀은 몇 가지 사실들을 드러내고, 그런 사실들로 인해 그리스도인들에게 요구되는 행동이 무엇인지 교훈합니다. 첫 번째로 "너희가 진리를 순종함으로"라고 했습니다. 이는 "내가 곧 길이요 진리요 생명"(요 14:6)이라고 하셨던 예수님의 말씀에 의하면, 진리가 바로 예수님이므로 예수님을 믿고 따르는 그리스도인이 되었다는 뜻입니다. 다음으로 "너희

    21세기 한국교회를 위한 **베드로전서 강설**

영혼을 *깨끗하게 하여*"라는 말씀을 이으면 그리스도인이 됨으로써 영혼이 깨끗하게 되었다는 뜻이 됩니다. 예수님이 산에서 제자들에게 베푸신 교훈(산상수훈[山上垂訓], 마태복음 5~7장) 중 "*마음이 청결한 자는 복이 있나니 그들이 하나님을 볼 것임이요*"(5:8)라는 말씀이 나오는데 "청결한"이라는 단어는 헬라어로 '카타로스'(καθαρὸς, katharos)입니다. 이 단어는 의식에 참여하기 위해 깨끗하게 씻은 상태를 뜻하지만, 도덕적이고 영적인 깨끗함을 나타내기도 합니다. 그래서 "*마음이 청결한 자*"는 그리스도를 믿음으로써 속죄함을 받아 영혼이 깨끗하게 된 사람입니다. 바로 이런 사람이 "*하나님을 볼 것*"입니다. 그리고 하나님을 본다는 말은 하나님을 완전하게 알게 된다는 것과 하나님과 친밀한 사랑의 관계를 맺게 되었다는 뜻입니다(윌리엄 바클레이, 『바클레이의 팔복·주기도문 해설』, 80~89쪽). 그런 사람은 비록 세상에 사는 동안만큼은 하나님을 완전하게 알게 되지 못하지만, 나중에는 완전하게 알게 될 것입니다. 베드로의 말에 따르면, 소아시아 지역 그리스도인들이 바로 "*마음이 청결한 자*"에 해당한다는 뜻이 됩니다. 그리스도인들은 하나님과 친밀한 사랑의 관계에 있기에 그리스도 안에서 형제가 된 자들 사이에서도 서로 사랑해야 마땅하다고 가르친 것입니다. 이는 사도 요한이 "*사랑하는 자들아 우리가 서로 사랑하자 사랑은 하나님께 속한 것이니 사랑하는 자마다 하나님으로부터 나서 하나님을 알고*"(요일 4:7)라고 교훈했던 말씀을 통해서도 알 수 있습니다. 그러므로 그리스도를 믿게 된 자들은 "*거짓이 없이*" 즉 가식이나 꾸밈이 없이 "*마음으로 뜨겁게 서로 사랑*"해야 합니다. 그렇게 사랑해야 하는 이유는 "*그리스도의 보배로운 피로*"(벧전 1:19) 죄 사함을 받아 하나님의 자녀가 되었기 때문임을 잊지 말기를 바랍니다.

그리스도인들은 "*그런즉 누구든지 그리스도 안에 있으면 새로운 피조*

물이라 이전 것은 지나갔으니 보라 새 것이 되었도다"(고후 5:17)라는 말씀과 같이 "새로운 피조물"이 되었기에, 즉 하나님의 아들들이 되었기에 '거룩한 자들'이라고 하는 특별한 정체성을 가진 자들이 되었으며, 서로 사랑해야 하는 사랑의 공동체가 된 것입니다. 히브리서 2장 11절은 "거룩하게 하시는 이와 거룩하게 함을 입은 자들이 다 한 근원에서 난지라 그러므로 형제라 부르시기를 부끄러워하지 아니하시고"라고 교훈합니다. 그리스도인들은 모두 다 "거룩하게 하시는" 하나님에게서 난 자들이기에 "거룩하게 함을 입은 자들"입니다. 이들은 서로 이질감이 없는 자들이고, 갈등과 분쟁이 없으며, 냉대와 미움이 없는 자들로, 사랑의 공동체를 이룬 자들입니다. 그러므로 성경은 다음과 같이 서로 사랑하라고 교훈합니다.

"새 계명을 너희에게 주노니 서로 사랑하라 내가 너희를 사랑한 것 같이 너희도 서로 사랑하라"(요 13:34)

"내 계명은 곧 내가 너희를 사랑한 것 같이 너희도 서로 사랑하라 하는 이 것이니라"(요 15:12)

"형제들아 너희가 자유를 위하여 부르심을 입었으나 그러나 그 자유로 육체의 기회를 삼지 말고 오직 사랑으로 서로 종 노릇 하라"(갈 5:13)

"사랑하는 자들아 하나님이 이같이 우리를 사랑하셨은즉 우리도 서로 사랑하는 것이 마땅하도다"(요일 4:11)

"누구든지 하나님을 사랑하노라 하고 그 형제를 미워하면 이는 거짓말하는 자니 보는 바 그 형제를 사랑하지 아니하는 자는 보지 못하는 바 하나

   21세기 한국교회를 위한 **베드로전서 강설**

님을 사랑할 수 없느니라"(요일 4:20)

"형제를 사랑하여 서로 우애하고 존경하기를 서로 던저 하며"(롬 12:10)

"형제 사랑에 관하여는 너희에게 쓸 것이 없음은 너희들 자신이 하나님의 가르치심을 받아 서로 사랑함이라"(살전 4:9)

"서로 친절하게 하며 불쌍히 여기며 서로 용서하기를 하나님이 그리스도 안에서 너희를 용서하심과 같이 하라"(엡 4:32)

"형제 사랑하기를 계속하고 손님 대접하기를 잊지 말라 이로써 부지중에 천사들을 대접한 이들이 있었느니라"(히 13:1~2)

세상에도 형제와 동포 사랑을 추구하는 종교 및 사회단체들이 있습니다. 본문에 사용된 '형제 사랑' 즉 '필라델피아'(φιλαδελφία, love of the brethren)는 미국의 유명한 도시 이름이기도 합니다. 1682년에 영국의 퀘이커교(Quakers, Quakerism) 신자였던 윌리엄 펜(William Penn, 1644~1718)이 식민지로 개척한 땅이 펜실베이니아(Pennsylvania) 주가 되었고, 그곳에 건설한 중심 도시가 바로 '자유의 종'(독립기념관에 있는 종)이 있는 필라델피아(Philadelphia)입니다. 독립 이후 이곳에서 미국의 정치가 시작되었고, 이곳은 1790년부터 10년간 미국의 연방 수도였습니다. 그런데 이곳은 원래 오로지 종교적인 도시였습니다. '친우회'(Religious Society of Friends)라고 하는 퀘이커 신자들에게 예배 장소를 제공하고, 그곳에 사는 모든 사람에게 종교적 관용을 베풀기 위해 건설된 도시였습니다. 그래서 이 도시 필라델피아(형제간의 사랑을 뜻하는 '필로스'[φίλος]와 형제나 친밀한 동료를 뜻하는 '아델포스'[ἀδελφός]가 합쳐진 말)의 별칭이 '형제 사랑의 도시'(The City of Brotherly Love)입니다. 퀘이커교는 1650년 영국의 조지 폭스(George Fox, 1624~1691)에 의해 시작된 종교로, 이들은 기존 교회들과 달리 목사, 성경, 교회당도 필요 없고, 묵상이나 침묵 기도를 통해 '내면의 빛'을 받고 몸이 떨릴 때까지 조용히 앉아 있는 상태를 유지합니다. 우리나라에서는 종교친우회(宗敎親友會)라는 이름으로 모이고 있으나 전국적으로 수천 명 수준에 불과합니다. 유명한 인물로는 함석헌 선생이 있습니다. 미국에는 유명한 인물로 37대 대통령 리처드 닉슨(Richard Nixon, 1913~1994), 1950년대 청춘의 상징 제임스 딘(James Dean, 1931~1955) 등이 있습니다. 또한 미국과 한국에서 20세기 후반부터 영성 훈련(Spiritual Discipline, 조금 응용해서 '영적 형성'[Spiritual Formation]이라는 프로그램도 생겨남) 붐이 일기 시작해서 우리나라 대형교회들을 중심으로 더욱 확산하게 되었는데, 대표적 인물이 바로 퀘이커교 지도자 리처드 포스터(Richard J. Foster)입니다. '레노바레'(Renovare, 라틴어 '새롭게 하다' 또는 '회복하다'의 뜻)의 설립자로, 영성 운동을 교회들 가운데 퍼뜨리고 있는 장본인입니다. 특히 우리나라 대형교회들이 무분별하게 받아들임으로써 한국기독교가 신비주의와 혼합주의 기독교가 되고 말았습니다. 포스터가 쓴 책 『영적 훈련과 성장』(Celebration of Discipline, 1978)이 미국과 우리나라에서 수십 년 동안 기독교 분야에서 잘 팔리는 책이 되었다는 사실은 변방의 소규모 이단 퀘이커교가 기독교 중심부로 파고들었음을 잘 말해줍니다. 여기서 우리가 잊지 말아야 하는 것은 '형제 사랑'을 표방하는 '친우회'가 하나님으로부터의 시작이 아니라 기독교인이든 타 종교인이든 누구에게나 있다고 믿는 '내면의 빛'(Inner Light, or Inward Light)에서 시작된다고 주장하므로 기독교의 한 형태가 아니라는 사실입니다. 기독교적 색채의 옷을 입은 관상기도(Contemplative Prayer) 운동일 뿐입니다. 기독교와 무관한 신비주의요, 범신론적인 뉴에이지(New Age) 사상입니다. 그리스도의 교회라면 결코 받아들일 수 없는 세속주의 사상이요 신비주의 운등임을 명심하기를 바랍니다. 그러므로 대형교회들이 무분별하게 수용한 퀘이커리즘의 '형제 사랑'은 결코 성경이 말하는 '형제 사랑'이 아님을 기억하기를 바랍니다.

우리나라 독립운동을 돕기 위해 서재필 선생이 기국 필라델피아에서 조직한 '한국친우회'(韓國親友會, 1919년 5월 16일 미국 필라델피아에서 결성) 역시 성경과 관련이 없습니다. 물론 서재필은 미국에서 우리나라 최초로 시민권을 얻고, 또한 의사(醫師)와 기독교인이 되었으며, 그가 정치적인 성격을 지양하고 기독교적인 모임으로 한국친우회를 결성했지만, 결국은 대중집회를 통해서 우리나라 독립운동을 돕기 위해 외국에서 여론을 조성하고 일제에 압력을 가하는 정치단체로 확장되었습니다. 우리 민족에 대한 동포 사랑 차원에서 유지되고 운영되었기에 베드로 사도가 말한 '필라델피아'가 아닙니다.

최근 동덕여대가 남녀공학 전환을 반대하는 시위 사태로 한동안 화제의 중심이 되었는데, 동덕여자대학교는 동덕여고와 동덕여중과 함께 천도교에 의해 설립된 학교입니다. 천도교는 경주 출신의 몰락한 양반 최제우가 1860년 창시한 동학으로 거슬러 올라갑니다. 4대 교주로 칭하는 손병희가 친일파로 돌아선 이용구와 결별하고 동학을 종교화해서 천도교로 탈바꿈한 후, 천도교 신자들이 서로 상대를 높여 부를 때 '동덕'(同德)이라 불렀고, '동덕'이라는 이름을 따른 동덕여자의숙(同德女子義塾, 1909년)이라는 학교가 동원여자의숙(東媛女子義塾, 1908년)과 합병하여 오늘날 동덕여대의 시작이 되었습니다. 동덕여대생들은 동학 운동의 최후 항전지 전남 장흥(문[文]이 숲과 같고, 의[義]가 살아 숨 쉬는 땅이라는 뜻으로 '문림의향'[文林義鄕]이라 불림)에 소재한 천도교 장흥교당을 중심으로 월평리 농촌봉사활동에도 적극적으로 참여하곤 했었는데, 과격한 학교 시위 사태로 '동덕'이라는 덕스러운 이름이 퇴색되고 있는 것은 안타까운 일입니다. 동덕여대 '동덕'들은 장흥에서 반(反)봉건과 반(反)외세를 외치며 1894년 12월 장흥읍 남외리 석대들에서 말을 타고 동학농민군을 지휘하며 일본군과 싸웠던 22세 여성 지도자 이소사(李召史, '소사'는 당시 기혼 여자를 칭한 말이었음)의 정신을 계승해야 합니다.

인권 유린이 자행되었던 '형제복지원' 뉴스가 최근 며칠 전까지도 계속 이어지고 있습니다. 형제복지원 사건으로 인한 소송은 아직 끝나지 않았고 여전히 진행 중입니다. 6·25전쟁 후 피란민이 급증하고 부모를 잃은 고아들이 늘어나면서 민간 복지시설과 수용시설도 급증했는데, 이때 기독교 인사들이 중심이 되어 부산 형제육아원 운영을 시작했고, 나중에 사회복지사업법(1970년)에 따라, 그리고 내무부 훈령 제410호 '부랑인의 신고, 단속, 수용, 보호와 귀향 및 사후관리에 관한 업무처리 지침'(1975년)에 따라 부랑인 수용이 가능해지면서 사회복지법인 형제복지원은 1975년부터 1987년까지 3천 명 이상을 수용한 우리나라 최대 강제수용시설이 되었습니다. 그곳에서 '형제'라는 말이 무색할 정도로 인권 유린이 발생하게 되었습니다.

우리나라는 재벌들의 승계 문제로 사회적 이슈가 되는 경우가 많습니다. 이때 언론 매체를 통해 심심찮게 듣는 말이 바로 '형제의 난'입니다. 같은 피를 나눈 형제 또는 자매인데 서로가 물리적으로나 법적으로 치열한 싸움을 하게 되고, 형제간 재산권과 경영권에 대한 분쟁이 큰 사회문제가 됩니다. 우리나라 특유의 세습문화가 그런 문제를 만들고 있습니다. 재벌 총수가 죽거나 퇴임할 때 유산과 경영권을 두고 그 자식들이 일종의 권력 투쟁을 하는 것을 '형제의 난'이라고 합니다. 같은 핏줄인데도, 서로 형제임에도 불구하고 목숨을 걸고 싸울 정도의 투쟁을 벌입니다. 결국 '형제 사랑'을 무색하게 만듭니다. 세상에서는 같은 형제라 할지라도 충분히 가능한 일입니다. 예수님도 "형제가 형제를, 아버지가 자식을 죽는 데에 내주며 자식들이 부모를 대적하여 죽게 하리라 또 너희가 내 이름으로 말미암아 모든 사람에게 미움을 받을 것이나 끝까지 견디는 자는 구원을 받으리라"(막 13:12~13)고 말씀하셨습니다. 이는 말세에 권력자들이 그리스도인을 박해할 때 자기 목숨을 지키기 위해 예수 그리스도를 믿는 가족까지 "죽는 데에" 내준다는 것입니다. 피를 나눌 정도로 하나가 된 독립투사들 사이에서도 변절 후 밀정이 되어 동지를 밀고하고, 이간질해서 단체를 와해시키는 행위를 하기도 했습니다. 이렇게 세상에 존재하는 가족, 친척, 동포, 동지라 할지라도 이익이나 두려움 앞에서 원수가 되고 적이 되기도 합니다. 그래서 예수님은 "사람의 원수가 자기 집안 식구리라 아버지나 어머니를 나보다 더 사랑하는 자는 내게 합당하지 아니하고 아들이나 딸을 나보다 더 사랑하는 자도 내게 합당하지 아니하며"(마 10:36~37)라고 하셨습니다.

그러나 그리스도인들은 썩어질 육체로 태어나 육체의 혈연을 맺은 관계가 아니라, 23절 "너희가 거듭난 것은 썩어질 씨로 된 것이 아니요 썩지 아니할 씨로 된 것이니 살아 있고 항상 있는 하나님의 말씀으로 되었느니라"는 말씀과 같이, "썩지 아니할 씨" 즉 "항상 있는 하나님의 말씀"으로 거듭나서 한 형제가 되었습니다. 그러므로 그리스도인들은 일시적이고 부분적이고 제한적이고 불완전한 결속이 아니라, 영원하고 온전하고 무한하고 완전한 결속입니다. 그리스도인들은 지금까지 언급한 '형제'

와는 전혀 차원이 다른 천국의 구성원이고, 그런 사람들이 함께 누리는 '형제 사랑'임을 깨닫기를 바랍니다.

24절과 25절은 이 세상에 존재하는 모든 육체가 얼마나 허무한 것인지 가르치며, 동시에 영원히 존재하는 하나님의 말씀을 강조합니다. "그러므로 모든 육체는 풀과 같고 그 모든 영광은 풀의 꽃과 같으니 풀은 마르고 꽃은 떨어지되 오직 주의 말씀은 세세토록 있도다 하였으니 너희에게 전한 복음이 곧 이 말씀이니라"라고 베드로는 당시 박해와 대 환난을 목전에 둔 그리스도인들에게 교훈했습니다. 그는 구약성경의 말씀을 인용했는데, "말하는 자의 소리여 이르되 외치라 대답하되 내가 무엇이라 외치리이까 하니 이르되 모든 육체는 풀이요 그의 모든 아름다움은 들의 꽃과 같으니 풀은 마르고 꽃이 시듦은 여호와의 기운이 그 위에 붊이라 이 백성은 실로 풀이로다 풀은 마르고 꽃은 시드나 우리 하나님의 말씀은 영원히 서리라 하라"(사 40:6~8)는 말씀을 인용했습니다. 그리스도인들은 유대인과 이방인으로 서로 다른 혈통과 배경을 가지고 있고, 할례와 무할례로 서로 다른 종교와 관습을 가지고 있음에도 불구하고, 예수 그리스도 안에서 거듭난 사람들이기에 하나님의 가족이 되었고, 이 가족 공동체는 죽음으로써 끝이 나는 육체의 관계가 아니라, 하나님의 말씀 곧 복음으로 새롭게 이루어진 영원한 생명의 공동체라는 사실을 확실히 믿기를 바랍니다.

"예수께서 이르시되 나는 부활이요 생명이니 나를 믿는 자는 죽어도 살겠고 무릇 살아서 나를 믿는 자는 영원히 죽지 아니하리니 이것을 네가 믿느냐"(요 11:25~26)는 말씀을 믿는 부활 공동체는 서로 미워하거나 배신하지 않습니다. 이 세상이나 육체에 기반을 둔 공동체가 아니기 때문입니다. 그래서 사도 베드로는 "너희가 진리를 순종함으로 너희 영혼을 깨끗하게 하여 거짓이 없이 형제를 사랑하기에 이르렀으니 마음으로 뜨겁게 서로 사랑하라"(벧전 1:22)고 교훈한 것입니다. 즉 천국의 공동체가 되었으므로 서로 사랑하되 "뜨겁게 서로 사랑하라"고 했습니다. 인본주의와 세속주의에 물든 목장이나 셀 모임이나 구역 모임에 나가서 교제하는 것은 육체적이고 정신적인 유익이 있을지는 몰라도 결코 경건의 유익은 없음을 알아야 합니다. 오로지 하나님의 말씀 즉 복음에 기초한 경건의 한 면을 보여주는 것이 다름 아닌 '형제 사랑'입니다. 그리스도 안에서 형제를 사랑하는 것은 곧 하나님을 사랑하는 것입니다. 그래서 사도 요한은 "누구든지 하나님을 사랑하노라 하고 그 형제를 미워하면 이는 거짓말하는 자니 보는 바 그 형제를 사랑하지 아니하는 자는 보지 못하는 바 하나님을 사랑할 수 없느니라"(요일 4:20)고 가르친 것입니다. 그러므로 사도 베드로는 "우리가 이 계명을 주께 받았나니 하나님을 사랑하는 자는 또한 그 형제를 사랑할지니라"(요일 4:21)는 요한의 교훈처럼 똑같이 그리스도 안에서 형제가 된 자들이 서로 사랑해야 한다고 교훈했음을 확실히 깨닫고, 진정한 '필라델피아'를 이루어 나아감으로써 이 땅에서 천국 공동체의 모습을 드러내기를 바랍니다. 아멘.

(2025년 2월 16일)

# 엄마에게는 없는
# "신령한 젖"

베드로 사도의 편지를 받고 소아시아 지역 여러 교회가 회람했을 시대적 상황으로 볼 때, 로마의 속주에 속했던 소아시아 지역의 교회들은 박해와 대 환난으로 인해 세상의 종말이 임박했음을 가장 먼저 생각할 수밖에 없었을 것입니다. 그렇다고 하면 성경의 교훈에 따른 거룩한 삶이 소홀이 여겨지거나 우선이 아닌 차선으로 받아들여질 수 있었을 것입니다. 그래서 개인적 종말이든 성경에 기록된 세상의 종말이든 모든 인간에게는 죽음이 예정되어 있기에, 그리고 특별히 그 종말이 임박했음을 느낄 때는 지금 이 세상에서 뭔가를 계획성 있게 진행해 나아가기에는 부질없어 보일 것입니다. 그러나, 또 다른 한편으로는 아무리 전쟁으로 인해 총알이 빗발치고 포탄이 떨어져 수많은 사상자가 발생하고 재난이 이어져도 미래를 위해 자식을 낳고 건강하게 키우려는 본능적인 태도를 유지하고, 일이나 학업을 계획성 있게 진행하는 삶이 인간에게는 보편적이기도 합니다. 하물며 천국에 대한 소망이 없는 사람들조차도 하루하루 성실하게 살기 위해 노력한다면, 그리스도인들은 어떤 마음가짐을 가지고 살아야 하겠습니까? 베드로의 서신은 물론이고 모든 성경은 그리스도인들에게 임박한 종말을 맞이할 준비를 하도록 교훈하고, 동시에 그들이 죽음에 이르게 되는 때까지 거룩하고 신실한 삶을 살도록 교훈한다는 사실을 항상 잊지 말기를 바랍니다.

　이제부터는 베드로가 교훈한 내용의 한 맥락이 이어지는 1장 3절부터 2장 10절 중 종결부에 해당하는 내용(2:1~10)을 몇 차례 살펴볼 것인데, 오늘은 그중 첫 번째 시간으로 2장 1절부터 3절 내용을 함께 들여다봄으로써, 베드로 사도가 교훈한 내용을 확실히 깨닫고 그 교훈을 따르는 삶을 살아가기를 바랍니다.

　먼저 1절 "그러므로 모든 악독과 모든 기만과 외식과 시기와 모든 비방하는 말을 버리고"라는 말씀을 보면, "그러므로"라고 함으로써 결론을 제시함을 알 수 있습니다. 이미 베드로는 말세에 구원의 은혜를 온전히 누리게 될 소아시아 지역 교회들과 모든 그리스도인이 어떻게 믿음을 지켜나가야 하는지 교훈했습니다. 짧게 요약하자면, 하나님을 찬송하는 거룩한 삶입니다. 이 거룩한 삶의 한 예로 '형제 사랑'(φιλαδελφία, 필라델피아)에 대한 교훈을 했는데, 1절을 보면 그런 삶과 대조되는 속성과 태도를 베드로가 언급한 것입니다. 모두 다섯 가지 악한 태도가 나열되는데, 첫 번째로 "모든 악독"은 어떤 사람이 자기만을 사랑하거나 자기의 유익을 위해 남을 공격하고 손해를 끼치고, 심지어 고통을 주고 죽이는 일까지 포함하는 말입니다. 나를 살리기 위해 남을 죽이는 생각이나 행위를 말하는 것입니다. 이는 소돔과 고모라 사람들에게서 찾아볼 수 있는 것이었습니다. 악독으로 유명하며, 하나님의 심판을 받아 롯과 그의 두 딸을 제외한 모든 사람이 죽은 곳이 바로 소돔과 고모라인데, 베드로후서에 언급된 '소돔과 고모라'에 대한 내용을 다룰 때 살펴보기로 하고, 여기서는 현대 한국교회 속에 스며든 악독을 생각해 보고자 합니다.

갈라디아서 강설에서도 다룬 내용인데, 한국교회가 일제강점기에 조복(調伏, 부처 또는 주술의 힘으로 적을 굴복시키는 행위)이나 다름없는 기도에 조직적으로 동참함으로써 전쟁범죄자들의 편에 서서 일본이 영국이나 미국과 같은 강대국들을 물리치도록 하나님의 힘을 구했던 사실은 교회가 앞장서서 드러낸 악독의 본질이었습니다(김세민, 『21세기 한국교회를 위한 갈라디아서 강설』, 73쪽). 그런데 지금도 여전히 한국교회가 그런 악독을 사회 곳곳에서 드러내고 있다는 현실이 참담합니다. 하나님은 모세를 통해 이스라엘 백성에게 "원수를 갚지 말며 동포를 원망하지 말며 네 이웃 사랑하기를 네 자신과 같이 사랑하라 나는 여호와이니라"(레 19:18)고 명하셨고, 예수님은 제자들에게 "나는 너희에게 이르노니 너희 원수를 사랑하며 너희를 박해하는 자를 위하여 기도하라"(마 5:44)고 하셨습니다. 이 세상은 정치를 통해 존재한다고 해도 과언이 아니기에 정치인들은 내부의 정적을 상대로 싸우기도 하고, 외부의 원수를 상대로 군대를 동원해 전쟁도 하지만, 교회는 이 세상 정부와 상호보완적이면서도 분리된 영역이므로 정치와 분리되어야 합니다. 교회 내부에서는 교회를 유지하고 운영하기 위해 정치가 존재하더라도, 또한 정치적 형태에 따라 교파나 교단이 생길 수는 있더라도 교회 외부를 향해서는 정치적 집단이 되어서는 안 됩니다. 정치적 권세를 부여하신 하나님의 뜻을 거스르는 불법적인 억압과 불의에 대해 개인으로나 집단으로 항거할 수는 있습니다. 그러나 그것도 최소한으로 해야 하고, 제한적이어야 합니다. 자칫 교회가 정치 집단이 되기 쉽기 때문입니다. 예를 들어, 일제가 하나님의 뜻을 거스르는 신사참배를 요구했을 때는 교회는 개인적으로든 집단적으로든 항거해야 옳은 일이었습니다. 다니엘의 세 친구 사드락, 메삭, 아벳느고는 바벨론 제국의 포로로 끌려가서 생활하던 중 "누구든지 엎드려 절하지 아니하는 자는 즉시 맹렬히 타는 풀무불에 던져

넣으리라"(단 3:6)는 바벨론 느부갓네살 왕의 명령을 따르지 않았습니다
(단 3:12). 그러나 교회가 정치적 집단이 되어 어느 한 정당에 속하거나
지속적인 지지 세력이 되어서는 안 됩니다. 아무리 교회가 인정하는 정
치적 이상을 제시하고 실현하는 정당이라 할지라도 교회와 정당은 반드
시 분리되어야 하기 때문입니다. 그렇게 하지 않으면 오늘날 일부 한국
교회와 같은 악독을 드러내는 개인과 집단이 되게 다련입니다. 결국 교
회가 세속적 이익을 얻기 위해, 정치적 지지 세력을 등에 업기 위해, 또
는 특권이나 기득권을 지키기 위해 사람들에게 폭력을 행사하고, 사회
에 고통과 피해를 주는 일에 앞장서며, 그들을 반대하거나 그들 뜻에 동
조하지 않는 사람들을 마치 물리쳐야 할 적과 원수와 같은 대상으로 삼
는 일은 소돔과 고모라 사람들의 악독을 떠올리게 합니다. 하나님이 요
나 선지자에게 *"너는 일어나 저 큰 성읍 니느웨로 가서 그것을 향하여
외치라 그 악독이 내 앞에 상달되었음이니라"*(욘 1:2)고 하셨을 때는 이
스라엘이 아닌 이방인의 나라 앗수르에 대한 말씀이었는데, 오늘날에는
기독교가 3대 종교가 된 한국에 해당하는 말씀이 되었습니다. 비록 전
부가 아닌 일부에 불과하더라도 한국교회가 사회와 국민을 향해 악독
을 드러내는 일을 최근 자주 보게 됩니다. 한국교회 신자들의 악독 역시
하나님 앞에 상달됨으로써 하나님의 진노를 쌓게 되는 일이 될 것입니
다. 한국기독교목회자협의회가 조사해서 발표한 〈한국 기독교 분석 리
포트: 2023 한국인의 종교생활과 의식조사〉는 한국교회가 얼마나 심각
한 상태인지 여실히 보여주었습니다. 3대 종교(개신교, 가톨릭, 불교)가 모
두 사회에 부정적인 영향을 미치고 있지만, 그중에서도 기독교가 가장
부정적인 종교로 조사되었습니다. 기독교의 경우 1998년에는 가장 긍정
적인 영향을 끼치는 종교로 인식되었고, 계속해서 다른 종교에 비해 더
나은 것으로 조사되었지만, 특히 2020년대에 들어서자 가파르게 하향

곡선을 그리며 그 영향력이 매우 부정적인 종교로 인식되었습니다. 우리는 "너희는 세상의 소금이니 소금이 만일 그 맛을 잃으면 무엇으로 *짜게 하리요 후에는 아무 쓸데 없어 다만 밖에 버려져 사람에게 밟힐 뿐이니라*"(마 5:13)는 말씀을 잊지 말아야 합니다. 악독을 드러내는 가짜 신자들이 아니라 선한 영향력을 끼침으로써 사회가 어두워지지 않고 썩지 않도록 빛과 소금이 되기를 바랍니다.

계속 이어진 말들은 "*모든 기만과 외식과 시기와 모든 비방*"입니다. "*모든 기만*"(all deceit)은 사기, 거짓, 속임수, 기망(欺罔), 위장, 미혹, 모략 등을 뜻합니다. 신천지의 경우 모략을 정당화하고, 포교를 위한 "모략 교리"의 근거로 성경의 예를 제시하는데, 야곱이 에서를 속여 장자의 권리를 빼앗은 일(창 27장)이 대표적인 예입니다. 죄인을 구원하시는 하나님의 섭리 속에서 하나님의 자비가 구원의 근거가 되는 것이지 죄인의 행동이 구원의 근거가 되지 않습니다. 그렇게 되면 구원받았다고 믿는 모든 신자가 죄악에 대해 회개할 필요도 없고, 오히려 모든 죄악을 하나님으로부터 옳다고 인정받는 것이라고 착각할 수 있습니다. 그래서 어떤 수단과 방법을 사용해서라도 결과만 좋으면 된다는 거짓 믿음 또는 맹신이 자리 잡게 됩니다. 신천지나 한국교회나 크게 다를 바 없는 집단이 되고 맙니다. 교회들이 어떤 수단을 사용해서든 신자가 많이 모이면 그만이라는 생각, 또는 결과가 좋으면 괜찮다는 생각으로 집회를 연다는 사실은 참으로 개탄스럽고 충격적인 일입니다. 교회들이 사회적으로 유명한 인사들(정치인, 연예인, 운동선수 등)을 초청해서 집회를 열고, 대중음악과 큰 차이가 없는 CCM(Contemporary Christian Music)을 통해서 사람들이 많이 모이면, 즉 신자들이 많이 늘어나는 결과를 얻게 되면, 비성경적이고 세속적이고 악한 모든 행위와 방법이 용납되는 꼴이 됩니다. 어떤 지역이나 사회에 복음을 전함으로써 한 명이 회개하든, 모두가 회개하든 하나님의 방법으로 해야 하고, 결과 역시 하나님의 뜻입니다. 회개한 사람의 숫자가 많지 않다는 이유로 방법을 달리해서 술에 물을 타듯 복음에 물을 타는 일은 없어야 합니다. 마태복음 24장 24절 "거짓 그리스도들과 거짓 선지자들이 일어나 큰 표적과 기사를 보여 할 수만 있으면 택하신 자들도 미혹하리라"는 말씀과 같이 마치 성경적 방법인 것처럼, 또는 하나님이 하신 일처럼 속이는 자들도 있음을 명심하기를 바랍니다.

다음으로 "외식"이 언급되는데, 다른 말로 '위선'(僞善) 또는 '연기'(演技)입니다. 악독이든 기만이든 외식이든, 그리스도를 믿기 전 "헛된 행실"(벧전 1:18) 즉 우상을 숭배하고 탐욕을 따랐던 옛 삶에서 나타나는 자연스러운 태도와 생활 방식입니다. 베드로는 이런 마음의 속성과 삶의 태도를 벗어던져야 한다고 교훈했습니다. "외식"은 예수님에 의해서 수없이 언급되었던 말입니다. 예수님은 자기를 속여가며 다른 사람을 악하다고 판단하고 비난한 자들을 향해 "외식하는 자여 먼저 네 눈 속에서 들보를 빼어라 그 후에야 밝히 보고 형제의 눈 속에서 티를 빼리라"(마 7:5)고 하셨습니다. 또한 당시 종교 지도자들을 향해 "화 있을진저 외식하는 서기관들과 바리새인들이여 회칠한 무덤 같으니 겉으로는 아름답게 보이나 그 안에는 죽은 사람의 뼈와 모든 더러운 것이 가득하도다"(마 23:27)라고 말씀하셨습니다. 그리스도인들은 이런 "외식"과 '위선'의 삶에서 벗어나야 합니다. 연기를 하는 배우처럼 자기 마음과 생각이 아닌 다른 마음과 생각을 드러내는 태도와 삶에서 벗어나라고 베드로 사도는 교훈했습니다. 겉과 속이 같은 진실하고 솔직한 삶을 살아가는 성도가 되기를 바랍니다.

다음은 네 번째 악으로 언급된 *"시기"*(猜忌)입니다. 이는 어떤 대상을 미워하고 멀리하는 마음으로 그 대상이 행복을 누리는 것 역시 원치 않는 태도입니다. 시기와 질투가 비슷하면서도 좀 다른 면이 있는데, 시기가 어떤 대상이 싫고 미운 감정이라면, 질투는 그 대상이 가진 것을 탐내고 차지하고 싶은 악한 마음이라 할 수 있습니다. 즉 시기는 그 대상 자체가 미운 것이고, 질투는 대상에 대한 감정과 상관없이 그 대상이 가진 것이 탐나고 궁극적으로는 차지하고 싶은 마음이라 할 수 있습니다. 예를 들어서 어떤 자매가 있다고 할 경우, 동생이 언니가 가진 외모, 직업, 평판, 친구, 돈 등을 탐내고 자기가 대신 차지하고픈 마음이 질투라고 하면, 시기는 동생이 아예 언니 자체를 미워하므로 언니가 가진 좋은 것들, 언니가 누리는 행복조차도 싫어하는 마음입니다. 즉 싫어하고 미워하는 사람이 어떤 좋은 것을 가지고 있거나 누리는 것을 용납하지 못하는 마음입니다. 우리 속담에 "사촌이 땅을 사면 배가 아프다"는 말이 있습니다. 사전적 의미로는 남이 잘되는 것을 시기하거나 질투함을 비유적으로 이르는 말입니다. 좀 구분해서 설명하자면, 사이가 좋은 사촌인데 땅을 사서 배가 아픈 것은 질투라 할 수 있고, 사이가 별로 좋지도 않은 사촌인데 땅까지 사서 배가 아프면 시기라 할 수 있습니다. 예수님 시대에 종교 지도자들이었던 대제사장들은 그들의 기득권을 위협하는 것으로 생각되는 예수가 무척 미웠던 것입니다. 그래서 사람들이 자기들보다 예수님을 더 따르게 될 때 그들의 시기심은 더욱 커졌고, 결국에는 예수님을 빌라도의 재판에 넘기고 말았습니다(막 15:10). 또한 *"대제사장과 그와 함께 있는 사람 즉 사두개인의 당파가 다 마음에 시기가 가득하여 일어나서 사도들을 잡아다가 옥에 가두었더니"*(행 5:17~18)라는 말씀을 통해 알 수 있듯이 그들은 베드로를 포함한 사도들까지 감옥에 가두었습니다. 질투든 시기든 결국 사람이라면 누구든지 품고 있는 이기심에서 비롯됩니다. 그리스도인은 남을 사랑하는 사람이 되어야 합니다. 바울은 "피차 사랑의 빚 외에는 아무에게든지 아무 빚도 지지 말라 남을 사랑하는 자는 율법을 다 이루었느니라"(롬 13:8)고 교훈했습니다. 남에게 빚을 져서 계속 빚 갚을 생각을 하면서 빚을 갚아 나가듯이, 남에게 사랑을 줄 의무감을 가지고 계속 사랑함으로써 "율법을 다 이루"는 삶을 살아야 합니다.

다섯 번째 "비방"을 살펴볼 차례입니다. 이는 남을 헐뜯는 것으로 중상(中傷)과 험담입니다. 그리고 상처를 주거나 명예를 훼손하는 말을 뜻합니다. 사람이 사는 곳이라면 어디서든 흔히 접하는 것이 "비방"입니다. 로마서 1장 30절에 "비방하는 자"가 언급되어 있는데, 그들이 비방하는 이유는 바로 로마서 1장 28절에 "또한 그들이 마음에 하나님 두기를 싫어하매 하나님께서 그들을 그 상실한 마음대로 내버려 두사 합당하지 못한 일을 하게 하셨으니"라고 언급되어 있듯이 하나님을 마음에 모시지 않기 때문입니다. 하나님을 믿지 않는 자들의 삶에서 자연스럽고 당연하게 나타나는 죄악이 바로 "비방"임을 기억하고, 그리스도인이 되었다면 더 이상 남을 비방하는 행위를 하지 않기를 바랍니다.

위와 같이 베드로는 다섯 가지 악한 마음과 태도와 행동을 벗어버리라고 교훈했습니다. 마치 진흙탕에 빠져 더러워진 옷을 새로 갈아입기 위해 벗어버리듯이 모두 벗어던져야 한다고 교훈했습니다. 그리고 "갓난 아기들 같이 순전하고 신령한 젖을 사모하라 이는 그로 말미암아 너희로 구원에 이르도록 자라게 하려 함이라 너희가 주의 인자하심을 맛보았으면 그리하라"(2~3절)고 명령했습니다. 이 부분에서 가장 중요한 단어는 동사 "사모하라"입니다. 1절의 "버리고"라는 동사와 대비되는 말입니다. "사모하라"(ἐπιποθήσατε, long for, desire)는 말은 본능적이고 충동적인 성향에 이끌리는 행동을 묘사하는 단어인데, "젖을 사모하라"는 표현은 딱 들어맞는 말입니다. 아기가 젖을 있어도 그만 없어도 그만인 것처럼 적당히 좋아하는 것이 아니라, 강력하고도 필사적인 본능으로 젖을 찾기 때문에 이 동사가 매우 적합한 것입니다. 베드로는 다섯 가지 악한 마음과 태도와 행동을 벗어 던져버린 그리스도인들의 거듭난 상태를 "갓난 아기들"로 비유했습니다. 그러므로 그리스도인들이 해야 할 것은 "갓난 아기들 같이 순전하고 신령한 젖을 사모하라"는 것이었습니다. 베드로는 의도적으로 "순전하고"라는 말을 사용했는데, 이는 1절에서 언급한 내용과 대조적인 면을 부각한 것으로, 남을 속이지 않고 거짓이 없는 마음과 태도를 뜻합니다. 그런 다음 "신령한 젖"이라는 말을 했는데, 하나님의 말씀을 젖으로 비유했습니다. "신령한 젖"은 엄마에게는 없는 젖으로, 하나님의 말씀입니다! 아기들이 배가 고프면 젖을 갈망하는 본능과 충동으로 오로지 엄마의 젖꼭지를 찾듯이 영적으로 갓 태어난 상태와 같은 그리스도인들은 하나님의 말씀을 그렇게 갈망해야 한다는 뜻입니다. "하나님이여 사슴이 시냇물을 찾기에 갈급함 같이 내 영혼이 주를 찾기에 갈급하니이다"(시 42:1)라는 고백이 그리스도인들의 고백이 되어야 합니다. 그래서 젖을 맛본 아기가 그 맛을 기억하고 오직 젖만을 찾듯이 말씀을 사모해야 한다는 가르침입니다.

베드로는 이어서 "너희는 여호와의 선하심을 맛보아 알지어다 그에게 피하는 자는 복이 있도다"(시 34:8)라는 말씀의 내용을 인용해서 "너희가 주의 인자하심을 맛보았으면 그리하라"고 했습니다. 그리스도인들이 하나님의 말씀을 통해 은혜를 받게 되었으면 그만큼 은혜의 말씀을 사모하라는 뜻입니다. "갓난 아기들 같이 순전하고 신령한 젖을 사모하라

이는 그로 말미암아 너희로 구원에 이르도록 자라게 하려 함이라"는 말
씀에서 알 수 있듯이 그렇게 해야 하나님의 나라어 갈 때까지 영적으로
성장을 하게 된다는 교훈입니다. 그렇게 해야 당장 주의 날이 임한다고
할지라도 부끄러움이 없을 것이고, 설령 주의 날이 당장 임하지 않고 개
인에게 예정된 죽음 역시 금방 찾아오지 않아서 이 세상에서의 삶이 오
래 이어진다고 할지라도, 그렇게 해야 거룩하고 신실한 삶을 이어갈 수
있다는 사실을 명심하기를 바랍니다. 아멘.

(2025년 2월 23일)

# 살아 있는 바위?

오늘 살펴볼 2장 4절부터 8절 내용은 매우 특별한 말로 시작되는데, 바로 예수 그리스도에 대한 메타포어(metaphor) 즉 은유적 표현이 나오고, 동시에 약함과 강함이 극과 극으로 대비되는 존재로 소개됩니다. 그런데 예수 그리스도는 지금도 사람들에게 가장 미약한 존재와 가장 강력한 존재로 극과 극으로 취급받는다는 사실입니다. 이 놀라운 사실을 확실히 깨닫는 기회가 되기를 바랍니다.

사람들은 대부분 이 세상을 살다가 죽을 때까지 예수 그리스도를 거들떠보지도 않을 정도로, 관심조차 없을 정도로, 믿고 싶은 마음조차 없을 정도로, 알아보고 싶은 생각조차 없을 정도로 여깁니다. 철저히 외면하고 무시하고, 자기들의 삶과 전혀 무관한 하찮은 존재로 여기는 경우가 대부분입니다. 마치 길을 걷다가 부딪치는 돌처럼, 발에 밟히는 자갈처럼 사람들은 예수 그리스도를 하찮게 여깁니다. 그런데 더욱 심각한 경우는 예수님을 믿고 따르다가, 또는 믿으려고 하다가, 또는 믿어보려고 알아보다가 돌아선 사람들입니다. 예수님의 제자 중 하나였던 갸롯 유다가 그런 사람이었고, 세상을 사랑한 나머지 바울과 함께 그리스도의 복음을 전하는 일을 했다가 바울은 물론 그리스도를 떠난 데마가바로 대표적인 경우입니다(딤후 4:10). 그밖에 다른 부류는 예수님에 대해 사사건건 시비를 걸고, 시험하고, 시기하다가 결국 십자가 형벌을 받도록 거짓으로 신성모독 혐의를 씌워서 재판에 넘긴 유대교 지도자들과그 일에 선동되어 동참한 유대인들입니다. 결국 이 세상에는 어떤 시대를 살든지 상관없이 예수님을 외면하는 몇 가지 부류 사람들이 있게 마련이라는 사실입니다. 첫째, 누가 알려주지 않거나 알 수 있는 길이 없어서 모르는 사람들이 있습니다. 둘째, 누구로부터 예수님에 대해 들었거나 스스로 알 수 있는데도 무시하고 외면하는 사람들이 있습니다. 셋째, 알고 있거나 믿고 있으면서도 가볍게 여기거나 소홀히 여기는 사람들이 있습니다. 넷째, 어느 정도 확신과 열심을 가지고 믿다가 돌아서는 사람들입니다. 다섯째, 예수님에 대해 반항적이고 적대적으로 생각하거나 심지어 예수님을 믿는 사람들까지 싫어하고 핍박하는 경우입니다. 이 세상에 존재하는 사람 중에서 예수님을 외면하는 사람은 반드시이런 부류에 포함되어 있습니다. 이런 부류에 속하지 않는 사람들은 많지 않습니다. 그 많지 않은 사람 중에 포함되어 있다면 영원한 생명을누리는 구원의 은혜를 받은 그리스도인들임을 확실히 믿기를 바랍니다.

베드로 사도는 예수님에 대해 묘사하기를 "사람에게는 버린 바가 되었으나 하나님께는 택하심을 입은 보배로운 산 돌이신 예수"라고 했습니다. 베드로는 예수 그리스도를 극과 극의 모습으로 묘사했습니다. 먼저는 "사람에게는 버린 바가 되었으나"라고 함으로써 어떤 사람들에게는 예수님이 아무 쓸모가 없는 존재였고, 심지어 그런 사람들에게 예수님은 버림당하기까지 했습니다. 예수님에게서 그 어떤 이로움도 얻지 못한 자들이 많았다는 사실입니다. 예수님이 기적을 베풀어서 먹을 것을 제공하고, 병든 자들을 고쳐주고, 귀신 들림으로부터 벗어나게 해줄 때는 이로움을 얻음으로써 예수님을 따랐으나, 예수님이 *"내가 곧 생명의 떡이니라"*(요 6:48)고 말씀하시고, *"내 살을 먹고 내 피를 마시는 자는 영생을 가졌고 마지막 날에 내가 그를 다시 살리리니 내 살은 참된 양식이요 내 피는 참된 음료로다"*(요 6:54~55)라고 말씀하셨을 때는 예수님을 따르던 수많은 군중이 대부분 더 이상 이로움을 얻을 수 없다고 판단하고 예수님을 떠나고 말았습니다. 그런 사람들이 예수님을 통해서 얻고자 했던 것은 오직 살기 힘든 이 세상에서 편하게 배불리 먹고 마시고 건강한 삶을 누리는 것이었습니다. 이런 현실적인 문제가 그들이 예수님을 따른 가장 큰 이유였습니다. 그들은 죄와 사망에서 벗어나는 구원에 대한 갈망이 없었습니다. 오늘날도 마찬가지입니다. 영생에 대한 갈망은 없고, 이 땅에서 잘 먹고, 잘 사는 것에만 관심을 가지는 동물 수준에서 벗어나지 못하는 삶에 대해서만 생각할 뿐입니다. 그런 군중에게 예수님은 성경이 계시하는 구원자와 구원에 대해 말씀하셨지만, 극히 일부 즉 열두 제자들을 제외하고는 모두 예수님을 떠나버렸습니다. *"그 때부터 그의 제자 중에서 많은 사람이 떠나가고 다시 그와 함께 다니지 아니하더라"*(요 6:66)는 말씀이 예수님에 대한 그들의 가치관을 잘 말해줍니다. 그들은 예수님을 외면하고 버린 사람들입니다. 그 시대 이후 거의 2,000년이 흐른 지금도 세상은 마찬가지입니다. 예수님에 대해 약간은 호의적인 생각은 하더라도 그들은 결코 인생을 맡길 정도로 예수님을 신적 존재라고 여기지 않습니다. 반면에 악의적인 생각으로 예수님을 대하는 사람들도 많습니다. 정도의 차이가 있을 뿐 예수님을 발에 밟히는 모래 정도로 약간 이로운 존재로 여기든지, 불편한 자갈로 여기든지, 아니면 발로 차거나 치워야 마땅한 거치는 돌로 여기는 사람들입니다. 그러나 베드로는 "사람에게는 버린 바가 되었으나 하나님께는 택하심을 입은 보배로운 산 돌이신 예수"라고 선언했습니다. 여기에 놀랍고 충격적인 사실이 있습니다. 모든 인간이 하나님으로부터 버림을 받은 증거로 죽음을 맞게 되었는데, "하나님께는 택하심을 입은" 사실입니다. 이 말씀의 뜻은 하나님께 인정받은, 또는 귀하고 영광스러운 존재로 나타냄을 받았다는 것입니다. 사람들이 예수님을 버리고 인정하지 않고 존귀하게 여기지 않았지만, 베드로는 예수님이 하나님에 의해 "보배로운 산 돌"로 여김을 받았다고 했습니다. 버려진 돌과 "보배로운 산 돌"은 비교 자체가 불가능합니다. 베드로는 단순히 버려진 돌과 버려지지 않고 귀중하게 사용된 돌의 차원이 아니라, 비유로 사용된 돌을 의인화해서 살아있는 생명체로 비유했습니다. 베드로의 표현력은 놀라울 정도입니다. 단순히 '귀하게 사용된 돌'이 아니라 "보배로운 산 돌"이라고 말한 이유를 확실히 깨닫게 되기를 바랍니다.

베드로가 "보배로운 산 돌"이라고 했을 때는 '돌'에 대한 당시 사람들의 개념과 크게 관련되어 있습니다. 먼저 유대인의 역사와 삶에서 돌에 대한 특별한 개념은 이스라엘 백성이 출애굽 후 광야에서 물이 없어 고통스럽고, 광야로 인도하신 하나님이 원망스럽다고 모세에게 불평했을 때로 거슬러 올라갑니다. 그때 하나님은 백성의 지도자 모세에게 "내가 호렙 산에 있는 그 반석 위 거기서 네 앞에 서리니 너는 그 반석을 치라 그것에서 물이 나오리니 백성이 마시리라"(출 17:6a)고 말씀하셨고, "모세가 이스라엘 장로들의 목전에서 그대로 행하니라"(출 17:6b)는 말씀과 같이 그는 하나님의 명령에 순종했습니다. 그래서 백성 모두가 물을 마실 수 있었습니다. 인간의 이성으로 상상할 수조차 없는 기적이 일어 났고, 하나님은 이 같은 기적을 통해서 이스라엘 백성이 광야에서 생명을 유지할 수 있도록 은혜를 베푸셨습니다. 그러므로 이스라엘 백성 사이에서는 광야에서 생수가 터져 나왔던 바위에 대한 역사적 사실이 당연히 공유되었던 것입니다. "반석을 여신즉 물이 흘러나와 마른 땅에 강 같이 흘렀으니"(시 105:41)라는 말씀을 통해서 이스라엘 백성의 신앙을 엿볼 수 있습니다. 그런데, 놀랍게도 유대인들은 성경에 대한 그들만의 해석이요, 권위가 있는 전통이라 여겼던 《미드라쉬》(Midrash, Bamidbar Rabbah 1:1)에 나오는 구절을 대부분 그대로 믿고 있었습니다. "'회중에게 물이 없었더라'(민 20:2). 우물은 무엇으로 구성되어 있었는가? 그것은 바위였습니다. 그것은 마치 벌집과 같았고, 굴러다니며 그들의 여정에 함께 했습니다."에 근거해서 '미리암의 우물(Miriam's Well)'이라고 믿어왔고 가르쳐왔습니다. 미리암은 모세의 누나로 광야에서 죽었고(민 20:1), 유대인들이 또 물이 없어 불평하고 고통스러워했을 때 하나님이 모세와 아론을 통해 바위에서 물이 나오도록 하셨는데(민 20:2~11), 유대인들은 바위에서 나온 그 물을 '미리암의 우물'이라 불렀습니다. 그 바위가 이스라엘 백성의 광야 생활 40년 동안 굴러다니면서 즉 그들을 따라다니면서 물을 제공했다고 믿었기에 유대인들이 생각하는 바위에는 '살아 있는 바위' 즉 '살아서 움직이는 바위'의 개념 또는 믿음이 있었던 것입니다. 놀랍지 않습니까? 수분이 많이 채워져 있는 풀이나 나무가 아니라, 또는 흙이 아니라, 전혀 수분을 저장하거나 함유할 수 없는 바위 자체에서 나왔다고 믿었던 것입니다. 성경에 기록된 대로 바위에서 물이 실제로 나왔습니다. 그러나 '미드라쉬'를 믿은 유대인들은 어떤 바위가 실제로 살아서 움직이듯 그들을 계속 따라다니면서 물을 제공했다고 믿었습니다. 그것은 성경 사실과는 다르게 믿은 것입니다. 어떤 사람은 현재 우리도 지하 암반에서 생수를 얻는다고 주장하는데, 이는 바위 안에서 나온 물이 아니라 바위틈이나 바위 아래서, 또는 암반층에서 새어 나온 물이지 결코 바위 자체가 물을 저장하고 있다가 내놓은 것이 아닙니다.

베드로가 편지를 썼을 때 또는 그 편지를 회람했을 때는 로마의 박해가 시작되는 때였는데, 로마 시대에서 사람들의 개념 속에서도 돌은 매우 중요한 존재였습니다. 아무리 먼 곳이라도 물을 끌어오는데 돌을 이용해 긴 수로를 만들었고, 물이 원활하게 공급되자 도로를 만들고 건물을 세우는 건축 기술이 더욱 발달하게 되었습니다. 그러므로 로마 시대 사람들에게 단단한 돌은 건축에 필요한 귀하고 보배로운 물질이었던 것입니다. 기반 시설이든 건물이든 돌은 매우 중요한 물질이었습니다. 심지어 유대인 종교 지도자들조차도 자기들을 건축자로 생각하고 마치 돌을 다듬어 건물을 짓는 자들로 생각했습니다. "건축자가 버린 돌이 집 모퉁이의 머릿돌이 되었나니 이는 여호와께서 행하신 것이요 우리 눈에 기이한 바로다"(시 118:22~23)라는 말씀을 예수님이 인용하셔서 "너희가 성경에 건축자들이 버린 돌이 모퉁이의 머릿돌이 되었나니 이것은 주로 말미암아 된 것이요 우리 눈에 놀랍도다 함을 읽어 보지도 못하였느냐"(막 12:10~11)고 교훈하셨는데, 바로 이어서 12절에 나오는 "그들이 예수의 이 비유가 자기들을 가리켜 말씀하심인 줄 알고 잡고자 하되 무리를 두려워하여 예수를 두고 가니라"는 말씀을 통해서 명확히 알 수 있습니다. 유대인 지도자들은 건축자가 집을 세우듯이, 자기들이 유다 백성을 종교적으로 세워 여호와 하나님을 믿는 신앙 공동체로서의 집을 건축할 건축자라고 자처했던 것입니다. 그런데 그들은 하나님의 집을 세우는데 절대적으로 필요한 "보배로운 산 돌 예수"를 버리고 말았습니다.

유대 사회에서 지식이 풍부하고 종교적 권위가 있고 사람들로부터 존경받았던 지도자들이 예수님을 버렸습니다. 그들의 삶과 신앙에서 예수 그리스도를 불필요한 존재라고 판단한 것입니다. 남들보다 뛰어난 박식한 지식과 남들보다 뜨거운 종교적 열정과 남들보다 높은 사회적 덕망을 가진 자들이, 남들을 가르치고 다스리던 권세를 가진 자들이 오히려 가장 우매하고 차갑고 사악했고, 남들을 선한 길로 이끌지 못했던 것입니다. 그렇다면 우리 주변에 있는 사람들은 어떻습니까? 사람이 어디에서 왔는지, 어디로 가는지, 왜 병들고 죽는지, 사계절이 있어도 왜 이렇게 기후 변화와 자연재해가 심한지, 왜 세상은 전쟁과 폭력이 지속되는지 알고 싶지도 않고 관심도 없는 사람들이 대부분입니다. 이들은 세상을 창조하시고 다스리시는 하나님의 존재 자체를 믿지도, 믿고 싶어 하지도 않을 정도로 둔하고 악한 마음을 가지고 살아갑니다. 그러므로 하나님이 죄와 사망에서 사람들을 구원하시려고 보내신 구원자 예수 그리스도를 불편한 돌이나 진로를 방해하는 거추장스러운 돌로 여길 수밖에 없는 것입니다. 이런 사람들 속에 둘러싸여 있었던 그리스도인들에게 베드로는 그들이 가지고 있던 바위나 돌에 대한 개념을 바탕으로 예수 그리스도를 더 깊이 이해하도록 메타포어를 사용했고, 조상 대대로 전설로써 내려온 전통 신앙이나 관념이 아니라, 예수님을 지금 그들 곁에 '살아 계신 돌'이라고 표현한 것입니다. 유대인들은 '미리암의 우물'이라는 이름을 지어서 여호와 하나님이 광야 생활 40년간 처음부터 끝까지 바위에서 물이 나도록 하셨고, 그 물을 마시고 생명을 유지할 수 있었다고 믿도록 일종의 전설을 만들어서 믿었는데, 베드로는 육신의 생명을 유지하게 해주는 물이 아니라, 영원한 생명을 누리게 하는 영생의 물로 예수님을 제시한 것임을 확실히 깨닫기를 바랍니다.

다음으로 베드로는 "하나님께는 택하심을 입은 보배로운 산 돌이신 예수께 나아가 너희도 산 돌 같이 신령한 집으로 세워지고"라는 말씀을 통해서 사람들에게는 버림을 받았지만, 하나님께는 결코 버림을 받지 않고 인정받은 예수 그리스도께로 나아가라고 권면했습니다. 누가복음 23장 35절을 보면 "백성은 서서 구경하는데 관리들은 비웃어 이르되 저가 남을 구원하였으니 만일 하나님이 택하신 자 그리스도이면 자신도 구원할지어다 하고"라는 말씀이 나오는데, 이는 십자가에 못 박혀 있는 예수 그리스도를 보고 사람들은 하나님께 버림을 받은 자라고 생각하면서, 질병과 죽음과 귀신 들림과 배고픔에서 많은 사람을 구해낸 사람이 어찌 자기는 구원하지 못하느냐고 조롱과 경멸의 표현을 한 것입니다. 그러나 그들은 성경에 예언된 십자가의 죽음을 통한 구원(사 53:2~6)을 예수 그리스도가 성취하실 것이라고는 전혀 생각하지 못했습니다. 이사야 53장 3절 "그는 멸시를 받아 사람들에게 버림 받았으며"라는 말씀과 같이 실제로 멸시와 천대를 당하고 버림을 받았습니다. 그러나 당시 사람들의 생각과는 달리 하나님께는 버림을 당하시지 않았다는 사실입니다. 오히려 십자가에 못 박혀 사람들로부터 버려지는 것이 하나님께는 인정받고 존귀하게 여김을 받는 일이었습니다. 그들은 십자가에 달린 육체에서 흐르는 피를 보고 예수의 죽음이 가까워졌으며, 하나님으로부터 버림을 받게 되었다고 생각했습니다. 당시 유대인들은 하나님의 백성이라는 이름에 걸맞지 않게 어리석은 판단을 하고 말았습니다. 그들은 하나님의 계시에 대해 인정하지도 않고 알지도 못하는 자연인과 다를 바 없었습니다. 성경의 계시를 잘못 이해한 당시 유대인이나 계시에 대한 현대인의 생각에 대해 코넬리우스 반틸(Cornelius Van Til, 1895~1987)은 다섯 가지로 요약했습니다.

"첫째로 성경이 말하는 하나님은 전혀 존재하지 않는다. …… 둘째로 만일 그러한 하나님이 존재한다고 하더라도 그 하나님은 우리가 아는 세상 가운데서 그 자신을 나타낼 수 없다. 왜냐하면 이 세상은 하나님의 계시가 아닌 다른 것으로 이해되기 때문이다. …… 셋째로 설령 그러한 하나님이 자기 자신을 드러내 보여주신 것이 아닌 다른 무엇으로 이해되는 그러한 세계 가운데서 자기 자신을 계시하셨다 하더라도, 아무도 그 계시를 왜곡시킴 없이 받아들일 수 없다. 넷째로 만일 이러한 세 가지 사실에도 불구하고 과거에 어떤 계시가 받아들여진 일이 있었다 하더라도, 그것은 다시금 왜곡되지 않고서는 현대인들에게 전달될 수 없다. 다섯째로 만일 이 모든 것에도 불구하고 성경이 말하는 그러한 하나님의 계시가 오늘날 사람에게 임한다 하더라도 인간은 또다시 그것을 왜곡시킴 없이 받아들일 수 없다."
(반틸, 『변증학』, 269〜270쪽)

반틸이 말한 현대인이나 예수님 당시 유대인들이나 자기들의 이성과 전통과 경험을 성경보다 더 권위가 있다고 여겼기 때문에 그들은 구원자 예수 그리스도를 그렇게 외면하고 버릴 수밖에 없었습니다. 그러나 예수님의 수제자였던 베드로는 성경의 계시대로 대속의 죽음을 위해 십자가에 못 박혀 돌아가시고, 다시 살아나심으로써 구원의 은혜를 베푸신 그리스도를 믿고 의심하지 않았던 그리스도인들이 혹시라도 대 환난과 박해를 눈앞에 두고 그 견고한 믿음이 흔들릴까 봐 편지를 보내서 믿음을 견고하게 하고자 했던 것입니다. 그래서 생명이 없는 단순한 물질인 돌을 "보배로운 산 돌"이라고 했습니다. 세상 사람들이 보기에는 예수님은 단순히 버려진 돌에 불과합니다. 생명도 없고, 생명에 대한 그 어떤 가능성도 없습니다. 십자가에서 돌아가신 예수님에 대해 사실상 모든 사람은 돌처럼 더 이상 생명이 없는 존재로 여겼습니다. 그런데 사망 후 사흘 만에 부활하셨습니다(고전 15:3~4). 그래서 베드로는 소망에 대해 말할 때도 *"산 소망"*(벧전 1:3)이라고 했고, 말씀에 대해 언급할 때도 *"살아 있고 항상 있는 하나님의 말씀"*으로 표현했습니다(벧전 1:23). 대 환난으로 죽음을 눈앞에 둔 그리스도인들을 향해 진정한 건축자 하나님에 의해 머릿돌로 사용된 예수 그리스도처럼 그들도 *"신령한 집"*으로 세워져야 한다고 교훈했습니다. *"신령한 집"*은 거룩한 '하나님의 집'으로써 성전을 뜻합니다. 사도 바울 역시 그리스도인들을 향해 *"하나님의 성전"*(고전 3:16~17)이라고 했습니다. 베드로는 본문 6절에서 예수님을 *"보배로운 모퉁잇돌"*이라고 했습니다. 하나의 건물을 세우기 위해 모퉁잇돌을 중심으로 수많은 돌을 쌓듯이 모든 그리스도인을 살아있는 돌에 비유했습니다. 그 돌들은 *"신령한 집"*을 이루고 '하나님의 집'을 구성하기에 결코 죽은 돌로 이루어진 건물과는 비교가 되지 않습니다.

웅장하고 장엄한 건물 속에서 권능의 지팡이를 들고 로마 제국을 호령했던 네로 황제는 자신의 권세를 이용해 수많은 그리스도인을 고문하고 학살했습니다. 그리스도인을 박해하기 시작한 네로는 먼저 로마 대화재의 원인을 그리스도인들에게 돌렸고, 그 밖에도 인류에 대한 혐오 범죄를 씌웠습니다. 그리스도인들이 로마의 정치 집회나 공적인 행사에 관심이 없고, 로마의 관습을 혐오한다는 죄목을 씌워 미친 듯이 학살을 자행했습니다. 로마 대화재가 64년 7월 18일 밤에서 19일 이른 새벽에 발생했는데, 그리스도인들에 대한 박해는 같은 해 8월 또는 11월에 시작된 것으로 알려져 있습니다. 대화재는 정확히 어떻게 일어났는지 알려지지 않았지만, 확인되지는 않은 소문에는 네로가 불을 지르게 했고, 불에 타오르는 로마의 모습을 보고 싶었으며, 또한 로마시를 다시 웅장하게 건축하고 싶은 야망에서 비롯되었다고도 합니다. 그의 야망이 사실이었다면 웅장한 도시를 건축해서 자기의 이름을 넣어서 '네로폴리스'(Neropolis)를 만들고 싶었을 것입니다(필립 샤프, 『교회사 전집 1권』, 306~309쪽). 그러나 우리는 알아야 합니다. 이 세상에 세워지는 모든 건축물은 무너질 때가 있고, 불탈 때가 있으며, 파괴될 때가 있습니다. 또는 더 이상 기능을 제대로 하지 못해 붕괴시키고 철거할 때가 있습니다. 아무리 수천 년을 견딘다 해도 "해와 달이 캄캄하며 별들이 그 빛을 거두도다"(욜 3:15)는 말씀처럼, "그 날에 하늘이 불에 타서 풀어지고 물질이 뜨거운 불에 녹아지려니와"(벧후 3:12)라고 한 말씀처럼 우주 만물이 모두 불에 녹아버릴 것입니다. 그러므로 이 세상에 존재하는 그 어떤 건물도 더 이상 존재하지 않을 것입니다. 베드로 당시 그리스도인들이 두려워해야 할 존재는 세상 권력자 네로 황제가 아닌 우주 만물의 창조자요 통치자요 심판자인 하나님이었습니다. 하나님만이 "보배로운 산 돌 예수"를 머릿돌로 삼아 영원히 무너지지 않을 살아있는 집 "신령한 집"을 세우실 것입니다. 베드로가 "예수 그리스도로 말미암아 하나님이 기쁘게 받으실 신령한 제사를 드릴 거룩한 제사장이 될지니라"고 교훈한 것처럼 그리스도인들은 "신령한 제사를 드릴 거룩한 제사장"이 되어 하나님과 함께 영원한 나라에서 살게 될 것입니다.

반면에 "성경에 기록되었으되 보라 내가 택한 보배로운 모퉁잇돌을 시온에 두노니 그를 믿는 자는 부끄러움을 당하지 아니하리라 하였으니 그러므로 믿는 너희에게는 보배이나 믿지 아니하는 자에게는 건축자들이 버린 그 돌이 모퉁이의 머릿돌이 되고 또한 부딪치는 돌과 걸려 넘어지게 하는 바위가 되었다 하였느니라 그들이 말씀을 순종하지 아니하므로 넘어지나니 이는 그들을 이렇게 정하신 것이라"는 말씀과 같이 수많은 사람이 이스라엘 땅에 오신 예수 그리스도를 보게 될 것입니다. 그러나 믿는 자들은 부끄러움을 당하지 아니하고 믿지 아니하는 자들은 부끄러움을 당하게 될 것입니다. 여기서 *"부끄러움을 당하지 아니하리라"*는 말의 뜻은 '급한 일을 당하지 않을 것이다'라는 뜻으로 미래 어느 순간 갑자기 큰 환란을 당할 때, 또는 갑자기 세상의 종말이 올 때 확실한 보호를 받게 될 것이라는 뜻으로 구원받게 된다는 의미입니다. 인간은 누구든지 갑자기 또는 서서히 죽음을 맞게 됩니다. 이런 죽음에서 피할 수 있는 유일한 구원의 길은 구원자 예수 그리스도를 믿는 것입니다. 또는 갑자기 대환란을 겪게 될 때, 또는 세상 종말의 순간을 맞게 될 때 무너지지 않을 영원한 건물은 바로 살아있는 건물로 예수 그리스도를 토대로 한 그리스도인들의 집이라는 사실을 기억하기를 바랍니다. 반면에, 그리스도를 구원자로 *"믿지 아니하는 자"*들은 *"말씀을 순종하지 아니하므로"* 예수 그리스도가 자기들에게 *"부딪치는 돌과 걸려 넘어지게 하는 바위"*가 될 것입니다. 또한 *"그들이 말씀을 순종하지 아니하므로 넘어지나니 이는 그들을 이렇게 정하신 것이라"*는 말씀과 같이 순종하지 않는 자들이 넘어져 부끄러움을 당하는 것은 하나님이 정하신 법이라는 사실입니다. 베드로는 이사야 28장 16절 *"그러므로 주 여호와께서 이같이 이르시되 보라 내가 한 돌을 시온에 두어 기초를 삼았노니 곧 시험한 돌이요 귀하고 견고한 기촛돌이라 그것을 믿는 이는 다급하게 되지 아니하리로다"*라는 말씀을 인용함으로써 하나님이 예수 그리스도를 통해서 모든 인간이 부끄러움을 당하지 않거나 당하거나 둘 중 하나에 속하도록 정하셨다고 했습니다. 결국 이 세상에 태어난 사람이라면 누구든지 예수 그리스도로 인해 걸려 넘어져 구원받지 못하든지, 예수 그리스도를 믿고 그리스도와 함께 영원히 살아있는 공동체의 일원이 되든지 둘 중 하나가 될 것입니다.

어느 시대 어느 곳에 살든지 세상 사람들이 피할 수 없는 것이 다름 아닌 죽음입니다. 특히 베드로가 편지를 써서 보냈던 소아시아 지역 교회들은 대환란을 눈앞에 두고 있었고, 그들이 편지를 받아 읽을 무렵에는 엄청난 박해가 시작되고 있었습니다. 그들을 위로할 수 있는 유일한 방법은 예수 그리스도를 더욱 확실하고 견고하게 믿게 하는 것이었습니다. 하이델베르그 요리문답의 첫 번째 질문이 바로 "살든지 죽든지 당신의 유일한 위로는 무엇입니까?"인데, 그에 대한 답은 다음과 같습니다.

1) 살든지 죽든지 나는 나의 것이 아니며 몸도 영혼도 나의 신실한 구주 예수 그리스도의 것이라는 사실입니다.
2) 그리스도께서는 내가 치러야 할 모든 죄 값을 당신의 보혈로 완전히 치르고, 나를 마귀의 모든 권세에서 해방하셨습니다.
3) 또한 하늘에 계신 나의 아버지의 뜻이 아니면 머리털 하나도 땅에 떨어지지 않도록 나를 보호하시고, 모든 것이 합력하여 나의 구원을 이루도록 하십니다.
4) 그러므로 하나님은 성령으로 나에게 영생을 확신하도록 하신 후 내가 마음을 다해 기꺼이 하나님을 위해 살도록 하십니다(김세민, 『그리스도가 이끄는 삶』, 43~45쪽).

그리스도를 믿든 안 믿든, 믿고 싶지 않든, 아예 관심 밖의 일이든 하나님은 모든 세상 사람들을 대상으로 즉 한 사람도 예외 없이 적용되는 한 가지를 분명하게 정해 놓으셨습니다. 바로 예수 그리스도를 통해 구원받느냐 심판받느냐가 달려 있다는 사실입니다. 누구도 피할 수가 없습니다. 어떤 사람들에게는 예수 그리스도가 그들의 인생에서 미약한 존재, 의미 없는 존재, 때로는 불편하고 거추장스러운 존재일 것입니다. 또 어떤 사람들에게는 예수 그리스도가 죄와 사망의 문제를 해결해 주시는 강력하고도 은혜로운 존재일 것입니다. 그래서 예수 그리스도로 인해 영원히 살아있는 집인 천국에 가든지, 영원히 죽어있는 집인 지옥에 가든지 정해져 있다는 것을 명심하기를 바랍니다. 아멘.

(2025년 3월 2일)

# 태백산에서 백두(白頭)를 바친 민족

지난 주일에 살펴본 2장 4절부터 8절 내용을 통해 예수 그리스도와 교회가 어떤 관계인지 알게 되었습니다. 동시에 "믿지 아니하는 자"(7절)는 그리스도와의 관계가 형성되지 못하고 오히려 그리스도로 인해 걸려 넘어지고 부딪치는 자들로 여겨졌는데 그 이유는 "그들이 말씀을 순종하지 아니하므로"(8절) 그렇다는 내용이었습니다. 오늘은 9절과 10절을 통해서 예수 그리스도를 구원자로 믿는 그리스도인들 즉 새로운 하나님의 백성이 된 교회의 정체성과 관련된 네 가지의 신분과 교회의 역할에 대해 명확히 깨닫는 시간이 되기를 바랍니다.

9절은 "그러나"로 시작되는데, 이는 8절에 언급된 "그들이 말씀을 순종하지 아니하므로"라는 내용에 나타난 "그들"과는 정 반대편에 있는 자들에 대해 말하고자 한 것입니다. 여기서 우리는 세상에 존재하는 두 부류의 사람들을 보게 됩니다. 한 부류는 하나님의 말씀을 순종하지 않는 자들, 나머지 한 부류는 하나님의 말씀을 순종하는 자들입니다. 십자가에서 사망 후 사흘 만에 부활하신 예수님이 제자들에게 나타나신 다음 하늘로 올라가신 사실을 확실히 목격한 예수 그리스도의 수제자 베드로 사도는 하나님의 말씀을 따랐던 소아시아 지역 그리스도인들과 오늘 현재 우리를 향해 "그러나 너희는 택하신 족속이요 왕 같은 제사장들이요 거룩한 나라요 그의 소유가 된 백성이니 이는 너희를 어두운 데서 불러내어 그의 기이한 빛에 들어가게 하신 이의 아름다운 덕을 선포하게 하려 하심이라"고 선언했습니다. 두 가지 중요한 사실을 말했는데, 하나는 그리스도인들에 대한 정체성, 그리고 다른 하나는 그리스도인들의 사명입니다. 어떤 사람을 그리스도인이라 하는지, 그리스도인은 무엇을 위해 살아야 하는지 명확히 알 수 있기를 바랍니다.

먼저 그리스도인의 정체성(identity)에 대해 살펴보고자 합니다. "그러나 너희는 택하신 족속이요 왕 같은 제사장들이요 거룩한 나라요 그의 소유가 된 백성이니"라는 말씀 속에 네 가지 이름이 나옵니다. "족속"(γένος, genos)과 "제사장들"(priests, priesthood)과 "나라"(ἔθνος, ethnos)와 "백성"이라고 하는 '집단성'이 있는 이름들입니다. 그러나 명사 자체로 드러나는 이 네 가지 이름들은 전혀 특별하지 않습니다. 다만 "제사장들"이 특별한 계층 또는 특별한 집단임을 어느 정도 드러낼 수 있을 정도입니다. 아주 특별한 소수로 보기는 어렵습니다. 세상에 존재하는 대부분 종교에는 제사장 그룹이 존재하기에 약간의 특별함을 나타낼 뿐입니다. 그러나 이 네 가지 명사들 앞에 특별한 수식어가 붙으면 전혀 다른 뜻이 됩니다. "택하신 족속이요 왕 같은 제사장들이요 거룩한 나라요 그의 소유가 된 백성"은 공통적으로 '하나님'이라는 수식어가 들어갑니다. 먼저 "택하신 족속"은 하나님의 선택이라는 행위가 드러난 수식어 "택하신"이 들어간 이름입니다. '하나님이 택하신 족속'이라는 말은 '하나님의 족속'으로, 하나님에 의해 선택받은 '특별한' 사람들 즉 '하나님의 가족'이라는 뜻이 내포되어 있습니다. "너는 여호와 네 하나님의 성민이라 네 하나님 여호와께서 지상 만민 중에서 너를 자기 기업의 백성으로 택하셨나니"(신 7:6)라는 말씀이 뒷받침해줍니다. 다음으로 "왕 같은 제사장들"(a royal priesthood/priests)은 왕이면서 제사장인 경우로 히브리서 7장 1절 "이 멜기세덱은 살렘 왕이요 지극히 높으신 하나님의 제사장이라 여러 왕을 쳐서 죽이고 돌아오는 아브라함을 만나 복을 빈 자라"는 말씀에 언급된 "멜기세덱"과 같은 제사장으로, 사람에 의해 세워진 제사장도 아니고, 자기 스스로 제사장이 된 자도 아닌 오로지 하나님에 의해 세워진 제사장으로 "하나님의 제사장"입니다. 히브리서는 예수 그리스도를 "그 이름을 해석하면 먼저는 의의 왕이요 그 다음은 살렘 왕이니 곧 평강의 왕이요 아버지도 없고 어머니도 없고 족보도 없고 시작한 날도 없고 생명의 끝도 없어 하나님의 아들과 닮아서 항상 제사장으로 있느니라"(히 7:2~3)는 말씀에 해당하는 "멜기세덱"과 같은 제사장으로 소개합니다. 그런데 하나님은 그리스도인들을 그리스도의 제사장직에 동참하는 자들로 여긴 것입니다. 그래서 "왕 같은 제사장들"은 곧 "하나님의 제사장"입니다. 그다음은 "거룩한 나라"입니다. "거룩한"이라는 말은 "기록되었으되 내가 거룩하니 너희도 거룩할지어다 하셨느니라"(벧전 1:16)는 말씀처럼 하나님의 속성을 나타내고 하나님을 수식하는 말입니다. 히브리어 קָדוֹשׁ(카도쉬, qadosh)는 '거룩한' 또는 '구별된'이라는 형용사로 주로 하나님을 수식하는 단어입니다. 원칙적으로는 오직 여호와 하나님께만 사용될 수 있는 수식어이지만, 성경에는 그밖에 두 가지 면으로도 사용되는데, 하나는 하나님이 명하셔서 하나님을 위해 사용되는 것에만 사용할 수 있습니다. 다른 하나는 하나님께 속한 것, 또는 하나님의 소유에 대해 사용합니다(참조, 벧전 1장 13~16절 강설). 그러므로 "거룩한 나라"는 '하나님의 나라'로, 하나님의 통치를 따르는 백성으로 이루어진 나라입니다. 끝으로 "그의 소유가 된 백성"은 '하나님의' "소유가 된 백성"으로 "세계가 다 내게 속하였나니 너희가 내 말을 잘 듣고 내 언약을 지키면 너희는 모든 민족 중에서 내 소유가 되겠고"(출 19:6)라는 말씀을 인용한 것입니다. 또한 "너는 여호와 내 하나님의 성민이라 네 하나님 여호와께서 지상 만민 중에서 너를 자기 기업의 백성으로 택하셨나니"(신 7:6)라는 말씀과 "만군의 여호와가 이르노라 나는 내가 정한 날에 그들을 나의 특별한 소유로 삼을 것이요"(말 3:17a)라는 말씀을 종합적으로 이해하고 인용한 것으로도 볼 수 있습니다. 그러므로 "나의 특별한 소유"는 '하나님의 백성'이라는 뜻입니다. 이처럼 네 가지 특별한 수식어가 붙여짐으로써, 즉 "택하신"과 "왕 같은"과 "거룩한"과 "그의 소유가 된"이라는 말이 붙여짐으로써 모두 공통으로 '하나님의'라는 특별한 뜻을 포함하게 된 것임을 깨닫기를 바랍니다. 결국 '그리스도인'(행 11:26b)은 '그리스도의 사람들'(Christ Ones)이라는 뜻으로 '하나님의 사람들'(God's People)임을 확실히 깨닫기를 바랍니다.

사도 베드로는 이사야 43장 20b~21절 "내 백성, 내가 택한 자에게 마시게 할 것임이라 이 백성은 내가 나를 위하여 지었나니 나를 찬송하게 하려 함이니라"는 말씀과 출애굽기 19장 5~6절 "세계가 다 내게 속하였나니 너희가 내 말을 잘 듣고 내 언약을 지키면 너희는 모든 민족 중에서 내 소유가 되겠고 너희가 내게 대하여 제사장 나라가 되며 거룩한 백성이 되리라 너는 이 말을 이스라엘 자손에게 전할지니라"는 말씀을 인용해서 교훈함으로써 그리스도인의 정체성에 대해 확실히 알도록 했습니다. 그리스도인들은 하나님의 소유로, 하나님으로부터 선택받은 족속이요 영적 혈통을 이은 자들입니다. 또한 그리스도인들은 정치적이고 인종적인 한계를 초월한 특별한 공동체로 하나님의 통치를 받는 자들입니다. 그리고 그리스도인들은 예수 그리스도처럼 하나님께 직접 나아갈 수 있는 제사장직을 이은 자들로 언제든지 하나님께로 나아갈 수 있는 자들임을 확실히 믿기를 바랍니다.

베드로는 구약성경의 말씀을 인용하면서 당시 그리스도인들의 정체성 즉 그들의 영적 신분을 명확히 보여 주었고, 동시에 그리스도인들에게 주어진 사명에 대해 가르쳤습니다. 베드로는 교회가 어떤 역할을 해야 하는지를 명확히 제시했습니다. 그것 역시 구약성경에 기록된 하나님의 말씀에 기초한 것이었습니다. "이 백성은 *내가 나를 위하여 지었나니 나를 찬송하게 하려 함이니라*"(사 43:21)는 말씀에서 알 수 있듯이 '하나님을 위한 일'은 바로 '하나님을 찬송하는 것'임을 알 수 있습니다. 베드로는 이 부분을 "*아름다운 덕을 선포하게 하려 하심이라*"고 했습니다. 여기서 "덕"(ἀρετὰς, aretas)이라는 말은 우리말 '덕'(德)의 뜻과 거의 유사합니다. 국립국어원《표준국어대사전》에서 덕은 1) 도덕적·윤리적 이상을 실현해 나가는 인격적 능력, 2) 공정하고 남을 넓게 이해하고 받아들이는 마음이나 행동, 3) 베풀어 준 은혜나 도움, 4) 착한 일을 하여 쌓은 업적과 어진 덕으로 정의되어 있습니다. 모두 사람에 대한 뜻이지만, 베드로가 말한 "덕"은 하나님의 성품과 하나님의 은혜에서 비롯된 것으로 '찬송'의 대상이 된다는 점이 다릅니다. 사람이 베푸는 덕과 근본적으로 다르다는 사실을 강조하기 위해 베드로는 "*너희를 어두운 데서 불러내어 그의 기이한 빛에 들어가게 하신 이*"라고 했습니다. 하나님이 베푸신 덕이 무엇인지 명확히 드러낸 것입니다. "어두운 데서 불러내어"는 절망적인 상황이나 환경으로부터 건져내는 것을 의미합니다. 베드로는 이사야 43장 14절 "*너희의 구속자요 이스라엘의 거룩한 이 여호와가 말하노라 너희를 위하여 내가 바벨론에 사람을 보내어 모든 갈대아 사람에게 자기들이 연락하던 배를 타고 도망하여 내려가게 하리라*"는 말씀을 인용했는데, 먼저 이 구절에 대한 번역 중 앞뒤 문맥과 가장 잘 어울리는 다른 역본《RSV: Revised Standard Version》로 보면, *"Thus says the Lord, your Redeemer, the Holy One of Israel: "For your sake I will send to Babylon and break down all the bars, and the shouting of the Chaldeans will be turned to lamentations."*("너희의 구속자 이스라엘의 거룩한 자 여호와께서 이같이 말하노라 내가 너희를 위하여 바벨론에 사람을 보내어 모든 빗장을 부수리니 갈대아 사람들의 외침이 애곡으로 바뀌게 되리라.")로 되어 있습니다. 이사야 선지자를 통해 예언된 이 말씀은 이 일이 성취되기 약 150여 년 전에 유다 백성에게 주어진 하나님의 말씀이었습니다(BC 690년경). 당시 앗수르 제국이 세상을 지배하던 때로 훗날 갈대아 사람들에 의해 세워지게 될 바벨론 제국에 의해 유다 백성이 포로로 끌려간 후 하나님의 은혜로 그들 손에서 벗어나게 될 것이라는 회복의 말씀이었는데, 150년이 지나 그대로 이루어졌고(BC 537년), 바벨론 제국은 메대-바사(페르시아) 제국에 의해 멸망하게 됩니다. 이때 고레스(Cyrus) 왕의 칙령을 통해 포로로 잡혀간 유다 백성이 예루살렘으로 돌아옴으로써 70년간 이어진 어둠의 세월에서 벗어나 광명을 얻게 됩니다. 바벨론 성을 둘러싼 해자(垓字)에서부터 유프라테스강을 배를 타고 다녔던 갈대아 귀족은 멸망 당시 물이 빠져버린 해자에서 배를 타고 도망갈 수도 없어 절규와 고통으로 소리치는 상황이었던 것입니다. 그들이 자랑삼았던 호화스러운 배는 도망갈 수도 없는 슬픔으로 가득한 배가 되고 말았습니다. 베드로는 바로 이런 역사적 맥락에서 선포되고 성취되었던 예언의 말씀을 인용해서 그리스도인들에게 적용한 것입니다. 하나님은 당시 유다 백성을 어둡고 절망적인 바벨론 노예 생활에서 구원해 주셨는데, 훗날 하나님은 그리스도인들을 죄와 사망의 노예 생활에서 구원해 주셨습니다. 그리고 당시 유다 포로들처럼 특정 장소인 예루살렘으로 불러내어 주신 것이 아니라, 장소를 초월해서 예수 그리스도의 몸인 교회로 불러내어 주심으로써 "기이한 빛"에 들어가게 하신 것입니다. 그러므로 베드로는 이사야 선지자의 예언을 인용함으로써 당시 소아시아 지역 그리스도인들에게, 그리고 모든 시대 그리스도인들에게 하나님이 베푸신 덕이 무엇인지 명확히 드러낸 것입니다. 그 덕이 바로 우리를 "어두운 데서 불러내어 그의 기이한 빛에 들어가게 하신" 일입니다. 쉬운 표현으로, 죄와 사망의 지옥에서 우리를 건져내어 의와 생명의 천국으로 들어가게 하신 것입니다.

이처럼 하나님이 베푸신 은혜로 인해 그리스도인들 즉 교회는 새로운 역할을 부여받았는데, 그것이 바로 교회의 사명이요 모든 그리스도인의 사명입니다. 이사야 선지자를 통해 하나님이 그의 백성에게 "이 백성은 내가 나를 위하여 지었나니 나를 찬송하게 하려 함이니라"(사 43:21)고 말씀하셨는데, 베드로는 "이는 너희를 어두운 데서 불러내어 그의 기이한 빛에 들어가게 하신 이의 아름다운 덕을 선포하게 하려 하심이라"고 인용한 것입니다. 결국 하나님을 찬송하는 행위는 하나님이 어떤 분인지를 드러내는 공적인 고백이요, 하나님이 하신 위대하고, 탁월하고, 거룩하고, 의롭고, 자비로운 일을 선포하는 것입니다. 교회가 예배 찬송으로 시편 말씀을 사용하는 것 역시 시편 기자들이 하나님에 대해 찬송하고 하나님이 하신 일을 선포했기 때문입니다. 오늘날 세속적이고 감상적인 가사와 멜로디로 만든 CCM이 마치 교회음악인 것처럼 사용되고 있는데, 이는 기독교적인 맛을 가미한 대중음악이나 다를 바 없습니다. 가장 좋은 가사들이 시편에 가득한데, 게다가 얼마든지 세속적인 곡조에서 벗어나 차원이 다른 곡을 만들어 사용할 수 있는데, 왜 현대교회들은 점점 더 세속화되고 있을까요? 그것은 바로 교회의 정체성을 모르기 때문이고, 교회의 정체성을 모르니까 무엇을 해야 하는지 모르는 것입니다.

　본문 10절 "너희가 전에는 백성이 아니더니 이제는 하나님의 백성이요 전에는 긍휼을 얻지 못하였더니 이제는 긍휼을 얻은 자니라"는 말씀이 당시 이방인들이 중심이 되었던 소아시아 지역과 로마 지역 그리스도인들의 변화된 정체성을 잘 보여줍니다. 유대인들은 하나님의 백성이었지만, 대부분 하나님의 백성으로 남지 못하고 하나님을 떠났습니다. 오히려 예수 그리스도를 통해서 새로운 하나님의 백성이 된 사람들 가운데 이방인 출신이 훨씬 많았습니다. 그래서 베드로는 이방인들이 중심이 된 교회를 향해 "너희가 전에는 백성이 아니더니 이제는 하나님의 백성이요"라고 했고, "전에는 긍휼을 얻지 못하였더니 이제는 긍휼을 얻은 자니라"고 한 것입니다. 특히 베드로의 편지를 회람하게 된 "본도, 갈라디아, 갑바도기아, 아시아와 비두니아에 흩어진 나그네"(벧전 1:1)는 당시 로마의 식민지에 속한 두 개의 속주(屬州)에 살고 있었던 그리스도인들이었습니다. 두 속주 중 한 주는 흑해(Black Sea)와 접한 튀르키예 북쪽 본도와 비두니아 두 지역이었고, 다른 한 주는 갈라디아와 갑바도기아와 아시아 세 지역을 합친 곳이었습니다. 당시 소아시아 지역에 살고 있었던 사람들과 현재 우리 사이에는 약 2,000년의 시대 차이가 있지만, 우리 민족의 조상까지 거슬러 올라가는 사실을 알아야 합니다. 가끔 예수 그리스도를 전하다 보면, 예수님이 구원자로 오신 사실을 알지 못하는 옛 선조들의 경우 복음을 들을 수 있는 기회가 없었을 텐데, 그런 사실 자체가 불공평한 일이 아니냐고 어떤 사람들은 반문하기도 합니다. 그러나 우리는 야벳의 일곱 아들 중 마곡(창 10:2, 대상 1:5)의 후손일 수 있음을 기억해야 합니다. 야벳은 노아의 세 아들 중 하나였습니다(창 5:32). 그렇다면, 하나님에 의한 구원과 심판을 직접 경험하고 눈으로 본 사람들의 후손이라는 사실을 명심해야 합니다. 이는 우리 조상뿐만 아니라 모든 인류가 똑같습니다. 창세기 10장 32절 "이들은 그 백성들의 족보에 따르면 노아 자손의 족속들이요 홍수 후에 이들에게서 그 땅의 백성들이 나뉘었더라"는 말씀을 잊지 말아야 합니다. 지금의 한국인은 셈의 후손(남방계)의 피를 어느 정도 나누어 받았지만 야벳의 후손(북방계)의 피를 더 많이 받은 것으로 알려져 있습니다. 야벳의 일곱 아들 중 하나였던 마곡에게서 스키타이인(Scythians)이 나왔다는 설이 설득력이 있는데, 스키타이인의 혈통이나 문화를 이은 민족으로 돌궐족(튀르크족), 흉노족, 훈족, 위구르족, 선비족, 퉁구스족, 티무르족, 거란족, 여진족, 몽골족 등을 꼽습니다. 그래서 우리 민족은 남방계 셈족 혈통이 섞인 북방계 스키타이인으로 거슬러 올라갑니다(김세민, 『21세기 한국교회를 위한 갈라디아서 강설』, 15쪽). 특히 베드로의 편지를 받게 될 사람들은 오늘날 민족의 상당 부분을 차지한 튀르크족(돌궐족)이었습니다. 물론 현대 튀르크족은 남유럽과 인도와 이란 등지 민족들과 유전적으로 섞여 있지만 그들의 기원은 확실히 고대 돌궐족입니다. 베드로전서의 시대적 배경으로 우리 역사를 보면, 그때가 고구리(고구려) 초기에 해당하는 때였습니다. 부여족과 예맥족을 중심으로 시작된 고구리 초기 시대를 베드로 시대와 비교하면 6대 왕 태조대왕(太祖大王) 때가 됩니다. 50년대부터 70년대까지 주변 정복 활동을 활발히 했다고 알려져 있습니다. 그 당시 로마에서는 네로(Nero, 재위 54~68)가 황제가 되었습니다. 서양에서는 로마가, 동양에서는 고구리가 강력한 통치를 하고 있었을 때, 예수 그리스도의 복음이 유다 예루살렘을 시작으로 소아시아 지역을 거쳐 로마를 비롯한 유럽 대륙으로 퍼져나갔던 것입니다.

복음이 이스라엘 지역을 넘어 소아시아 지역을 거쳐 유럽으로 퍼져나갔던 것은 "너희가 전에는 백성이 아니더니 이제는 하나님의 백성이요 전에는 긍휼을 얻지 못하였더니 이제는 긍휼을 얻은 자니라"는 말씀에 해당하는 이방인들이 중심이 되어 복음을 전하게 됨으로써 가능하게 되었는데, 이들은 옛 이스라엘 백성이 하나님의 소유로 선택받고도 하지 못했던 사명을 충실하고 열렬히 감당하게 됨으로써 가능한 일이었습니다. "너희는 택하신 족속이요 왕 같은 제사장들이요 거룩한 나라요 그의 소유가 된 백성이니"라는 말씀은 그들에게 새로운 정체성을 부여했고, 그들은 자기들이 해야 할 역할이 무엇인지 알게 되었습니다. 그것이 바로 "이는 너희를 어두운 데서 불러내어 그의 기이한 빛에 들어가게 하신 이의 아름다운 덕을 선포하게 하려 하심이라"는 말씀에서 확신하게 된 그리스도인의 사명이었습니다. 지금의 아시아 지역으로 복음이 선포되었다는 확실한 증거는 찾지 못했지만, 콘스탄티노플(Constantinople)의 대주교였던 시리아 출신 네스토리우스(Nestorius, 386~451)가 431년 에베소 종교회의에서 이단으로 정죄된 후 그와 그를 따르던 신자들이 여러 지역에서 선교활동을 했는데, 페르시아와 당나라까지 들어가서 활동했고, 그들이 전한 종교를 '경교'(景敎)라고 부르게 되었습니다. 비록 이단으로 정죄되었지만 5세기 중반부터 그와 그의 제자들이 페르시아와 인도까지 선교했고, 635년에는 네스토리우스파가 당나라까지 들어간 것으로 역사 기록에 남아있습니다(『한국민족문화대백과사전』, 경교 참조). 이 시기는 백제와 고구리가 쇠퇴하던 시기로 신라가 융성하던 때였고 특히 신라가 당나라와 동맹관계를 맺은 때(648년)와 비슷한 시기여서 신라에도 경교가 전해졌을 가능성이 있습니다. 몽골에도 전파되어 '에르케운'(也里可溫, 야리가온)이라 불리었습니다. 이처럼 복음이 소아시아 지역을 통해 유럽으로 전파되었지만, 안타깝게도 아시아 지역으로는 왜곡된 복음과 이단 사상이 전파되었습니다. 뒤늦게 유럽을 통해서 북미로 건너간 복음이 아시아로 전해졌는데, 베드로 사도가 편지를 쓴 63~64년경부터 1,820년이 지나서 1884년 7월 로버트 맥클레이(Robert S. Maclay, 1824~1907) 선교사가 의료와 교육활동 범위에서 선교활동을 할 수 있는 허락을 고종 황제로부터 최초로 받게 되었습니다. 참으로 긴 세월이 흐른 후 비로소 참 복음의 씨앗이 뿌려지게 된 것입니다. 그러나 우리 민족이 하나님과 전혀 관계가 없는 민족이 아니었음을 알아야 합니다. 역사학자들이 자세히 연구해야 할 책이 있는데, 바로 《규원사화》(揆園史話)입니다. 1675년(조선시대 숙종 2년)에 '북애자'(北崖子)라는 호(號)를 가진 사람이 저술한 것으로, 상고시대와 고조선 시대의 역사가 기록되어 있는데, 구약성경 창세기의 천지창조 기사와 비슷한 기록도 있고, 신(神)을 지혜와 능력으로 만물을 다스리며 형체가 보이지 않는 존재로 환인(桓因)이라고 기록한 내용도 있습니다(민영순 역, 『규원사화』, 15~21쪽). 또한 백두산이라고도 하는 태백산(太白山, 3,767미터, 중국 동부에서 가장 높은 산으로 산시성 소재) 기슭에서 흰옷을 입은 제사장이 흰 소를 잡은 후 소머리(白頭)를 가지고 신(神, 하늘)에게 제사했다는 기록이 있습니다(위 책, 68쪽). 우리 민족이 야벳의 일곱 아들 중 마곡(창 10:2, 대상 1:5)의 후손임을 인정할 때, 고조선 시대까지는 하나님께 제사하는 관습이 존재했음을 알 수 있습니다. 그러나 삼국시대와 고려시대를 거치는 동안 불교나 다른 종교에 영향을 받아 하나님께 제사하는 관습은 점점 사라졌고, 대신 왕이 하늘이나 선왕(先王)이나 공신(功臣)에게 제사하는 관습이 남게 되었습니다. 성리학을 국시(國是)로 한 조선시대에는 왕족이나 귀족을 중심으로 제사가 이어졌고, 조선 후기에는 '주자가례'(朱子家禮)에 따른 조상숭배가 본격적으로 양반 계층에 뿌리내리기 시작했으며, 조선시대가 끝나가는 무렵 갑오개혁(甲午改革, 1894년)으로 신분제도가 철폐되면서 평민들도 4대(고조부모)까지 조상에게 제사를 지내게 되었습

　　　　　21세기 한국교회를 위한 **베드로전서 강설**

니다. 이때부터 조상 제사가 보편화되었습니다. 이 갑오개혁 10년 전인 1884년 맥클레이 선교사가 비록 제한적이었지만 공식적으로 선교활동을 시작할 수 있었습니다. 물론 그 이전 1866년에 대동강으로 들어와서 성경을 건네주며 순교한 로버트 토마스(Robert J. Thomas, 1839~1866)가 가장 먼저 우리나라 땅을 밟은 사실 또한 잊지 말아야 합니다. 토마스 선교사를 기준으로 한다고 해도 베드로 사도 이후 1,800년이라는 긴 시간을 지나 오늘날 우리에게도 복음이 전해졌습니다. "너희가 전에는 백성이 아니더니 이제는 하나님의 백성이요 전에는 긍휼을 얻지 못하였더니 이제는 긍휼을 얻은 자니라"(10절)는 말씀과 같이 우리는 하나님의 긍휼을 얻지 못한 이방인이었으나, 우리에게 복음을 전해준 그리스도인들로 인해, 즉 하나님의 "아름다운 덕"을 선포한 그리스도인들로 인해 "긍휼을 얻은 자"가 되었습니다. 복음으로 인해 우리도 "택하신 족속이요 왕 같은 제사장들이요 거룩한 나라요 그의 소유가 된 백성"(9절a)이 되었습니다. 하나님이 우리를 하나님의 백성으로 삼아주신 것은 "이는 너희를 어두운 데서 불러내어 그의 기이한 빛에 들어가게 하신 이의 아름다운 덕을 선포하게 하려 하심이라"(9절b)는 사명을 감당하도록 하신 것임을 확실히 깨닫고, 하나님이 베푸신 은혜의 복음과 예수 그리스도를 선포하는 삶을 살아가기를 바랍니다. 아멘.

(2025년 3월 9일)

# 착실한 "개독교인" vs. 기독교인 강우규 의사

베드로의 서신에서 인사 부분(1:1~2) 뒤에 이어지는 1장 3절부터 2장 10절까지 내용은 그리스도인의 구원과 거룩한 삶에 대한 일반적인 교훈이었습니다. 예수 그리스도를 통해 그리스도인들이 받게 된 구원의 은혜가 얼마나 위대한 것인지, 그리고 거룩함으로 나타나는 그리스도인들의 정체성과 그리스도인들의 사명에 대한 교훈을 잊지 말기를 바랍니다. 이제부터는 2장 11절부터 5장 11절까지 두 번째 큰 맥락을 살펴볼 것인데, 첫 번째 맥락이 그리스도인의 거룩한 삶에 대한 원론적이고 일반적인 교훈이었다면, 두 번째는 구체적이고 특별한 교훈으로 윤리를 가르치는 내용입니다. 이 내용 중에서 오늘 살펴볼 부분은 2장 11~12절로, 두 번째 맥락 전체 내용에 대한 총론이나 다름없는 교훈이라 할 수 있습니다. 교훈하는 내용은 두 가지로 아주 단순합니다. 정욕을 멀리하는 것과 이방인들 가운데 선한 행실을 드러내는 것입니다. 결국, 이 두 가지를 실천하는 삶은 첫 번째 맥락의 교훈에서 강조되었던 '거룩한 삶'과 연결됨을 알 수 있습니다. 다만 앞에서는 그리스도인의 삶에 대한 교리적 접근의 교훈으로, 뒤에서는 윤리적 접근의 교훈으로 구분해서 받아들이기를 바랍니다.

 

오늘날 한국교회가 이 사회에서 비윤리적 종교집단이라는 소리를 듣고 "개독교"라는 소리를 들으며 수준 낮고 비열하고 탐욕적인 종교로 취급받고 있습니다. 한국교회가 대체로 수구적(守舊的)이고 반민족적이고 친일적인 집단이 된 배경은 조선통감부(1905~1910) 초대 통감이었던 이토 히로부미(伊藤博文)가 내한 선교사들에 대한 우대정책을 펴는 등 기독교 보호정책을 내세웠던 일로 거슬러 올라갑니다. 조선을 일본에 병합하기 위해 국제적으로 긍정적인 여론을 만들어낼 필요가 있었고, 그런 목적으로 기독교를 우대했던 것입니다. 그러나 조선을 일본에 병합한 1910년 후로는 조선총독부가 오히려 선교사들을 압박하고 미션스쿨이 해온 신앙교육을 금지했으며, 일본 조합교회 '조선전도부'를 설치해서 한국기독교 역시 일본기독교처럼 일본 정부에 충성하도록 만들려고 했습니다. 그러던 중 1919년 3·1운동이 시작된 후, 제3대(1919~27), 제5대(1929~31) 총독 사이토 마코토(齋藤實)에 의해 기독교에 대한 정책이 온건하고 유화적으로 바뀌게 되었습니다. 1910년대는 채찍을 들었다면, 1920년대는 당근을 준 것입니다. 그래서 선교사들을 비롯한 한국기독교를 보수화해서 기득권을 보장해 주고, 대신 일본의 식민 지배를 정당하게 여기도록 했습니다. 미션스쿨에 종교교육을 다시 허락하면서 대신에 일제가 원하는 교과과정을 따르도록 했습니다. 또한 1920년대부터는 일제가 기독교 단체의 법인 설립을 허용했고, 세금 감면 혜택도 주었습니다. 결국 1930년대가 되자 한국기독교 대부분 신사참배를 결의했고, 일본 제국주의자들을 위해 협력하는 정치 집단이 되고 말았습니다(강성호,『한국 기독교 흑역사』, 27~43쪽).

1886년 황해도 솔내에서 최초로 교회가 시작된 이후 50년이 흐른 후 기독교 대부분이 하나님을 섬기는 신앙에서 일본 천황을 섬기는 신앙으로 변했고, 일본을 찬양하는 정치 집단이 되었으며, 1945년 해방 후 미군정(美軍政)이 시작되자 그때는 미국을 떠받들기 시작했습니다. 이승만 독재부터 전두환 군부독재에 이르기까지 한국기독교는 독재자를 찬양하는 집단이 되었고, 최근에는 윤석열 정권의 반헌법적 비상계엄령 선포를 옹호하는 폭력적이고 극단적인 정치세력이 되고 말았습니다. 특히 노인층 기독교인들이 친일과 독재 기득권 세력을 가장 옹호하고 있는 사실은 참으로 안타까운 일입니다. 사이토 총독이 1919년 9월 2일 남대문역(현 서울역)에 내린 후 마차를 타자, 사이토 쪽을 향해 폭탄을 던진 사건(환영 인파 중 3명 사망과 34명 중경상, 폭탄이 사이토 가까이 떨어지지 않아 사이토는 다치지도 않았음)으로 이듬해 사형당한 강우규 의사(1885~1920)와 같이 나라와 민족을 위하는 사람들 편에 선 기독교 노인을 찾기 어려운 시대에 살고 있습니다. 그래서 한국기독교는 이미 죽었습니다. 일부 기독교 인사들이 그래도 우리는 깨끗하다고 하지만, 양파가 이미 썩었는데 일부가 썩지 않았다고 신선한 부분만 먹으라고 팔 수는 없는 것입니다. 열 명의 의인이 없어 망했던 소돔과 고모라처럼 한국기독교는 심각하게 타락한 상태입니다. 윤리적인 기독교인을 찾는 일이 어려운 나라와 시대에 살고 있다는 현실이 얼마나 불안하고 두려운 일인지 깨닫고 오늘 본문을 통해 윤리적 삶이 무엇인지 깨닫는 시간이 되기를 바랍니다.

무엇보다도 윤리적 공동체가 되기 위해서는 교회가 어디에 속해 있는지 알아야 합니다. 예수님은 그를 믿지 아니하는 유대인들에게 "*너희는 아래에서 났고 나는 위에서 났으며 너희는 이 세상에 속하였고 나는 이 세상에 속하지 아니하였느니라*"(요 8:32)고 말씀하셨습니다. 그러나 예수님이 제자들에 대해서는 하나님 아버지께 기도하시기를 "*내가 세상*

에 속하지 아니함 같이 그들도 세상에 속하지 아니하였사옵나이다"(요 17:16)라고 하셨습니다. 이처럼 예수님을 대적하거나 믿지 않는 자들에 대해서는 "이 세상에 속하였고"라고 하셨고, 제자들 즉 예수님을 믿는 자들에 대해서는 "세상에 속하지 아니하였"다고 하셨습니다. 그래서 예수님의 수제자 베드로 역시 "사랑하는 자들아 거류민과 나그네 같은 너희를 권하노니"라고 한 것입니다. 그리스도인들을 "거류민과 나그네"에 비유한 것은 본질적으로 그들이 이 세상에 속한 자들이 아니라는 뜻입니다. 비록 이 세상에서 시민권을 가지고 똑같이 세상 사람들과 함께 살고 있지만, 본질적으로는 이 세상에 속하지 않다는 것입니다. 사도 바울이 빌립보 교회를 향해 "그러나 우리의 시민권은 하늘에 있는지라 거기로부터 구원하는 자 곧 주 예수 그리스도를 기다리노니"(빌 3:20)라고 말한 것 역시 같은 교훈입니다. 반면에 우리나라 기독교는 이 세상에서 "거류민과 나그네"로 살아가기보다는 착실(着實)하게 이 땅의 주인으로 살아가고 있습니다. 우리나라 사람들은 '착실하다'는 말을 아주 좋아합니다. 요즘은 생각이 달라졌을 수 있지만 전통적으로 여자들이 선호하는 남자는 성실한 남자 또는 착실한 남자였습니다. 남자가 가장으로서 가족의 생계를 책임지는 환경에서는 이상주의자보다는 현실주의자, 책을 많이 읽는 남자보다는 지갑에 돈이 두둑한 남자가 인기가 있습니다. 철학적이고 윤리적이고 이상적인 남자보다, 실생활에 도움이 되는 기술이 있고 연봉이 높은 남자, 그리고 죽을 때까지 동반자로 사랑과 신뢰를 주는 '좋은 남자'보다는 당장 성적(性的)으로 만족시켜주고 키도 큰 '나쁜 남자'를 선호합니다. 그래서 '착실'(着實)은 실제적이고 실질적인 것, 또는 현실적인 것과 달라붙어 있다는 뜻입니다. 여기서 '착'은 달라붙어 있다는 뜻이고, '실'은 지금 있는 그대로의 현실이라는 말입니다. 물론 '실'에는 여러 가지 뜻이 있습니다. 꽉 찬, 씨가 있는, 있는 그대로인,

쓸모가 있는, 힘이나 영향력이 있는, 사실(참)이라는 뜻을 포함한 말입니다. 결국 '사람이 착실하다'는 말은 현실주의자로 당장 쓸모가 있는 현금이나 물질 중심적이고, 힘이나 정치적 영향력을 추구하며, 권세 지향적인 사람이라는 뜻입니다. 빼어난 미모를 가진 여자들이 잘생기지 않은 외모의 돈 많은 유명 연예인이나 스포츠 스타와 결혼하는 일이 많은 이유가 바로 '착실함'을 추구하기 때문입니다. 마찬가지로 한국교회가 부도덕하고 독재적인 사람들이라도 정치적 영향력을 가진 자들을 지지하고 그들을 위해 기도하는 것은 그들의 실권 즉 영향력에 달라붙고자 하는 세속적이고 속물적 근성 때문입니다. 한국교회 신자들 대부분은 성경의 교훈대로 "거류민과 나그네"로 살고자 하기보다는 이 세상에서 기득권을 누리고 주인으로 살고자 합니다. 그들은 철저하게 '착실한 정치인'을 지지합니다. 그들은 예수 그리스도와 같은 '착실하지 않은 지도자'를 본질적으로 싫어합니다. 그들은 자유와 평등과 질서를 싫어합니다. 특권층만의 자유와 특권층의 부를 추구합니다. 그리고 누구나 공존할 수 있는 법적이고 사회적인 질서를 싫어합니다. 포식자들은 그들의 행동이 곧 질서라는 본능을 가지고 있어서 약한 동물들을 원하는 만큼 잡아 먹는 환경을 좋아합니다. 경제적으로 신자유주의자들이 이런 약육강식(弱肉强食) 논리를 가장 좋아하고, 이것을 자유라 하는데, 바로 그들을 위한 자유입니다. 우리나라 기독교는 마치 유대인들이 사마리아인들을 혐오했던 것처럼, 이들은 힘과 돈과 정치적 힘을 가진 자들을 따르고, 힘이 없는 약자와 가난한 자와 장애가 있는 자들과 외지에서 온 나그네들을 싫어하고 혐오하기까지 합니다. 약육강식의 논리를 교리처럼 생각하는 신자들은 더 이상 신자들이 아님을 명심하기를 바랍니다.

교회가 어디에 속해 있는지 알아야 하나님이 원하시는 거룩한 공동체

    21세기 한국교회를 위한 **베드로전서 강설**

즉 천국의 윤리를 따르는 공동체가 될 수 있는데, 바로 이 세상이 아닌 저 하늘에 속한 것(빌 3:20)임을 명심하기를 바랍니다. 그래서 하늘에 속한 자들에게 사도 베드로는 "영혼을 거슬러 *싸우는 육체의 정욕을 제어하라*"고 권했던 것입니다. 영혼은 하늘을 지향하는데, 육체는 땅을 지향합니다. 바로 이런 이유로 영혼과 육체는 싸우게 마련이고 서로 대립적입니다. 사람은 본질적으로 육체의 욕망을 채우려고 하는 존재입니다. 본질적으로 '착실한' 삶을 추구하게 마련입니다. 현실 중심적이고, 실권이나 영향력을 가진자들을 쫓아가게 마련입니다. 한국교회 대부분이 '착실한' 삶을 산다는 것은 곧 그들의 소속이 하늘이 아니라 땅이라는 것입니다. 그래서 정치적 집단이 되어 육체적 욕망에 따라 아우성치는 것입니다. 단지 육체의 필요를 채우는 수준이 아니라 필요 이상으로 과도한 욕심을 부리고, 끊임없이 욕망에 집착하려는 성향까지 가지고 있다는 것은 더 이상 교회로 볼 수 없습니다. 그런 모습은 교회의 모습으로 위장한 사탄의 집단입니다!

11절 하반절을 《새번역》으로 보면 "영혼을 거슬러 *싸우는 육체적 정욕을 멀리하십시오.*"라고 되어 있습니다. 사실 인간이 이 세상을 살아가는 동안 육체적 욕망으로부터 완전히 자유로울 수는 없습니다. 그러나 "영혼을 거슬러 *싸우는 육체적 정욕*"은 그리스도인들이라면 반드시 피해야 합니다. 다시 말하자면, 그런 정욕을 멀리해야 합니다. 바울 사도는 갈라디아 사람들에게 편지하면서 "육체의 일은 분명하니 곧 음행과 더러운 것과 호색과 우상 숭배와 주술과 원수 맺는 것과 분쟁과 시기와 분냄과 당 짓는 것과 분열함과 이단과 투기와 술 취함과 방탕함과 또 그와 같은 것들이라 전에 너희에게 경계한 것 같이 경계하노니 이런 일을 하는 자들은 하나님의 나라를 유업으로 받지 못할 것이요"(갈 5:19~21)라고 했습니다. 바울이 "육체의 일"을 추구하는 자들을 향해 "하나님의 나라를 유업으로 받지 못할 것"이라고 분명히 말한 것을 거꾸로 생각하면, "하나님의 나라를 유업으로 받지 못할" 자들은 "육체의 일"을 추구하게 마련이라는 사실입니다. 그러므로 한국교회 중에 "하나님의 나라를 유업으로 받지 못할" 자들은 현실 정치에 '착실한' 자들입니다. 이런 자들은 모든 사람을 위한 '홍익인간'의 이념과 철학으로 정치하는 지도자들보다는 왕이나 최고 권력자를 중심으로 특권층 즉 엘리트 집단 중심의 정치를 지향하고 왕정 체제나 귀족정치를 원하는 자들을 추종하게 마련입니다. 한국교회는 그런 면에서 민주주의를 좋아하지 않습니다. 오히려 민주주의를 혐오하고 민주주의로부터 자유로운 독재체제를 의미한다고 해석할 수도 있는 "자유민주주의"를 좋아합니다. 일본의 자유당과 일본민주당이 합쳐서 일본의 보수당을 대표하고 있는데, 이 당을 줄여서 '자민당'이라고 합니다. 이 당은 천황제와 제국주의 세력의 후예들과 친미주의자들과 반공주의자들로 구성된 특권층 세력으로 원래 천황을 중심으로 한 귀족정치를 추구했던 정치인들로 구성된 당입니다. 그러므로 우리나라 정치인들이든 기독교인들이든 "자유민주주의"를 주창할 때 중의적 의미를 담고 있음을 알아야 합니다. 물론 무작정 따라가는 사람들도 있지만, 하나는 일본의 보수당인 자유당과 민주당이 합쳐서 하나가 된 "자유민주당"의 정치를 의미하는 "자유민주주의"이고, 다른 하나는 '민주주의'로부터 '자유'로운, 즉 반(反)민주주의인 왕정 체제나 귀족정치를 추구하는 "자유민주주의"라 할 수 있습니다. 우리나라 기독교는 1937년 중일전쟁이 시작된 이후 천황제 일본을 위해 시국 선전에 앞장섰는데, 교회당 앞 일장기 게양 탑 설치, 일장기를 향한 경례, 천황이 주거하는 동쪽을 향해 허리 굽혀 절을 하는 동방요배, 일본 국가봉창, 황국신민서사 제창, 신사참배 등을 적극적으로 시행했고, 심지어 여성 기독교인들은 '애국부인회'를 조직해서 일본 제국주의를 위해 헌신했습니다(강성호, 『한국 기독교 흑역사』, 46~47쪽). 또 다른 한편으로 "자유민주주의"는 히틀러(Adolf Hitler)와 같은 학살자 역시 민주적 질서에 의한 총선에서 그의 당이 제1당이 되고 그가 총통이 되었기에 독일헌법재판소는 "모든 폭력적 지배와 자의적 지배의 배제"를 뜻하는 용어로 '자유로운 기본질서'를 추가하게 되었으며, 이에 따라 '자유롭고 민주적인 기본질서'를 확립하게 된 것입니다. 그런데 대통령이 된 탁정희가 독재체제로 종신집권을 위해 방해가 되는 세력을 반국가단체나 반정부세력으로 몰기 위해 독일이 히틀러와 같은 폭력적 세력을 배제하기 위해 사용했던 '자유로운 기본질서'(우리나라에서는 '자유민주적 기본질서'라고 잘못 번역해서 사용하고 있음)를 따라 한 것으로 볼 수 있습니다(박장호, 『The Reed』, 208~209쪽). 그래서 공산당을 폭력적 괴뢰 집단으로 설정해 놓고, 정권에 반대하는 세력이 있으면 언제든지 "자유민주주의"에 도전하는 세력으로 규정하고 처단할 수 있는 사상적이고 이념적인 토대를 만들어 놓은 것입니다. 이런 이념적 토대로 인해서 친일에 앞장섰던 사람들이 자기들의 과거를 세탁할 수 있는 기회로 사용하기도 했습니다. 철저한 반공주의자를 자처함으로써 애국자의 모습으로 변모할 수 있었습니다. 게다가 미국 상원 의원 조지프 매카시(Joseph R. McCarthy, 1908~1957)가 미국 공화당 당원 집회에서 미국 내에서 공산주의자들이 암약하고 있고, 자신은 그 명단을 갖고 있다고 주장한 사건을 계기로 일어난 매카시즘(McCarthyism, 1950년부터 1954년까지 미국을 휩쓴 공산주의자 색출 열풍)이 우리나라 친일파 인사들에게는 애국자로 변신할 수 있는 더할 나위 없이 좋은 기회를 만들어준 셈입니다. 이처럼 한국교회가 현실 정치에 집착하고 기득권 세력에 동조하는 정치세력이 된 배경에는 교회 대부분이 이 세상에 속해서 '착실한' 복을 추구하고 "육체의 정욕을 제어하라" 말씀과 반대되는 삶, 즉 육체의 정욕을 추구하는 삶을 살아왔기 때문임을 깨닫기를 바랍니다.

이어서 12절 "너희가 이방인 중에서 행실을 선하게 가져 너희를 악행한다고 비방하는 자들로 하여금 너희 선한 일을 보고 오시는 날에 하나님께 영광을 돌리게 하려 함이라"는 교훈을 살펴보고자 합니다. 베드로가 당시 소아시아 지역 그리스도인들에게 먼저 "이방인"이 아니라는 사실을 말하고 있음을 알아야 합니다. 원래 그 지역 그리스도인들 대부분이 이방인 출신이었지만, "너희가 이방인 중에서"라고 함으로써 '새롭게 이스라엘 백성이 된 너희가'라는 의미로 말한 것입니다. 이제 그들이 하나님의 새 언약 관계에 속한 진정한 '이스라엘 백성'이고, 나머지 불신자들(그리스도를 배척한 유대인들 포함)이 모두 이방인이라는 뜻입니다. "이 백성은 내가 나를 위하여 지었나니 나를 찬송하게 하려 함이니라"(사 43:21)는 말씀에서 "이 백성"은 일차적으로는 이스라엘이었지만 궁극적으로는 하나님의 말씀을 믿는 모든 사람 즉 영적 이스라엘(벧전 2:9)을 가리킨 것이었습니다. 그러므로 소아시아 지역 그리스도인들은 하나님을 찬송해야 할 자들이었고, 하나님의 "아름다운 덕을 선포"해야 할 자들이었습니다(벧전 2:10). 그들이 그렇게 해야 할 구체적인 삶이 바로 구체적인 윤리였는데, "이방인 중에서 행실을 선하게 가져"야 한다는 것으로, 이는 불신자들 가운데서 성경이 교훈하는 윤리적 삶 즉 선한 행실을 나타내는 것이었습니다. 일차적으로 당시 그리스도인들은 정욕을 추구하는 불신자들과는 차원이 다른 거룩한 삶 즉 정욕을 멀리하는 삶을 살아야 했습니다. 옛날이나 지금이나 정욕을 추구하는 삶에는 전혀 변화가 없습니다. 그 어떤 교육이나 정치를 통해서도 없어지지 않는 게 바로 정욕을 추구하는 삶입니다. 책이 나오자 성적(性的) 글들이나 이야기가 널리 퍼지고, 그림 도구가 대중화되자 성적 그림이 확산하고, 영화와 비디오가 나오자 성인물이 쏟아지고, 인터넷이 출현하자 야한 사이트가 우후죽순처럼 생기고, 스마트폰과 SNS와 인공지능이 이제는 딥페이크(Deep Fake) 기술을 이용하고 퍼뜨리는 수단이 되어 디지털 성범죄가 기승을 부리는 세상이 되었습니다. 텔레그램 '겹지방'에 학생들, 직장인들, 심지어 지인들까지 얼굴을 다른 사람의 나체와 합성해서 성인물을 만들어 사진이나 영상으로 돈을 벌고, 또는 돈을 주고 그런 성인물을 구매하고, 심지어 얼굴이 사용된 당사자에게 연락해서 협박한 후 성을 갈취하고 돈을 빼앗는 시대가 되었습니다. 엄청나게 많은 수의 여자들이 알게 모르게 이용당하고 있습니다. 예전에는 연예인이나 유흥업소 여자들이 그런 성인물에 직접적으로 등장했다면, 지금은 지극히 일반적인 여자들이 등장한다고 합니다. N번방 사건이나 ㅂㅅ방 사건 등이 오늘날 디지털 성범죄의 대표적인 사례인데, 강력한 법적 처벌이 없는 한 앞으로도 계속되고, 더 심해질 것입니다. 남자들에게 있는 본능적인 성적 호기심은 이 세상 종말이 올 때 비로소 끝이 날 것이기 때문입니다. 그러므로 남자들은 스스로 더욱 절제하고, 여자들은 스스로 더 조심할 수 있기를 바랍니다.

다음으로 "너희를 악행한다고 비방하는 자들"을 살펴보고자 합니다. 왜 이런 말을 하게 되었는지 당시 상황을 알아야 합니다. 이 글에서 알 수 있는 사실은 당시 그리스도인들이 악행을 한다고 사람들에게 알려져 있었고 그로 인해서 비방을 받고 있었다는 것입니다. 왜 사람들은 그리스도인들을 향해 악행을 하는 자들이라고 여겼을까요? 베드로가 편지를 쓰던 때 이미 일반 사람들 사이에서 그리스도인들이 악행을 일삼고 있다는 오해가 있었던 것입니다. 베드로전서 2장 4~8절 강설에서 언급했듯이 네로 황제는 그리스도인들이 로마의 공적 행사나 집회에 관심이 없고 로마의 관습을 혐오한다고 해서 인류혐오범으로 몰아서 악행을 일삼는 자들로 분류해버렸습니다. 심지어 그리스도인들을 로마 대화재의 방화범으로 몰기도 했습니다. 가장 위대한 로마 역사가 코넬리우스 타키투스(Cornelius Tacitus, 56~120)는 그의 저작 『연대기(Annals)』에서 예수 그리스도와 교회에 대해 부정적인 견해를 드러냈습니다. 물론 그가 예수님의 존재와 본디오 빌라도에 의한 십자가 처형에 대해 기록했다는 점은 긍정적이지만, 그는 예수 그리스도를 따르는 신자들을 향해 '해악을 끼치는 미신에 사로잡힌 사람들'이라고 했고, 기독교를 '해로운 미신'이라고 했습니다(『연대기』, 제15권 44장). 일반 사람들 사이에서 공공연하게 퍼져있던 소문은 그리스도인들이 서로를 형제자매로 부르는 것을 듣고 오히려 근친상간으로 자식들을 낳아 기른 패륜적 집단으로 여긴 것입니다. 또한 "예수께서 이르시되 내가 진실로 진실로 너희에게 이르노니 인자의 살을 먹지 아니하고 인자의 피를 마시지 아니하면 너희 속에 생명이 없느니라"(요 6:53) 구절을 오해해서 그리스도인들은 사람의 살과 피를 먹는 식인 관습이 있다는 거짓 소문도 돌았습니다. 이처럼 그리스도인들에 대한 오해와 헛소문으로 그들이 악행을 행하는 자들이라는 비방을 받게 되었습니다. 그러므로 그리스도인들은 그들이 속한 사회에서 누구보다도 더 진실하고 거룩하고 선한 삶을 살아야 했습니다. "너희가 이방인 중에서 행실을 선하게 가져 너희를 악행한다고 비방하는 자들로 하여금 너희 선한 일을 보고"라는 말씀이 교훈하듯이 그들은 비방하는 자들에게 선한 행위를 보여 주어야 했습니다. 보여 주기 위한 선행이 아니라 항상 선행을 이어감으로써 언제 어디서든 선한 자들이라는 인식을 사람들이 자연스럽게 갖도록 해야만 했습니다. 그렇게 함으로써 "오시는 날에" 즉 하나님이 그리스도인들을 불신자들에게 이끄셔서 그들에게 권고하시는 날에 그리스도인들에 대해 오해하고 비방했던 자들이 하나님의 섭리를 깨닫고, 또한 그리스도인들의 진실하고 거룩하고 선한 행실을 바로 알고 결국에는 하나님께 영광을 돌릴 것이기에 "하나님께 영광을 돌리게 하려 함이라"고 교훈한 것입니다. "오시는 날에"를 《새번역》은 "하나님께서 찾아오시는 날에"로 《현대인의성경》은 "그들이 회개하는 날에"로 각각 다르게 번역했습니다. 그러나 하나님이 성령으로 그들에게 오실 때 그들의 전도를 통해서, 또는 그들의 거룩한 삶을 통해서 오심으로써 하나님께 영광을 돌리게 하실 것이라는 맥락에서는 크게 다르지 않습니다. 그들이나 우리는 2,000년의 시대적 차이가 있지만 본질적으로 다르지 않습니다. 불신자들에게 언제든지 오해받을 수 있고, 억울하게 비방을 당할 수 있음을 고려하기를 바랍니다. "이같이 너희 빛이 사람 앞에 비치게 하여 그들로 너희 착한 행실을 보고 하늘에 계신 너희 아버지께 영광을 돌리게 하라"(마 5:16)는 예수님의 교훈을 실천하는 데 있어서 서로의 환경이 본질적으로는 크게 다르지 않습니다. 다만 현실적으로 큰 차이가 있는데, 당시 그리스도인들 가운데 가짜 그리스도인들은 아주 적은 수였습니다. 반면에 오늘날은 당시처럼 박해가 거의 없는 환경이지만 문제는 그리스도인이라고 하는 사람 중 대부분은 가짜 그리스도인이라는 사실입니다. 게다가 초대교회 당시에는 악행을 행한다는 그리스도인들에 대한 소문이 대부분 사실이 아니었던 반면에 오늘날은 악행을 행한다는 그리스도인들의 이야기가 대부분 사실이라는 심각한 문제입니다. 그만큼 오늘날 불신자들이 그리스도인들의 선한 행실을 보는 기회보다 악한 행실을 보는 기회가 많다는 현실입니다. 이는 사실 전도에 있어서 절망적인 일입니다. 기독교 신앙에 대한 오해가 문제가 아니라 이제는 교회의 부패와 타락을 보게 된 것이 문제입니다. 전도의 문이 막혀버린 이런 참담한 상황이지만, 어떤 곳에서도 한 영혼을 건져내시는 하나님의 섭리는 계속되고 있습니다. 그러므로 "거류민과 나그네 같은" 우리는 "영혼을 거슬러 싸우는 육체의 정욕을 제어하라"는 말씀에 따라 믿지 않는 "이방인 중에서 행실을 선하게 가져"서, 우리의 "선한 일을 보고" 그들 중 일부가 그들에게 하나님이 "오시는 날에 하나님께 영광을 돌리"도록 성경의 교훈대로 살기를 바랍니다. 아멘.

(2025년 3월 16일)

Πάντων δὲ τὸ τέλος ἤγγικεν

만물의 마지막이 가까이 왔으니(벧전 4:7)

# "악법도 법" vs. 라드브루흐 공식

베드로전서 1장 3절부터 2장 10절까지 그리스도인의 구원과 거룩한 삶이라고 하는 교리적인 교훈이 한 맥락을 이루었고, 2장 11절부터 5장 11절까지는 거룩한 백성이라는 정체성을 가진 교회 즉 본질적으로 하늘에 속한 그리스도인들이 이 세상에서 구체적으로 어떤 삶을 살아야 하는지 가르치는 윤리적 교훈에 해당하는 맥락이 이어지는데, 지난 주일에 살펴본 부분(2:11~12)은 총론으로써, 하늘에 속한 자들은 정욕을 멀리하고 이방인들 가운데서 선한 행실을 드러내야 한다는 교훈이었습니다. 이제부터는 구체적으로 어떤 삶을 살아야 하는지, 그리스도인의 윤리가 무엇인지 확실히 알고 실천하는 그리스도인들이 되기를 바랍니다.

시대적 배경으로 볼 때 당시 그리스도인들이 이 세상에서 당하는 냉대와 박해로 인해 속히 이 세상에서 벗어나 저 천국으로 들어가고픈 소망이 어느 시대 그리스도인들보다 컸을 것인데도, 게다가 그들이 하늘에 속한 자로 이 땅에서 *"거류민과 나그네"*로 살아야 한다는 가르침을 받았음에도 불구하고, 더욱 철저하게 윤리적으로 생활해야 한다는 교훈을 받았음을 먼저 명심하기를 바랍니다.

약 2,000년 교회 역사에서 사회적 물의를 일으킨 시한부 종말론자들은 언제나 존재했습니다. 이들은 반사회적이고 비윤리적인 사이비 신자들입니다. 우리나라에서도 다미선교회 교주 이장림이라는 사람이 1992년 10월 28일에 휴거(携擧)가 일어날 것이라 속여서 많은 추종자의 재산을 가로채고 처벌받은 일이 있었습니다. 실제로 종말의 날이 오지 않았음에도 실망하지 않고 휴거 날짜가 연기되었다는 말을 더 맹신하는 자들이 많았습니다. 이런 망상적 신념은 레온 페스팅거(Leon Festinger, 1919~1989)의 사회심리학 이론 인지부조화(Cognitive Dissonance)의 전형입니다. 자기들의 잘못된 행동이 세상에 밝히 드러나고, 심지어 그런 행동이 잘못된 것임을 스스로 깨닫게 되어도, 그들이 믿어온 신념이 그들의 행동과 모순되어 심리적으로 불편한 상태가 되건 오히려 기존 허위 사실을 더 강하게 믿어서 불편함을 해소해 버리는 심리가 작동하게 됩니다. 베드로 사도의 편지를 받고 회람하던 때는 교회 역사에서 매우 혹독했던 박해가 네로 황제에 의해 로마를 비롯한 로마 속주(屬州)들까지 공공연하게 진행되었기에 세상의 종말이 임박했다고 믿는 신자들이 많았을 것입니다. 그러함에도 불구하고 베드로는 죽음을 눈앞에 둔 그리스도인들이 세상에서 거룩한 삶을 살고, 불신자들 가운데서 선한 행실을 이어가라고 교훈했습니다. 그러므로 "내일 지구의 종말이 온다고 할지라도 나는 오늘 한 그루의 사과나무를 심겠다"고 말한 마틴 루터(Martin Luther)처럼 종말이 단 하루밖에 남지 않았더라도 우리에게 맡겨진 일과 사명에 최선을 다하기를 바랍니다.

우리는 그리스도인들이 속한 곳이 본질적으로 하늘이라는 사실을 잘 알고 있습니다. 그래서 이 땅에서 잠시 살아가는 우리는 *"거류민과 나그네"*(벧전 2:11)입니다. 그렇다고 해서 이 세상의 삶을 도외시(度外視)하고 시민 또는 국민으로서 의무를 피하는 것은 옳지 않습니다. *"하늘에 속한 자들"*(고전 15:48)은 이 세상에서 *"영혼을 거슬러 싸우는 육체의 정욕"*(벧전 2:11)을 멀리하고 제어하는 윤리적 삶을 살아야 하는 자들이지, 결코 세상을 떠나 산으로 들어가 그들만의 공동체를 만들고 살아야 하는 금욕주의자들이 아닙니다. 여기서 우리는 이 세상 나라에 대한 그리스도인들의 세계관이 오로지 하나밖에 없음을 알아야 합니다. 그것은 우리가 살아가는 곳이지만 본질적으로 우리가 속하지 않은 곳이라고 생각하는 관점입니다. 우리는 세상에 있는 한 본질적으로 세상과 하나가 될 수도 없고 세상을 떠나 살 수도 없음을 알아야 합니다. 종교개혁이 일어난 시기에 기독교는 크게 세 부류로 나뉘었습니다. 세상 정부와 하나였던 로마 가톨릭교회, 세상 정부를 거부했던 재세례파(Anabaptists) 교회, 그리고 세상 정부와 하나도 아니요, 세상 정부를 거부하지도 않았던 개혁파 교회였습니다. 오늘 살펴볼 본문 13~14절은 어떤 교회가 성경의 교훈에 부합한 교회인지 확실히 보여줄 것입니다.

13~14절 *"인간의 모든 제도를 주를 위하여 순종하되 혹은 위에 있는 왕이나 혹은 그가 악행하는 자를 징벌하고 선행하는 자를 포상하기 위하여 보낸 총독에게 하라"*는 교훈은 지난번에 살펴본 11절과 모순되는 것처럼 보이는 교훈입니다. *"사랑하는 자들아 거류민과 나그네 같은 너희를 권하노니 영혼을 거슬러 싸우는 육체의 정욕을 제어하라"*는 말씀에서 *"거류민과 나그네"*는 이 세상에서 주인처럼 사는 자들이 아니라 손님처럼 사는 자들임을 말해줍니다. 즉 그리스도인들은 본질적으로 세상에 속하지 않다는 것입니다. 그러나 13절 *"인간의 모든 제도를 주를*

 21세기 한국교회를 위한 **베드로전서 강설**

위하여 순종하되…왕이나…총독에게 하라"는 명령은 시민 또는 국민으로서 마땅히 해야 할 의무를 말하고 있습니다. 여기서 우리는 그리스도인들에게 두 가지의 통치가 적용됨을 알 수 있습니다. *"우리가 흙에 속한 자의 형상을 입은 것 같이 또한 하늘에 속한 이의 형상을 입으리라"*(고전 15:49)는 말씀은 비록 본질적으로는 하늘에 속한 자들이지만, 육체를 가진 사람이기에 땅에 속한 자들과 똑같이 살아가야 한다는 것으로, 이는 땅의 통치를 받아야 한다는 뜻입니다. 그러나 다른 한편으로는 그리스도의 영을 받은 사람이기에 하늘에 속해 있어서 하늘의 통치를 받는 자들이라는 것입니다. 결국 그리스도인들은 하늘에 속한 자들이라 할지라도 땅에 있는 동안만큼은 *"거류민과 나그네"*로서 땅의 통치를 받으며 살아야 합니다. 그런데 재세례파 교회는 종교개혁에 동참하기는 했지만, 국가의 통치를 받는 것과 정부가 정한 의무사항을 거부했습니다. 그래서 납세도 거부하고 군대 입대도 거부했습니다. 당시 로마가톨릭은 세속 정부와 하나가 된 상태였는데, 오히려 정부 위에 군림하는 형태였습니다. 그런 시대적 상황에서 벨직 신앙고백서는 다음과 같이 시민 정부와 교회의 관계에 대한 교리를 정리했습니다.

### 벨직 신앙고백서(Belgic Confession, 1561년) 제36조: 정부에 대해

은혜로운 하나님께서 인간의 타락 때문에 왕들과 군주들과 공직자들을 세우셨음을 우리는 믿습니다. 하나님께서는 세상이 법률과 정책으로 다스려지도록 하심으로써, 인간의 방종이 억제되고 사람들 가운데서 모든 것이 질서 정연해지도록 원하십니다. 이러한 목적을 위해 하나님께서는 범죄자를 처벌하고 선을 행하는 자들을 보호하도록 정부의 손에 칼을 맡겨주셨습니다. 그뿐만 아니라 하나님을 기쁘게 하는 사회가 되도록 공직자들은 하나님의 법에 따라 복음 전파와 신성한 예배의 모든 측면에서 방해될 수 있는 장애물을 제거하는 임무를 맡도록 부름을 받았습니다. 그들은 절대적인 권위를 행사하려는 모든 경향을 완전히 삼가고, 자신에게 맡겨진 영역에서 자신에게 속한 수단의 범위에서 이를 수행해야 합니다. 정부의 임무는 공공 영역을 돌보고 감시하는 데 국한되지 않고, 신성한 사역을 옹호하고 적그리스도에 대한 거짓 숭배를 제거하고 파괴하는 것까지 포함됩니다. 예수 그리스도의 왕국을 증진하고 모든 곳에서 복음이 전파되도록 하는 것입니다. 그 목적은 하나님께서 그분의 말씀에서 요구하시는 대로 모든 사람이 그분을 공경하고 섬기도록 하는 것입니다. 그리고 그들의 직무는 국가의 복지에 관심을 가지고 이를 감독하는 것뿐만 아니라, 적그리스도의 왕국이 무너지고 그리스도의 왕국이 촉진되도록 모든 우상 숭배와 거짓 숭배를 제거하고 막을 수 있어야 합니다. 따라서 그들은 복음에 대한 강설이 모든 곳에서 이루어지고, 하나님께서 말씀하신 대로 모든 사람이 하나님을 영화롭게 하고 경배하도록 하는 신성한 사역을 보호해야 합니다. 그리고 어떤 상태와 수준과 조건에 있든지 상관없이 모든 사람은 공직자들에게 복종해야 할 의무가 있습니다. 세금을 내고, 그들에게 합당한 명예와 존경을 표하며, 하나님의 말씀을 거스르지 않는 모든 일에 순종하는 것입니다. 또한 하나님께 그 모든 길에 있어서 그들을 다스리시고 인도하시도록 기도해야 하는데, 그 이유는 "모든 경건과 단정함으로 고요하고 평안한 생활"(딤전 2:2)을 하기 위함입니다. 아울러 우리는 재세례파와 그 밖에 반란을 선동하는 사람들, 그리고 일반적으로 권력자들과 통치자들을 배격하고 정의를 전복하려는 모든 사람의 잘못을 배격합니다. 그들은 재산의 공유를 위한 공동체를 내세우고, 하나님께서 인간들 사이에 세운 품위와 좋은 질서를 혼란스럽게 합니다.

우리는 2,000년 전 시대나, 500년 전 시대나, 또는 지금 시대나 정부 즉 국가에 대해 형성된 시민사회의 윤리가 크게 다를 바 없음을 알아야 합니다. 윤리는 그리스어 '에토스'(ἔθος, ἦθος, ethos)이고, 이 단어에서 윤리학(Ethics)이라는 말이 나왔습니다. 그런데 신약성경에 보면, 이 '에 토스'가 제도(institute), 관습(custom), 법(방식) 또는 전통(usage), 의식 또 는 전례(rite), 실천(practice), 습관(habit), 도덕 또는 풍속(morals)으로 행 동과 연관이 있는 말로 등장합니다. 사용된 일부 구절들을 보면 다음 과 같습니다.

제사장의 전례를 따라 제비를 뽑아 주의 성전에 들어가 분향하고(눅 1:9)

예수께서 열두 살 되었을 때에 그들이 이 절기의 관례를 따라 올라갔다가 (눅 2:42)

예수께서 나가사 습관을 따라 감람 산에 가시매 제자들도 따라갔더니(눅 22:39)

이에 예수의 시체를 가져다가 유대인의 장례 법대로 그 향품과 함께 세마 포로 쌌더라(요 19:40)

네가 이방에 있는 모든 유대인을 가르치되 모세를 배반하고 아들들에게 할례를 행하지 말고 또 관습을 지키지 말라 한다 함을 그들이 들었도다 (행 21:21)

특히 당신이 유대인의 모든 풍속과 문제를 아심이니이다 그러므로 내 말 을 너그러이 들으시기를 바라나이다(행 26:3)

어원과 사용된 예들을 보면, 윤리는 집단적인 정신이나 풍조, 또는 관습을 말함을 알 수 있습니다. 사실 원래 이 말은 아리스토텔레스 (Aristotle, BC 384~322)가 처음으로 사용한 것으로 알려져 있습니다. 집단의 윤리보다는 개인의 윤리 즉 개인의 품성이나 신뢰성을 더 나타낸 말이었습니다. 아리스토텔레스의 『수사학』에서 청중을 설득하는 세 가지 요소 즉 '로고스'(λόγος, logos: 논리), '파토스'(πάθος, pathos: 감정), '에토스'(ἔθος, ἦθος, ethos: 윤리)가 있는데, 이 중에서 설득하는 화자와 설득받는 청중의 윤리가 중요합니다. 좀 더 자세하게는 화자의 경우 진정성이 있는 윤리적 품성과 신뢰성, 청중의 경우 집단적인 성격이나 특질이 함께 어우러져야 한다는 것입니다. 이처럼 그리스에서는 '윤리'가 특정 공동체가 중시하는 정신이나 기풍, 또는 그것에 의해 내면에 자리를 잡은 개인의 성격을 나타냈습니다. 그런데 로마 시대에 와서는 '에토스'가 그리스 시대와 조금 다르게 사용되었음을 알 수 있습니다. 그리스 시대에는 철학적이고 정신적인 부분에 해당했었다면, 로마 시대에는 문화적이고 행동으로 나타나는 규범으로써의 윤리로 사용되었음을 알 수 있습니다. 그래서 특정 사회가 용인하는 올바른 정신이나 사고방식 즉 내면화된 윤리라기보다는 특정 사회가 만들어낸 제도, 법, 관습, 전통, 의식이나 전례, 실천적 행동, 도덕이나 풍속이라 할 수 있습니다. 따라서 이 윤리는 개인적으로는 습관이 될 수 있고, 사회적으로는 전통이나 법이나 제도, 그리고 개인이든 사회든 관습을 따르는 행동이 될 수 있습니다. 그러므로 어떤 집단에서 만들어진 윤리를 따르는 것이 윤리적 행동이 되는 것입니다. 마찬가지로 베드로는 당시 그리스도인들에게 "인간의 모든 제도를 주를 위하여 순종하되 혹은 위에 있는 왕이나 혹은 그가 악행하는 자를 징벌하고 선행하는 자를 포상하기 위하여 보낸 총독에게 하라"고 교훈한 것입니다. 1561년 귀도 드 브레(Guido de Brès, 1522~1567)가 작성한 벨직 신앙고백서에도 제시된 것처럼 하나님은 이 세상에 제도를 세우시고 왕이나 군주나 공직자를 통해 통치하시며, 인간의 타락으로 인한 방종과 죄악의 행위가 억제되도록 칼을 휘두를 수 있는 권한을 맡기셨습니다. 그래서 이 세상에서 *"거류민과 나그네"*로 살아가는 그리스도인들이라 할지라도 시민 정부의 권한에 복종하는 삶이 성경의 교훈입니다. 시민 정부의 통치와 헌법과 법률과 규범을 따르는 행위가 성경이 요구하는 그리스도인의 윤리적 삶임을 깨닫기를 바랍니다. 최근 윤석열 대통령 탄핵소추와 내란죄 수사 상황에서 법과 질서를 무시하고 법원에 난입해서 폭동을 일으켰던 사건에서 기독교인들이 주동자들로 드러났는데, 이는 하나님의 뜻에 도전하는 심각한 비윤리적 행위입니다. 예수 그리스도를 믿는 그리스도인들은 결코 그렇게 하지 않습니다. 그런 불법적인 일을 계획적으로 적극적으로 했다는 건 그들 스스로 기독교의 탈을 쓴 급진적이고 극단적인 정치 집단이라는 사실을 증명한 것입니다. 베드로는 심지어 교회 역사 2,000년 중 가장 잔혹한 교회 박해자 중 한 사람이었던 네로가 통치하던 때에 소아시아 지역 그리스도인들에게 편지하면서 제도, 왕, 그리고 총독에게 복종해야 한다고 했습니다. 세상을 살아가고 있는 한 그리스도인들은 각자 처한 곳에서 요구되는 법과 규정과 질서를 지키는 윤리적 삶을 살아야 함을 명심하기를 바랍니다.

그러나 하나님의 말씀을 따르지 않는 세속 정부라 할지라도 본질적으로 하나님의 뜻에 따라 정해졌기에 마땅히 하나님의 뜻에 부합하게 통치해야 합니다. 벨직 신앙고백서에 규정된 것과 같이 정치지도자들과 공직자들은 교회의 예배와 복음 선포에 방해되는 것이 있다면 없애야 하는 의무가 있고, 권한을 행사할 때는 그것을 남용하지 말아야 합니다. 그런 면에서 네로 황제는 교회를 박해하는 등 자기에게 주어진 권한을 심각하게 남용했고, 교회를 보호하기는커녕 교회를 진멸하려고 했습니다. 이런 통치행위는 결코 하나님이 보장해 주시는 권한이 아닙니다. 세속 정부는 교회에 대한 보호뿐만 아니라, 어떤 사람들이든 기본적인 인권과 질서를 누릴 수 있도록 해주어야 합니다. 이런 목적을 위해 정부에 권한이 주어졌고 국민에게는 준법(遵法)과 납세와 군역의 의무가 지워진 것입니다. 하나님은 모든 사람이 햇빛과 물과 공기와 양식을 누릴 수 있도록 하셨기에 정치지도자들과 공직자들은 질서와 평화 속에서 모든 사람이 하나님의 일반 은총을 누릴 수 있도록 해야 합니다. 특별한 사람들만, 또는 자기를 적극적으로 지지하는 사람들만을 위한 편협한 정치는 하나님의 뜻을 저버린 것이고 헌법이나 질서를 깨뜨리는 중대한 범죄가 됨을 알기를 바랍니다.

또한 법과 제도를 지켜야 하는 그리스도인들은 *"주를 위하여 순종"* 해야 합니다. 하지만 법과 제도에 순종함으로써 오히려 주를 무시하거나 모독하는 경우는 어떻게 해야 하는지 생각해보기를 바랍니다. 일본의 법철학자 오다카 도모오(おだかともお, 1899~1956)가 1937년에 출간한 《법철학》(法哲學)에서 '악법도 법'이므로 지켜야 한다고 주장함으로써 우리나라에 대한 일본의 식민 지배를 정당화했고, 경성제국대학(서울대 전신) 교수로 재직했을 때는 많은 한국인 제자들을 양성해서 해방 이후 우리나라 법조계 주요 인물들로 자리매김하도록 큰 영향을 미쳤습니다. 그의 가르침에 따르면, 신사참배도 실정법(實定法)으로 규정하면 하나님을 예배하는 그리스도인들 역시 따라야 한다는 논리가 됩니다. 실제로 일제강점기에 우리나라 교회 대부분은 일본이 제정한 실정법을 온전히 따르기 위해 하나님의 법을 대부분 무시했습니다. 오다카 도모오와는 달리 독일의 법철학자 라드브루흐(Gustav Radbruch, 1878~1949)는 '라드브루흐 공식'(Radbruchsche Formel)을 제시했는데, 이에 따르면 극도로 정의롭지 못한 실정법은 법이 아니라는 의미를 담고 있습니다. 마찬가지

로, 그 어떤 법이라도 하나님을 모독하거나 하나님 대신 우상을 섬기라고 한다면, 순종할 수 없는 법임을 명심하기를 바랍니다.

15절 "곧 선행으로 어리석은 사람들의 무식한 말을 막으시는 것이라"는 말씀은 쉬운 번역으로 "여러분은 선한 일을 하여 어리석은 사람들이 무식한 말을 하지 못하게 하십시오. 그렇게 하는 것이 하나님의 뜻입니다."《현대인의성경》라고 번역된 말씀인데, 그 당시 그리스도인들은 물론 지금 우리가 살아가면서도 쉽게 경험할 수 있는 일입니다. 지난 본문을 통해 살펴보았듯이 베드로의 편지를 회람했을 당시에는 그리스도인들에 대한 오해가 심각했고, 그로 인한 대중의 비방이 심한 상황이었습니다. 그리스도인들이 사회적으로 물의를 크게 일으키거나 윤리적으로 문제가 되지도 않았는데, 물론 당시 불신자들이 보편적으로 윤리라고 여겼던 이교도적 관습이나 우상 숭배에 그리스도인들이 참여하지 않아서 핍박과 비방을 당하는 것은 감수할 수 있었지만, 근거도 없는 죄목으로 고소와 고발을 당하고, 사실이 아닌 잘못된 정보나 헛소문에 근거해서 그리스도인들을 비방한 어리석은 자들로 인해서 큰 어려움을 당하고 있었습니다. 사실이 아닌데도 불구하고 소문은 마치 사실처럼 퍼졌고, 그리스도인들은 비윤리적인 사람들, 사회에서 제거되어야 하는 사람들, 또는 죽어 마땅한 사람들이 되고 말았습니다. 이미 12절 "너희가 이방인 중에서 행실을 선하게 가져 너희를 악행한다고 비방하는 자들로 하여금 너희 선한 일을 보고 오시는 날에 하나님께 영광을 돌리게 하려 함이라"는 말씀을 통해 우리가 알 수 있었듯이 사람들이 어리석게도 헛소문을 듣고 그리스도인들이 악행을 한다고 비방했던 것입니다. 그런 "어리석은 사람들의 무식한 말"을 하나님이 막으시는 방법이 있는데, 하나님은 그런 자들의 입을 쳐서 입을 닥치게 하시지는 않습니다. 그렇게 하실 필요가 없습니다. 끝까지 변함없이 어리석음을 유지한다면 이미 그런 자들은 영원한 지옥의 형벌을 받기로 정해진 자들이기 때문입니다. 하나님은 오히려 억울한 그리스도인들이 선한 삶을 계속 이어가게 하심으로써 그런 자들이 그리스도인들에 대해 오해하고 있었음을 깨닫고 하나님께 영광을 돌리도록 하십니다. 거짓 정보를 진실이라고 믿고 무고한 사람을 악마처럼 대하는 자들은 이 세상에서 가장 불쌍한 자들입니다. 그런 자들은 짐승보다 못한 자들로 미련하기 짝이 없는 자들입니다. 사람의 참모습을 알아보지 못하고 다른 사람들의 비방과 헛소문에 기초해서 누군가를 악하게 보는 자들은 스스로 부끄러운 줄 알아야 합니다. 자기들이 가진 눈과 귀와 머리로 참되고 바른 것을 보지도, 듣지도, 알지도 못하기 때문입니다. 결국 수많은 사람 중에 단 한 사람이라도 예수 그리스도를 바로 알고, 참된 그리스도인들을 바로 알고, 그리고 정직하고 성실하게 역할을 감당하는 사람들을 알게 되기까지 억울해도 참아야 합니다. 이 세상이 곧 끝이 아니기 때문입니다. 이 세상에서 살다가 죽는 것이 끝이라면 반드시 죽기 전에 억울함을 해소해야 하고, 누명을 벗어야 하며, 무고를 알리고 명예를 되찾아야 할 것입니다. "또 아는 것은 우리는 하나님께 속하고 온 세상은 악한 자 안에 처한 것이며"(요일 5:19)라고 요한 사도가 교훈한 것처럼 사탄의 지배 아래에 있는 세상 사람들은 하나님의 백성에 대해 적대적일 수밖에 없습니다. 설령 세상이 그리스도인들을 바르게 보고 칭찬한다고 하더라도 그것은 일시적이고 형식적입니다. 결코 진심에서 우러나는 칭찬이 될 수 없습니다. 사탄이 그리스도인을 진심으로 사랑하고 칭송할 수 없듯이 사탄에 속한 불신자들 역시 똑같습니다. 영적으로 볼 때 서로 대립하는 통치자들(그리스도와 적그리스도) 아래 있기에 서로 적대적이고 결코 같은 편에 있지 않습니다. 그러므로 묵묵히 선한 일을 이어가는 삶이 바로 그리스도인의 윤리적 삶이라는 사실을 명심하기를 바랍니다.

끝으로 16~17절 "너희는 자유가 있으나 그 자유로 악을 가리는 데 쓰지 말고 오직 하나님의 종과 같이 하라 뭇 사람을 공경하며 형제를 사랑하며 하나님을 두려워하며 왕을 존대하라"는 말씀으로 베드로가 한 번 더 끝부분에서 강조해서 교훈했음을 알 수 있습니다. 그러나 노예처럼 어떤 상황에서도 주인을 위해 헌신해야 한다는 강요로 비추어질 수 있기에 베드로는 그리스도인이 가진 자유(요 8:32)를 통해 자기 자신을 위하고, 자기의 잘못과 죄악을 가리는 일을 할 게 아니라 오히려 그리스도처럼 자발적으로 다른 사람을 섬기고 공경하는 이웃 사랑의 삶과 형제 사랑을 실천해야, 즉 그리스도의 윤리를 본받아 실천해야 한다고 가르쳤습니다. 또한 종이 주인을 두려워하며 순종하듯이, 그리스도인들은 하나님을 두려워함으로써 하나님이 세우신 제도를 다르고 왕과 같은 통치자를 존귀하게 대해야 한다고 했습니다. 그리스도인들은 죄와 사망의 노예에서 자유를 얻었지만, 동시에 "하나님의 종"이 되었기에 하나님이 세우신 제도, 그리고 하나님이 모든 사람의 안녕과 질서와 평화를 위해 정해 놓으신 시민 정부를 따라야 한다는 교훈입니다. 그러나 단순히 "왕을 존대하라"고 하기보다는 "하나님을 두려워하며 왕을 존대하라"고 함으로써 하나님의 뜻에 순종하는 삶 속에 통치자를 존대하는 행위가 포함되어 있음을 교훈한 것임을 잊지 말기를 합니다.

그런데 그리스도를 믿는다고 고백한 신자들 가운데서 자유를 방종의 기회로 삼아 통치자들에게 대항하거나 법과 규정을 무시하는 자들이 있습니다. 이런 자들은 결코 하나님의 종들이 될 수 없습니다. 실상은 사탄의 종들입니다. 반대로 국민에게 위임받은 일시적 통치권을 오용하거나 남용하여 폭정을 일삼고 악을 은폐하는 행위를 해서도 안 됩니다. 그래서 벨직 신앙고백서 제36조에 "그들은 절대적인 권위를 행사하려는 모든 경향을 완전히 삼가고, 자신에게 맡겨진 영역에서 자신에게 속한 수단의 범위에서 이를 수행해야 합니다."라는 내용을 삽입해 놓음으로써 왕들이나 권력자들이 권한을 사적으로 사용하지 않도록, 권력을 남용하지 않도록 성경의 교훈에 따라 그렇게 정해 놓은 것입니다. 그러므로 하나님을 믿지 않는 통치자들도 자기들에게 통치의 권한과 자유가 있다고 해서 그 권한과 *"그 자유로 악을 가리는 데 쓰지 말고"* 하나님의 대리자와 같은 종의 마음을 가지고 백성을 섬겨야 합니다. 만약 하나님을 믿는 자로서 통치자의 역할을 한다면 절대로 권력을 남용하거나 사적인 이익을 위해 사용하지 말아야 합니다. 그리스도인들은 이제 *"왕 같은 제사장들"*(벧전 2:9)입니다. 그렇다고 해서 영적 특권을 가지고 세상에서 자기들의 이익을 위해, 자기들의 악을 가리기 위해 군림했던 자들(대제사장들과 서기관들과 바리새인들)의 삶을 답습하지 말아야 합니다. 그리스도인들은 결코 그들의 그릇된 윤리를 따르지 말아야 합니다. 오히려 하늘과 땅의 절대적인 권세를 지녔던 그리스도가 백성을 위해 섬기고 그들을 사랑하고 십자가에서 죽기까지 헌신하셨던 것처럼 이제 그리스도인들은 그들이 가진 영적 자유로 *"하나님의 종"*이 된 삶을 살아야 하고, 하나님이 세우신 제도와 정부를 따라야 하며, 왕들과 정치지도자들을 존귀하게 대해야 합니다. 그리고 그리스도인들은 본질적으로 하늘에 속한 자들이지만, 이 세상에 현재 살고 있기에 세속 정부의 헌법과 법률과 규정과 질서를 지키는 시민이 되어야 합니다. 그것이 바로 베드로가 가르친 그리스도인의 윤리임을 명심하기를 바랍니다. 아멘.

(2025년 3월 23일)

Πάντων δὲ τὸ τέλος ἤγγικεν

만물의 마지막이 가까이 왔으니(벧전 4:7)

# 미국의 기독교 vs. 그리스도의 기독교

베드로전서 2장 11절부터 5장 11절까지는 말세를 살아가는 그리스도인이 세상에서 어떤 삶을 살아야 하는지에 대한 윤리적 교훈의 연속인데, 먼저 총론이나 다름없는 교훈 즉 원론적 교훈으로 정욕을 멀리하고 이방인들 가운데서 선한 행실을 드러내는 삶(2:11~12)을 살아야 한다고 했습니다. 그다음으로 구체적인 윤리가 제시되는데, 지난 주일에는 시민 정부에 대한 윤리를 살펴보았고, 이번에는 '주인에 대한 종의 윤리'를 살펴볼 차례입니다. 머리로 교리를 이해했다면, 이제 삶에 적용하고 몸으로 실천하는 윤리를 세워나가야 합니다. 함께 살펴볼 본문은 18절부터 25절까지 이어지는 주인에 대한 종의 윤리인데, 본문을 둘로 나누어 먼저 18절부터 20절까지 살펴보고, 다음 시간에 21절부터 25절을 살펴보도록 하겠습니다.

18절은 "*사환들아*"라고 부르는 말로 시작하는데, 당시 로마의 속주였던 소아시아 지역 교회들 가운데 종들(노예들)이 많았기에 그들을 특정해서 그들만을 위한 메시지로 생각할 수 있지만, 넓게는 오늘날 우리 사회에서 쉽게 볼 수 있는 직원, 근로자, 회사원 등을 포괄하는 대상으로 그 범위를 적용할 수 있습니다. 실제로 베드로는 헬라어로 '노예'(δοῦλος, doulos, slave) 대신 '종' 또는 '하인'(οἰκέτης, oiketēs, servant)이라는 단어를 사용했습니다. 《개역개정》에는 '사환'(使喚)으로, 《새번역》에는 '하인'으로, 《현대인의성경》에는 '종'으로 번역되어 있습니다. 일반적으로 사람들은 로마 시대 노예를 떠올릴 때 전쟁 중 포로로 끌려와서 비참한 노동에 시달렸던 노예들을 생각합니다. 그러나 가정에서 청소와 허드렛일을 맡았던 하인들(menial domestics), 주인의 자녀들을 가르쳤던 교사들(guardians, teachers), 음식을 만들었던 요리사, 가정의 중요한 일을 맡았던 청지기들(stewards), 학식이나 기술을 가진 경우 약사, 의사, 회계원, 선장, 통역원, 관리인(custodian, manager), 장인(匠人)도 있었습니다. 그러므로 베드로는 농장이나 광산에서 육체적으로 고통스럽게 일했던 노예(slave)의 의미보다는 주로 주인의 집에서, 또는 지역 사회에서 여러 분야에 종사했던 종이나 하인(servant)을 염두에 두고 사용했던 것입니다. 역사가들의 기록에 의하면 로마시와 로마의 속주들 인구의 3분의 1에서 절반 가까운 인구가 노예였고, 그중에서도 노예들에게서 태어난 노예들이 훨씬 많았다고 합니다. 그런 로마 인구 분포를 볼 때 로마 경제에 매우 중요한 역할을 했던 사람들이 노예였음을 알 수 있습니다. 당시 일의 종류나 종사한 분야를 생각하면 오늘날 급여를 받고 일하는 모든 근로자와 노동자와 종사자를 포괄하기에 당시 소아시아 지역 그리스도인들만이 아니라 우리에게도 적용되는 교훈임을 명심하기를 바랍니다.

18절 *"사환들아 범사에 두려워함으로 주인들에게 순종하되 선하고 관용하는 자들에게만 아니라 또한 까다로운 자들에게도 그리하라"*는 말씀은 시민 정부의 권세로 다스리는 자들(황제, 총독, 재판관, 공직자 등)은 물론이고, 가정과 일터에서 소유자로서 다스리는 주인들을 무서워해야 하며, 명령이나 지시에 순종해야 한다는 것입니다. 주인이 *"선하고 관용*

하는 자"이면 얼마나 좋겠습니까? 회사나 직장에서 사장이 착하고 너그러운 사람이면 일하는 사람으로서 얼마나 마음이 편하겠습니까? 아마 실제로는 이런 사장 밑에서 일하는 종업원이라면 오히려 사장을 너무 편하고 쉽게 대할 수도 있고, 적당히 눈속임을 할 수도 있을 것입니다. 그만큼 우리는 사용자에 종속되어 일하는 근로자라 할지라도 기본권이 있고 법적으로 보호받을 수 있는 사회에 있기에 노동자(사용자와 동등한 위치에서 노동력을 제공하는 사람)의 수준 또는 그 이상의 수준이라는 점에서 훨씬 좋은 여건에 있습니다. 그러나 아무리 로마 시대에서 좋은 대우를 받으며 일한 종이라도 주인의 소유물로서 억압과 불평등을 감수해야 했고, 잘못을 저질렀을 때는 체형(채찍질, 태형 등)을 당했으며, 재판 과정에서는 고문도 견뎌야 했습니다. 이런 당연하고 보편적인 환경에서 "선하고 관용하는" 주인에게 순종하기는 쉬운 일이지만, "까다로운" 주인 즉 난폭하고 괴팍하고 불공평하고 심술궂은 주인에게는 반항심이 생기게 마련입니다. 당시 노예들은 평상시에도 주인으로부터 성적인 학대와 폭력을 당하는 경우가 많았습니다. 그러면서도 음식이나 급료를 제대로 주지 않는다면 존경심 대신 반항심이 생겼을 것입니다. 노예해방으로 유명한 미국 대통령 에이브러햄 링컨 대통령의 고문이었던 노예 폐지론자 프레더릭 더글러스(Frederick Douglass, 1818?~1895)는 노예였던 청소년 시기에 자신을 비롯한 노예들에게 혹독하게 대한 에드워드 커비(Edward Covey)를 때려눕혔던 일이 있었습니다. 커비는 "노예파괴자"(negro-breaker)라는 악명을 떨쳤던 사람으로, 농장을 임대해서 운영하는 동안 주변에서 주인의 말을 잘 듣지 않는 노예들을 무료로 또는 싼값에 빌려서 일을 시키고, 잔혹한 학대와 규율을 통해 저항하고자 하는 의지를 꺾어서 노예다운 노예를 만드는 기술로 유명했습니다. 그러니 자기가 훈련하던 노예에게 두들겨 맞았다는 사실이 알려지면 그에게 노예를 맡기는 농장주들이 없어질 것이고, 자기 자신이 노예한테 당한 일로 치욕스럽게 될까 봐 아무에게도 말하지 못했다고 합니다. "지렁이도 밟으면 꿈틀한다"는 속담이 있습니다. 아무리 약한 미물이라도 밟히게 되면 몸부림치듯이 마음이 온순하고 약한 사람도 남에게 불이익을 당하면 가만히 있지 못합니다. 베드로가 소아시아 지역 교회들을 향해 편지를 쓰기 몇 년 전이었던 61년 로마시에서 네로 황제의 행정장관이었던 페다니우스 세쿤두스(Pedanius Secundus)가 그가 부리던 400명 이상의 노예 중 한 사람에게 침실에서 살해당한 사건이 있었습니다. 당시 로마 원로원은 주인을 지키지 못한 노예들 400여 명을 모두 십자가형에 처해야 한다고 결정했습니다. 로마법에 따르면 주인이 살해당하면 주인을 지키지 못한 노예들을 사형에 처할 수 있었습니다. 이 사건은 당시 사회적인 이슈로 떠올랐고, 많은 시민이 400명의 노예를 모두 사형에 처하는 것은 부당하다면서 사형 반대 시위를 벌였는데, 사형을 찬성하는 사람들보다 많아지자, 네로 황제는 군대를 동원해서 사형이 집행되도록 했습니다(푸블리우스 코넬리우스 타키투스, 『연대기』 제14권 42~45장). 이처럼 "까다롭고" 난폭한 주인에게 순종하는 것이 쉽지 않은 이유는 바로 약자의 내면에서부터 분하고 억울하고 자존심이 상해서 솟구치는 반항심과 적개심 때문입니다. 그러함에도 불구하고 당시 노예들은 처참한 상태에서 노동에 전념하든, 대우받으며 근사하고 편하게 일하든, 주인의 뜻에 절대복종해야만 했습니다. 바울 사도는 *"종들아 두려워하고 떨며 성실한 마음으로 육체의 상전에게 순종하기를 그리스도께 하듯 하라"*(엡 6:5)고 했고, *"종들아 모든 일에 육신의 상전들에게 순종하되 사람을 기쁘게 하는 자와 같이 눈가림만 하지 말고 오직 주를 두려워하여 성실한 마음으로 하라"*(골 3:22)고 했으며, 또한 *"종들은 자기 상전들에게 범사에 순종하여 기쁘게 하고 거슬러 말하지 말며"*(딛 2:9)라고 가르쳤습니다. 여기서 "상전들"(masters)은 '주인들'이나 '다스리는 자들'이나 '감독관들'이나 '지배인들'을 뜻하는데, 오늘날 사회에 적용하면 그 당시보다는 훨씬 약하지만 '사장들'이나 '대표들'이나 '상급 직원'들이나 '상관들'이라 할 수 있습니다. 당시 소아시아 지역 그리스도인들은 교육이나 특별한 훈련을 받은 후 주인의 가사를 돌보고 주인의 자녀들을 가르치는 일을 하던 사환들이나 하인들이 많았습니다. 주인들로부터 비교적 좋은 대우를 받은 경우가 대부분이었는데, 노예 신분에서 해방되어 자유민이 되기까지는 주인에게 철저히 복종해야만 했습니다. 그러므로 베드로는 세상의 제도와 법과 질서 아래에서 그들의 신분에 맞게 살아야 한다고 교훈했습니다. 상대적으로 좋은 주인이든, 나쁜 주인이든 "범사에 두려워함으로" 순종하라고 명령했습니다. 모든 일에서, 어떤 상황이든 복종하되, 그렇게 하지 않으면 종이 당하게 될 힘들고 불쾌하고 어려운 일 때문에 그것을 피하기 위해서라도 항상 주인을 존중하고 무서워해야 한다고 했습니다. 특히 그리스도인들은 일반 노예들과는 달리 주인이 좋은 사람이든 나쁜 사람이든 똑같이 순종해야 한다고 가르쳤습니다. 우리 역시 각자가 속한 사회나 집단에서 강한 사람이든 약한 사람이든, 좋은 사람이든 나쁜 사람이든, 그런 사람이 상급자나 상관이고, 사장이나 대표자라면 똑같이 존경하고 지시와 명령에 잘 따르는 윤리적인 사람들이 되기를 바랍니다.

그러나 종들이 "부당하게 고난을 받아" 슬픔을 겪게 되는 경우가 많았습니다. 그래서 사도 베드로는 "부당하게 고난을 받아도 하나님을 생각함으로 슬픔을 참으면 이는 아름다우나"(19절)라고 했습니다. 부당한 고난을 받은 노예들의 삶 중에 잘 알려진 사례들을 일부 살펴보고자 합니다. BC 6세기를 배경으로 지어진 시편 137편 1~3절을 보면 "우리가 바벨론의 여러 강변 거기에 앉아서 시온을 기억하며 울었도다 그 중의 버드나무에 우리가 우리의 수금을 걸었나니 이는 우리를 사로잡은 자가 거기서 우리에게 노래를 청하며 우리를 황폐하게 한 자가 기쁨을 청하고 자기들을 위하여 시온의 노래 중 하나를 노래하라 함이로다"는 슬픈 내용이 있습니다. 유대인들이 바벨론 느부갓네살(Nebuchadnezzar) 왕의 군대에 의해 포로로 잡혀가 노예가 되어 유프라테스강 주변에서 강제 노역을 당하면서 겪었던 멸시와 천대와 조롱으로 인해 슬픔을 노래한 시의 일부입니다. 이 시편의 내용과 시대적 배경을 모티브로 해서 베르디(Giuseppe Verdi, 1813~1901) 오페라 나부코(Nabucco)가 만들어졌고, 이 오페라에서 '히브리 노예들의 합창'이 가장 유명해졌습니다. 폴란드 작가 헨리크 시엔키에비치(Henryk Sienkiewicz, 1846~1916)의 역사소설 《쿠오바디스》(Quo Vadis)는 로마 황제 네로에 의해 박해받은 그리스도인들을 소재로 한 소설인데, 당시 그리스도인들의 고난은 물론 그들 중 노예(종)들이 얼마나 부당하게 대우받았는지 짐작할 수 있습니다. 노예를 생각하면 흑인 노예를 떠올리기 쉬운데, 백인 노예들도 상당히 많았습니다. 바이킹(Viking)은 8~11세기 스칸디나비아반도(노르웨이, 스웨덴, 덴마크) 노르드(Nord) 사람들로, 주로 배를 타고 북서유럽 지역에서 광범위하게 약탈을 일삼았는데, 이들이 슬라브(Slav)족을 노예로 삼거나 팔았고, 오스만 제국의 튀르크인들 역시 슬라브족을 노예로 삼았습니다. 슬라브족을 뜻하는 'Slav'에서 'slave'(노예)라는 말이 생겼을 정도입니다. 심지어 몽골족도 슬라브족을 잡아 노예로 팔 정도였기에 유럽의 3분의 1이나 달하는 슬라브족은 특히 중세 시대 500년 동안 고난과 슬픔의 삶을 살아야 했습니다. 아일랜드는 15세기부터 영국의 지배를 받게 되면서 특히 17세기에는 수십만에 이르는 사람들이 잔혹하게 학살당했고, 또 수십만은 신대륙 아메리카로 노예의 몸이 되어 팔려나갔습니다. 놀랍게도 아일랜드인 노예는 흑인 노예보다 값이 10분의 1정도밖에 되지 않았습니다. 이들은 미국은 물론 중남미 지역으로도 팔려 갔고, 특히 힘 없는 여자들과 아이들이 많이 팔려 갔습니다. 사악하고 탐욕스러운 주인들은 건장한 소수의 흑인 남자 노예들을 백인 여자 노예들과 계속 성관계를 하도록 해서 힘과 체격이 좋고 돈이 될 만한 노예들을 많이 낳도록 했습니다. 이런 주인들은 인간이 아니었습니다. 짐승만도 못한 이런 주인들에게 백인 남자 노예들이 헐값에 팔려 왔던 것이고, 백인 여자들은 주로 창녀나 첩으로 성적 욕망을 푸는 대상이 되었습니다. 영국에서 1834년 8월 1일 노예제가 완전하게 폐지되고, 미국에서도 1865년 12월 18일에 폐지되기까지 얼마나 많은 노예가 부당하고 참혹한 대우를 받았겠습니까? 설령 노예보다 조금 나은 대우를 받은 '계약상 하인'이라도 주인의 재산 또는 소유물 취급받으며, 인권을 누리지 못하고 부당하게 대우받았습니다. 그들 역시 실제로는 노예였습니다. 이 밖에 부당하게 대우받고 인간 이하로 취급당한 노예들의 삶에 대한 무수한 이야기가 나라들마다 존재합니다. 우리나라도 병자호란, 임진왜란, 일제강점기 등 얼마나 많은 사람이 노예로 살았고 팔려 갔는지, 그리고 노예로 끌려가 유린당하고 비참하게 죽었는지 헤아릴 수 없이 많습니다. 그런데 베드로 사도는 당시 노예 신분으로 그리스도를 믿게 된 경우가 많았던 그리스도인들에게 *"부당하게 고난을 받아도 하나님을 생각함으로 슬픔을 참으면 이는 아름다우나"*라고 함으로써 치욕스럽고 슬프고 억울하고 고통스러울 때 하나님을 생각하면서 참으면 아름다운 일이라고 했습니다. 먼저 하나님을 생각하는 자들이 되어야 하고, 다음으로는 참는 자들이 되어야 하는데, 이 둘은 서로 하나가 되어야 합니다. 분리해서 생각할 수 없는 것입니다. 우리가 흔히 부당하고 억울해도 참는다는 것은 세 가지로 볼 수 있습니다. 하나는 넓은 아량으로 참는 것인데, 아무리 부당하고 억울하고 슬퍼도 그 모든 것을 이겨내는 것입니다. 속된 표현으로 '성인군자'가 되는 것입니다. 또 다른 하나는 상대적으로 너무 약한 존재여서 저항할 힘이 없거나 부당한 현실을 바꿀 다른 방법이 없어서 자포자기하는 경우입니다. 끝으로, 보복이나 훗날을 도모하고 참는 경우입니다. 이 경우 설령 죽음에 이르는 경우가 있더라도 가족이나 동지 중에 원수를 갚을 때가 언젠가는 올 거라는 믿음을 가진 경우에 참을 수 있습니다. 이처럼 부당하고 억울하게 취급받을 때 참을 수 있는 사람들이 있습니다. 그러나 그리스도인들은 위 세 가지 중 어느 것도 해당하지 않음을 분명히 알기를 바랍니다.

그렇다면 그리스도인들은 어떻게 그런 일을 참으라는 것일까요? 누군가 부당하고 억울하게 대우받는 일이 있다면, 그리스도인은 그리스도의 고난을 생각하면서 하나님이 그와 함께 계시고 그를 지켜보신다는 확실한 믿음을 가지고 참아야 한다는 것입니다. 단지 하나님이 지켜보시면서 위로하심으로 끝나는 것이 아님을 알아야 합니다. 베드로는 "오히려 너희가 그리스도의 고난에 참여하는 것으로 즐거워하라 이는 그의 영광을 나타내실 때에 너희로 즐거워하고 기뻐하게 하려 함이라"(벧전 4:13)고 교훈했습니다. 이는 예수 그리스도가 심판자로 영광스럽게 나타나셔서 그리스도인들에게 부당하게 대우했던 악한 모든 사람을 심판하실 것이므로 그때를 생각하고 참는 자들이 가장 영광스럽게 된다는 것이고, 그때 얻게 될 영광을 미리 생각하면서 즐거워해야 한다는 뜻입니다. 그래서 바울 사도 역시 "하나님 앞과 살아 있는 자와 죽은 자를 심판하실 그리스도 예수 앞에서 그가 나타나실 것과 그의 나라를 두고 엄히 명하노니"(딤후 4:1)라고 하면서 그리스도 예수가 심판자로 나타나실 것을 그리스도인들이 확실히 믿도록 교훈했습니다. 그러므로 그리스도인 종들이 주인에게 부당한 대우를 받을 때 하나님이 함께하시고 지켜보신다는 믿음으로 참으면 하나님께 인정받고 하나님이 베푸신 은혜를 받았다는 증거가 됩니다. 그리스도께서 아무 죄 없이 부당하고 억울하게 고난을 겪으셨고, 그 모든 고난을 참으셨던 삶의 참 의미를 알고 그 고난에 동참하는 자는 하나님의 은혜를 받은 자로서 하나님께 인정받는 것이 됩니다. *"부당하게 고난을 받아도 하나님을 생각함으로 슬픔을 참으면 이는 아름다우나"*(19절)라고 베드로가 말한 내용 중 '아름다움'은 바로 하나님의 은혜를 받은 자로서 고난을 통과하고 하나님께 인정받는 일을 의미합니다. 세상이 생각하는 미(美)의 기준이라 할 수 있는 빼어난 외모나 고운 마음씨와는 차원이 다름을 알아야 합니다. 세상에서 누리고 인정받는 외모는 마치 신선하고 먹음직스럽게 익은 사과처럼 보기 좋고 탐스러운 이미지, 또는 어떤 사람의 내면에서 곱게 다듬어진 양심이나 그런 양심에서 표출된 덕스러운 행동이나 삶이라고 할 수 있을 것입니다. 그러나 썩어질 사과나 다를 바 없는 육체, 그리고 썩어질 몸의 인격에서 비롯된 양심은 모두 일시적이고 부분적인 아름다움에 불과합니다. 아름다움이라 착각할 수 있는 것들입니다. 그리스도인이 주인의 부당함에, 또는 시민 정부의 부당함과 통치자들의 부당함에 분개해서 반항하거나 절망하지 않는 것은, 그리고 악하고 탐욕스러운 주인에게 복종할 수 있는 것은, 악한 자에 대한 하나님의 심판을 확신하기에 가능한 일입니다. 즉 확실한 믿음이라고 할 수 있는 아름다운 마음을 가졌기에 가능한 것임을 깨닫기를 바랍니다. 결국 부당하게 대우받아도 참게 되는 것은 하나님이 함께하심을 알고 장차 악한 자를 심판하시는 하나님을 믿기 때문입니다. 서양 사람들은 미학(美學)의 시초를 철학자 플라톤(Plato)으로 생각하는데, 이 미학은 "나는 무엇을 바라는가?"의 물음으로 시작해서 아름다움의 본질과 형태를 추구하는 학문입니다. 사물과 자연과 인생

    21세기 한국교회를 위한 **베드로전서 강설**

의 아름다움, 예술과 예술 작품의 아름다움을 추구하는 학문인데, 세상이 추구하는 그런 아름다움은 덧없는 것입니다. 당시 소아시아 지역 그리스도인들에게 베드로는 신기루와 같은 이 세상의 헛된 아름다움과는 차원이 다른 아름다움, 즉 하나님의 나라에 들어갈 때 보게 될 영광스럽고 절대적이고 완전한 아름다움을 말한 것입니다. 이 세상이 추구하고 느끼는 아름다움의 그림자가 아니라 참된 아름다움입니다. 그리스도인들은 이 참된 아름다움을 미리 누리는 것이고, 이는 일종의 증거와 같은 것입니다. 베드로는 하나님으로부터 은혜를 받았다는 확실한 증거를 아름다움으로 묘사한 것입니다. 아름다움은 하나님이 택하셔서 은혜를 베푸신 자들에 대한 일종의 최종 확인과도 같은 것입니다. 이 아름다움은 고난을 이겨내는 것으로써 증명이 되고, 세상 사람들은 결코 인식하지 못하는 것임을 깨닫기를 바랍니다.

그러나 이보다 더 극한 상황에서는 어떻게 해야 할까요? 1세기 로마와 로마 속주들에서 그리스도인들 대부분은 평민 계층의 사람들이나 노예들이었는데, 반면에 17세기 중반부터 19세 중반까지 약 200년 이상 미국에서 노예를 부리던 남부지역의 농장 주인들은 대부분 기독교인이었다는 사실입니다. 프레더릭 더글러스는 이런 기록을 남겼습니다.

내가 종교에 관해 그리고 종교에 반대해 말한 것은 엄밀하게 이 나라 노예 소유주의 종교에 국한한 것이지 기독교 자체에 대해서는 아무런 언급도 하지 않았다. 왜냐하면 이 나라의 기독교와 그리스도의 기독교 사이에는 내가 인식할 수 있는 한 가장 커다란 차이가 있어서 한쪽에서는 선하고 순수하며 신성한 것으로 받아들여지는 것이, 다른 쪽에서는 나쁘고 타락했으며 사악한 것으로서 필연적으로 거부되기 때문이다. …… 나는 순수하고 평화적이며 공평한 그리스도의 기독교를 사랑한다. 따라서 나는 타락하고 노예를 소유하며 여성에게 채찍질하고 어린이를 빼앗아 가며 편파적이고 위선적인 이 나라의 기독교를 증오한다. 정말로 가장 거짓된 종교인 이 나라의 종교를 기독교라고 부르는 이유를 알 수 없다. …… 주중에 피로 딱딱해진 채찍을 휘두르는 인간이 주일에 설교단을 채우며 온순하고 겸손한 예수의 종이라고 주장한다. 매주 말에 내가 번 돈을 훔쳐 가는 바로 그자가 인생의 길과 구원의 길을 보여주기 위해 주일 아침에 주일학교 지도자로서 나를 만난다. 매춘을 시키기 위해 내 누이를 파는 그자가 신실한 순결의 옹호자로서 앞으로 나선다(손세호 역, 『미국 노예, 프레더릭 더글러스의 삶에 관한 이야기』, 165~166쪽).

우리는 이 사회에서 사장, 대표자, 상급자, 또는 상관으로서 직원이나 부하들을 어떻게 대해야 하는지 바울 사도가 교훈한 "상전들아 의와 공평을 종들에게 베풀지니 너희에게도 하늘에 상전이 계심을 알지어다"(골 4:1)라는 말씀을 명심해야 합니다. 그래서 더글러스는 미국의 기독교와 그리스도의 기독교로 나누어서 생각했던 것입니다. 비록 노예들 대부분이 주인들에게 복종했지만, 주인들의 위선적 신앙은 하나님의 영광을 보지 못하도록 노예들의 눈을 가리고 말았던 것입니다. 본문의 교훈을 통해 우리 자신의 신앙적 삶 즉 그리스도인의 윤리를 바로 세울 수 있기를 바랍니다. 아울러 더글러스가 마주했던 그런 환경에서도 그리스도인이라면 참아야 한다고 교훈한 것임을 깨닫기를 바랍니다.

20절 "죄가 있어 매를 맞고 참으면 무슨 칭찬이 있으리요 그러나 선을 행함으로 고난을 받고 참으면 이는 하나님 앞에 아름다우니라"고 함으로써 부당하게 당하는 고난이 아닌 죄를 지어서 합당하게 당하는 고난을 참는 것은 전혀 칭찬할 일이 아니라고 했습니다. 사실상 19절 내용에 대한 반복이고, 더 자세히 교훈한 것입니다. 이 세상에서 권세를 가진 자들이나 힘이 있는 자들에 의해 당하는 고난은 근본적으로 두 가지 유형이 있는데, 하나는 어떤 죄를 지은 대가로 형벌을 당하는 것입니다. 다른 하나는 어떤 죄를 지은 것도 없는데 부당한 대우 또는 억울한 형벌을 당하는 것입니다. 그런데 예수 그리스도가 이 세상에 구원자로 오셔서 교회를 세우심으로 인해 새로운 유형이 생겨났습니다. 바로 "선을 행함으로 고난을" 받는 경우입니다. 죄와 사망 아래 있는 인간을 위해 예수 그리스도가 오셔서 하신 모든 일, 그의 몸 된 교회가 은혜의 복음을 전하는 일, 그리고 교회가 성경의 교훈에 따라 하나님께 영광을 돌리며 이웃을 사랑하는 삶이 선한 행위인데, 이 일을 행함으로써 교회가 부당하게 박해당하거나 그리스도인이 가정이나 사회에서 부당한 일을 당한다면 이는 새로운 유형의 고난입니다. 그리스도인 또는 교회가 이런 고난을 받게 될 때 참는 것이 "하나님 앞에 아름다우니라"고 교훈했습니다. 어떤 사람들은 그리스도인이 아니더라도 주인에게 복종하고, 부지런하고 성실하게 일하면서 부당한 대우를 받는 것도 "선을 행함으로" 받게 되는 고난이 아니냐고 반문할 수도 있을 것입니다. 그러나 그런 고난은 "사람이 흑암과 사망의 그늘에 앉으며 곤고와 쇠사슬에 매임은 하나님의 말씀을 거역하며 지존자의 뜻을 멸시함이라"(시 107:10~11)는 말씀과 같이 이 세상을 살아가는 사람이라면 누구나 그가 최근에 저지른 특정한 죄와 상관없이 근본적으로 지은 죄 때문에 언제든지 고난을 받을 수 있습니다. 그러므로 "선을 행함으로" 받게 되는 고난은 오직 그리스도인들에게만 해당합니다. 그런 고난이 바로 예수 그리스도가 당하셨던 것과 같은 유형의 고난입니다. 그래서 베드로는 "오히려 너희가 그리스도의 고난에 참여하는 것으로 즐거워하라 이는 그의 영광을 나타내실 때에 너희로 즐거워하고 기뻐하게 하려 함이라"(벧전 4:13)고 교훈할 수 있었던 것입니다.

끝으로, 본문 내용을 좀 더 쉬운 번역 성경 《새번역》으로 다시 읽어
보며 오늘날 그리스도인을 향한 하나님의 뜻이 무엇인지 확실히 깨닫
기를 바랍니다.

18. 하인으로 있는 여러분, 극히 두려운 마음으로 주인에게 복종하십시
오. 선량하고 너그러운 주인에게만 아니라, 까다로운 주인에게도 그
리하십시오.
19. 억울하게 고난을 당하더라도 하나님을 생각하면서 괴로움을 참으면,
그것은 아름다운 일입니다.
20. 죄를 짓고 매를 맞으면서 참으면, 그것이 무슨 자랑이 되겠습니까? 그
러나 선을 행하다가 고난을 당하면서 참으면, 그것은 하나님께서 보시
기에 아름다운 일입니다.

(2025년 3월 30일)

Πάντων δὲ τὸ τέλος ἤγγικεν

만물의 마지막이 가까이 왔으니(벧전 4:7)

# 1세기 프레더릭 더글러스 vs. 19세기 프레더릭 더글러스

21. 이를 위하여 너희가 부르심을 받았으니 그리스도도 너희를 위하여 고난을 받으사 너희에게 본을 끼쳐 그 자취를 따라오게 하려 하셨느니라

22. 그는 죄를 범하지 아니하시고 그 입에 거짓도 없으시며

23. 욕을 당하시되 맞대어 욕하지 아니하시고 고난을 당하시되 위협하지 아니하시고 오직 공의로 심판하시는 이에게 부탁하시며

24. 친히 나무에 달려 그 몸으로 우리 죄를 담당하셨으니 이는 우리로 죄에 대하여 죽고 의에 대하여 살게 하려 하심이라 그가 채찍에 맞음으로 너희는 나음을 얻었나니

25. 너희가 전에는 양과 같이 길을 잃었더니 이제는 너희 영혼의 목자와 감독 되신 이에게 돌아왔느니라

시민 정부에 대한 윤리와 주인에 대한 종의 윤리를 살펴보고 있는데, 오늘은 지난 본문 2장 18~20절에 이어서 21~25절을 보도록 하겠습니다. 18절은 "*사환들아*"라고 부르는 말로 시작해서 주로 "*사환*"이나 "*하인*"으로 살았던 그리스도인들을 주요 대상으로 하는 교훈을 시작했다면, 21절은 "*이를 위하여 너희가 부르심을 받았으니*"라고 하면서 "*너희*"라는 대상을 사용함으로써, 그리고 이어지는 내용으로 볼 때 그들만의 특수한 상황에 비추어 그들에게만 교훈한 것이 아닌 시대를 초월해서 모든 그리스도인에게 적용될 수 있는 내용이라는 점에서 당시 소아시아 지역 교회들을 포함해서 모든 그리스도인을 대상으로 교훈한 것임을 알 수 있습니다.

먼저 21절 "*이를 위하여 너희가 부르심을 받았으니 그리스도도 너희를 위하여 고난을 받으사 너희에게 본을 끼쳐 그 자취를 따라오게 하*

려 하셨느니라"는 말씀은 그리스도인들에게 두 가지 사실을 말해줍니다. 첫째, "이를 위하여 너희가 부르심을 받았으니"라는 말씀에서 알 수 있듯이 앞의 내용(18~20절) 중 "선을 행함으로 고난을 받고 참으면"(20절)이라는 내용과 관련된 말씀입니다. 지난 주일에 살펴본 바와 같이 "선한 행위"는 "죄와 사망 아래 있는 인간을 위해 예수 그리스도가 오셔서 하신 모든 일, 그의 몸 된 교회가 은혜의 복음을 전하는 일, 그리고 교회가 성경의 교훈에 따라 하나님께 영광을 돌리며 이웃을 사랑하는 삶"이라고 했습니다. 선을 행하는 그리스도인은 그리스도처럼 이 세상에서 고난의 삶이 정해져 있다는 뜻입니다. 둘째, "그리스도도 너희를 위하여 고난을 받으사 너희에게 본을 끼쳐 그 자취를 따라오게 하려 하셨느니라"는 말씀은 그리스도의 고난은 그리스도인의 고난의 삶에 대한 본보기라는 사실입니다. 즉 그리스도인은 고난의 삶이 정해져 있는데, 그 고난은 예수 그리스도가 당하신 그런 고난이라는 뜻입니다. 지난 강설에서 언급된 것처럼, 보편적으로 이 세상에서 사람들이 당하는 고난은 두 가지가 있는데, 어떤 특정한 죄를 지은 대가로 형벌을 당하는 것, 그리고 어떤 죄를 지은 일도 없는데 부당한 대우 또는 억울한 형벌을 당하는 것입니다. 그러나 여기에 보편적인 고난과 달리 아주 새로운 유형의 고난이 있다고 했습니다. 바로 "선을 행함으로 고난을" 받는 경우입니다. 이 새로운 유형의 고난은 예수 그리스도께서 이 세상에 구원자로 오심으로써 생겨난 것으로, 그와 관련된 모든 사람과 일에 고난이 뒤따르게 마련입니다. "너희가 부르심을 받았으니"라는 말은 하나님의 부르심과 그 부르심에 응답한 그리스도인의 회심을 의미하지만, 바로 그 순간부터 고난이 뒤따르게 되어 있다는 뜻입니다. 하나님이 구원자 예수 그리스도를 통해 어느 한 사람을 부르시는 것은 그리스도의 "그 자취를 따라오게 하려"는 것이고, 그래서 "본을 끼쳐"서 그리스도의 길을 따르게 하셨고, 그리스도가 가시는 곳에 함께 갈 수 있도록 하셨다는 뜻입니다. 바울 사도는 로마서 8장 29절 "하나님이 미리 아신 자들을 또한 그 아들의 형상을 본받게 하기 위하여 미리 정하셨으니 이는 그로 많은 형제 중에서 맏아들이 되게 하려 하심이니라"는 말씀을 통해 그리스도의 형상을 본받는 일을 그리스도인들에게 미리 정하셨다고 교훈했습니다. 존 칼빈도 베드로전서 주석에서 그리스도와 함께 살기 위해서는 마찬가지로 그리스도와 함께 죽어야 마땅하다는 로마서 8장 29절의 말씀을 제시했습니다. 그러므로 하나님의 부르심으로 그리스도인이 된 모든 사람에게는 고난의 삶이 당연한 삶으로 주어져 있고, 그 고난은 예수님이 당하신 그런 고난이라는 뜻임을 깨닫기를 바랍니다.

베드로 사도는 이어서 그리스도인이 따라가야 할 "그 자취"를 설명하기 위해 이사야 선지자의 예언을 인용했습니다. 22절 "그는 죄를 범하지 아니하시고 그 입에 거짓도 없으시며"라는 내용은 이사야 53장 9절 "그는 강포를 행하지 아니하였고 그의 입에 거짓이 없었으나 그의 무덤이 악인들과 함께 있었으며 그가 죽은 후에 부자와 함께 있었도다"는 말씀을 인용한 것으로, 《새번역》으로 보면 "그는 폭력을 휘두르지도 않았고, 거짓말도 하지 않았지만, 사람들은 그에게 악한 사람과 함께 묻힐 무덤을 주었고, 죽어서 부자와 함께 들어가게 하였다"라고 기록되어 있습니다. 그리스도인은 예수 그리스도를 따르는 자들이기에 폭력과 거짓말이 없는 온전한 인성을 본받아야 합니다. 예수님은 그런 죄악을 범한 적도 없는데, 골고다 언덕에 있는 흉악한 자들의 무덤에 묻히게 될 상황이었습니다. 그러나 당시 부자 중 한 사람이었던 아리마대 요셉이 자신의 무덤으로 사용하려고 예비해놓은 곳으로 예수님의 시체를 가져가서 묻었습니다. "아리마대 사람 요셉은 예수의 제자이나 유대인이 두려워 그것을 숨기더니 이 일 후에 빌라도에게 예수의 시체를 가져가기를 구하매 빌라도가 허락하는지라 이에 가서 예수의 시체를 가져가니라"(요 19:38). 오늘날 한국교회 일부가 스스로 폭력을 정당화하그, 헌법과 법률과 질서를 무너뜨리는 폭력적이고 불법적인 통치와 거짓말을 일삼아서 탄핵당한 대통령을 지키겠다고 하며 광장에서 과격한 시위를 주동하는 행동은 그리스도를 참되게 믿는 교회에 대한 모욕이고, 하나님에 대한 모독이며, 그리스도의 본이 무엇인지 전혀 모르는 사탄에 속한 자들의 망령된 행동입니다. 예수님은 죄가 없는 분이고 죄를 짓지도 않았는데 억울하게 "선을 행함으로"(벧전 2:20) 고난을 겪으셨습니다. 본디오 빌라도조차도 예수님에게서 어떤 죄를 찾을 수 없었습니다. "빌라도가 이르되 진리가 무엇이냐 하더라 이 말을 하고 다시 유대인들에게 나가서 이르되 나는 그에게서 아무 죄도 찾지 못하였노라"(요 18:38)는 말씀이 증거합니다. 바울은 고린도 교회에 편지하면서 "하나님이 죄를 알지도 못하신 이를 우리를 대신하여 죄로 삼으신 것은 우리로 하여금 그 안에서 하나님의 의가 되게 하려 하심이라"(고후 5:21)고 교훈했습니다. 사도 요한도 "그가 우리 죄를 없애려고 나타나신 것을 너희가 아나니 그에게는 죄가 없느니라"(요일 3:5)고 교훈했습니다. 그러므로 선을 행하는 삶을 살아가는 그리스도인들은 부당하게 당하는 고난을 이해해야 하고, 그런 삶을 살도록 예정되어 있음을 깨달아야 합니다. 자기들의 뒤틀린 욕망과 거짓된 믿음을 고집하는 오늘날 한국교회 일부 신자들은 그리스도께서 친히 겪은 고난의 삶, 특히 부당하게 고난을 겪도록 부르심을 받은 자들의 삶을 전혀 알지 못합니다. "이를 위하여 너희가 부르심을 받았으니 그리스도도 너희를 위하여 고난을 받으사 너희에게 본을 끼쳐 그 자취를 따라오게 하려 하셨느니라"는 21절 말씀의 의미를 마음속 깊이 새기기를 바랍니다.

23절 "욕을 당하시되 맞대어 욕하지 아니하시고 고난을 당하시되 위협하지 아니하시고 오직 공의로 심판하시는 이에게 부탁하시며"라는 내용은 이사야 53장 7절 "그가 곤욕을 당하여 괴로울 때에도 그의 입을 열지 아니하였음이여 마치 도수장으로 끌려 가는 어린 양과 털 깎는 자 앞에서 잠잠한 양 같이 그의 입을 열지 아니하였도다"는 말씀을 인용한 것입니다. 이는 그리스도의 고난은 곧 모든 그리스도인이 겪게 될 고난의 본보기임을 교훈한 것입니다. 예수님은 그 어떤 불평이나 불만이나 변명도 하시지 않았습니다(마 26:63, 27:14, 막 14:60~61 등). 아무 말씀을 하시지 않음으로써 인간적으로 볼 때 억울한 상황이 계속 이어졌지만, 하나님의 뜻에 따라 예정된 고난의 의미를 분명히 알고 계셨기에 자발적으로 순종하셨습니다. 사도 요한은 "내가 내 목숨을 버리는 것은 그것을 내가 다시 얻기 위함이니 이로 말미암아 아버지께서 나를 사랑하시느니라 이를 내게서 빼앗는 자가 있는 것이 아니라 내가 스스로 버리노라 나는 버릴 권세도 있고 다시 얻을 권세도 있으니 이 계명은 내 아버지에게서 받았노라 하시니라"(요 10:17~18)고 기록했습니다. 그러므로 베드로는 예수님에 대해 "오직 공의로 심판하시는 이에게 부탁하시며"라고 교훈할 수 있었습니다. 예수님은 죽은 자를 살릴 수 있고 산자를 죽일 수 있는 능력이 있었지만, 즉 자기의 능력을 의존할 수 있는 분이었지만 보복할 수 있는 권한과 능력만큼은 전적으로 성부 하나님께 맡기셨습니다. 마찬가지로, 고난 가운데 있는 그리스도인들은 그리스도의 본을 따라서 비록 억울해도 끝까지 견디면서 "공의로 심판하시는 이"에게 위임해야 합니다.

24절 "친히 나무에 달려 그 몸으로 우리 죄를 담당하셨으니 이는 우리로 죄에 대하여 죽고 의에 대하여 살게 하려 하심이라 그가 채찍에 맞

 21세기 한국교회를 위한 **베드로전서 강설**

음으로 너희는 나음을 얻었나니"라는 말씀은 성경에서 가장 중요한 교훈이요 복음의 중심 메시지입니다. 베드로는 이사야 53장 5~6절 "그가 찔림은 우리의 허물 때문이요 그가 상함은 우리의 죄악 때문이라 그가 징계를 받으므로 우리는 평화를 누리고 그가 채찍에 맞으므로 우리는 나음을 받았도다 우리는 다 양 같아서 그릇 행하여 각기 제 길로 갔거늘 여호와께서는 우리 모두의 죄악을 그에게 담당시키셨도다"는 말씀을 인용해서 교훈했습니다. "친히 나무에 달려"라는 구절에서 알 수 있는 것은, "그리스도께서 우리를 위하여 저주를 받은 바 되사 율법의 저주에서 우리를 속량하셨으니 기록된 바 나무에 달린 자마다 저주 아래에 있는 자라 하였음이라"(갈 3:13)는 말씀에서 사용된 것처럼 "나무"는 일반적으로 땅에 심겨 있는 살아있는 나무가 아니라 목재로 만든 십자가 형틀을 말한 것입니다. 또한 "친히"라는 말은 그리스도께서 어쩔 수 없이 무기력하게 십자가형을 당하셨다는 것이 아니라, 스스로 자발적으로 또는 능동적으로 순종하셨다는 의미입니다. 사람들의 눈에는 예수 그리스도가 억울한 누명을 쓰고 힘없이 십자가형을 당한 것으로 보였겠지만, 700년 전에 이사야 선지자에 의해 예언된 일이 하나님의 아들 예수 그리스도에 의해 성취된 구속(救贖, Redemption)의 사건입니다. 단순히 모든 인간에게 무저항의 본을 보여주시기 위한 죽음이 아닙니다. "우리로 죄에 대하여 죽고 의에 대하여 살게 하려"는 대속의 죽음이었습니다. 예수 그리스도는 친히 우리의 죄를 짊어지고 십자가에서 돌아가셨습니다. 세례 요한은 자기에게 오시는 예수님을 보고 사람들을 향해 "보라 세상 죄를 지고 가는 하나님의 어린 양이로다"(요 1:29)라고 했습니다. 구약시대의 희생양처럼 자기 몸을 하나님께 바치게 될 일을, 즉 우리 죄를 대신 지고 십자가에서 돌아가실 일을 예견하고 외쳤던 말이었습니다. 희생양을 통해 죄인이 그 죄책에서 벗어날 수 있었던 것처럼 예수 그리스도의 대속의 죽음으로 인해 우리의 죄책이 그리스도께 전가되었고, 그리스도는 우리의 형벌까지 대신 당하셨습니다. "우리로 죄에 대하여 죽고 의에 대하여 살게 하려 하심이라"는 말씀으로써 모든 그리스도인은 "죄에 대하여 죽고" "의에 대하여 살게" 되었음을 선포한 것임을 확실히 믿기를 바랍니다. 또한 이 말씀은 그리스도인들이 능동적으로 그리스도의 죽음을 본받고 옛사람의 성품을 십자가에 못 박는 삶을 살도록 교훈한 것임을 깨닫기를 바랍니다.

베드로는 "그가 채찍에 맞음으로 너희는 나음을 얻었나니"(24절)라고 하면서 당시 노예 신분 그리스도인들의 삶을 위로했습니다. 당시 노예들은 가축보다 더 못한 생활을 하는 경우가 많았습니다. 상대적으로 좋은 대우를 받으며 일하는 사람들도 많았으나 주인의 성품과 기분에 따라 다양한 취급을 받곤 했는데, 특히 채찍질은 노예들이 가장 많이 당하는 학대였고 형벌이었습니다. 심지어 채찍질을 전문적으로 하는 사람을 고용해서 노예를 처벌하기도 했고, 주인이 노예를 채찍질할 때는 집 밖의 사람들이 지나가면서도 볼 수 있도록 했습니다. 주인은 노예에게 어떤 형태의 고통도 맘껏 줄 수 있었고, 특히 치욕스럽게 만들 수 있었습니다. 고통과 치욕은 당시 노예라면 누구나 당할 수 있는 일이었고, 가장 극심한 고통과 치욕을 당하도록 십자가형을 노예들에게 내리곤 했습니다(레이 로렌스, 『로마 제국 쾌락의 역사』, 290쪽). 예수 그리스도가 바로 이런 극심한 고통과 치욕을 당하셨습니다. 그로 인해 그리스도인들은 죄와 사망에서 영원히 벗어나는 구속의 은혜를 누리게 되었습니다. 그리스도가 우리 대신 고통스러운 상처를 입음으로써 우리가 대신 치유되었다는 선언입니다. 우리가 받아야 할 징계를 그리스도가 친히 대신 받으심으로써 우리는 이제 영적으로나 도덕적으로 치유되었다는 사실을 확실히 믿기를 바랍니다.

　25절 "너희가 전에는 양과 같이 길을 잃었더니 이제는 너희 영혼의 목자와 감독 되신 이에게 돌아왔느니라"고 함으로써 베드로는 "우리는 다 양 같아서 그릇 행하여 각기 제 길로 갔거늘"이라는 이사야 53장 6절의 내용을 인용해서 교훈했습니다. 목자를 떠난 양처럼 길을 잃고 헤매는 모습으로 인간의 삶을 비유적으로 표현했는데, 그런 사람들 가운데서 그리스도께서 십자가형을 당하심으로써 "영혼의 목자와 감독"이 되었다는 뜻입니다. 여기서 우리는 매우 중요한 교훈을 잊지 말아야 합니다. 예수 그리스도가 우리의 "영혼의 목자와 감독"이 되었다는 것은 예수 그리스도의 돌봄과 지시를 받지 않으면, 누구든지 그릇된 길 즉 파멸의 길이요 죽음의 길에서 벗어나지 못했다는 의미입니다. 특히 25절은 예수 그리스도를 만나기 전의 삶과 만나고 난 이후의 삶을 비교한 말씀입니다. "영혼의 목자와 감독"인 그리스도를 만나기 전에는 노예의 신분으로 비참한 삶을 살고 있었습니다. 그러나 예수 그리스도를 만나고 난 후로는 비록 현실적으로 노예의 신분에서 벗어나지 못했다고 할지라도 사탄의 노예 상태에서는 벗어나 자유민이 되었기에 영적으로 이제는 "영혼의 목자와 감독"인 그리스도를 따르고, 그리스도의 보호와 돌봄과 위로를 받는 자가 된 것입니다. 하이델베르그 요리문답 제1문은 "살든지 죽든지 당신의 유일한 위로는 무엇입니까?"라는 물음이고, 이에 대한 답으로는 다음과 같습니다.

1) 살든지 죽든지 나는 나의 것이 아니며, 몸도 영혼도 나의 신실한 구주 예수 그리스도의 것이라는 사실입니다(롬 14:7~9, 고전 6:19~20, 고전 3:23, 딛 2:14).

2) 그리스도께서는 내가 치러야 할 모든 죄 값을 당신의 보혈로 완전히 치르고, 나를 마귀의 모든 권세에서 해방해주셨습니다(벧전 1:18~19, 요일 1:7, 2:2, 12, 히 2:14, 요일 3:8, 요 8:34~36).

3) 또한 하늘에 계신 나의 아버지의 뜻이 아니면 머리털 하나도 땅에 떨어지지 않도록 나를 보호하시고, 모든 것이 합력하여 나의 구원을 이루도록 하십니다(마 10:29~31, 눅 21:18, 요 6:39, 10:28, 살후 3:3, 벧전 1:4, 롬 8:28).

4) 그러므로 하나님은 성령으로 나에게 영생을 확신하도록 하신 후 내가 마음을 다해 기꺼이 하나님을 위해 살도록 하십니다(고후 1:20~22, 고후 5:5, 엡 1:13~14, 롬 8:14, 16, 요일 3:3).

이처럼 그리스도인들은 이제 *"영혼의 목자와 감독"*인 그리스도와 연합한 자들이기에 예수님이 고난을 기꺼이 당하셨던 것처럼, 어떤 어려움이 있더라도 고난에 동참해야 하며 고난 가운데서도 그리스도의 확실한 보호와 위로를 받기에, 전적으로 그리스도를 의지해야 합니다. 다윗은 목자의 삶을 살았기에 하나님을 의지하는 삶을 시편 1편에 이렇게 묘사했습니다.

1. 여호와는 나의 목자시니 내게 부족함이 없으리로다
2. 그가 나를 푸른 풀밭에 누이시며 쉴 만한 물 가로 인도하시는도다
3. 내 영혼을 소생시키시고 자기 이름을 위하여 의의 길로 인도하시는도다
4. 내가 사망의 음침한 골짜기로 다닐지라도 해를 두려워하지 않을 것은 주께서 나와 함께 하심이라 주의 지팡이와 막대기가 나를 안위하시나이다
5. 주께서 내 원수의 목전에서 내게 상을 차려 주시고 기름을 내 머리에 부으셨으니 내 잔이 넘치나이다
6. 내 평생에 선하심과 인자하심이 반드시 나를 따르리니 내가 여호와의

 

집에 영원히 살리로다

이제 그리스도를 믿음으로써 하나님의 부르심에 응답한 그리스도인들은 친히 고난을 받고 본을 보이신 그리스도를 따라야 한다고 베드로는 교훈했습니다. 부당하게 대우하는 어떤 주인을 섬기더라도, 심지어 채찍을 당하는 고통을 당하더라도 저항하지 말고 복종해야 한다고 가르쳤습니다. 그것이 바로 "영혼의 목자와 감독"인 그리스도를 따르는 자들의 삶이어야 한다고 가르쳤습니다.

지난 본문(벧전 2:18~20)과 이번 본문(2:21~25)은 '주인에 대한 종의 윤리'를 제시한 내용입니다. 그리스도인의 진정한 주인인 그리스도께서 기꺼이 고난을 받으셨기에, 노예 출신 또는 노예(하인 또는 종) 신분이 대부분이었던 소아시아 지역 그리스도인들과 모든 그리스도인에게 베드로는 "이를 위하여 너희가 부르심을 받았으니 그리스도도 너희를 위하여 고난을 받으사 너희에게 본을 끼쳐 그 자취를 따라오게 하려 하셨느니라"(21절)고 교훈하면서 저항하지 말고 인내하라고 가르쳤습니다. 인생은 짧습니다. 오만하고 잔인한 노예의 주인이라고 더 오래 사는 법은 없습니다. 짧은 인생을 살며 하나님께로 돌아오기는커녕 하나님의 형상대로 창조된 같은 인간을 괴롭히고 혹독한 고통을 가하는 행위는 결코 용서받지 못하는 일입니다. 그런 자에 대한 지옥의 심판이 사망 이후 또는 최후 심판 날로 유예된 상태일 뿐이지 심판 없이 그냥 지나가는 것이 아님을 깨닫기를 바랍니다. 프레더릭 더글러스는 노예들을 잔인하게 대했던 한 주인을 이렇게 묘사했습니다.

시비어(Severe) 씨는 그 이름에 걸맞은 사람이었다. 그는 잔인했다. 나는 그가 한 여자를 30분 동안이나 피가 흐르도록 채찍질을 하는 것을 보았

다. 그리고 이 일 역시 그녀의 어린 아이들이 울부짖으며 어머니를 풀어
달라고 간청하는 가운데 일어났다. 그는 자신의 악마 같은 야만성을 보여
주는 일을 즐기는 것처럼 보였다. 그는 잔인했을 뿐 아니라 불경스러운 독
설가였다. 보통 사람은 그가 말하는 것을 듣기만 해도 피가 얼어붙고 머리
털이 곤두서기에 충분했다. …… 밭은 그의 잔인함과 신성 모독을 입증하
는 장소였다. 그의 출현은 밭을 유혈과 독설의 한 마당으로 만들었다. 해
뜰 때부터 해질 때까지 그는 밭에서 일하는 노예들 사이에서 가장 소름 끼
치는 방식으로 저주하고 헛소리하며 채찍으로 세게 치고, 깊은 상처를 입
혔다. 그의 생애는 짧았다. …… 그의 죽음을 노예들은 자비로운 신의 섭
리로 생각했다(손세호 역, 『미국 노예 프레더릭 더글러스의 삶에 관한 이
야기』, 17~18쪽).

베드로는 당시 노예로 혹독한 삶을 살다가 그리스도를 믿게 사람들,
또는 비교적 대우를 잘 받으며 하인으로 살았던 사람들이나 노예의 삶
을 살았으나 자유민이 된 사람들, 그리고 모든 그리스도인을 향해서 주
인 또는 윗사람을 대할 때 상대적으로 선하든 악하든 상관없이 "두려워
함으로"(18절) 대해야 한다고 했습니다. 그리고 "부당하게 고난을 받아도
하나님을 생각함으로 슬픔을 참으면"(19절) 또는 "선을 행함으로 고난을
받고 참으면"(20절) '아름다운' 것이라 강조해서 가르쳤습니다. 고난을 참
아야 하는 이유는 그리스도께서 우리 앞서 고난을 받으셨고, 그 고난의
길을 따라오도록 하셨기 때문입니다. "영혼의 목자와 감독"(25절)에게로
돌아온 양들 즉 그리스도인들은 죄가 없는 그리스도께서 억울하게 고
난을 받으시면서도 "욕을 당하시되 맞대어 욕하지 아니하시고 고난을
당하시되 위협하지 아니하시고"(23절) "공의로 심판하시는 이에게 부탁
하시며"(24절) 인내하셨던 것처럼 참아야 하고, 심판은 하나님께 맡겨야
한다는 것을 명심하기를 바랍니다. 아멘.

(2025년 4월 6일)

Πάντων δὲ τὸ τέλος ἤγγικεν

만물의 마지막이 가까이 왔으니(벧전 4:7)

# 힐라리온(Hilarion)의 아내 알리스(Alis)라면?

시민 정부에 대한 윤리와 주인에 대한 종의 윤리에 이어서, 부부 사이에는 어떤 윤리가 필요한지 교훈한 내용을 살펴볼 차례입니다. 우선 3장 1절부터 6절까지는 남편에 대한 아내의 윤리가, 이어서 3장 7절은 아내에 대한 남편의 윤리가 언급됩니다. 배우자에 대한 윤리 중 오늘은 먼저 남편에 대한 아내의 윤리 중 일부를 살펴보고자 합니다. 본문 이해를 위해 'Sitz im Leben'(싵침 레이번) 즉 당시 로마 제국의 속주였던 소아시아 지역의 '문화적이고 사회적인 환경'을 이해할 필요가 있습니다. 오늘날 우리가 생각하는 가정과 결혼과 성문화와 상당히 다름을 인식하고, 본문의 교훈을 통해 우리의 삶에 적용할 수 있기를 바랍니다.

로마는 현대문화에 가장 큰 영향을 미쳤다고 해도 과언이 아닙니다. 법률과 정치, 토목과 건축, 언어와 문자, 예술, 군사, 기독교 등 영향을 두루 미쳤습니다. 로마 역사의 시작은 팔라티노 언덕(Monte Palatino)에 정착한 쌍둥이 형제 로물루스(Romulus)와 레무스(Remus)로 거슬러 올라갑니다. 로물루스가 레무스를 제거하고 BC 753년에 도시를 세우면서 로마가 시작되었다고 알려져 있습니다. 로마는 주변 도시들과 나라들의 문화를 적극적으로 수용하고 기술을 배움으로써 성장에 성장을 거듭한 끝에 왕정과 공화정과 제정(帝政)으로 정치적 영향력과 제도를 변모시켜

갔으며, 결국 "모든 길은 로마로 통한다"(All roads lead to Rome.)라는 명언이 만들어질 정도로 세상의 중심이 되었습니다. 근대 역사학의 아버지라 불리는 역사학자 랑케(Leopold von Ranke, 1795~1886)가 "모든 역사는 로마라는 호수로 흘러 들어갔고, 로마 이후의 역사는 다시 로마라는 호수로부터 흘러나왔다"고 1854년 어느 역사학 강의에서 표현한 것으로 알려져 있는데, 이는 로마가 단지 어느 한 시대를 풍미(風靡)하고 끝난 제국이 아니라, 고대와 현대를 잇는 세계 역사의 중심축이 되었음을 강조한 표현입니다. 그런데 이 로마가 철저하게 남성 중심, 특히 가부장(家父長, Pater Familias) 중심의 나라였다는 사실입니다. 고대 로마의 가부장은 자식(양자 포함), 아내, 친족, 피후원자(클리엔테스, clientes), 노예에 대한 절대적 권한을 가진 존재였습니다. 자식이 태어나면 가족의 일원으로 받아들이지 않을 권한도 있었습니다. 로마 성문법의 기원인 12표법(十二表法, BC 450년 제정) 중에는 "명백히 추한 아이는 죽여야 한다"는 법이 있었는데, 가장에게 그런 권한이 주어져 있었습니다. 그래서 가부장의 권한(Patria Potestas)은 현대 우리 사회에서 용인되는 수준과는 비교할 수 없을 정도로 강력했습니다. 그러나 귀족 중심의 법이 BC 3세기부터 평민들에게도 적용되면서 시민법으로 발전하게 되었고, BC 1세기에는 로마 외 다른 동맹 시(市)에도 시민법이 확대되면서 로마법은 만민법으로 발전하게 되었습니다. 그러함에도 불구하고, 1세기에도 여전히 가부장의 권한은 매우 강력했다는 사실을 기억하기를 바랍니다. 이런 가부장 제도는 로마 이전의 제국이었던 그리스 제국 시대에도 마찬가지로 강력했습니다. 그리스 시대 가부장제는 로마 시대로 그대로 스며 들어가 더 강력한 문화가 되었습니다. 그러므로 베드로 사도 당시 로마 속주들이었던 소아시아 지역 교회들의 'Sitz im Leben'(싙침 레이번)은 강력한 가부장제라는 제도적 틀에 대한 이해가 선행되어야 합니다.

그런데 본문 1절은 "아내들아 이와 같이 자기 남편에게 순종하라 이는 혹 말씀을 순종하지 않는 자라도 말로 말미암지 않고 그 아내의 행실로 말미암아 구원을 받게 하려 함이니"라고 시작되는 것으로 볼 때, 당시 로마의 일반 가정과는 조금 다른 분위기였음을 짐작할 수 있습니다. 가장인 남편은 법적, 사회적, 경제적 권한을 독점했고, 아내는 남편의 소유물처럼 여겨졌기에 쉽게 이해가 되지 않는 면이 있음을 알 수 있습니다. 지난 주일 본문은 노예를 중심으로 한 교훈이었기에, 아내들에 대한 교훈 역시 남편과 아내의 관계를 단순히 주인과 노예라는 구도에서 바라볼 수 있는데, 가부장의 권한이 막강했던 로마의 당시 환경이라 할지라도 귀족이나 권력을 누렸던 상류층 가정의 여자들은 비록 제한적이었지만 어느 정도 영향력을 행사할 수 있었다는 사실을 아는 것 또한 대단히 중요합니다. 가부장제라는 큰 틀에서 예외적인 환경 또는 문화 역시 존재했다는 점을 이해해야 합니다. 그래서 어느 시대의 사조나 대중의 문화를 이해할 때 보편적이고 획일적으로 이해하는 일도 조심해야 합니다. 원류(原流)가 있고 아류(亞流)가 있으며, 본류가 있고 지류가 있으며, 주류가 있고 비주류가 공존하기 때문입니다. 게다가 소아시아 지역 보다는 로마에서 훨씬 가까웠던 마케도니아 속주까지 사도 바울에 의해 복음이 전해져서 많은 상류층 여인들이 그리스도를 믿고 있었습니다. "그 중에 믿는 사람이 많고 또 헬라의 귀부인과 남자가 적지 아니하나"(행 17:12)라는 말씀에서 알 수 있듯이 원래 헬라(그리스) 지역이었던 데살로니가와 베뢰아 지역에는 상류층 부인들이 교회에서 영향력이 있는 구성원들이었음을 알 수 있습니다. 그렇다면 당연히 소아시아 지역의 교회들 역시 재력과 지식을 겸비한 여인들이 꽤 속해 있었음을 알 수 있습니다. 가부장제가 강했던 로마에서도 귀족 여인들의 사회적 영향력이 어느 정도 존재했기에 로마의 동맹 시들이나 제국의 속주들에서

 21세기 한국교회를 위한 **베드로전서 강설**

도 변화의 바람이 크게 일고 있었던 사실은 분명합니다. 특히 복음 전파와 그리스도인들의 삶을 통한 변화는 로마 제국 사회에 큰바람을 일으켰음을 역사를 통해 알 수 있습니다(392년, 테오도시우스 황제가 기독교를 국교로 선포함). 그러므로 본문 1절을 통해서 우리가 알 수 있는 일반적이지 않은 사회적 현상은 크게 두 가지인데, 하나는 남편에게 순종하지 않거나 순종의 정도가 상당히 약해진 현상이 분명히 있었다는 점입니다. 또 다른 하나는 그리스도를 믿는 "아내의 행실"이 믿지 않는 남편에게 큰 영향을 끼칠 수 있을 정도로 결혼 생활에 있어 믿지 않는 남편과 믿는 아내 사이에서 윤리적 차이가 컸다는 점입니다. 아내들이 먼저 그리스도를 믿음으로써 그들의 남편들과의 관계에 있어 종교적이고 윤리적인 차이가 심했고, 이혼을 고려할 정도가 되었습니다. 그래서 사도 바울도 고린도 교회에 편지했을 때 "결혼한 자들에게 내가 명하노니 [명하는 자는 내가 아니요 주시라] 여자는 남편에게서 갈라서지 말고"(고전 7:10)라고 했고, 이어서 "어떤 여자에게 믿지 아니하는 남편이 있어 아내와 함께 살기를 좋아하거든 그 남편을 버리지 말라"(고전 7:13)고 교훈한 것입니다. 이처럼 그리스-로마 문화의 영향을 강하게 받은 소아시아 지역 특성상 가부장제가 여전히 강력하게 존재하는데도, 신앙적인 불화로 이혼을 생각했던 여자들이 늘어나고 있었음을 알 수 있기를 바랍니다.

이런 여자들에게 어떤 큰 변화가 있었던 것일까요? 먼저 결혼관에 대한 근본적인 변화가 있었습니다. 복음을 접하기 전에는 헬라 제국의 문화로부터 시작해서 당시 로마 제국의 문화에 이르기까지 약 400년 동안 이어진 강력한 가부장제 속에서 아내는 남편의 종이나 소유물이었고, 여성은 자녀를 출산하는 도구 또는 남성의 성적 욕구를 만족시켜주는 대상의 일부였습니다. 그리스 시대부터 만연해 있었던 매춘은 남자들에게는 자연스러운 삶의 일부였고, 문화를 즐기는 행위였습니다. 아테네(Athens)에서 시작된 민주 정치의 기초를 다진 현인으로 손꼽히는 솔론(Solon, BC 638~558)은 매춘 업소를 공식화했습니다. '브라덜'(brothel) 또는 '보델로'(bordello)라고 한 사창가는 주로 병영이나 성벽 근처, 또는 국경 지역에 있었고, 주로 여자 노예들이 병사들의 성욕을 풀어주는 역할을 했습니다. 이렇게 합법화가 되면서 사람이 모여 사는 곳이라면 어느 지역이나 매춘은 일상적인 문화가 되었고, 지금 돈으로 겨우 몇천 원에 성매매를 할 수 있을 정도로 쉬운 일이었습니다. 당시 성적 쾌락을 즐길 수 있는 일은 민주적이어야 한다면서 아테네 정부가 나서서 값싼 성매매가 가능하게 했고, 정부는 성매매를 통한 수입에 합법적인 세금을 부과했습니다. 이런 가부장제와 성매매 관습이 수백 년 동안 이어져 오면서 집안 여자들은 남자들의 매춘과 노예를 대상으로 한 성관계를 당연한 삶의 일부로 수용했습니다. 대영박물관(The British Museum)에는 고대 로마에서 1세기에 주조된 동전 '스핀트리아'(Spintria)가 전시되어 있는데, 학자들에 의하면 매춘 업소나 목욕탕을 이용할 때 황제의 얼굴이 새겨진 동전을 사용할 수 없어서 대신에 이 동전으로 바꿔서 사용했다는 이야기도 있습니다. 다양한 성관계 모습이 담긴 동전을 만들었다는 사실은 그만큼 매춘이 남자들 사이에서 보편적이었고 도덕적 비난을 받을 일이 전혀 아니었음을 말해줍니다. 문제는 이런 사회 또는 가정에서 복음을 통해 그리스도를 먼저 믿게 된 아내들이 생겨남으로써, 결혼과 부부관계에 대한 전통적인 인식과 성문화에 대한 인식이 크게 바뀌게 되었고, 그로 인해 갈등과 불화가 생겨났다는 점입니다. 이것은 초대교회 당시는 물론이고, 어느 지역 어느 시대나 공통적인 변화였습니다. 성매매, 일부다처제, 축첩(蓄妾), 여자 노예와의 성관계, 동성애, 수간(獸姦), 외도, 연극 관람(성행위 실연) 등 인류 역사와 함께 이어져 온 성문화에 대한 인식이 그리스도를 믿고 난 후로 완전히 바뀌게 됨으로써 부부간의 윤리적 갈등과 불화는 자연스럽게 생기게 마련입니다. 그리스도인이 되면서 결혼에 대한 견해가 달라지는데, 단순히 육체적인 결합이 아니라 인격적인 결합이고, 성령의 교통을 이루는 영적인 결합이며, 궁극적으로 예수 그리스도와 교회의 관계를 계시하는 거룩하고 영광스러운 관계라는 사실을 알게 됩니다. 성적 결합은 가장 기초적인 수준임을 알아야 합니다. 또한 결혼을 통해 맺어진 부부는 배우자의 외도와 같은 음행 외에는 서로 이혼할 수 없는 불가분의 관계로 하나님이 정하신 제도에 따른 관계입니다(마 19:4~9). 결혼은 하나님이 정하신 신성한 제도이기에 성적 만족은 오직 결혼 관계에서만 누려야 합니다. 그러나 문제는 남편과 아내의 신앙 차이로 인해서 생기게 됩니다. 믿지 않는 남편은 기본적으로 이교(異敎) 신앙을 가진 자로서 부부관계를 떠나서도 성적 만족을 누릴 수 있다고 여기기 때문에 여전히 성관계 대상을 찾고, 믿는 아내는 그런 남편과 이혼하지 않는 한 그런 남편을 통해서 성적 만족을 누려야 한다는 것입니다. 그리스도를 믿기 전에는 그런 남편의 가치관이나 행위를 당연하게 받아들이고 그런 남편을 위해 가사를 책임졌는데, 그리스도를 믿게 된 후로는 남편의 추악한 생각과 행위는 결코 받아들일 수 없게 되었습니다. 하나님을 믿는 여자로서 2,000년 전 이런 상황에 실제로 처해 있다면 어떤 생각이 들고, 또 어떻게 행동하겠습니까? 2,000년 전의 이교도 남편과 현재의 그리스도인 아내가 함께 살아야 하는 상황이라면 어떻게 되겠습니까? 거의 매일 술을 즐기고, 하루가 멀다고 성매매와 외도를 이어간다면, 또는 옆방에서 언제든지 원하면 젊은 하녀들과 성적 관계를 이어간다면 여러분은 어떻게 하겠습니까? 그런데 이런 상황에서 나름대로 재력이나 지식을 겸비한 여인으로서 사회적으로 영향력이 있는 경우라면, 즉 남편이 없어도 가정을 이끌 만한 충분한 여유가 있고, 돈을 벌 수 있는 기술이나 직업이 있다면 어떻게 하겠습니까? 아니면 지참금을 모두 돌려받아서 재혼하거나 경제적으로 자립할 수 있는 여건이 된다면 어떻게 하겠습니까? 잠시 생각해 보기를 바랍니다.

그런 남편과 함께 계속 산다는 것은 종이 자기에게 부당한 대우를 하는 악한 주인을 위해 참고 순종하는 일 못지않게 어려운 일입니다. 베드로는 단호하게 "아내들아 이와 같이 자기 남편에게 순종하라 이는 혹 말씀을 순종하지 않는 자라도 말로 말미암지 않고 그 아내의 행실로 말미암아 구원을 받게 하려 함이니"라고 명령하면서 그에 대한 이유를 제시했습니다. 비록 예전에 단순히 주종관계였던 남편과 아내 관계보다 훨씬 심각한 상황이 되었지만, 베드로는 믿지 않는 남편이 아내의 믿음으로 말미암아 변화되도록, 즉 영향력을 행사하라는 뜻으로 결혼을 유지하라고 한 것입니다. 강력한 가부장제 아래서 이혼도 할 수 없을 정도로 숨 막히던 삶에서 로마의 시민법과 만민법의 영향으로 여성의 인권이 많이 나아지고 조금은 자유를 누릴 수 있는 환경이 되었다는 점을 고려한다고 해도, 복음 즉 하나님의 "말씀을 순종하지 않는 자"와 함께 산다는 사실은 이전과는 차원이 다른 윤리적 마찰과 갈등의 문제를 떠안고 사는 것입니다. 그러함에도 불구하고 "혹 말씀을 순종하지 않는 자라도 말로 말미암지 않고 그 아내의 행실로 말미암아 구원을 받게 하려 함이니"라고 베드로는 그런 여자들에게 특별히 교훈한 것입니다. 아마도 복음을 들을 기회가 남편과 아내 모두에게 있었을 것입니다. 그런데 남편들보다는 먼저 아내들이 그리스도를 믿었고, 그런 아내들에게 이교도 남편을 전도하는 일에 있어서, 그리스도를 전하는 그들의 말보다는 완전히 달라진 그들의 행실을 보고 남편들의 생각이 바뀌도록 해야 한다고 교훈한 것임을 깨닫기를 바랍니다. 우리가 복음을 전할 때, 특히 가족이나 친척, 또는 이웃이나 동료에게 복음을 전할 때 말로만 해서는 어렵다는 사실을 깨달아야 합니다. 이미 그들은 하나님의 말씀 즉 복음을 부분적으로라도 들을 기회가 충분히 있었거나, 성경 내용을 접할 충분한 기회가 있었을 것입니다. 그래도 그들은 믿지 않았습니다. 그렇다면, 배우자나 자녀나 부모, 또는 친구나 동료의 말을 통해 변화되는 일은 사실상 불가능에 가까울 정도로 어렵습니다. 변화된 인격, 거룩한 성품, 경건한 태도, 따뜻하고 정의로운 행동이 없다면 기적에 가까울 정도로 더욱 어렵다는 사실을 인정하기를 바랍니다. 여기서 우리는 전도에 있어서 세 가지 요소가 일치되어야 함을 알 수 있습니다. 먼저 세 가지 요소에 대해 말하자면, 첫째는 복음(Gospel)·말씀(Logos)·성경(Bible)입니다. 둘째는 그리스도인이 전하는 복음(또는 말씀이나 성경)에 대한 메시지(강설 또는 설교)나 이야기(전도에 필요한 성경 내용들)입니다. 셋째는 복음을 선포하고 가르치고 전하는 그리스도인의 생활 태도와 삶의 모습 즉 윤리입니다. 먼저 예수 그리스도를 믿은 아내가 남편에게 전하는 말을 통해 남편이 믿게 되는 경우가 사실상 불가능에 가깝다는 것입니다. 그 정도로 아내가 먼저 믿기는 했어도 변화되지 않은 성품으로 복음을 전해서 한 남편을 믿게 하기가 불가능에 가깝다는 사실입니다. 아내가 전하는 *"말로 말미암지 않고 그 아내의 행실로 말미암아 구원을 받게 하려"* 는 것이 하나님께서 요구하시는 것임을 강조한 것입니다. 하나님은 오늘날 한국교회 일부 신자들처럼 광장에 나와서 극단적으로 행동하고 폭력적인 언어와 태도로 집회와 시위를 하는 이상한 신자들의 말을 통해서 어떤 사람이 구원의 은혜를 받도록 이끄시지 않습니다.

그러나 아내의 순종이 어떤 상황에서나 반드시 해야만 하는 절대적 의무는 아닙니다. 2절 *"너희의 두려워하며 정결한 행실을 봄이라"*는 말씀을 통해 알 수 있습니다. *"자기 남편에게 순종하라"*는 말씀의 뜻과

"그 아내의 행실"이라는 말씀을 반드시 합쳐서 생각하는 것은 바람직하지 않습니다. 의도하는 바가 서로 같지 않고 특별한 차이가 있기 때문입니다. 이 말씀은 '아내의 순종'을 통해서 믿지 않는 남편이 구원의 은혜를 받을 수 있다는 뜻이 아니라 "아내의 행실"을 통해서라는 뜻입니다. 《현대인의성경》은 "두려워하며 정결한 행실" 대신에 "하나님을 섬기면서 깨끗한 생활을 하는 것"으로 번역했습니다. 번역본(영어 및 한글) 대부분은 "두려워하며"를 베드로전서 2장 17절 "하나님을 두려워하며"라는 구절과 같은 맥락으로 봅니다. "아내의 행실"이 본질적으로 "하나님을 두려워"하는 "정결한 행실"이라는 점은 틀림없습니다. 그러나 베드로 사도가 좀 구체적으로 표현한 것이라고 보는 견해도 있습니다. "불쾌함을 피하고자 하는 유익한 염려"(웨인 A. 그루뎀, 『베드로전서』, 213쪽)가 좋은 예입니다. 믿지 않는 남편은 믿는 아내가 매사에 자기를 순종적으로 섬기는 모습을 보게 될 것입니다. 그러나 이런 모습은 가부장제 사회에서 그리스-로마 문화에 영향을 받았던 이교도 아내들에게서도 똑같이 찾아볼 수 있었던 일입니다. 다만 여자들은 그런 사회에서 숙명처럼 받아들이고 체념했을 뿐입니다. 그러나 믿는 아내들은 분노와 불쾌함과 역겨움을 느낄 만한 상황에서도 참아야 한다는 것이 달랐습니다. 겉으로 드러난 순종의 모습은 똑같은 것이었습니다. 내면에서 느끼는 점은 완전히 달랐습니다. 믿는 아내들에 있어 가장 큰 문제는 믿지 않는 남편들의 왜곡되고 변태적이고 짐승 같은 성적인 욕망과 행위를 참아야 한다는 것이었습니다. 불쾌함과 역겨움을 피하려고 또는 이겨내기 위해 마음을 다잡거나 기도하면서 하나님을 의지해야만 했습니다. 그런 자기 자신을 유지하고 세워나가는 염려나 걱정 또는 두려움이었다고 생각해야 합니다. 적어도 그들만의 고충과 인내를 이해하고자 한다면 그들의 속마음과 태도를 짐작할 수 있어야 합니다. 믿는 아내들이 그리스도를 믿기 전에는 그들의 남편이 밖에서 매춘부와 즐기고 돌아오그, 옆방에서 하인과 노골적으로 성을 즐기고, 혹은 젊은 남자와 동성애를 하고 와도 분노하거나 불만을 품지 않는 경우가 일반적이었으나, 아내가 복음을 믿고 사도들로부터 그리스도인의 삶을 배우고, 죄와 타락한 세상에 대해 눈을 뜬 후로는 생각과 태도가 달라진 것입니다. 남편의 이상한 성적 취향과 행동을 용납할 수 없게 되었고, 당장 이혼하고 싶을 정도로 역겹고 분노에 찼던 것입니다. 그런데 베드로는 그런 남편이 하나님의 은혜를 받는 자가 되도록 말로만이 아니라 행실로 그리스도인의 삶을 보여주라고 한 것입니다. 악한 주인에게 부당하게 채찍을 맞더라도 고통을 참으면서 인내하고 주인을 위해 순종해야 하듯이, 믿지 않는 추악한 남편의 더러운 애정을 받더라도 심적 고통을 참으며 인내하라는 것입니다. 불쾌함을 피하거나 이겨내고자 하는 염려와 걱정을 하면서도 견디라는 교훈임을 깨닫기를 바랍니다.

다음에 이어지는 "정결한 행실"이 또한 중요한 가르침을 포함하고 있습니다. "정결한"(ἁγνός)이라는 말은 '깨끗한' 또는 '순수한'이라는 뜻이지만, 여기서는 '도덕적으로 깨끗한' 또는 '추악한 생각이나 행동으로부터 자유로운'이라는 뜻으로 이해하는 것이 본문 이해를 위해 도움이 됩니다. "정결한 행실"은 하나님의 백성의 한 사람으로 어떤 환경에서 살더라도 순종해야 할 대상에게 순종은 하되, 하나님의 말씀을 저버리는 불신앙과 부도덕의 삶을 살지 않는 것입니다. 다니엘과 그의 친구들은 이방인의 나라 바벨론에 포로로 끌려갔음에도 그곳의 통치자와 법을 따르며 순종하는 삶을 살았지만, 우상에게 절하라는 명령에는 순종하지 않았습니다. 마찬가지로, 베드로는 믿는 아내들을 향해 불신자 남편들에게 순종하는 생활을 하더라도, "정결한 행실" 즉 도덕적으로 깨끗한 생활과 변화된 삶을 살아감으로써 믿지 않는 남편들의 양심을 깨우는 삶을 살아야 한다고 교훈한 것입니다. 1세기 로마 문화권에서 한 남편을 생각해본다면, 가정에서 거의 절대적인 권한을 가지고 있으면서 아무런 양심의 가책도 없이 낙태를 지시하거나 막 출산한 영아를 유기할 수 있었습니다. 한 예를 소개하면, 이집트 중부 나일(Nile)강 서안 옥시링쿠스(Oxyrhynchus)에서 1896~7년에 영국 발굴팀이 수많은 파피루스를 발견했는데, 그 이후로도 발굴 작업은 계속되었고, 당시 정치와 종교와 문화 등 다양한 분야에 해당하는 고문서들이 발견되었습니다. 그중 기원전 1년, 이집트 알렉산드리아 지역 노동자 힐라리온(Hilarion)이 옥시링쿠스에 떨어져 살고 있던 아내 알리스(Alis)에게 보낸 편지가 세상에 공개되었습니다. 편지 내용은 이렇습니다.

"나는 아직 알렉산드리아에 있어요. 모두 집에 돌아왔는데 나만 이곳에 남아 있다고 해서 걱정할 필요는 없어요. 곧 태어날 아이를 잘 키우기를 바라오. 임금을 받는 대로 당신에게 보내주겠소. 만약 내가 집에 돌아가기 전에 아이를 낳게 되면, 아들이면 키우고 딸이면 그냥 버리기를 바라오. 저번 편지에 당신이 '날 잊지 말아요'라고 말했는데, 내가 어찌 당신을 잊겠소. 그런 걱정은 하지 말아요."

Know that I am still in Alexandria. And do not worry if they all come back and I remain in Alexandria. I ask and beg you to take good care of our baby son, and as soon as I receive payment I shall send it up to you. If you are delivered of a child [before I come home], if it is a boy keep it, if a girl discard it. You have sent me word, "Don't forget me." How can I forget you. I beg you not to worry(Rodney Stark, *The Rise of Christianity*. San Francisco:

Princeton University Press, 1996. p.98).

　이처럼 일반적인 부부의 애틋한 사랑을 보여주는 편지인데, 그 내용 중에 딸을 낳으면 그냥 버리라는 충격적인 말을 아무렇지 않게 당연하듯 쓸 수 있었다는 건 그만큼 당시 그리스-로마 사회에서 영아 유기가 사회적으로 용인되는 일이었음을 알 수 있습니다. 또한 놀랍게도 어떤 가장은 그렇게 유기된 영아를 주워다가 키워서 여아면 성 노예로 삼거나 매춘부로 팔았고, 남아면 노예로 키워서 부리거나 팔곤 했습니다. 그런데 초대교회 사도들에 의해 1세기 말에 정리된 것으로 알려진 《디다케》(Didache) 제2장 2항에서 "낙태로 아이를 죽이지 말고, 영아도 죽이지 말라"고 가르쳤습니다. 태아도 하나님께 지음을 받은 한 인간이기 때문에, 그리고 명백히 낙태도 살인이기 때문에 나중에 하나님의 심판받을 일이라고 가르쳤습니다. 아내가 그리스도를 믿기 전에는 낙태나 영아 유기에 거리낌이 없었으나 변화된 인격과 성품으로 인해 세상과 사회를 보는 눈이 달라진 것입니다. 만약 먼저 믿게 된 아내가 남편의 말에 순종해야 한다면서 영아살해 지시를 따른다면, 그녀에게서 결코 *"두려워하며 정결한 행실"*을 발견할 수 없을 것입니다. 믿지 않는 이교도 남편과 믿는 그리스도인 아내는 가치관이나 세계관에 큰 차이가 생김으로써 도저히 함께 살아갈 수 없는 상황이 될 수밖에 없었습니다. 이때 믿지 않는 남편이 아내와 살기 어려운 상황인데도 함께 살기를 원한다면 *"어떤 여자에게 믿지 아니하는 남편이 있어 아내와 함께 살기를 좋아하거든 그 남편을 버리지 말라"*(고전 7:13)는 말씀대로 불쾌함과 걱정과 불편을 감수하고 살아야 했습니다. 마찬가지로 *"만일 어떤 형제에게 믿지 아니하는 아내가 있어 남편과 함께 살기를 좋아하거든 그를 버리지 며"*(고전 7:12)라는 말씀과 같이 믿지 않는 아내가 믿는 남편과 계속 살기를 원하면 이혼하지 말고 함께 살라고 교훈했습니다. 이런 부부들의 경우 둘 중 한 사람이 그리스도를 믿게 됨으로써 필연적으로 충돌하는 가치관과 세계관으로 인해 결혼 생활을 유지하는 일 자체가 걱정스럽고 힘든 일이지만, 다른 한쪽 배우자가 하나님의 은혜를 받는 계기가 되도록 죽을 때까지 참으라는 교훈입니다. 마치 그리스도인이 세속 정부의 법과 통치자를 평생 따라야 하듯이, 그리고 자유민이 될 때까지 악하고 파렴치한 주인을 섬겨야 하는 노예나 하인처럼, 그리스도인 아내는 남편의 생각과 행동에 대해 불쾌하고 더럽다는 생각이 들고, 성경의 교훈에 어긋나는 삶이 계속되는 것에 대해 불편하고 불만스럽고 괴롭더라도 남편이 결혼을 유지하고자 한다면 그대로 함께 살면서 말로만이 아니라 행실을 통해서 그리스도의 복음이 온전히 전해지도록 하라는 뜻입니다.

과연 우리가 그런 시대를 살고 있다면 베드로 사도가 교훈하는 이런 삶을 살아갈 수 있을까요? 결코 쉬운 일이 아닐 것입니다. 지금처럼 법과 사회질서가 제대로 확립된 상황에서도 내전이 일어나기도 하고, 친위 쿠데타(coup d'état)를 일으켜 기존의 법과 질서를 무너뜨려서 권력을 연장하거나 강화하기도 하는데, 정치적으로 불안정한 1세기 로마 제국의 속주에서 법과 질서를 따르고, 통치자들의 명령에 순종하는 일은 쉽지 않았을 것입니다. 이탈리아반도를 포함한 그 주변은 원로원관할이었고, 먼 지역(소아시아, 시리아, 유다, 이집트 등)은 황제관할 형태였습니다. 속주들은 점차 로마의 문화를 받아들였지만 저마다 종교와 문화가 달라서 언제든지 정치적으로 충돌할 수 있는 환경이었습니다. 그런 상태에서 로마의 법을 따르고 총독과 관리들의 말을 따라야 했습니다. 마찬가지로, 노예들이 주인들을 섬기는 것이나 아내들이 남편들을 섬기는 일 역시 쉬운 일이 아니었는데 만약에 섬기는 자들이 그리스도를 믿게 된 경우라면 주인이나 남편의 부당한 대우와 그들의 부도덕하고 비윤리적인 행동으로 인해 더욱 견디기 어려웠을 것입니다. 그러함에도 불구하고, 베드로 사도는 견디라고 했고, 전도의 말뿐 아니라 *"정결한 행실"*로 그리스도의 본을 따르는 삶을 살도록 교훈했습니다. 그러므로 우리 역시 하나님을 믿지 않는 가족, 친척, 이웃, 동료, 친구들과 함께 살아가고, 함께 일하고, 함께 지내는 환경에서 우리는 불쾌함과 불편함과 걱정과 두려움(또는 염려)을 마땅히 감수해야 하고, 그들과 함께 있는 동안 말로만 전도해서 끝나는 일이 아니라 행실로 그리스도인의 윤리를 보여주어야 한다는 교훈(벧전 2:12)을 실천하기를 바랍니다. 아멘.

(2025년 4월 13일)

# 그리스도인 여자들이 절제해야 할 8가지 '코스모스'

지난 몇 주일 동안 시민 정부에 대한 윤리, 주인에 대한 종의 윤리, 그리고 부부 사이에서 배우자에 대한 윤리를 교훈하는 내용을 이어서 살펴보고 있습니다. 3장 1절부터 6절까지는 남편에 대한 아내의 윤리, 그리고 3장 7절은 아내에 대한 남편의 윤리인데, 먼저 3장 1~2절을 살펴보았고 이제 3~6절을 살펴봄으로써 그리스도를 믿는 아내가 아직 믿지 않는 남편을 위해 어떤 삶을 살아야 하는지 확실한 교훈을 얻기를 바랍니다.

지난 시간에는 베드로 사도의 편지로 가르침을 받았던 소아시아 지역 교회들의 환경을 이해하기 위한 'Sitz im Leben'(싵침 레이번)을 그리스-로마의 역사적, 문화적 맥락과 1세기 당시 로마 제국의 상황을 통해 살펴보았습니다. 한 가지 분명한 사실은 오늘날 우리가 생각하는 가정과 결혼 문화, 그리고 성문화와는 크게 다르다는 사실입니다. 그러함에도 불구하고 당시 아내들에게 주어진 교훈은 우리 삶에서 맺어지고 유지되는 다양한 인간관계 속에 적용될 수 있음을 알 수 있었습니다. 지난 본문과 연결되는 오늘 본문은 "아내의 행실"(1절) 및 "정결한 행실"(2절)에 대한 구체적인 한 면을 중점적으로 소개하는 내용기라 할 수 있습니다. 사실 지난 본문과는 주제가 다른 느낌을 받게 됩니다. 지난 본문의 그 "행실"이 복음을 통해 먼저 그리스도를 믿게 된 아내들이 아직 믿지 않는 자기들의 남편들에게 취해야 할 태도에 대한 것이었다면, 오늘 살펴볼 본문은 여자들이 매우 중요하게 여기는 부분이기도 한 "단장"에 대한 주제이기 때문입니다. 그렇지만 사도 베드로는 이 단장을 남편에 대한 순종과 결부시켜서 교훈합니다. 지난 본문을 통해 관점의 변화 즉 가치관, 인생관, 결혼관, 세계관 등에 대해 근본적인 변화를 겪게 되는 그리스도인 아내들에 대한 윤리를 알게 되었다면, 오늘은 자기 자신을 어떻게 꾸며 나가야 하는지 명확하게 교훈한 내용을 들여다볼 것입니다. 전체 교훈에 담긴 주제로만 접근한다면 결국 순종에서 행실로, 단장(꾸밈)에서 다시 순종으로 이어지는 교훈임을 깨닫게 될 것입니다.

3절 "너희의 단장은 머리를 꾸미고 금을 차고 아름다운 옷을 입는 외모로 하지 말고"라고 교훈함으로써, 그리스도인 아내들에게 외모에 대한 인식의 변화와 행실의 변화를 요구했습니다. 여자라면 누구나 해왔던 단장에 대해 생각과 행동을 전적으로 달리하라는 명령입니다. 먼저 사도가 말한 "너희의 단장"이라는 말에서 '단장'(adornment)에 대해 알아보고자 합니다. 여기서 여자가 단장하는 방법 세 가지가 나오는데, 하나는 머리를 꾸미는 것, 다른 하나는 금과 같은 귀금속을 몸에 차는 것, 마지막은 아름다운 옷을 입는 것입니다. 만약 베드로가 오늘날 아내들에게 편지를 쓴다면 '화장(化粧, makeup)하는 일'이 추가될 것입니다. 화장품(cosmetics)이라는 말은 그리스어 '코스메티케'(κοσμητική)에서 왔고, 이 말의 어원은 'κόσμος'(cosmos)입니다. 그리스어 '코스모스'는 질서(order), 조화(harmony), 아름다움(beauty), 장식(ornament), 세상(world), 하늘과 땅(heaven & earth), 우주(universe), 우주의 질서 등에 이르기까지 다양한 뜻이 있습니다. 하나님은 세상과 우주 만물을 질서와 조화를 따라 지으셨고, 일곱 번이나 *"좋았더라"*고 하셨습니다(창 1:4, 10, 12, 18, 21, 25, 31). 하나님을 알지 못했던 고대 그리스 철학자요 수학자 피타고라스(Pythagoras)조차도 우주가 질서에 따라 존재하고 움직이는 것을 알고 '코스모스'라는 용어를 처음 사용했습니다. 그가 생각한 우주도 질서와 조화와 아름다움이었던 것입니다. 그러나 하나님이 창조하신 세상이 천사의 타락과 아담과 하와의 범죄로 본래의 질서와 조화와 아름다움을 잃고 말았습니다. 그래서 베드로 사도는 세상과 우주에 대해 말할 때 *"이제 하늘과 땅은 그 동일한 말씀으로 불사르기 위하여 보호하신 바 되어 경건하지 아니한 사람들의 심판과 멸망의 날까지 보존하여 두신 것이니라"*(벧후 3:7)고 교훈한 것입니다. 그러므로 세상과 우주에 대한 그리스도인의 인식은 일반인과 근본적으로 달라야 합니다. 인간의 눈으로 볼 때 우주와 세상이 질서가 있고 조화롭게 유지되고 있는 것 같지만, 하나님께는 심각하게 오염되고 부패했고, 또한 질서와 조화에 큰 문제가 생긴 것입니다. 우리는 이 세상에 존재하는 장엄하고 신비롭고 아름다운 경치에 감탄하고, 우주의 신비와 질서에 감탄하지만, 하나님의 눈에는 심각한 문제를 안고 있는 세상이요 우주입니다. 특히 더욱 심각한 상태가 된 영적인 영역은 사람들 대부분이 인식하지도 못하고 있습니다. 단지 사람들은 과학적 사고를 통해 물리적인 영역만 보기에 약육강식과 자연재해 빼고는 자연과 우주를 질서와 조화와 아름다움으로 보기 마련입니다. 그래서 베드로는 이 세상과 우주 즉 '코스모스'는 멸망을 위해 잠시 보존되어 있을 뿐이라고 했음을 잊지 말기를 바랍니다. 또한 자기 자신에 대한 단장 즉 '코스모스'에 대해서도 다시 생각하는 계기가 되기를 바랍니다.

　베드로는 그리스도인 아내들을 향해 단장할 때 "머리를 꾸미고 금을 차고 아름다운 옷을 입는 외모로 하지 말고"라고 했습니다. 특히 "단장"을 말할 때 '코스모스'(κόσμος)라는 단어를 사용했다는 사실이 흥미롭습니다. 신약성경에서는 이 단어가 세상 또는 하늘과 땅을 언급하는 말로 사용되었는데, 특히 사도 요한에 의해 많이 사용되었습니다(요한복음, 요한일서, 요한이서, 요한계시록). 사도 바울도 많이 사용한 단어지만(48회), 오직 베드로만 여기서는 '코스모스'를 "단장"으로 사용했습니다. 그만큼 특별한 의미가 있다고 볼 수 있습니다. 하지만 베드로가 "너희의 단장은 머리를 꾸미고 금을 차고 아름다운 옷을 입는 외모로 하지 말고"라고 했을 때 여자들이 기본적으로 하는 단장 자체를 모두 무시하고 아무것도 하지 말라는 뜻이 아님을 먼저 알아야 합니다. 베드로의 교훈은 예를 들면, 옷을 입되 단아하고 정숙하고 절제된 이미지의 옷을 입으라는 뜻이고, 옷을 통해 외적인 아름다움을 추구하기보다는 다른 질서와 조화와 아름다움을 추구하라는 의미입니다. 그렇다고 16세기 네덜란드에서 시작된 재세례파(Anabaptists) 메노나이트(Mennorites) 또는 17세기 스위스와 독일에서 시작된 아미시(Amish)와 같은 극단적인 삶을 추구하라는 것은 아닙니다. 지금도 이들은 미국과 캐나다 등지에서 신앙공동체를 이루어 살고 있고, 그들 중 원리주의자들의 경우 수백 년 전의 생활 방식을 고집하고 있습니다. 물론 개혁파에 속한 집단은 문명의 이기(利器)를 어느 정도는 받아들이면서 살고 있기는 하지만, 그래도 현대인의 삶과는 거리가 먼 생활을 하는 것으로 유명합니다. 최근 몇 년 사이에 아미시 공동체에서 탈출한 여성 리지 엔스(Lizzie Ens)에 대한 기사와 유튜브 영상이 많이 나왔었는데, 그녀는 아미시 마을의 집에서 19남매 가운데서 19세까지 자라는 동안 아미시의 규율 및 가정과 공동체의 규칙을 따라야만 했기에 고통스러운 삶을 살았다고 합니다. 심지어 화장지조차 사치품이라는 이유로 사용할 수 없어서 신문지나 잡지를 찢어서 사용해야 했다고 합니다. 사도 베드로는 그렇게 극단적으로 규율이나 규칙을 만들어 원시적으로 생활하라고 교훈한 것이 아닙니다. 그리스도를 믿지 않는 여자들은 유행을 따르거나 매력적인 머리 스타일을 하고, 사치스럽고 돋보이는 장신구를 하며, 화려하고 매혹적이고 선정적인 옷을 입고, 원래 얼굴과 크게 다를 정도로 짙게 화장함으로써 외적인 아름다움을 추구하는 것이 일반적이지만, 그리스도를 믿는 여자들은 그렇게 외적인 단장을 추구하지 말라는 교훈임을 깨닫기를 바랍니다.

오늘날 기준으로 보면, 베드로가 말한 단장의 세 가지에 화장이 더해져 네 가지가 기본이 되었는데, 이 네 가지에다 하나 정도는 더 보편적인 단장 방법으로 충분히 포함할 수 있습니다. 바로 몸이나 몸매를 가꾸는 일입니다. 이것도 최근에 보편적인 추세가 되어 다섯 번째에 해당하는 단장의 한 종류로 인정하기에 충분할 것입니다. 이 다섯 번째 단장을 위해 여자들은 대개 다이어트, 피부미용, 운동(에어로빅, 요가, 필라테스 등), 태닝(tanning) 등을 합니다. 화장처럼 보편적이지는 않지만, 세계 어느 나라를 가더라도 가난한 나라들을 제외하고는 흔히 볼 수 있는 일입니다. 그런데 이것으로 여자들의 단장 종류가 끝나지 않는다는 사실입니다. 여기에 여섯 번째가 될 수 있는 한 가지를 더 추가해도 우리는 이의를 제기할 수 없을 것입니다. 이미 베드로 사도가 언급한 "금을 *차고*"(3절)에 해당하는 귀금속 장신구 또는 기타 액세서리(accessory)에 속할 수도 있지만, 몸에 부착하는 용도가 아니어서 별도의 단장이라고 할 수 있을 것입니다. 다름 아니라, 여성의 직업 활동과 사회참여가

     21세기 한국교회를 위한 **베드로전서 강설**

당연시되면서 필수품이 된 '작은 가방'입니다. 바로 고가의 핸드백 즉 명품 핸드백입니다. 시대의 변화에 따라 필수 단장으로 자리매김을 한 것들이 바로 화장, 피부미용과 몸매관리, 그리고 핸드백 사용입니다. 그런데 여기에서 끝이 아닙니다. 일부 부유층 여성들이나 연예인 지망생들이 하는 것이라 여겼던 성형수술이 확산함에 따라 일곱 번째 단장으로 충분히 여길 만하게 되었습니다. 특히 경제적 여유가 있는 우리나라 젊은 여성들에게 많이 해당하는 유행이 되었습니다. 화상이나 심각한 부상으로 인해 흉한 모습을 없애거나 최소화하기 위해, 즉 사회생활에 장애가 되지 않는 범위에서 받는 외과적 수술이 아니라 더 예뻐지려는 욕망으로 받는 수술입니다. 예전에는 성형수술이 주로 얼굴만 해당하는 것으로써 쌍꺼풀 시술 또는 수술이나 치아교정 정도였는데, 지금은 그렇지 않습니다. 얼굴 부위의 다양한 성형은 기본이고, 가슴 크기나 모양을 예쁘게 하는 수술, 엉덩이나 뱃살 수술, 종아리 수술, 심지어 성기 성형수술도 있습니다. 그런데 놀랍게도 여기서 끝이 아니라는 사실입니다. 이제 여덟 번째 범주를 추가할 상황이 되었습니다. 주로 엠지(MZ) 세대에서 유행하는 것으로 온라인 단장 활동이 생겨났습니다. 과연 무엇으로 자기의 외적인 모습을 단장하고 있을까요? 바로 자기의 모습이나 활동 등을 SNS에 올리는 행위입니다. 이것 역시 남들에게 예쁘고 아름답게 보이려고 하는 행동입니다. 멋진 옷을 입은 모습이나 근사한 카페나 식당에 간 모습, 리조트나 여행지에서 즐기는 모습, 취미활동을 즐기는 모습 등을 올려서 자기만족도 하고 남들에게 자기의 존재감을 드러내거나 심하게는 자기를 과시하고 자랑하는 행동으로써 그런 단장을 합니다. 이처럼 사도 베드로 시대와 달리 지금 이 시대 여자들에게는 훨씬 더 많은 단장 종류가 있어서 그리스도인 여자들로서는 세속적 단장에 빠지기 쉽고, 그리스도를 믿는 신앙에서 점점 멀어지기 쉬운 시대를 살고 있습니다. 성경의 가르침에 따르는 삶을 위해 외적인 단장을 확실히 줄여나가고, 대신에 기초적이고 단순하고 검소한 단장을 추구하는 여러분이 되기를 바랍니다.

이번 기회를 통해 우리 자신은 외적인 미(美)를 위해 어느 정도 단장하고 있는지 분명히 돌아볼 수 있어야 합니다. '한류'라는 말이 세계적인 용어가 되었습니다. 2000년대부터 계속되는 유행은 다양한 분야까지 넓혀졌고, 특히 K-뷰티(Beauty)가 선풍적인 인기를 끌고 있습니다. 1970~80년대에 농어촌 지역까지 널리 퍼진 우리나라 화장품은 태평양화학 아모레와 한국화장품 쥬단학이 세력을 확장하고 있었습니다. 지금은 셀 수 없을 정도로 많은 크고 작은 화장품 업체들까지 가세해서 세계 시장을 이끌어가고 있을 정도입니다. 아모레는 1958년 월간 미용 정보지 '화장계'를 간행해오다 1972년에 〈향장〉(香粧)이라는 이름의 월간지를 새롭게 선보였고, 단어의 뜻은 '향기로 단장하다'는 말인데, 월간지 이름의 뜻은 '향기롭게 자신을 단장하는 여자의 아름다운 순간'이라고 합니다. 그래서 여자들은 화장품을 통해 미용, 건강, 보습, 미백을 평생 추구한다고 해도 과언이 아닙니다. 과연 화장품을 이용한 여러분의 외적 단장은 어느 정도입니까? 스스로 돌아볼 수 있기를 바랍니다.

외적인 단장을 제대로 하지 못해도 아름다운 여자 한 사람이 있었습니다. 바로 인류 역사에서 가장 큰 부귀영화와 권력을 누린 솔로몬 왕이 사랑했던 '술람미 여인'입니다. 아가 5장 5~6절을 보면, "예루살렘 딸들아 내가 비록 검으나 아름다우니 게달의 장막 같을지라도 솔로몬의 휘장과도 같구나 내가 햇볕에 쬐어서 거무스름할지라도 흘겨보지 말 것은 내 어머니의 아들들이 나에게 노하여 포도원지기로 삼았음이라 나의 포도원을 내가 지키지 못하였구나"라는 술람미 여인의 말이 나옵니다. 좀 쉬운 《새번역》으로 보면, "예루살렘의 아가씨들아, 내가 검어서 예쁘단다. 게달의 장막 같고 솔로몬의 휘장 같다는구나. 내가 검다고, 내가 햇볕에 그을렸다고, 나를 깔보지 말아라. 오빠들 성화에 못 이겨서, 나의 포도원은 버려둔 채, 오빠들의 포도원들을 돌보느라고 이렇게 된 것이다."라고 되어 있습니다. 아무리 지금으로부터 3,000년 전이라도 검게 탄 술람미 여인의 얼굴은 예루살렘 도시 여자들의 곱게 꾸민 얼굴과 비교가 되지 않을 정도로 촌스러운 얼굴이었습니다. 그녀는 오빠들의 부당한 대우로 자기 포도원조차 돌보지도 못하고 억울하게 오빠들의 포도원을 돌봐야 했습니다. 그런 상황에서도 그녀는 자기 포도원보다 훨씬 크고 넓었을 오빠들의 포도원을 돌보느라 외모를 꾸밀 시간이 없었고, 다만 자기를 희생해가며 오빠들이 해야 할 일을 맡아서 했던 것입니다. 술람미 여인은 힘들고 바쁜 일 때문에 자기 자신의 외모를 전혀 꾸미지도 못했지만 솔로몬은 그녀가 가진 내면의 아름다움을 보았던 것입니다. 당시 상황만 볼 때, 술람미 여인은 당대 최고의 신랑을 만난 것입니다. 향기와 분(粉)으로 단장해서 아름다움을 추구하는 것이 아니라, 내면의 인품과 거룩한 신앙으로 단장해서 아름다움을 추구하는 여러분이 되기를 바랍니다.

그러면 베드로 사도는 소아시아 지역 교회들은 물론 오늘날 교회에 속한 여자들에게 어떤 아름다움을 추구하라고 했을까요? 4절 "오직 마음에 숨은 사람을 온유하고 안정한 심령의 썩지 아니할 것으로 하라"고 말한 바와 같이 내면의 아름다움을 추구하라고 했습니다. 《새번역》으로 보면 "썩지 않는 온유하고 정숙한 마음으로 속 사람을 단장하도록 하십시오"라고 번역되어 있습니다. 즉 온 세상과 우주가 멸망으로 없어지더라도 절대 사라지지 않고 썩지 않을 그리스도인의 "속 사람"을 아름답게 꾸미라는 교훈입니다. 그렇게 하는 일이 바로 "하나님 앞에 값진 것"이라고 했습니다. 그렇게 할 때 하나님이 기뻐하실만한 귀중하고 아름다운 장식이요, 밤하늘에 반짝이는 별들보다 빛나는 최고의 장식이 될 것이란 뜻입니다. 그렇다고 해서 외적인 아름다움에 관해서 전혀 돌아보지 말라는 뜻이 아닙니다. 존 칼빈(John Calvin)은 "베드로는 모든 종류의 몸단장을 비난하고자 한 것이 아니라 여자들이 헛된 죄악에 매이는 것을 책망하려는 것이다"라고 했습니다. 그러면서 여성이 옷을 입는 데 있어서 무엇보다도 실용성과 단정함이 중요한데, 단정하게 입는 것은 절제와 겸손을 드러내는 것이라 했습니다. 헛된 일이나 죄악에 빠지지 않도록 "마음에 숨은 사람" 즉 내면의 아름다움을 가꾸는 여러분이 되기를 바랍니다.

그렇다면 구체적으로 내면의 단장을 어떻게 하라는 것인지 다음 5~6절을 통해 알아보겠습니다. 베드로 사도는 단도직입적으로 "전에 하나님께 소망을 두었던 거룩한 부녀들도 이와 같이 자기 남편에게 순종함으로 자기를 단장하였나니 사라가 아브라함을 주라 칭하여 순종한 것 같이 너희는 선을 행하고 아무 두려운 일에도 놀라지 아니하면 그의 딸이 된 것이니라"고 교훈했습니다. 베드로는 그리스도를 믿는 아내들을 향해 아직 그리스도를 믿지 않는 남편들에게 순종하라고 명령했고, 구체적인 예로 "두려워하며 정결한 행실"(3:2)을 들었습니다. 그다음은 "단장"(3:3)에 대한 교훈이었고, 이어서 다시 "순종"(3:5~6)에 대한 교훈으로 이어졌습니다. 결국 순종에서 행실로, 단장(꾸밈)에서 다시 순종으로 이어지는 교훈임을 알 수 있습니다. 베드로는 "하나님께 소망을 두었던 거룩한 부녀들" 중에서 대표적으로 사라의 예를 들었습니다. 남편에게 순종했던 인물 중 사라를 든 것은 아마도 '믿음의 어머니'로 존경받는 인물이기 때문일 것입니다. 또한 사라는 남편 아브라함을 주(주인, lord, master)라고 칭하면서(창 18:12) 항상 순종하는 자세로 살았기 때문입니다. 그러나 아브라함의 말과 행동으로만 볼 때는 사라의 실망도 컸을 법합니다. 아브라함이 '그랄'(Gerar)에 머무는 동안 사람들 사이에서 아내 사라를 자기 누이라고 했습니다. 그래서 그랄 왕 아비멜렉도 아브라함에게 결혼하지 않은 여동생이 있다는 말을 들었는지 사람을 보내서 데려오게 한 것입니다. 이때 아브라함은 아내를 구할 방법이 없었습니다. 결국 하나님이 꿈에 아비멜렉 왕에게 나타나셔서 "네가 데려간 이 여인으로 말미암아 네가 죽으리니 그는 남편이 있는 여자임이라"고 말씀하신 일로 아비멜렉 왕은 깜짝 놀랐고, "주여 주께서 의로운 백성도 멸하시나이까 그가 나에게 이는 내 누이라고 하지 아니하였나이까 그 여인도 그는 내 오라비라 하였사오니 나는 온전한 마음과 깨끗한 손으로 이렇게 하였나이다"라고 자신의 결백을 주장했습니다. 그가 사라의 몸을 취하기 전에 하나님이 개입하셨던 것입니다(창 20:1~5). 이런 일을 경험한 아비멜렉은 아브라함을 불러들여서 누이라고 속인 이유를 알고자 했고, 아브라함은 이렇게 대답했습니다.

10. 아비멜렉이 또 아브라함에게 이르되 네가 무슨 뜻으로 이렇게 하였느냐

11. 아브라함이 이르되 이 곳에서는 하나님을 두려워함이 없으니 내 아내로 말미암아 사람들이 나를 죽일까 생각하였음이요

12. 또 그는 정말로 나의 이복 누이로서 내 아내가 되었음이니라

13. 하나님이 나를 내 아버지의 집을 떠나 두루 다니게 하실 때에 내가 아내에게 말하기를 이 후로 우리의 가는 곳마다 그대는 나를 그대의 오라비라 하라 이것이 그대가 내게 베풀 은혜라 하였었노라(창

20:10~13)

　사라의 경우 처음에는 남편 아브라함을 믿고 시키는 대로 따랐겠지만 이런 일을 겪게 되었을 때 불안하고 두려웠을 것이고, 남편 아브라함에 대한 신뢰감 역시 낮아졌을 것입니다. 그러함에도 불구하고 남편이 시키는 대로 따랐던 사라는 4절 "온유하고 안정한"("안정한"은 '정숙한'이라는 뜻)이라는 성품에 해당하는 '온유'한 아내였던 것입니다. 사라가 그렇게 할 수 있었던 이유는 하나님에 대한 믿음 때문이었습니다. 히브리서 기자도 사라에 대해 "믿음으로 사라 자신도 나이가 많아 단산하였으나 잉태할 수 있는 힘을 얻었으니 이는 약속하신 이를 미쁘신 줄 알았음이라"(히 11:11)고 기록한 내용을 통해 알 수 있듯이 사라는 언제나 '하나님의 미쁘심' 즉 '하나님의 신실하심'을 믿었기에 아브라함을 주(lord)라고 호칭하고 전적으로 하나님을 의지하면서 남편에게 순종했던 것입니다. 남편에게 순종하는 것이 아내로서 그녀가 할 수 있는 "단장"이었습니다. 5절 "전에 하나님께 소망을 두었던 거룩한 부녀들도 이와 같이 자기 남편에게 순종함으로 자기를 단장하였나니"라고 함으로써 "거룩한 부녀들"은 남편에게 순종하는 아내들임을 가르친 것입니다.

　끝으로 6절 "사라가 아브라함을 주라 칭하여 순종한 것 같이 너희는 선을 행하고 아무 두려운 일에도 놀라지 아니하면 그의 딸이 된 것이니라"는 말씀은 사라가 남편 아브라함에게 순종한 것처럼 베드로 사도의 편지를 읽게 될 아내들도 남편들에게 순종하라는 뜻입니다. "너희는 선을 행하고"라고 했는데, 여기서 선행은 순종을 뜻합니다. 다음에 나오는 말 "아무 두려운 일에도 놀라지 아니하면"은 당시 믿지 않는 남편들의 폭력적인 언행이나 결혼 생활을 유지하기 어려울 정도로 힘들고 무서운 일이 가정에 또는 개인에게 일어날 수 있음을 전제로 한 표현입니다. 그래서 힘들고 두려운 일이 생기더라도 평정심을 유지하고 믿음을 지켜나가라는 뜻입니다. 그렇게 할 때 마지막으로 덧붙여진 "그의 딸이 된 것이니라"는 말씀과 같이 아브라함의 자손이 된다는 뜻입니다. 바울 사도가 "그런즉 믿음으로 말미암은 자들은 아브라함의 자손인 줄 알지어다"(갈 3:7)라고 한 말씀과 같이 믿는 아내들이 하나님어 대한 믿음을 이방인들 가운데(남편이라 할지라도 믿지 않는 자들이면 이방인임) 있더라도 끝까지 유지하면, 즉 "정결한 행실"(3:2)을 이어가면 "아브라함의 자손" 즉 믿음의 자녀들이라는 뜻입니다. 이는 "선을 행하고" "정결한 행실"을 이어 감으로써 믿음의 딸이라는 사실이 확실히 입증되는 것이라는 뜻입니다. 베드로 사도가 "너희가 이방인 중에서 행실을 선하게 가져 너희를 악행한다고 비방하는 자들로 하여금 너희 선한 일을 보고 오시는 날에 하나님께 영광을 돌리게 하려 함이라"(2:12)는 말씀과 같이 이방인 가운데서 그리스도인들이 악행을 일삼는다는 헛소문을 듣고 억울하게 비방을 당하는 일이 있어도 참고 견디며 각자가 섬기고 순종해야 할 남편이나, 주인이나, 통치자를 섬김으로써 "선한 일"을 이어가라는 뜻입니다. 그것이 바로 그리스도인 아내들의 윤리라는 뜻입니다. 당시 그리스도인들은 사라와 같은 상황에 비추어 보면 훨씬 더 열악하고 위험한 상황이었습니다. 사라처럼 하나님을 믿는 남편을 순종할 때는 받아들이기 어려운 남편의 행동을 간혹 겪겠지만, 소아시아 지역 교회들에 속한 아내들의 경우는 받아들이기 어렵고 견디기 힘든 남편의 행동을 거의 매일 겪어야 하기 때문이었습니다.

로마 황제 콘스탄티누스 1세가 기독교를 공인하는 밀라노 칙령(313년)을 내리고, 테오도시우스 황제가 392년에 기독교를 로마의 국교로 선포하고, 니케아 신경(Nicene Creed)을 신봉하라는 칙령을 내리기 전까지는 로마 사회에서 그리스도인들은 사회적 약자로서 대략 250년 정도 박해와 고난을 겪어야만 했습니다. 예를 들자면, 믿지 않는 남편이나 가부장, 노예의 주인, 또는 시민 정부나 통치자가 휘두르는 폭력과 부당한 대우에도 참아야만 했습니다. 그러나 박해에도 불구하고 그리스도를 믿는 사람들은 더욱 늘어났고, 테오도시우스 황제도 그리스도인이 된 후 제국 내에 존재했던 수십만 가지의 우상을 모두 없애도록 했습니다. 그는 신상들도 모두 파괴하라는 칙령을 내렸으며, 그리스 시대였던 BC 776년부터 4년마다 이어져 온 올림피아(Olympia) 제전(祭典)도 금지했습니다. 베드로 당시와는 비교조차 할 수 없을 정도로 그리스도인들의 권익과 신앙생활 환경이 크게 향상되었습니다. 그러나 박해와 핍박이 없어지고 모두가 기독교를 믿는 나라가 되자 오히려 참 그리스도인들에게는 그런 환경이 독이 되었습니다. 그리스도인 여인들의 삶은 외적 단장을 추구하는 유혹에 쉽게 노출되었고, 타락하고 부패한 문화의 흐름을 따라 살게 됨으로써 *"하나님 앞에 값진 것"*(4절) 즉 경건한 삶으로 단장된 내면의 아름다움과 순종의 아름다움을 대부분 망각하게 되었다는 사실을 기억하고, 베드로 사도의 교훈에 따라 내면을 아름답게 단장함으로써 거룩한 행실을 드러내는 순종하는 삶을 유지하기를 바랍니다. 아멘.

(2025년 4월 20일)

Πάντων δὲ τὸ τέλος ἤγγικεν

만물의 마지막이 가까이 왔으니(벧전 4:7)

# 남자들, 유턴하지 않으면 지옥!

7. 남편들아 이와 같이 지식을 따라 너희 아내와 동거하고 그를 더 연약한 그릇이요 또 생명의 은혜를 함께 이어받을 자로 알아 귀히 여기라 이는 너희 기도가 막히지 아니하게 하려 함이라

지난 두 주일에 걸쳐 아직 그리스도를 믿지 않는 남편들에 대한 아내들의 윤리에 대해 살펴보았습니다. 이제 반대로 3장 7절을 통해 아내들에 대한 남편들의 윤리에 대해 알게 될 것입니다. 지금까지 베드로 사도가 그리스도인들에 대한 구체적인 윤리를 교훈하면서 특히 사회적 약자들 즉 통치자와 국가의 지배 아래 있는 시민들, 주인들의 통제 아래 있는 노예들, 그리고 남편들에게 종속된 아내들의 순서로 교훈한 내용을 살펴보았습니다. 이제 반대로 남편들과 같은 사회적 강자들에 대한 윤리를 어떻게 제시했는지 살펴봄으로써 성경의 교훈을 확실히 깨닫는 시간이 되기를 바랍니다.

베드로 사도는 남편들에 대한 윤리를 아주 짧게 제시하는데, 그 이유를 크게 두 가지로 보는 경향이 있습니다. 먼저 하나는 단순히 당시 교회들의 구성 분포가 여자들이 더 많고 남자들은 적었기 때문이라는 것이고, 다른 하나는 1세기 로마 통치권 아래에 있던 교회들은 노예 출신 또는 노예 신분의 그리스도인이 많았고, 남자들과 비교해서 상대적으로 약자였던 여자들이 많았는데, 그런 약자들에 대한 교훈이 더 큰 비중을 차지했을 것이라 보는 견해입니다. 상대적으로 큰 비중을 차지한 사회적 약자들에 대한 윤리가 강조된다는 것은 그리스도의 고난에 비추어 보더라도 자연스러운 것입니다. 그러나 한편으로는 한 구절의 교

훈을 통해 남편들은 물론 모든 유형의 사회적 강자들에 대한 강력한 교훈을 제시한 것이라 할 수 있습니다. 당시 한 아내의 남편은 막강한 권한을 가진 가부장으로서 노예들의 주인이었거나, 동시에 시민 정부의 공직자나 통치자의 신분을 가진 사람일 수 있었습니다. 7절 첫 부분에 *"남편들아 이와 같이"*라고 함으로써 남편들 역시 아내들처럼 마땅히 따라야 할 윤리가 있다는 뜻을 명확히 하면서 교훈을 시작했습니다. 사실 아내들을 대상으로 한 남편들의 윤리는 그들의 오랜 관습이나 문화적으로 볼 때 따르기가 쉽지 않은 것이었습니다. 그래서 '너희도 마찬가지'라는 의미의 *"이와 같이"*라는 말은 아내들이 들었던 윤리 못지않게 아내들에 대한 남편들의 윤리도 결코 쉬운 일이 아님을 나타냅니다. 남편들에게 새롭게 주어진 윤리는 사회적 약자로서 견뎌야 하는 힘든 것과는 다른 유형으로, 강자로서 내려놓거나 포기하기 어려운 태도를 버려야 하기 때문이고, 그것은 사회적 관습과 정반대의 태도를 보여야 하기에 마치 중력을 거스르는 일처럼 매우 어려운 일이기 때문입니다. 쉽게 변하지 않는 남자들 습성의 한 예를 들자면, 차를 운전하다 길을 잘못 들어섰는데도, 유턴(U-turn)하라는 여자의 말을 무시하고 직진하는 경우입니다. 계속 가다 보면 결국에는 막다른 길목 퀴드삭(Cul-De-Sac)이 있어도, 낭떠러지가 있어도, 심지어 지옥문이 열려있는 입구가 있어도 유턴하지 않고 직진하는 본능 또는 습성이 있어서 쉽게 변하지 않습니다. 그리스-로마의 가부장제든 그밖에 다른 문화권에서 존재해온 가부장제든 기존의 위계질서 또는 관습에서 벗어나거나 새로운 윤리관을 세우는 일은 무척 어려운 일임을 먼저 이해하기를 바랍니다.

로마 사회는 전통적으로 가부장(Pater Familias) 제도가 엄격했는데, '파트리아 포테스타스'(Patria Potestas)라는 가부장의 권한은 단순히 가정 내에서만 행사할 수 있는 제한적 권한이 아니라 사회적이고 법적인 권한이었으며, 고대 로마 때부터 내려온 강력한 권한이었습니다. 한편으로는 베드로 사도 당시에 가장은 강력한 권한이 있었기에 가장이 복음을 듣고 그리스도를 믿으면 곧 모든 가족 구성원이 다 같이 그리스도를 믿게 되는 환경이었습니다. 그만큼 가부장의 권한이 강력했음을 보여줍니다. 마치 일본의 다이묘들이 천주교를 받아들였을 때 가신(家臣)의 역할을 했던 사무라이들을 포함한 하급 무사들(아시가루[足輕])이 거의 모두 천주교인이 될 수밖에 없었던 일과 비슷한 이치입니다.

임진왜란 당시 조선에 선봉장으로 상륙한 다이묘 고니시 유키나가(小西行長)는 장기전에 돌입하기 위해 1593년 웅천(현 창원시 소재)에 성을 쌓았는데, 이때 일본에서 선교 중이었던 예수회(Jesuit) 선교사 그레고리오 데 세스페데스(Gregorio de Céspedes, 1551~1611) 신부를 불러들였고, 그 신부는 일본군을 위한 종군 신부로 약 1년 정도 활동하고 다시 일본으로 돌아갔습니다. 그로부터 420년이 흐른 지난 2015년 창원에서 세스페데스 기념공원을 건립한 일을 두고 지역 사회와 천주교에서 논란이 있었는데, 그런 인물을 기리는 것은 결국 고니시 유키나가가 천주교인이라는 이유를 들어 임진왜란 선봉장이요 침략자를 조선의 후손들이 기리는 것이나 다를 바 없습니다. 그것은 스스로 조선의 후손들임을 거부하는 꼴입니다. 참된 후손들이라면 결코 할 수 없는 일입니다. 그러함에도 불구하고 일부 사람들이 그렇게 하는 것은 고니시 유키나가의 가부장적 권한 또는 다이묘의 막강한 권한이 420년이 흐른 뒤에도 후대에 큰 영향력을 끼치고 있다는 사실을 말해줍니다. 다이묘들과 사무라이들의 타락한 성문화도 긍정적으로 보는 건 아닌지 의심스럽습니다. 다이묘들과 사무라이들은 부하들이나 어린 소년들을 대상으로 성관계를

하는 '와카슈도'(若衆道, わかしゅどう)를 즐겼는데, 그 이전 헤이안(平安) 시대에는 승려들과 귀족들이 어린 소년들을 대상으로 행했습니다. 승려들은 불교 가르침이 여자와의 관계는 금하지만, 동성애를 금하는 가르침이 없으므로 해도 된다는 엉터리 해석을 핑계 삼아 쾌락을 탐닉했던 것입니다. 결국 상류층과 무사 계급의 사람들에게 널리 퍼짐으로써 힘이 있는 자들의 문화로 여겨지게 되었습니다. 그래서 전국시대(戰國時代, 1467~1573)에는 주로 부하들이 주군 또는 상관에 대한 충성의 표시로 적극적으로 응하기도 했으며, 이런 남색(男色)은 이후 에도시대까지 이어졌습니다. 그런데 이와 비슷한 남색 문화가 로마 이전 그리스 시대부터 공공연하게 존재했고, 이를 '페데라스티(Pederasty)'라고 불렀습니다. BC 500년 중엽에 아테네를 중심으로 철학자들이 본격적으로 등장했고, 소크라테스, 플라톤, 아리스토텔레스와 같은 철학자들은 고대 그리스 사회에서 지식인 어른 남성들로서 중추적 역할을 했습니다. 그들의 철학 논쟁은 당시 심포지엄(Symposium)에서 빼놓을 수 없는 것으로, 음식으로 비유하면 주메뉴와 같았습니다. 심포지엄은 원래 그리스어 '쉼포시온'(συμπόσιον, sympósion)에서 온 말로 '함께 술을 마시고 연회를 즐기다'라는 뜻입니다. 즉 식사 후에 술을 마시면서, 노래를 듣고 춤을 관람하는 일종의 남자들만의 문화가 있었고, 이런 심포지엄에서 연극이나 미술이나 철학 등의 주제를 가지고 인생을 이야기하고 즐겼습니다. 비록 플라톤 자신은 육체적 쾌락만을 일삼는 동성애를 혐오했다고 하더라도, 그의 작품 『향연』(Symposium)에는 동성애(소아성애에 가까움)가 긍정적으로 묘사되고, 진정한 사랑은 생식을 위해 필요로 하는 남녀의 사랑이 아니라 남자와 남자의 사랑으로 묘사되었습니다. 당시 그리스 사회에서 스승과 도제(徒弟)라는 사제 관계는 스승이 삶의 지혜와 철학, 그리고 인생에 필요한 가르침을 전수하고, 어린 청소년은 사제로부터 가

르침을 받은 대신 젊음이라는 육체를 제공했던 것입니다. 주로 스승은 40대 전후, 제자는 주로 12~15세가 많았다고 합니다. 지금으로 말하자면 일종의 멘토링(mentoring)인데, 그런 관계에서 동성애가 보편적이었다는 사실은 충격적입니다. 영국의 작가 윌리엄 대버넌트(William Davenant, 1606~1668)의 『플라토닉 러버스』(Platonic Lovers, 1636) 이후 사람들은 '플라토닉 러브'를 육체관계를 뛰어넘은 정신적 사랑을 언급하는 대명사로 사용하게 되었는데, 실상은 고대 그리스 시대에 만연해 있었던 육체적 동성애가 기본적인 사랑의 한 형태였고, 그런 동성애를 포함한 상태에서 정신적으로도 더 발전된 관계가 당시 플라톤이 주장했던 진정한 에로스(Eros)였습니다. 플라톤은 다른 사람을 사랑하는 올바른 방법은 지혜를 사랑하는 마음처럼 그렇게 사랑하는 것으로, 마음과 영혼을 고무시키고 정신적인 사랑에 집중하는 것이라고 했습니다. 그러나 결코 육체적 동성애를 배제한 것은 아니었습니다. 대버넌트와 같은 후대 사람에 의해 '플라토닉 러브'가 하급 계층 사람들이 추구하는 저속한 육체적 관계를 초월한 고귀하고 품위가 있는 정신적 사랑으로 여겨지게 되었고, 그런 사랑이 상류 사회 사람들이 추구해야 할 숭고한 사랑이라는 분위기가 만들어진 것입니다. 이와 달리 그리스 철학자들과 귀족들 즉 가부장들은 아이를 낳게 되는 육체적 사랑은 결국 짐승과 다를 바 없다면서 동성애를 이상적인 사랑으로 승화시켰던 것입니다. 나중에는 그리스도의 복음이 널리 전파됨으로 인해 서구 사회에서 서서히 사라지게 되었지만, 기독교 신앙을 빙자한 이단·사이비 집단이나 비기독교 집단이나 사회에서는 항상 존재해왔음을 기억해야 합니다.

고대 그리스의 엘리트 집단에 속했던 철학자들의 비뚤어진 성 관념 '에로스'를 현대 독일에서 그대로 실현했던 학교가 있었습니다. 그 학교는 '오덴발트 슐레'(Odenwald Schule)로 1910년에 사립 기숙학교로 시작해서 100년이 조금 지난 2015년에 폐교 조치가 되었습니다. 오덴발트 학교는 독일은 물론 '68혁명'이 지향했던 진보 교육의 성지가 되었습니다. 68혁명은 1968년 프랑스 파리, 영국 런던, 미국 뉴욕, 일본 도쿄 등지에서 일어난 젊은이들이 "전쟁을 멈추고 섹스하자!"(Make love, Not war!)와 "모든 금지하는 것을 금지한다!"(It is forbidden to forbid!)는 구호를 외친 '성 혁명'(Sexual Revolution)입니다. 그 학교 교정에는 껍질을 벗긴 큰 통나무를 남자 성기 모양으로 만들어서 세운 3미터 높이가 넘는 형상이 있었고 학생들은 그곳에서 기념사진을 찍곤 했습니다. 그런데 이 학교에 교장과 교사들에 의한 남색(10대 학생들에 대한 행위였기에 사실 소아성애에 해당), 성추행, 성폭력, 그리고 성매매가 수없이 벌어졌으나 전직 대통령을 배출한 가문과 교육계 거물 정치인의 비호 속에 사건이 세상에 드러나지 않았던 것입니다. 재학 중이었거나 졸업한 수많은 학생 피해자들이 사실을 알리고, 피해자들이 트라우마를 겪고 자살하는 등 사회적 파장이 컸으며, 결국 독일 정부에 의해 영구히 폐쇄되었습니다. 이 학교 교사들은 그리스 시대 철학자들과 가부장들이 진정한 사랑이라고 찬미하고 숭고하게 여겼던 동성애 즉 소아성애를 그대로 실천했던 것입니다. 수십 년간 아무리 피해 학생들이 신고하고 언론사에 제보해도 소용이 없었다고 합니다. 그것은 유네스코가 선정한 모델 학교의 교육자들을 신뢰했기에 학생들이 교사들이 싫어서 지어낸 말로 여겼던 면도 있었고, 다른 한편으로는 독일 사회에서 68혁명 세대에 속한 인물들이 사회 전반에 권력자로 있거나 영향력을 행사할 수 있는 기득권 자리에 있었기에, 즉 고대 그리스 철학자들이나 가부장들처럼 막강한 힘을 가졌기에 처음에는 누구도 보도하기를 꺼렸던 것입니다. 미국에도 68혁명 세대의 정치인들이 사회 곳곳에서 기득권을 형성하고 DEI(Diversity,

Equity, & Inclusion)로 불리는 정책을 지나치게 적용하거나 PC(Political Correctness)주의와 같은 정치적 영향력을 펼쳐왔고, 68혁명을 지지한 사상가들이 '문화 마르크스주의'라고 하는 네오막시즘(Neo Marxism)을 사회 전반에 퍼뜨리고 있습니다. 이런 흐름에 찬물을 끼얹은 미국 대통령 트럼프(Donald Trump)에 대한 비난과 공격은 임기를 채우든 그렇지 못하든 그의 대통령직이 끝날 때까지 이어질 것으로 예상됩니다. 그리스-로마의 강력한 가부장제는 오늘날 우리가 이념이나 사상적으로 갇혀 있는 프레임이라 할 수 있는 진보와 보수의 문제가 아님을 알아야 합니다. 고대 그리스 기득권자들은 진보적 정치를 통해 민주정을 실현했습니다. 반면에 로마의 기득권자들은 나중에는 황제가 다스리는 제정으로 향하게 했지만, 초기 약 250년간 이어져 온 왕정을 공화정으로 바꾸는 급진적이고 혁명적인 정치를 실현했습니다. 시대와 지역을 불문하고 일어나는 성 문제는 진보와 보수의 성향이 아니라, 하나님을 떠난 인간이라면 누구나 성을 유린하고 착취할 수 있는 악한 잠재성의 문제이고, 잠재성이 실제로 현실에서 드러나게 만드는 왜곡된 윤리, 즉 사회적 또는 신체적 강자나 기득권 자리에 있는 사람들(특히 남자들)의 가족과 결혼과 성에 대한 왜곡된 윤리가 문제임을 먼저 인정하기를 바랍니다.

앞에서도 언급했듯이 7절 첫 부분에 "남편들아 이와 같이"라고 말한 것은 믿는 남편들에게 성경의 가르침을 제시하되, 지금까지 강자의 관점에서 강자에 대한 약자의 윤리를 세 번이나 반복해서 듣도록 했다면, 이제 약자에 대한 강자의 윤리라기보다는(기본적으로 그런 면도 있지만) 사실상 더 약한 자에 대한 약한 자의 윤리를 제시한 것이라 볼 수 있습니다. 순서대로 보면, 시민의 경우 시민 위에 정부와 통치자가 있고, 그 위에 하나님이 계십니다. 노예의 경우 노예 위에 주인이 있고, 주인 위에 하나님이 계십니다. 그리고 아내의 경우 아내 위에 남편이 있고, 그 위에 하나님이 계십니다. 그래서 당연히 맨 위에 하나님이 계시고, 그 밑에 남편이, 그리고 맨 밑에 아내가 있다는 사실을 전제로 한 교훈임을 알 수 있습니다. "너희 아내와 동거하고 그를 더 연약한 그릇이요 또 생명의 은혜를 함께 이어받을 자로 알아 귀히 여기라"는 말씀에서 "더 연약한 그릇"이라고 함으로써 남편 스스로 자기를 "연약한 그릇"이라고 생각할 수 있도록 했습니다. 다만 이 같은 남편과 아내의 관계는 질서를 말하는 것이지 결코 지배와 피지배의 관계가 아님을 알아야 합니다. 가부장은 한 가정에서 지배자가 될 수 있고, 자식들과 노예들과 피후견인들에 대한 지배자가 될 수 있습니다. 그러나 남편과 아내의 경우는 이들 관계와는 전적으로 다름을 알아야 합니다. 한 가정에서 질서에 따른 순서가 정해질 수는 있어도 결코 지배와 피지배의 관계가 아니라 둘 다 하나님 앞에서 피지배자로서 하나님 앞에 똑같이 깨지기 쉬운 "연약한" 그릇에 불과합니다. 강한 남자들의 전유물로 여길 수 있는 검이나 창이나 방패가 아닌 똑같은 "그릇"으로 표현했음을 명심하기를 바랍니다.

또한 "남편들아 이와 같이 지식을 따라"라고 함으로써 하나님이 정하신 결혼의 뜻을 알고 그 뜻에 따르라는 교훈을 했습니다. "여호와 하나님이 이르시되 사람이 혼자 사는 것이 좋지 아니하니 내가 그를 위하여 돕는 배필을 지으리라 하시니라"(창 2:18)는 말씀에서 하나님이 아담에게 "돕는 배필"을 지으시겠다고 하셨는데, 이 "돕는 배필"이 사람들이 흔히 생각할 수 있는 일을 거들어 주는 아랫사람 역할의 보조자나 조수(assistant)가 아니라, "딱 맞는 협조자" 또는 "동등한 조력자"임을 깨닫기를 바랍니다. 아내는 남편과 신체와 기능 면에서 차이가 있을 뿐이고, 사회적으로 주어지는 역할이 다를 뿐이지 남편에게 종속되어 남편 아래에 있는 관계가 아님을 알아야 합니다. 생물학적으로 남자보다 여자가 약하다는 점을 이유로 "더 약한 그릇"이라고 하신 것이지, 남자는 결코 깨질 수 없는 강력한 물질과 같은 존재가 아닙니다. 둘 다 하나님 앞에서 언제나 깨질 수 있는 "약한 그릇"임을 명심하기를 바랍니다. 그래서 서로 상호보완적인 동등한 관계입니다. 사회적으로 접근해서 비유하자면, 국가라는 사회가 남성이라면 교회라는 사회는 여성 같은 존재입니다. 국가는 칼을 가지고 있기에 교회를 보호해야 합니다. 반면에 교회는 믿음과 소망을 가진 사랑의 공동체이기에 국가를 위해 기도하고 협력하고 섬기고 법에 따라 순종해야 합니다. 국가가 칼을 쥐고 교회를 위협하고 폭력을 행사하거나 교회를 보호하지 않는 것은 직권 남용이요 직무 유기에 해당합니다. 마찬가지로 교회가 정부와 위정자를 위해 기도하지 않고, 정부가 정한 법이나 통치자의 지시에 따르지 않는다면 하나님의 뜻을 저버리는 것임을 깨닫기를 바랍니다. 반면에 정부와 통치자는 합법적이고 정당한 방식으로 국민을 다스려야 합니다. 우리나라를 보면 과거에 국가가 국민에게 저지른 폭력이나 대통령의 불법 비상계엄령을 정당하게 여기는 기독교 집단이 있음을 보게 됩니다. 국가는 남편이 아내를 보호하는 것처럼 국민과 교회를 보호해야 합니다. 또한 불법적이고 폭력적인 남편을 두둔하는 아내는 그런 남편의 행위에 동참하는 것과 같습니다.

그런데 국가와 교회는 남편과 아내처럼 같은 면을 가지고 있기는 하지만, 그와 달리 완전히 다른 면이 있습니다. 바로 다음 말씀에 이어지는 "또 생명의 은혜를 함께 이어받을 자"라는 내용처럼 국가가 교회처럼 하나님의 은혜를 받은 구원 공동체는 아니라는 사실입니다. 하지만 남편과 아내는 "생명의 은혜를 함께 이어받을 자"입니다. 마치 치열한 경쟁을 통해 최종 우승자를 가리는데 더 이상 가릴 수 없어 두 명을 공동

우승자로 인정해서 공동 금메달을 수여하는 것처럼, 예를 들어 반드시 한 명을 가려야 하는데 둘이 기록도 똑같고, 몸무게나 키도 똑같고, 나이도 똑같은 상황에서 더 이상 방법이 없어 공동 금메달을 수여해야 할 상황인 것처럼, 그리스도를 믿는 남편과 아내는 공동으로 금메달을 받는 것과 같은 이치입니다.

이어서 베드로는 남편에게 아내를 *"귀히 여기라"*고 명령했는데, 바로 두 가지 이유를 들었습니다. 하나는 *"더 연약한 그릇"*이기 때문이고, 다른 하나는 *"생명의 은혜를 함께 이어받을 자"*이기 때문입니다. 이런 마음과 태도로 *"지식을 따라 너희 아내와 동거하고"*라고 교훈했습니다. 또한 여기서 중요한 내용이 나오는데 *"너희 아내와 동거하고"*라는 말씀입니다. *"아내와 동거하고"*라는 말은 단순히 한 지붕 아래서 함께 기거하라는 뜻만이 아닙니다. *"동거하고"*라는 말로 사용된 히브리어 '야다'(ירד, yadah)는 보통 '알다' 또는 '이해하다'는 뜻으로 대부분 등장하지만, 성관계 또는 성관계를 암시하는 '동침'으로 사용되는 경우도 종종 있습니다. 예를 들면 창세기 4장 1절 *"아담이 그의 아내 하와와 동침하매 하와가 임신하여"*라는 구절입니다. 그러므로 베드로는 남편에게 아내와 함께 살되 사랑과 신뢰의 관계, 임신과 출산과 자녀 양육을 위한 관계, 그리고 가장 중요한 신앙생활을 위한 동반자요 협력자의 관계를 유지하기 위해 함께 살아야 한다고 했습니다. 이 말씀에는 그동안 관행적으로 그리스-로마 사회에서 남편들이나 가부장들이 그들의 힘과 돈을 이용해서 해왔던 모든 종류의 쾌락을 위한 성적 관계를 끊고, 결혼이라고 하는 테두리 안에서만 성생활을 하고 부부가 함께 살아가라는 교훈입니다. 이것은 남편들로서는 지금까지 해온 사회적 관습과 정반대의 삶을 말한 것이고, 마치 관습이라는 중력을 거슬러서 남편으로서 새로운 윤리를 세우라는 뜻입니다. 인류 역사에서 인간이 타락한 후 집단을 형성하고 살면서 항상 존재해왔던 타락한 성문화가 바로 매춘입니다. 어느 나라든 매춘을 완전히 없애는 일이 불가능합니다. 공식적으로 없애더라도 음성적으로 생겨나는 것이 바로 사탄의 문화 매춘입니다. 이는 하나님의 창조 질서를 깨뜨리는 인간의 고질적인 병폐요 죄악입니다. 고대에 국가 제도가 자리매김하지 못했을 시대에 여자가 결혼할 때 남편 집에 준비해가는 지참금이 이혼 후 재혼이나 새로운 삶을 시작할 수 있도록 돕는 역할을 했지만, 지참금을 제대로 돌려받지 못하는 경우 지금과 같은 복지 제도가 없었기에 매춘을 하게 되는 경우가 많았습니다. 일본의 경우 최근 몇십 년 전부터 경제 상황이 나빠지면서 젊은이들이 실직하거나 일자리를 구하지 못해서, 또는 직장이 있어도 형편이 너무 어려워서 매춘에 뛰어드는 경우가 늘어났다고 합니다. 이유를 불문하고 고대 그리스-로마 사회에서 소아성애 즉 소년들을 대상으로 동성애를 하고, 아내가 있어도 아무런 죄의식 없이 노예나 하인 여자들과 부적절한 관계를 해왔던 남편들이 이제 그리스도를 믿는 자들이 되었다면, 앞으로는 더 이상 사회적 관습을 따르지 말라는 명령을 받은 것입니다. 남자들이 자연스럽고 당연하게 여기고 즐겼던 음주나 흡연을 쉽게 끊을 수 없는 것처럼, 당시 남편들 또는 가부장들은 비록 예수 그리스도를 믿고 교회의 일원이 되었지만, 하루아침에 아내를 새로운 관점으로 바라보고 전혀 다른 행동을 하는 일이 쉽지 않았을 것입니다. 고린도 교회에서 그리스도인이 되었음에도 여전히 성적으로 문란한 죄를 짓는데 그대로 두고 방관하면서 사도 바울이 징계를 요구하기 전까지 징계조차 생각하지 않고 있었던 것을 통해 충분히 짐작할 수 있습니다(고전 5장 참조). 소아시아 지역에서 그리스-로마 문화의 영향을 받아 대중목욕탕을 드나들고, 매춘굴을 찾아 자연스럽고 당연하게 쾌락을 즐기고 살았던 남편들은 이제 베드로 사도의 교훈을 듣고 결단하고 각오해야만 했습니다. 물론 유대인으로 살다가, 또는 유대교에 개종한 상태에서 그리스도를 믿은 경우는 그리스-로마 문화권의 이방인들과는 다르게 윤리적으로 더 나은 삶을 살았을 것입니다. 그렇지만 그런 사람들 역시 이방 문화에 의해 영향을 받았던 것은 확실합니다. 당시 그리스-로마 문화권에서 젊은 유대인들이 할례받은 흔적으로 인해 목욕탕에 가지 못하거나 가더라도 비난과 경멸을 당하는 일이 자주 있었고, 그리스 시대부터 이어져 온 나체로 하는 운동경기에 참여하기 위해 할례 복원 시술을 받게 되는 경우가 늘었기에, 유대인들조차 그리스-로마 문화에 적응하고 있었던 것입니다. 그러므로 베드로 사도 당시 그리스도인 남편들은 그리스도를 믿음으로써 철저히 변화된 삶을 살아야 했고, 그리스-로마의 가부장제 문화와 남성 중심의 문화에서 아내들은 물론 여자들에 대해서 새롭게 인식해야만 했습니다. 그리고 태도와 행동으로 나타내야 했으며, 이것이 베드로 사도가 요구한 남편들에 대한 윤리였습니다. 결혼, 가정, 그리고 성에 대한 남자들의 인식이 완전히 달라져야 했습니다. 오늘날 남편들과 남자들 역시 현대 사회의 관습이나 틀에 박힌 인식에서 완전히 벗어날 수 있기를 바랍니다.

이제 베드로 사도는 "이는 너희 기도가 막히지 아니하게 하려 함이라"는 말로 남편들에 대한 윤리를 정리했습니다. 여기서 "너희 기도"를 남편과 아내의 기도로 해석하더라도 전혀 틀린 말은 아니지만, 남편들에 대해 짧지만 강력한 교훈을 하고 있다는 점에서 볼 대 '남편들의 기도'로 보는 것이 합당합니다. 남편에게 있어 아내에 대한 존중과 애정이 없다면, 그 남편의 기도는 아무런 의미가 없게 됩니다. 여기서 기도는 단순히 신앙생활의 한 부분으로써 기도를 말하는 것을 넘어 하나님께 대한 경건에 속하는 모든 행위를 뜻하는 것입니다. 단지 기도만 막히고 찬송과 같은 다른 행위는 막히지 않는다는 의미가 아님을 알기를 바랍니다. 기도를 좁은 의미로 말할 때 단지 하나님께 구하거나 아뢰는 정도로 생각할 수 있지만, 기도는 찬양과 감사와 고백과 간구 등과 같이 하나님께 대한 경건의 행위 모두를 포괄합니다. 그러므로 아내에 대한 남편의 올바른 윤리 즉 성경의 교훈을 따르는 윤리 없이는 그리스도를 믿는 남편이라고 할 수 없음을 깨닫기를 바랍니다. 당시 문화권에서 강자로 군림해 온 남성 또는 가부장(Pater Familias)이 본문에 등장한 남편들처럼 이제 그리스도를 믿게 된 경우라면 관습적으로 아내, 자녀, 친족, 입양자, 클리엔테스(피후원자), 노예들에 대해 해롭고 무섭게 대하면서 그들을 버릴 수도 있었던 강력한 권한을 오히려 그들을 보호하고 사랑하고 아끼는 책임자요 보호자로서 사용해야 했습니다. 당시 남자가 가지고 있었던 의식 세계에 엄청난 지각변동이 일어난 것과 같습니다.

그런데 현대 세계에서도 강자들 즉 유럽 백인 남자들은 같은 인간을 피부색이 다르고, 과학적 지식이 없고, 낮은 수준의 문화 속에 살고 있다는 이유로 '비인간화'(非人間化) 행위와 인종차별을 자행했습니다. 아프리카 콩고(Congo) 식민지를 자기 사유지로 삼은 학살자 벨기에 왕 레오폴드 2세(Leopold II, 1835~1909)는 1897년 벨기에 브뤼셀(Brussels)에서 열린 세계박람회(Universal Exhibition, World Expo)에서 콩고 주민들을 전시했습니다. 그는 아돌프 히틀러에 버금가는 악명높은 학살자였습니다. 최소한 1,000만 명 이상이 학살과 폭행과 과로와 굶주림으로 희생되었다고 합니다. 콩고에서 재배된 '크리올로'(Criollo)라는 고급 희귀 품종의 카카오 빈(cacao bean)을 이용해 고급 초콜릿을 대량 생산한 사람으로 유명하고, 그로 인해서 오늘날 벨기에는 세계적인 고급 초콜릿 생산국이 되었습니다. 그러나 콩고를 식민지로 만들어서 크리올로를 대량으로 수확하는 동안 할당량을 채우지 못한 수많은 콩고인의 손목을 잘라버리기도 했습니다. 1904년에는 콩고의 피그미(Pygmy)족 남성 오타 벵가(Ota Benga, 1883~1916)가 미국으로 팔려 왔고, 1906년 뉴욕의 동물원에 오랑우탄과 함께 갇혀 일주일간 전시되었습니다. 동물원에 갇혀 있다가 1910년 우여곡절 끝에 인권운동가들의 도움으로 풀려나 교육도 받고 취직(굴뚝 청소)도 했지만 결국 몇 년 후인 1916년에 권총으로 자살하고 말았습니다. 뉴욕 브롱크스 동물원(Bronx Zoo)을 운영했던 야생동물보존협회(Wildlife Conservation Society)가 과거 피그미족 청년 오타 벵가를 동물원에 가두고 전시했던 것에 대해 114년 만에 공식으로 사과 성명을 발표했는데, 이때가 2020년 7월 29일이었습니다. 당시 백인들은 유색인종을 진화가 덜 된 동물이나 마찬가지라 생각하고 그들을 동물 우리에 가두고 '원시생활' 모습을 전시했던 것입니다. 1906년 미국 뉴욕주 코니아일랜드(Coney Island)에서는 필리핀 사람들이 전시되기도 했습니다. 심지어 벨기에는 지금으로부터 70년도 안 된 1958년 세계박람회 때도 콩고인들로 구성된 현지 마을을 조성해서 종일 전통 공예품을 만들게 했고, 백인들은 그들에게 바나나를 던지며 조롱했습니다.

사람에 대한 이런 비인간화 행위와 인종차별은 백인들에게만 있지 않았습니다. 스스로 백인처럼 우월한 사람들이라고 믿었던 일본도 마찬가지였습니다. 1903년 오사카에서 열린 제5회 내국권업박람회(内国勧業博覧会)에 일본에 처음으로 자동차가 소개되었는데, 이 박람회에 조선인을 포함한 류큐인, 대만 고산족, 아이누인, 인도인, 자바인, 아프리카인 26명이 전시되었고, 1907년 도쿄 내국권업박람회에서는 조선인 남자 박양항과 여자 정명선 두 명을 전시했으며, 〈아사히신문〉(朝日新聞) 1907

년 6월 16일 기사에는 "박람회장에 조선 동물 두 마리가 있는데, 아주 우습다"라는 제목의 기사가 실렸습니다. 19세기와 20세기는 서구 열강이 우생학을 앞세워서 덜 진화되었다고 생각하거나 열등하다고 판단한 인종을 차별하고, 식민 지배를 합리화했으며, 지배당하는 나라와 민족 중 일부를 인류학 연구라는 이름으로 강대국 시민들에게 전시함으로써 우월감과 자긍심을 갖도록 했던 것입니다(〈KBS〉 역사스페셜, 2011.12.08., "조선 사람은 왜 일본 박람회에 전시됐나"). 유럽인들이 박람회에서 아프리카인이나 아시아인을 전시하는 모습을 보고 돌아온 일본인 관료와 학자들은 러일 전쟁에서 승리한 자기들도 백인에 속한다고 여기고 일본인을 우월한 인간으로, 아시아인과 아프리카인을 열등한 인간으로 여겼습니다. 그들은 서구 열강이 했던 것처럼, 조선인을 비인간화하고 차별하고 멸시했으며, 동물원의 동물처럼 관람객을 위해 전시했던 것입니다. 그런데 조선인을 개와 돼지나 다름없는 짐승처럼 취급했던 일본인들과 그들의 사고방식을 그대로 이어받아 이 땅에서 기득권을 누리고 있는 친일 세력과 그들에게 세뇌된 사람들이 주로 기독교인 중에 많다는 사실은 너무나도 충격적인 일입니다. 이들은 자기들이 열등하다고 여긴 공산당, 빨갱이들, 그리고 중국에 맞서 나라와 민족을 지키는 애국자라는 신념으로 일제강점기부터 이어져 온 반인륜적인 죄악을 숨기거나 사실을 왜곡해오고 있습니다. 심지어 두둔할 정도로 심각한 상황입니다. 고대든 현대든 이런 시대적 환경과 문화 속에서 그리스도를 믿는다는 것은 그 시대 문화와 사고방식과 완전한 결별을 의미하는 것이었습니다. 그러므로 수천 년 이어져 온 남성 중심의 문화에서, 수백 년간 이어져 온 그리스–로마의 강력한 가부장제 속에서 남편들이 그리스도를 믿고 변화되는 삶은 엄청난 변혁을 의미했습니다. 여자에 대해, 아내에 대해 근본적인 인식의 변화가 필요했고, 그것이 곧 아내에 대한 남편의 윤리

   21세기 한국교회를 위한 **베드로전서 강설**

의 출발점이었습니다.

　마찬가지로 진화론적인 일제의 우월주의와 약육강식을 정당화한 식민 지배사상을 떠받들어 온 일부 한국교회의 강자 중심 문화와 기득권 보수 이념에서 완전히 벗어나지 않고서는 진정한 그리스도인이 될 수 없음을 깨닫기를 바랍니다. 특히 남자들이 깨어나야 합니다. 물리적 힘과 정치적 힘을 이용해 사회적 강자로 군림해오면서 저지른 죄악, 즉 그리스–로마 가부장이 가졌던 가정과 결혼과 성에 대한 왜곡된 가치관과 윤리와 크게 다를 바 없는 그런 사상과 생활에서 벗어나지 않으면 결코 그리스도인이 아닙니다. 또한 이 시대의 그리스도인 남편들이라면 흡연과 지나친 음주에 대한 아내들의 충고와 부탁(이런 종류는 아주 작은 결단과 실천임)을 당연히 받아들여야 합니다. 그런 요구나 충고가 있기 전에 깨끗하게 정리해야 하는 것이 아내에 대한 당연한 윤리입니다. 그리스도를 믿지 않는 남자들 속에서 당연시되는 지나친 음주와 흡연 정도의 수준조차 절제하지 못하고 끊지 못한다면, 하나님에 대한 신앙도 없고 아내에 대한 윤리도 없는 것입니다. 로마 시대 일반인 남편들은 언제든지 원하면 창녀나 집안의 노예와 성관계하고, 동성애를 즐겼습니다. 그런 생활을 하면서 아내들을 단지 자식을 생산하는 수단으로 삼고, 잡다한 집안일을 하는 하녀처럼 대했습니다. 이런 생활이 힘과 권력을 가진 로마 남편들이 말한 ‘자유’였습니다. 그래서 로마 제국에서 진정한 인간은 자유민(또는 자유인) 남자들이었고, 그런 남자들을 중심으로 ‘자유민주주의’(自由民主主義) 즉 ‘자유민’(自由民)이 주인(主人)이 되는 주의(主義)를 영원히 추구하고자 했던 것입니다. 그러나 그리스도를 믿게 됨으로써 사람들에 대한 인식이 근본적으로 달라졌고, 결혼과 가정과 성에 대한 인식이 완전히 달라졌습니다. 또 그렇게 되어야만 했습니다. 오늘날 그리스도를 믿는 남편들도 마찬가지입니다. 남자로서 신체적 힘과 사회적 명성과 지위를 이용해 자유를 누리고 싶습니까? 그것은 방종이요 타락입니다. 이제 그리스도를 믿는 남편이 되었다면, 진정한 강자 그리스도 앞에서 약자임을 깨닫고 머리를 숙여야 합니다. 하나님 앞에 눈물로 회개해야 합니다. 남자들은 잘못된 길에서 벗어나도록 당장 유턴해서 옳은 길을 찾아야 합니다. 이제 남자는 우주 만물을 창조하시고 다스리시며, 장래에 모든 인생을 심판하실 하나님 앞에서 스스로 깨지기 쉬운 "약한 그릇"임을 분명히 깨닫고, "더 약한 그릇"인 여자를 보호하고 아끼는 남자가 될 수 있도록 성경이 교훈하는 윤리를 세워나갈 수 있기를 바랍니다. 아멘.

(2025년 4월 27일)

Πάντων δὲ τὸ τέλος ἤγγικεν

만물의 마지막이 가까이 왔으니(벧전 4:7)

# 사이코패스의 공감 vs. 그리스도인의 공감

8. 마지막으로 말하노니 너희가 다 마음을 같이하여 동정하며 형제를 사랑하며 불쌍히 여기며 겸손하며

9. 악을 악으로, 욕을 욕으로 갚지 말고 도리어 복을 빌라 이를 위하여 너희가 부르심을 받았으니 이는 복을 이어받게 하려 하심이라

지금까지 몇 주에 걸쳐서 그리스도인의 윤리에 대해 살펴보았는데, 먼저는 시민 정부 또는 통치자에 대한 일반 시민의 윤리, 다음은 주인에 대한 종의 윤리, 세 번째로 남편에 대한 아내의 윤리, 네 번째로 아내에 대한 남편의 윤리에 대해 살펴보았습니다. 이제 *"마지막으로 말하노니"*라는 말을 통해 알 수 있듯이 다섯 번째 윤리가 나오는데, 이는 서로 마음으로 하나가 되기 어려운 사람들과 적대적인 사람들에 대한 그리스도인 공동체의 윤리로 12절까지 이어집니다. 먼저 8~9절을 다루고 다음 시간에 10~12절을 살펴보도록 하겠습니다. 그다음으로는, 지금까지 살펴본 베드로전서 두 번째 맥락 2장 11절부터 5장 11절 내용 즉 구체적이고 특별한 그리스도인의 윤리 중 앞부분이 모두 끝나고, 뒷부분 즉 그리스도인의 고난을 다루는 내용(3:13~5:11)을 살펴보게 될 것입니다. 다시 한번 정리하자면, 베드로전서의 본론(1:3~5:11) 중 첫 번째 맥락은 1장 3절부터 2장 10절까지 내용으로, 그리스도인의 구원과 거룩한 삶에 대한 원론적이고 일반적인 교훈입니다. 그리고 두 번째 맥락의 앞부분에 해당하는 2장 11절부터 이어서 살펴본 내용은 구원받은 그리스도인들이 이 세상에서 어떤 삶을 살아야 하는지 교훈한 구체적인 윤리로, 주로 특정 대상이나 상황에 대한 것입니다. 그 윤리에 대한 가르침의 마지막이 바로 서로 하나가 되기 어려운 사람들과 적대적인 사람

들에 대한 윤리입니다.

우리가 세상을 살아가면서 반드시 만나고 상대하는 사람 중에 마음으로 하나가 되기 어려운 사람들이 꽤 많습니다. 정치적으로 서로 다른 진영에 속하면 상대방과 대화도 어렵고 함께 생활하기도 어렵습니다. 서로 편견을 가지든, 한쪽이 편견을 가지든 양쪽 모두 마음이 하나가 되기는 무척 어렵습니다. 생활 방식이나 문화가 달라도 서로 하나가 되기 어렵습니다. 또한 언어가 통하지 않거나, 의사소통이 원활하지 않으면 역시 마음이 하나가 되는 것은 어려운 일입니다. 신앙적인 면에서도 근본적인 교리를 중시하느냐, 교리보다는 다양한 문화 속에서 조화를 이루는 삶을 중요시하느냐에 따라 하나가 되지 못하기도 합니다. 직장이나 사회 단체와 같은 집단 속에서도 성격이나 나이나 성별에 따라 하나가 되기 어렵기는 마찬가지입니다. 사람들 사이에서 지식의 많고 적음도 마찬가지로 하나 되기 어렵게 만드는 요인입니다. 그러나 이보다 더 어려운 일은 상대방이 적대적인 생각을 가지고 언제든지 적대적인 행동을 할 수 있는 경우입니다. 불화와 갈등을 원치 않고 싸우기를 원치 않아도 항상 적대적인 사람들이 있습니다. 자기의 생각과 다르면 무조건 배척하고 심지어 죽이려는 사람들도 있습니다. 종교가 다르다고 죽이려 하고, 정치적 견해가 다르다고 죽이려 하고, 출신 나라나 민족이 다르다고 차별하고 죽이려고 하고, 또는 재산이 많고 권력이 있다고 사람들을 무시하고 함부로 대하기도 합니다. 이런 경우에 처한 그리스도인을 위한 윤리가 바로 3장 8~12절에 제시되어 있고, 먼저 8~9절을 살펴보고자 합니다.

로마 시대에서 시민과 정부의 관계, 종과 주인의 관계, 그리고 아내와 남편의 관계는 모두 법적인 관계로써, 약한 쪽에 복종의 의무가 있다면,

강한 쪽에는 보호의 책임이 있습니다. 이런 관계는 대상이 한 남편의 아내처럼 단수든, 또는 종들처럼 소수든, 아니면 시민이나 국민처럼 다수든 특정 관계입니다. 그러나 사람이 살아가면서 만나거나 상대하는 경우 불특정 관계에 있는 사람들 또는 특정 관계라 할지라도 매우 일시적이거나 어떤 시기에만 해당하는 관계를 맺고 살아가는 사람들이 많습니다. 그래서 우리는 수직적 관계라기보다는 수평적인 관계, 설령 직장이나 군대처럼 수직적인 관계라 할지라도 가변성이 있거나 그 관계가 어느 시기에 또는 언제든지 원하는 때에 종료될 수 있는 관계에 있는 사람들을 상대하는 경우가 많습니다. 이런 경우 같은 집단에 있어도 마음이 하나 되기 어려운 경우도 많고, 서로 다른 집단에 속해 있으면서 적대적인 관계에 놓이기도 하며, 같은 집단에서도 언제든지 적대적인 사이가 될 수 있습니다. 같은 가족인데 형제자매 사이에 불화가 생길 수 있고, 같은 교회 안에서도 갈등과 분열이 생길 수 있으며, 또는 집단과 집단 사이에서도 반목과 적대적 행위가 생길 수 있습니다. 시민들끼리 서로 좌우 진영을 나누어 싸울 수 있고, 직원들끼리 서로 무리를 지어 싸울 수도 있습니다. 이런 상황에서 그리스도인들은 어떻게 해야 할까요? 바로 오늘 우리가 살펴볼 본문이 명확한 해답을 줍니다. "마지막으로 말하노니 너희가 다 마음을 같이하여 동정하며 형제를 사랑하며 불쌍히 여기며 겸손하며 악을 악으로, 욕을 욕으로 갚지 말고 도리어 복을 빌라 이를 위하여 너희가 부르심을 받았으니 이는 복을 이어받게 하려 하심이라"(8~9절)는 교훈이 바로 정답임을 확실히 깨닫기를 바랍니다.

8절 "너희가 다 마음을 같이하여 동정하며 형제를 사랑하며 불쌍히 여기며 겸손하며"라는 내용만 볼 때는 오직 그리스도인들끼리 해당하는 교훈이라고 받아들일 수 있습니다. 그러나 9절 "악을 악으로, 욕을 욕으로 갚지 말고 도리어 복을 빌라”는 내용은 “나는 너희에게 이르노니 너희 원수를 사랑하며 너희를 박해하는 자를 위하여 기도하라”(마 5:44)는 예수님의 말씀과 고린도전서 4장 12~13절에 있는 ‘모욕을 당한즉 축복하고 박해를 받은즉 참고 비방을 받은즉 권면하니’라는 바울 사도의 경험에 비추어 볼 때, 그리고 “너희를 박해하는 자를 축복하라 축복하고 저주하지 말라”(롬 12:14)는 교훈에 비추어 볼 때, 그 대상이 그리스도인과 이방인(불신자) 모두에게 해당하는 것임을 알 수 있습니다. 그렇다고 해서 8절은 교회 안에, 9절은 교회 밖에 해당하는 사람들로 보기도 어렵습니다. 물론 그렇게 구분된 교훈으로 받아들이고 적용할 수 있는 면은 있더라도, 결코 그렇게 구분해서 받아들이기 어려운 것은 이 세상에 존재하는 교회 자체가 완전한 그리스도인의 공동체가 아니기 때문입니다. 교회 안에 곡식도 있지만 가라지도 함께 있습니다. “주인이 이르되 가만 두라 가라지를 뽑다가 곡식까지 뽑을까 염려하노라 둘 다 추수 때까지 함께 자라게 두라 추수 때에 내가 추수꾼들에게 말하기를 가라지는 먼저 거두어 불사르게 단으로 묶고 곡식은 모아 내 곳간에 넣으라 하리라”(마 13:29~30)고 하신 예수님의 말씀에서 알 수 있습니다. 이 세상에 존재하는 모든 교회는 ‘유형교회’라고 하는 큰 울타리 안에 존재합니다. 그러나 모든 교회가, 또는 어느 특정 지역의 교회 가운데 속한 모든 신자가 천국에 들어가는 것은 결코 아닙니다. 시대와 장소를 초월하여 진정한 하나님의 백성인 ‘무형교회’만이 온전한 교회이기 때문에, 8~9절의 교훈은 교회를 포함하고 또한 동시에 교회를 초월한 교훈으로 받아들일 수 있기를 바랍니다.

본문 8~9절 내용을 자세히 구분해서 들여다보면, “마음을 같이하여”와 “동정하며”와 “형제를 사랑하며”와 “불쌍히 여기며”와 “겸손하며”와

"악을 악으로, 욕을 욕으로 갚지 말고"와 "복을 빌라"는 내용으로, 모두 일곱 가지 덕목이 등장합니다. 이 일곱 가지 덕목은 예수님이 제자들에게 산상에서 여덟 가지로 교훈하셨던 내용(마 5:3~10)과 겹치는 부분이 많고, 상당히 일맥상통하는 교훈입니다. 먼저, "너희가 다 마음을 같이하여"라는 내용을 보면 뒤에 이어지는 "동정하며"를 비롯한 모든 내용과 이어진 것임을 알 수 있습니다. 마음을 같이하지 못하면 나머지 모든 덕목이 온전히 세워질 수 없습니다. 그러면 "너희가 다 마음을 같이하여"라는 의미가 무엇일까요? 사도 바울은 빌립보 교회가 서로 갈등하고 있었을 때 "내가 유오디아를 권하고 순두게를 권하노니 주 안에서 같은 마음을 품으라"(빌 4:2)고 명령했고, 갈라디아 교회를 향해서도 "나는 너희가 아무 다른 마음을 품지 아니할 줄을 주 안에서 확신하노라"고 하면서 교회가 같은 마음을 품지 않으면 바로 설 수 없다고 가르쳤습니다. 여기서 같은 마음은 "주 안에서" 한마음이 되는 것을 말합니다. 그리스도와 하나 되는 마음을 의미합니다. 다르게 표현하면 하나님의 말씀 안에서 하나가 되는 것, 성령으로 하나가 되는 것입니다. 사실 이것만 제대로 된다면 그다음 덕목들은 자연스럽게 따라올 수 있는 것들입니다. 마치 엔진처럼 중요한 역할을 하는 것이 바로 같은 마음을 품는 것입니다. 엔진에 의해 자동차가 한 방향으로 원하는 속도로 목적지까지 갈 수 있는 것처럼 '주 예수 그리스도 안에서' "다 마음을 같이하여"야만 하나님의 뜻 안에서 온전히 나아갈 수 있습니다. 이렇게 볼 때, 8~9절의 교훈은 그리스도인 개인에게도 해당하는 교훈이지만, 사실상 집단적인(corporate) 그리스도인 즉 교회에 대한 교훈임을 알 수 있습니다. 사도 베드로는 사랑이라는 힘을 통해 하나가 되는 결속을 이끌면서 동시에 외부의 박해에 견딜 수 있는 그리스도인 공동체를 세우려는 뜻이었음을 깨닫기를 바랍니다.

 

다음 덕목이 "동정하며"인데, 이 단어에 대한 명확한 의미를 알아야 합니다. 신약성경에서 이곳에만 나오는 'συμπαθεῖς'(sympatheis)의 동사형은 'συμπαθέω'(sympatheó)인데, '함께'(συμ)와 '아픈 감정 또는 고통을 겪다'(patheó)라는 말이 합쳐진 형태입니다. 그래서 함께 아픈 감정을 나누거나 함께 고통을 나눈다는 말의 명사형이 "동정"(sympathy)입니다. 현대에 와서 '동정'은 원래의 의미를 잃었는데, 그 배경에는 독일어 'Einfühlung'(아인퓔룽)이 1873년 로버트 비셔(Robert Vischer)의 논문에 처음 사용된 것과 관련이 있고, 이 말이 현대 영어에 들어오면서 'empathy'(in-feeling or feeling into)로 번역되어 '공감'이라는 말이 됨으로써 '동정'이라는 말의 원래 뜻을 대체한 말이 되었습니다. 또한 미국의 심리학자 로버트 티치너(Robert Titchener)가 1909년 이 '공감'(empathy)이라는 말을 사용함으로써 대중화된 지 100년이 넘게 되었습니다. 그래서 성경에 기록된 '동정'(sympathy)이라는 단어는 오늘날 기준으로 접근하면 '공감'(empathy)에 비해 훨씬 가벼운 뜻이 된 것입니다. 그래서 아픈 누군가를 '동정'한다는 말은 그 사람의 아픔을 머리로 이해한다는 뜻이고, 반면에 누군가의 아픔에 '공감'한다는 말은 그 아픔을 자기도 함께 느끼고, 심지어 같이 눈물을 흘리고 아파하는 감정이라는 뜻이 되었습니다. 이렇게 의미가 바뀌었기에 베드로 사도가 사용한 '동정'은 지금의 '공감'보다 더 강한 뜻이라는 점을 먼저 이해하기를 바랍니다.

오늘날 사람들 사이에서 사용되는 공감이라는 달에 대해 좀 더 살펴보고자 합니다. 사람들은 이제 사회생활과 더 나은 대인관계를 위해 '공감 능력'을 중시하게 되었습니다. 흔히 여자들은 공감 능력이 좋은데, 남자들은 공감 능력이 좋지 않다고 말합니다. 심리학적인 면에서도 당연하게 받아들이는 말이기도 합니다. 반면에 현대 사회는 MBTI를 과신

하는 것과 같이 지나치게 '공감'을 긍정적으로 여기고, 자기 자신에게 공감 능력이 얼마나 있는지 궁금해하고, 없으면 공감 능력을 키우기 위해 노력하기도 합니다. 그러나 세계적인 심리학자요 예일대 교수인 폴 블룸(Paul Bloom, 1963~)이 그의 저서를 통해 사회적 파장을 일으켰는데, 베스트셀러가 된 『공감의 배신』(Against Empathy)을 통해서 공감이 얼마나 위험하고 나쁜 행동으로 나타날 수 있는지 드러냈습니다. 그의 책은 충분히 읽어볼 만한 가치가 있습니다. 우리는 신학이 지배하는 헤브라이즘(Hebraism) 시대가 아닌 심리학이나 과학과 같은 철학이 지배하는 헬레니즘(Hellenism) 시대에 살고 있기에 특히 이 사회가 말하는 '공감'에 대해 상당히 좋은 쪽으로만 보는 경향이 있는데, 객관적으로 볼 때 부정적인 면도 있음을 인정하기를 바랍니다. 폴 블룸은 "공감은 관심과 도움이 필요한 곳을 환히 비추는 스포트라이트"와 같다고 했습니다(『공감의 배신』, 21쪽). 그런데 문제는 스포트라이트가 비추는 면적은 너무 좁다는 것이고, 관심이 있는 곳을 골라서 비춘다는 것입니다. 그래서 그는 공감을 "형편없는 도덕 지침"으로 평가절하했습니다(『공감의 배신』, 77쪽). 그 이유는 어리석은 판단이 공감의 출발점이 될 수 있고, 무관심이나 잔인함 역시 공감에서 유발될 수 있기 때문이라는 것입니다. 게다가 비이성적이고 몰상식한 판단과 결정을 정치적으로 하게 만드는 것 역시 공감이라고 했습니다. 사람들의 공감이 스포트라이트처럼 특정 인물에게 초점이 맞춰질 때 그 사람 외에는 무관심하거나 적대적인 감정이 만들어지게 됩니다. 그래서 과격한 민족우월주의와 집단 이기주의가 더욱 강화되고, 전쟁도 불사할 정도로 폭력적이고 과격하게 행동하도록 만듭니다.

부모와 자식 사이에서도 이런 공감이 문제가 되곤 합니다. 딸이 남자를 만나고 그와 공감하게 되면서 부모의 말과 걱정에 화를 내고 적대적인 감정까지 드러내기도 합니다. 여자들은 사이코패스(psychopath)와 같은 남자에게 끌리기 쉬운데, 그런 남자가 공감 능력이 뛰어난 경우가 대부분이기 때문입니다. 물론 정서적인 면만을 고려하면 실제로는 공감 능력이 떨어지는 경우가 일반적입니다. 그러나 그것 역시 여자를 충분히 속여서 자상하고 친절한 남자로 착각하도록 만들 수 있습니다. 사이코패스(하나님의 관점에서는 회개하지 않은 모든 사람이 사이코패스, 즉 시편 32편에 나오는 '의인들' 외에는 모두 사이코패스임) 또는 그와 같은 유형의 남자들은 다른 사람의 마음을 읽어내는 데 능통하고, 이성을 잘 유혹하고, 사기를 잘 치고, 또한 사람들을 잘 조정합니다. 여기에 여자들이 순진하게도 잘 속게 됩니다(『공감의 배신』, 260쪽). 사이코패스는 인지적 공감 능력이 뛰어나기에, 부족한 정서적 공감 능력은 감추거나 포장하면 사람들을 쉽게 속이고 조정할 수 있습니다. 공감은 이렇게 건전한 정신을 무너뜨리고 따뜻한 사랑과 친절을 베풀 마음과 힘마저 없애버리는 인간성 상실의 상황까지 치닫게 합니다. 그래서 폴 블룸은 공감이 오히려 대인관계를 악화시킨다고 했습니다. 그러면서 그는 어떤 사안에 대해 '이성'(reason)을 통해 숙고함으로써 객관적이고 공정한 도덕성을 드러낼 수 있다고 했습니다. 그의 주장은 매우 설득력이 있습니다.

그러나 공감의 문제를 해결하기 위해 그가 주장한 이성의 공정성과 합리성을 찾으면 다 해결될까요? 우리가 반드시 알아야 할 문제는 바로 감성이든 이성이든 인간의 타락으로 인해 제 기능을 하지 못하게 되었다는 사실입니다. *"만물보다 거짓되고 심히 부패한 것은 마음이라 누가 능히 이를 알리요마는"*(렘 17:9)이라는 말씀과 *"여호와께서 사람의 죄악이 세상에 가득함과 그의 마음으로 생각하는 모든 계획이 항상 악할 뿐임을 보시고"*(창 6:5)라는 말씀을 통해서 하나님을 믿지 않는 세상 사람들의 공감이 얼마나 잘못될 수 있는가를 깨닫기를 바랍니다. 중세 시대에 여자들 대부분은 자기들 주변에서 죄 없는 여자가 억울하게 마녀로 지목되어 고문당하고 재판받아 죽는 일에 열렬히 공감했습니다. 남자들이 식민지에서 강탈해 온 보석과 재물을 기뻐하고 남편들의 잔학한 행위에 공감했습니다. 이성이든 감성이든, 인지적 공감이든 정서적 공감이든 죄악으로 물든 사회에서는 이런 공감이 자연스럽게 생겨나고 확대되는 현상이 보편적임을 알기를 바랍니다. 결코 성경이 교훈하는 공감이 아님을 깨닫기를 바랍니다. 성경이 교훈하는 공감은 *"너희가 다 마음을 같이하여 동정하며"*라는 말씀에서 알 수 있습니다. 즉 알기 쉽게 표현하자면, 하나님의 말씀 안에서, 그리스도 예수 안에서, 또는 성령 안에서 같은 마음을 품고 동정(공감)하는 것입니다. 하나님의 말씀을 받아들인 자들이 모두 일치된 마음으로 동정(공감)할 때 극단적인 정치적 난동도 생겨날 일이 없고, 인종차별주의나 비인간화 행위도 나올 수 없으며, 똑같은 인간에 대한 잔혹한 학살이나 전쟁도 일어날 수 없음을 깨닫기를 바랍니다. 우리가 성령의 인도하심 가운데서 공감할 때 *"즐거워하는 자들과 함께 즐거워하고 우는 자들과 함께 울라"*(롬 12:15)는 명령을 온전히 실천할 수 있음을 깨닫기를 바랍니다.

다음은 *"형제를 사랑하며 불쌍히 여기며 겸손하며"*라는 말씀입니다. *"형제를 사랑하며"*(φιλάδελφοι, philadelphoi)라는 말은 성경에서 빈번하게 나오는 것으로, 여기서는 가족이 다르거나 서로 다른 문화와 종교적 배경에서 그리스도를 믿고 같은 교회의 구성원이 되었다면 서로 하나가 되기 어려운 사람들이기에, 이들에게 해당하는 말씀으로 매우 적절한 교훈입니다. 로마 사회에서 자유민과 노예들이 그리스도를 믿음으로써 한 교회에 속하게 되었다고 할지라도 하루아침에 하나가 되는 일은 결코 쉬운 일이 아니기 때문입니다. 초대교회의 경우 유대인들과 이방인들이 그리스도 안에서 하나가 되어 서로 사랑해야 했는데, 결코 쉬운 일이 아니었습니다. "그 때에 제자가 더 많아졌는데 헬라파 유대인들이 자기의 과부들이 매일의 구제에 빠지므로 히브리파 사람을 원망하니"(행 6:1)라는 구절은 당시 예루살렘교회에 편애와 차별이 심했음을 보여줍니다. 고린도 교회 역시 마음이 하나가 되지 못했고, 서로 사랑하지 못했습니다. "내 형제들아 글로에의 집 편으로 너희에 대한 말이 내게 들리니 곧 너희 가운데 분쟁이 있다는 것이라 내가 이것을 말하거니와 너희가 각각 이르되 나는 바울에게, 나는 아볼로에게, 나는 게바에게, 나는 그리스도에게 속한 자라 한다는 것이니 그리스도께서 어찌 나뉘었느냐"(고전 1:11~13a)는 말씀이 그때 상황을 잘 말해줍니다. 우리나라도 복음이 전해진 후 교회 초창기에는 사회적 신분으로 인한 갈등이 컸습니다. 서울에 세워진 대표적인 교회였던 승동교회와 연동교회는 각각 백정 출신과 갖바치 출신 신자가 먼저 장로가 됨으로써 교회가 분열되고, 양반들이 교회를 떠나 따로 교회를 세우는 일이 있었습니다. 그때 세워진 교회가 안동교회와 묘동교회였습니다(『21세기 한국교회를 위한 갈라디아서 강설』, 99쪽). 그러므로 베드로 사도의 교훈을 받은 당시 소아시아 지역 교회들 역시 "형제를 사랑하며 불쌍히 여기며 겸손하며"라는 말씀을 곧바로 실천한다는 것이 결코 쉬운 환경은 아니었습니다. 그런 환경에서 '형제 사랑'은 단순히 남에게 호의적이고 친절한 마음으로 대하는 수준이 아니라 '서로 진짜 형제처럼 사랑하는 것'을 뜻했습니다. 베드로가 "너희가 진리를 순종함으로 너희 영혼을 깨끗하게 하여 거짓이 없이 형제를 사랑하기에 이르렀으니 마음으로 뜨겁게 서로 사랑하라"(벧전 1:22)고 한 교훈과 "뭇 사람을 공경하며 형제를 사랑하며 하나님을 두려워하며 왕을 존대하라"(벧전 2:17)고 한 교훈도 역시 '형제처럼' 사랑하라는 뜻이었음을 깨닫기를 바랍니다.

다음으로, *"불쌍히 여기며"*는 다른 말로 *"자비로우며"*《새번역》의 뜻으로 다정하고 따뜻한 마음을 베풀라는 뜻입니다. 이는 곧 '불쌍히 여기는 마음'을 가지라는 뜻인데, 헬라어로 '좋은'과 '마음'을 합친 '좋은 마음'을 다른 사람에 대해 가지는 것을 뜻합니다. '의학의 아버지'로 불리는 히포크라테스(Hippocrates, BC 460~370)는 고대 그리스의 철학자요 의사로, '유스프랑크노이'($\varepsilon\ddot{\upsilon}\sigma\pi\lambda\alpha\gamma\chi\nu o\iota$)라는 말을 '강한 내장'이라는 뜻으로 사용했습니다. 내장 중에서 심장이나 폐, 또는 간이 인간이 가진 감정의 중심이라고 여겼습니다. 그래서 여기에 사용된 '강한 내장' 또는 '좋은 내장'이라는 말은 '좋은 마음'이나 '따뜻한 마음'으로, '다른 사람을 불쌍히 여기고 동정하는 따뜻한 마음'을 뜻합니다. 흔히 정치인들이 '심심한 위로'라는 표현을 자주 사용하는데, '심심'(甚深)이라는 뜻이 입이나 머리에서 나오는 깊이가 없고 얕고 형식적인 것이 아니라, 마음 깊은 곳에서 우러나오는 무겁고 두터운, 그리고 진정한 생각을 담고 있다는 의미입니다. 그래서 오늘날 사용하는 '공감'이라는 말로 사용하자면 *"불쌍히 여기며"*라는 말은 머리로만 공감하는 인지적 공감이 아니라 마음으로 공감하는 정서적 공감을 뜻하고, 여기에 하나님의 긍휼과 그리스도의 자비에 기초한 뜨거운 사랑의 마음이 담긴 행동임을 깨닫기를 바랍니다.

또 *"겸손하며"*라고 했는데, 이는 상대방에 대해 예의 바른 마음과 존중하는 마음을 가져야 한다는 뜻이고, 자기 자신에 대해서는 스스로 낮추라고 한 것입니다. 그리스도인이라면 누구나 겸손한 마음으로 상대방을 높이는 것은 어렵지 않은 덕목입니다. 그러나 사회적인 힘과 명예를 가진 사람이 그리스도를 믿게 된 경우라면 쉬운 일이 아닙니다. 유명한

셰익스피어의 희곡 《율리어스 시저의 비극》(The Tragedy of Julius Caesar)
제1막 2장 88행에는 "나는 죽음을 두려워하는 것보다 명예를 더 사랑한
다"라는 부루투스(Brutus)의 말이 나오는데, 명예를 중요하게 여기는 당
시 로마 시대 남자들의 생각을 잘 반영해주는 내용입니다. 미국 텍사스
출신 사회심리학자 리처드 니스벳(Richard Nisbett, 1941~)은 미국 남부의
살인율이 북부의 살인율보다 훨씬 높은 이유가 궁금해서 연구를 시작
했고, 결국 살인을 저질러서라도 명예를 지키겠다는 의지가 더 강하기
때문이라는 결론을 내렸습니다. 미국 남부와 같이 명예(honor)를 중요시
하는 곳에서 겸손은 상당히 위험을 무릅써야 하는 일일 것입니다. 반
면에 북부와 같이 인간의 존엄성(dignity)을 중시하는 곳에서는 살인율
이 훨씬 낮습니다. 그래서 세속적인 명예를 중시하는 삶은 곧 성경이 교
훈하는 겸손의 삶과 거리가 멀어지게 됨을 명심하기를 바랍니다. 우리
는 바울 사도가 빌립보 교회에 교훈한 내용 즉 "아무 일에든지 다툼이
나 허영으로 하지 말고 오직 겸손한 마음으로 각각 자기보다 남을 낫게
여기고 각각 자기 일을 돌볼뿐더러 또한 각각 다른 사람들의 일을 돌보
아 나의 기쁨을 충만하게 하라 너희 안에 이 마음을 품으라 곧 그리스
도 예수의 마음이니 그는 근본 하나님의 본체시나 하나님과 동등 됨을
취할 것으로 여기지 아니하시고 오히려 자기를 비워 종의 형체를 가지사
사람들과 같이 되셨고 사람의 모양으로 나타나사 자기를 낮추시고 죽기
까지 복종하셨으니 곧 십자가에 죽으심이라"(빌 2:3~8)는 말씀을 마음
에 새기고, 베드로 사도가 교훈한 '불쌍히 여김'과 '겸손'의 삶을 실천함
으로써, 개인의 명예가 아닌 그리스도인의 윤리를 세상에 드러낼 수 있
기를 바랍니다('겸손'에 대한 더 자세한 교훈은 제28강 참조).

다음은 9절 "악을 악으로, 욕을 욕으로 갚지 말그 도리어 복을 빌라

이를 위하여 너희가 부르심을 받았으니 이는 복을 이어받게 하려 하심이라"는 교훈을 살펴보고자 합니다. 여기서 먼저 "악을 악으로, 욕을 욕으로 갚지 말고 도리어 복을 빌라"는 예수님이 말씀하신 "나는 너희에게 이르노니 너희 원수를 사랑하며 너희를 박해하는 자를 위하여 기도하라"(마 5:44)는 교훈, 그리고 "너희 원수를 사랑하며 너희를 미워하는 자를 선대하며 너희를 저주하는 자를 위하여 축복하며 너희를 모욕하는 자를 위하여 기도하라 너의 이 뺨을 치는 자에게 저 뺨도 돌려대며 네 겉옷을 빼앗는 자에게 속옷도 거절하지 말라"(눅 6:27~29)는 교훈을 그대로 실천하라는 뜻입니다. 사도 바울 역시 로마에 있는 성도를 향해 "너희를 박해하는 자를 축복하라 축복하고 저주하지 말라"(롬 12:14)고 교훈했습니다. 이는 단순히 하나가 되기 어려운 사람들과는 차원이 다른 적대적인 사람들, 핍박하는 사람들, 그리고 원수들까지 사랑하고 그들을 위해 축복하고 기도하라는 명령입니다. 현실적으로 순종하기 어렵거나 순종할 수 없는 일을 명령한 수준이 아니라, 그런 삶을 실제로 살도록 부르심을 받았다는 것입니다. "이를 위하여 너희가 부르심을 받았으니"라는 말씀은 하나님이 그리스도인들을 부르신 목적이 있는데, 그것은 곧 핍박당하는 삶이요, 핍박하는 자들을 축복하는 삶이라는 뜻입니다. 이미 2장에서 살펴보았듯이 "이를 위하여 너희가 부르심을 받았으니 그리스도도 너희를 위하여 고난을 받으사 너희에게 본을 끼쳐 그 자취를 따라오게 하려 하셨느니라"(벧전 2:21)는 말씀을 다시 한번 강조한 것입니다. "자녀이면 또한 상속자 곧 하나님의 상속자요 그리스도와 함께 한 상속자니 우리가 그와 함께 영광을 받기 위하여 고난도 함께 받아야 할 것이니라"(롬 8:17)는 말씀과 "그리스도를 위하여 너희에게 은혜를 주신 것은 다만 그를 믿을 뿐 아니라 또한 그를 위하여 고난도 받게 하려 하심이라"(빌 1:29)는 말씀에 비추어보더라도 하나님의 부르심을 입은 자들은 그리스도와 같이 고난에 동참하는 것이 삶의 목적이요 사명임을 확실히 깨닫고, 하나 되기 어려운 사람들이나 심지어 적대적인 사람들에 대한 윤리를 실천할 수 있기를 바랍니다. 아멘.

(2025년 5월 4일)

# 천국에 갈 사람들의 삶

*"마지막으로 말하노니"*라고 시작되는 3장 8절부터 12절까지 내용은 베드로 사도가 연속으로 교훈한 다섯 번째 윤리인데, 이는 서로 마음으로 하나가 되기 어려운 사람들과 적대적인 사람들에 대한 그리스도인 공동체의 윤리입니다. 두 부분으로 나누어 먼저 8~9절을 살펴보았고, 오늘은 10~12절을 살펴보고자 합니다. 본문 내용을 끝으로 2장 11절부터 5장 11절까지 하나의 맥락으로 이어진 구체적이고 특별한 그리스도인의 윤리 중 앞부분이 모두 끝나게 됩니다. 다음 주일부터는 그리스도인의 고난을 다루는 내용(3:13~5:11)을 살펴보게 될 것입니다.

서로 마음으로 하나가 되기 어려운 사람들과 적대적인 사람들에 대한 그리스도인 공동체의 윤리인 3장 8~9절 내용은 사실상 온전히 실천하기 어려운 덕목입니다. 그래서 이런 어려운 덕목을 실천해야 하는 그리스도인들에게 베드로는 시편 34편 12~16절을 인용해서 교훈을 마무리함으로써 영광스러운 하나님의 나라에 들어갈 사람들이라면 어려워도 당연히 실천해야 한다는 뜻을 전한 것입니다. 먼저 인용한 시편 내용을 보면 다음과 같습니다.

12. 생명을 사모하고 연수를 사랑하여 복 받기를 원하는 사람이 누구뇨

13. 네 혀를 악에서 금하며 네 입술을 거짓말에서 금할지어다

14. 악을 버리고 선을 행하며 화평을 찾아 따를지어다

15. 여호와의 눈은 의인을 향하시고 그의 귀는 그들의 부르짖음에 기울이시는도다

16. 여호와의 얼굴은 악을 행하는 자를 향하사 그들의 자취를 땅에서 끊으려 하시는도다(시편 34:12~16)


베드로는 "그러므로 생명을 사랑하고 좋은 날 보기를 원하는 자는 혀를 금하여 악한 말을 그치며 그 입술로 거짓을 말하지 말고"라고 단호하게 교훈을 시작했습니다. 그는 당시 소아시아 지역 교회들과 모든 그리스도인 공동체를 향해 "생명을 사랑하고 좋은 날 보기를 원하는 자"라고 칭했습니다. 구약시대에는 '생명과 좋은 날'이 현세에서 누릴 수 있는 최고의 복이었는데, 이는 지금 이 시대에도 마찬가지라 할 수 있습니다. 사람이라면 누구나 건강하고 오래오래 생명을 누리고자 하고, 인생의 날들이 모두 좋은 날로 가득하거나, 좋은 날이 훨씬 더 많기를 원합니다. 그러나 하나님은 구약시대 이스라엘 백성을 향해서 현세에서 그런 복을 누리고자 한다면 당연히 하나님의 뜻을 따라 '의인'의 삶을 살아야 한다고 하셨습니다. 반면에 의롭게 살지도 않으면서 건강하고 긴 생명을 추구하고, 인생에 좋은 날이 가득하기를 바란다면 그런 사람들은 하나님의 심판을 받을 악인들이라고 교훈하셨습니다. 그런데 베드로는 아주 독특한 방식으로 교훈한 것을 볼 수 있습니다. 적대적이고 핍박하는 자들에게도 친절과 사랑을 베푼다면 반드시 '생명'과 '좋은 날'을 누릴 것이라는 식으로 교훈하는 것이 일반적인데, 그는 '생명'과 '좋은 날'을 원한다면 하나님이 원하시는 윤리적 삶을 살아야 한다는 식으로 교훈한 것입니다. 다만, 구약시대에서 사람들이 바라는 '생명'과 '좋은 날'과는 똑

같은 의미로 사용하지는 않았습니다. 만약 같은 의미로 사용한 것이라면, 전혀 앞뒤가 맞지 않고 당시 상황에도 맞지 않은 교훈이 되기 때문입니다. 당시 핍박과 박해가 시작되고, 또 광범위한 박해가 예상되는 상황에서 '생명' 즉 장수를 기대하기는 불가능에 가까웠고, 적대적인 사람들에게 둘러싸인 그리스도인들이 세상 사람들이 바라는 '좋은 날'을 기대하기는 극히 어려운 상황이었기 때문입니다. 그러므로 베드로는 처음부터 소아시아 지역 그리스도인들에 대한 교훈을 시작했을 때 *"썩지 않고 더럽지 않고 쇠하지 아니하는 유업을 잇게 하시나니 곧 너희를 위하여 하늘에 간직하신 것이라"*(벧전 1:4)고 함으로써 그리스도인들이 받을 복은 근본적으로 이 세상에서 누리는 복이 아니라 하늘에서 누리게 될 복이라고 분명히 강조했습니다. 게다가 *"믿음의 결국 곧 영혼의 구원을 받음이라"*(벧전 1:9)는 말씀을 통해 그리스도를 믿는 이유가 이 세상에서 오래 살고 좋은 날들을 바라는 그런 복을 위한 게 아님을 분명히 가르쳤습니다. 베드로가 말한 "생명"과 "좋은 날"은 현세에서 누리는 "생명"과 현세에서 누리는 "좋은 날"을 초월한 것입니다. 또한 *"생명을 사랑하고 좋은 날 보기를 원하는 자"*는 '영원한 생명을 은혜로 받고 영광스러운 날을 소망할 수 있게 된 자'로 이해할 수 있기를 바랍니다.

첫 번째로 10~11절 *"그러므로 생명을 사랑하고 좋은 날 보기를 원하는 자는 혀를 금하여 악한 말을 그치며 그 입술로 거짓을 말하지 말고"*라는 말씀을 살펴보고자 합니다. 앞에서 언급한 것과 같이 여기서 *"생명을 사랑하고 좋은 날 보기를 원하는 자"*는 결국 '천국 백성'을 의미하는 것입니다. 당시 로마의 통치에 속한 일반 사람들 또는 지금 이 세상을 전부로 알고 살아가고 있는 사람들은 단지 이 세상에서 오래 살고, 또한 이 세상에서 좋은 날들을 바라지만, 천국 백성은 이 세상에서 누리는 긴 생명이 아니라 ‘영생’ 즉 하나님 나라에서 영원히 누리는 생명을 얻게 됩니다. 그러나 천국 백성이 아닌 사람들이 많기에 그런 사람들의 의식과 태도에 대해 생각해볼 필요가 있습니다. 우리 옛말에 임금이나 웃어른의 생일에 하는 ‘만수무강(萬壽無疆)하옵소서’라는 말이 있었는데, 영어에도 비슷한 표현(“May you live long!” 또는 “Long live the king!”)이 있습니다. 세상에서는 건강하게 오래 사는 것과 같은 큰 복이 없을 것입니다. 하지만 오래 살아도 힘들고 아프고 슬픈 날들이 많으면 긴 날들이 오히려 저주처럼 느껴질 것입니다. 욥은 갑자기 닥친 환란으로 자녀들이 모두 죽고 모든 재산과 건강까지 잃었을 때 “그 후에 욥이 입을 열어 자기의 생일을 저주하니라”(욥 3:1)는 말씀과 같이 자기가 태어난 날을 저주했고, “나에게는 평온도 없고 안일도 없고 휴식도 없고 다만 불안만이 있구나”(욥 3:26)라고 한탄함으로써 생명이 붙어 있는 상태에서 그가 맞이하는 날들로 인해 고통스러워했습니다. 영국인들이나 미국인들은 서로 함께 시간을 보내다가 헤어질 때, 또는 잠깐 만났다가 인사 후 헤어질 때 항상 하는 인사가 “Have a good day!”입니다. 만약 시간이 저녁이라면 “Have a good evening!”이라고 합니다. 이런 인사가 중세 시대(12세기 또는 13세기경)부터 시작되었다고 합니다. 세상에서 사는 동안 매일 좋은 날을 보내기를 원하는 것은 너무나 당연합니다. 그렇지만 좋은 날이 더 이상 오지 않을 거라는 절망에 빠지게 되면 많은 사람이 극단적인 선택 즉 자살을 생각하게 됩니다. 2024년 한 해 동안 우리나라에서 자살한 사람들의 수가 2011년 이후 가장 많았다고 합니다. 지난해 하루 평균 40명(1년 합계: 14,439건)이 자살한 나라에 우리는 함께 살고 있습니다. 인구 10만 명당 자살 숫자도 잠정 수치로 28.3명이라고 합니다(〈프레시안〉 2025.03.03., “20년 넘게 OECD 자살률 1위…한국은 대체 왜 이러나”). 정확한 통계가 나온다면 아마 30명 가까운 수가 나올 수도 있습니다. OECD 평균이 10.7명인데 우리나라는 20년 넘게 불명예스러운 1위를 하고 있습니다. 사회 곳곳에서 칠흑같이 어둡고 끝이 없는 터널과 같은 절망에서 신음하는 사람들, 좋은 날을 단 하루도 기대할 수 없을 정도로 깊은 절망과 슬픔 속에 허우적거리는 사람들이 우리 주변에 많아서 참으로 안타깝습니다. 그런 삶을 살지 않더라도, 즉 긴 인생을 살고, 좋은 날들을 많이 누린다고 할지라도 결국에는 인생의 끝이 오고 좋은 날의 끝이 오게 되어 절망과 죽음으로 향하게 됩니다. 그러함에도 불구하고, 누구든 인생을 즐겁고 풍족하게 오랫동안 보내고 싶어 합니다. 그런데 하나님은 구약시대 이스라엘 백성에게 세상 사람들이 어쩌다 누리는 그런 복이 아니라 항상 복을 누릴 수 있도록 약속하셨습니다. 그리고 그 복에는 조건이 주어져 있었습니다.

2. 너희는 내 안식일을 지키며 내 성소를 경외하라 나는 여호와이니라

3. 너희가 내 규례와 계명을 준행하면

4. 내가 너희에게 철따라 비를 주리니 땅은 그 산물을 내고 밭의 나무는 열매를 맺으리라

5. 너희의 타작은 포도 딸 때까지 미치며 너희의 포도 따는 것은 파종할 때까지 미치리니 너희가 음식을 배불리 먹고 너희의 땅에 안전하게 거주하리라

6. 내가 그 땅에 평화를 줄 것인즉 너희가 누울 때 너희를 두렵게 할 자가 없을 것이며 내가 사나운 짐승을 그 땅에서 제할 것이요 칼이 너희의 땅에 두루 행하지 아니할 것이며

7. 너희의 원수들을 쫓으리니 그들이 너희 앞에서 칼에 엎드러질 것이라 (레 26:2~7)

이 같은 복을 누리기 위해서는 하나님의 안식일을 지키고, 성소를 경

 

외하고, 규례와 계명을 준행해야 했습니다(레 26:2~3). 즉 하나님이 제시하신 조건을 충족해야만 했습니다. 그러나 이스라엘 백성은 온전히 순종하지 못했고, 그로 인해 북쪽 이스라엘은 BC 722년에, 남쪽 유다는 BC 586년에 각각 앗수르와 바벨론에 의해 멸망 당하고 말았습니다. 베드로 사도는 과거 이스라엘 백성이 누리지 못한 이 같은 복을 그리스도인들이라면 누구나 온전히 누리도록 돕기 위해, 또는 옛날 이스라엘 백성에게 주어진 말씀을 기억하도록 하는 차원에서 인용한 것이 결코 아님을 알아야 합니다. 오히려 다윗의 시를 통해 베드로가 교훈한 "악을 악으로, 욕을 욕으로 갚지 말고 도리어 복을 빌라 이를 위하여 너희가 부르심을 받았으니 이는 복을 이어받게 하려 하심이라"(벧전 3:9)는 말씀을 확증하는 차원이었음을 알기를 바랍니다. 저들이 땅에서 받지 못한 복을 너희는 땅에서 받을 것이라는 뜻이 아니라, '하물며 땅에서도 하나님의 뜻에 온전히 순종하면 약속받은 복을 누릴 수 있었다면, 하늘의 복을 누릴 너희는 어떻게 해야 하겠는가?'라는 뜻으로 받아들이는 것이 자연스럽습니다. 그래서 9절 끝부분에 있는 "복을 이어받게 하려"라는 말 역시 땅의 유업보다는 하늘의 유업으로 이해하는 것이 더 자연스럽습니다. 처음부터 베드로 사도는 그리스도인들이 "산 소망"(벧전 1:3)을 품게 되었다고 하면서 "썩지 않고 더럽지 않고 쇠하지 아니하는 유업을 잇게 하시나니 곧 너희를 위하여 하늘에 간직하신 것이라"(벧전 1:4)는 말씀을 통해 확증한 바 있습니다. "이어받게" 될 복을 땅에서도 받는 복으로 적용할 수도 있지만, 베드로 사도의 편지 전체 맥락으로 볼 때, 하늘의 복을 중심으로 교훈한 것입니다.

그렇다면 이 땅에 살아가고 있는 그리스도인들은 이 세상에서 아무런 복을 기대하지 말아야 하는 것일까요? 시편을 인용한 말씀으로 본문

10~12절에 나타난 내용은 영적 이스라엘 백성인 그리스도인들과 아무 상관이 없는 것일까요? 결단코 그렇지는 않습니다. 전통적인 복의 유형이 다를 뿐이지 땅에서도 충분히 누릴 수 있습니다. 예를 들면, *"예수를 너희가 보지 못하였으나 사랑하는도다 이제도 보지 못하나 믿고 말할 수 없는 영광스러운 즐거움으로 기뻐하니"*(벧전 1:8)라는 말씀으로 적용해보면, 이미 수십 년 전에 부활 후 승천하셨기에 더 이상 육체로 오신 예수 그리스도를 볼 수 없었던 당시 그리스도인들은 직접 보고 믿었던 사도들과는 다르지만 그래도 그리스도를 확실히 믿고 사랑했습니다. 그에 대한 복인 *"말할 수 없는 영광스러운 즐거움"*을 은혜로 받았고, *"기뻐하니"*라는 말씀처럼 세상이 주는 기쁨과는 차원이 다른 하늘의 기쁨을 세상에서 미리 누리게 되었습니다. 세상에서 단순히 돈이나 물질이나 양식을 풍족히 얻게 된 것과 같은 물질적 복이 아니라 *"말할 수 없는 영광스러운 즐거움"*과 같은 영적 복을 누리게 된 것입니다. 그리스도인들이 고난을 참고 극복할 수 있는 것 또한 단지 하늘에서만 누리게 될 복만이 아니라 이 세상에서도 함께 누리는 신령한 복이 있기에 가능한 일입니다. 물론 물질적인 복도 누릴 수는 있지만 박해와 환란 가운데서는 제대로 누리지 못하는 경우가 대부분입니다. 설령 누린다고 하더라도 누리는 시간이 너무나 짧습니다. 하지만 억울하게 생각할 필요가 없습니다. 이 땅에서 누리지 못한 만큼 하늘의 상급으로 받게 된다는 믿음을 가져야 합니다. 고난을 받느라 다른 사람처럼 받고 누리지 못한다면 억울한 생각이 들 것입니다. 예수님의 비유 중 어리석은 부자와 거지 나사로에 대한 비유가 있는데, 그 비유 속에 *"아브라함이 이르되 얘 너는 살았을 때에 좋은 것을 받았고 나사로는 고난을 받았으니 이것을 기억하라 이제 그는 여기서 위로를 받고 너는 괴로움을 받느니라"*(눅 16:25)는 내용이 말해주듯이 결코 억울한 일이 아님을 깨닫기를 바랍니다.

 21세기 한국교회를 위한 **베드로전서 강설**

그래서 "생명을 사랑하고 좋은 날 보기를 원하는 자" 즉 '천국 백성'은 "혀를 금하여 악한 말을 그치며 그 입술로 거짓을 말하지 말고"라는 말씀을 마음에 새기고 실천해야 합니다. 먼저 "혀를 금하여 악한 말을 그치며"라는 내용을 살펴보기에 앞서, 어떤 사람이 혀를 금하지 않고 악한 말을 계속하는지 알아야 합니다. 시편 10편을 보면 그런 사람이 누구인지 분명히 알 수 있습니다.

3. 악인은 그의 마음의 욕심을 자랑하며 탐욕을 부리는 자는 여호와를 배반하여 멸시하나이다

4. 악인은 그의 교만한 얼굴로 말하기를 여호와께서 이를 감찰하지 아니하신다 하며 그의 모든 사상에 하나님이 없다 하나이다

5. 그의 길은 언제든지 견고하고 주의 심판은 높아서 그에게 미치지 못하오니 그는 그의 모든 대적들을 멸시하며

6. 그의 마음에 이르기를 나는 흔들리지 아니하며 대대로 환난을 당하지 아니하리라 하나이다

7. 그의 입에는 저주와 거짓과 포악이 충만하며 그의 혀 밑에는 잔해와 죄악이 있나이다(시 10:3~7)

악인 즉 하나님을 믿지 않는 모든 사람은 정도의 차이가 있을 뿐 근본적으로 하나님을 멸시하고, 욕심으로 가득한 마음을 가지고 있으며, 탐욕을 부리는 행동을 이어 간다고 했습니다. 더욱 심각하게도, 그런 사람은 그렇게 행동하더라도 하나님은 그것을 모를 것이라는 생각을 하고, 악행으로 인해 받는 환난도 없을 것이라는 생각을 합니다. 그러기에 그런 사람을 향해 "그의 입에는 저주와 거짓과 포악이 충만하며 그의 혀 밑에는 잔해와 죄악이 있나이다"라고 시편 기자가 묘사한 것입니다. 그리스도인이 잊지 말아야 할 것은 세상 사람들은 겉으로 드러난 죄

악을 통해 사람을 판단하고 평가하지만, 하나님은 마음의 죄악을 통해 사람을 판단하시고 심판하신다는 사실입니다. 그러므로 "입에는 저주 와 거짓과 포악이 충만하며 그의 혀 밑에는 잔해와 죄악이" 있어서 악 인이 된 게 아니라, 하나님을 인정하지 않고 경외하지 않는 악인이기 때 문에 입으로 드러나는 그런 죄악이 이미 마음에 깊이 자리를 잡고 있음 을 깨닫기를 바랍니다.

다음은 "그 입술로 거짓을 말하지 말고"인데 십계명 중 제9계명에 해 당하는 "거짓 증거하지 말라"(출 20:16)는 명령에서 비롯된 교훈입니다. 이는 법정에서 거짓으로 증언해서도 안 되고, 실제 생활 속에서도 남을 속이는 말과 행위를 해서는 안 된다는 것입니다. 우리는 베드로전서 2 장 1절에 있는 "모든 기만"(all deceit)에 대해 이미 살펴보았습니다. 남을 속이는 모든 유형의 거짓을 말하지 말고 행하지 말라는 것으로 사기, 거 짓, 속임수, 기망(欺罔), 위장, 미혹, 모략 등을 뜻한다고 했습니다(벧전 2:1~3 강설 참조). 사람들은 거짓을 본능적으로 생각하고 말하고 만들 정도로 타락했기에 이런 기만에 익숙하고, 또한 누구나 노출되어 있기도 합니다. 얼마든지 남을 속이기도 하고 얼마든지 남에게 속는 게 인생입 니다. 또한 어떤 사실은 언제든지 왜곡되고 거짓으로 조작될 수 있습니 다. 특히 역사적 기록에 그런 경우가 많습니다. 예를 들면, 호남(湖南)은 호수(湖水) 남쪽이라는 뜻으로 전라도 지역 전체를 칭하는데, 과연 전라 도 위에 큰 호수가 어디에 있다는 말입니까? 『반일 종족주의』라는 책에 서 일제의 위안부 성 노예나 강제 동원은 사실이 아니라는 주장을 펴서 사회적 물의를 일으켰던 전 서울대 교수 이영훈은 『호수는 어디에』라는 책을 통해서 우리가 사용해온 호남이라는 말은 중국의 동정호(洞庭湖, 둥팅호) 남쪽을 호남이라고 한 지명과 북쪽 지역을 호북(湖北)이라고 한 지명을 따라서 만든 것으로 중국을 흉내 내고 싶은 염원에서 비롯된 환상의 결과라고 했습니다. 이것 역시 그의 주장에 불과하고, 역사적으로 참된 근거를 찾기 어렵습니다. 동정호는 중국에서 두 번째로 큰 자연 호수로 서울 면적의 5배가 넘는 규모의 호수인데, 그 남쪽은 후난성(湖南省), 북쪽은 후베이성(湖北省)입니다. 후난성의 면적도 한반도에 맞먹는 규모라서 호수를 경계로 그렇게 부를만한 근거가 충분합니다. 그러나 우리나라는 그럴만한 근거가 거의 없습니다. 억지로 금강을 호수로 여겨 기준을 삼는다 해도 호남 지역을 경계로 지을 만한 크기가 되지 못합니다. 게다가 우리나라에서는 호북이라는 지역적 개념도 없습니다. 그렇다면, 호남이라는 호칭은 어떻게 생겨난 것일까요? 누가 어떻게 지은 명칭일까요? 또한 조선시대 이전(고려시대, 남북국시대, 삼국시대)의 역사 지명들이 왜 한반도보다 현재 중국의 동북 지역에 훨씬 더 많을까요? 역사 기록에서 빼놓을 수 없는 객관적 기록이 바로 때와 장소인데, 우리나라 역사와 관련된 장소에 대한 정확한 기록을 한반도에서만 찾기에는 불가능하고 중국 동부지역으로 확대할 때 훨씬 더 많이 찾을 수 있다면, 우리나라 역사 교육에 심각한 오류가 있다는 증거입니다. 게다가 중국은 왜 동북공정(東北工程)을 통해 중국 동북부(둥베이, 만주 지역)에 있었던 나라들을 지금에 와서 중국의 역사라고 주장하는 것일까요? 역사 왜곡은 거짓의 심각한 한 예입니다. 우리는 대인관계에서 하는 거짓말을 주로 생각하는데, 공식적인 교육을 통해서 거짓을 말하고 배우고 있다는 사실을 잊지 말아야 합니다. 한 가지 더 추가하자던, 하나님이 창조하신 이 우주와 세상의 기원을 무시하고 진화론이라는 가설(假設)을 가르치고 있고, 또 배우고 있다는 사실입니다. 이렇게 *"모든 기만"*(all deceit)은 우리 사회에 곳곳에서 일상적이고 보편적임을 잊지 말기를 바랍니다.

우리가 살아가는 지금 사회에서도 어떤 큰 사실이 언제든지 왜곡되고 거짓으로 조작될 수 있습니다. 그래서 그런 가능성을 없애기 위해 어떤 사건이 벌어졌을 때 정확한 원인과 전개 과정을 찾고 기록함으로써 최초 상황에 대한 사실을 공적으로 남겨야 합니다. 목격자의 눈, 원인 및 사건과 관련된 사람의 고백, 그리고 사건에 대한 과학적인 조사와 수사 결과가 필수적입니다. 그래야 진상(眞相)에 바르게 접근할 수 있고, 파악되거나 조사된 진상을 보존할 수 있습니다. 그런데 사람들은 이해관계를 따져 이 진상을 조작하거나 왜곡할 수 있습니다. 진상을 그대로 보존하고 알리는 일이 쉽지 않습니다. 사람은 전지전능하지 않기에 온전히 알아내고 전달하기 불가능합니다. 사건을 일으킨 자, 사건을 목격한 자, 사건을 조사하고 수사한 자 등에 의해 진상이 사실 그대로 드러나야 하는데, 오히려 감추어지거나 왜곡되거나 날조될 수 있습니다. 그리스도인은 이런 최초 상황과 과정에 관여해 있을 때 또는 간여할 때 거짓이 아닌 진실을 말해야 합니다. 그렇지 않으면 *"거짓 증거"*를 한 자가 됩니다. 그런 사람에 의해 진실이 가려지거나 왜곡되고 맙니다. 심지어 거짓이 마치 사실로 둔갑이 되어 진상도 진실도 제대로 찾을 수 없는 상황이 됩니다. 한번 진상이 심각하게 왜곡되거나 조작되면 나중에 아무리 누가 진실을 말해도 소용이 없고, 그 진실은 힘을 얻지 못하게 됩니다. 그런데 사탄은 적극적이고 노골적으로 기만을 하기도 합니다. *"거짓 그리스도들과 거짓 선지자들이 일어나 큰 표적과 기사를 보여 할 수만 있으면 택하신 자들도 미혹하리라"*(마 24:24)는 말씀과 같이 기만과 거짓에 특화된 존재가 바로 사탄입니다. 예수 그리스도가 하나님의 아들임을 믿지 않는 유대인들을 향해 예수님은 *"너희는 너희 아비 마귀에게서 났으니 너희 아비의 욕심대로 너희도 행하고자 하느니라 그는 처음부터 살인한 자요 진리가 그 속에 없으므로 진리에 서지 못하고 거짓을*

말할 때마다 제 것으로 말하나니 이는 그가 거짓말쟁이요 거짓의 아비가 되었음이라"(요 8:44)고 교훈하셨습니다. 예수님을 믿지 않는 자들을 향해서 예수님이 친히 그들에게 사탄에게서 난 자들이라 하셨다는 사실을 기억하기를 바랍니다.

다음 11절은 "악에서 떠나 선을 행하고 화평을 구하며 그것을 따르라"는 교훈입니다. 《새번역》으로는 "악에서 떠나, 선을 행하며, 평화를 추구하며, 그것을 좇아라."입니다. 그리스도인이라면, 하나님을 믿는 자라면 당연히 해야 할 행동이 "악에서 떠나"는 것입니다. 악에 머무는 자들이 어떤 삶을 살고 심판 때에 어떻게 되는지 시편 1편에 명확히 기록되어 있습니다.

1. 복 있는 사람은 악인들의 꾀를 따르지 아니하며 죄인들의 길에 서지 아니하며 오만한 자들의 자리에 앉지 아니하고
2. 오직 여호와의 율법을 즐거워하여 그의 율법을 주야로 묵상하는도다
3. 그는 시냇가에 심은 나무가 철을 따라 열매를 맺으며 그 잎사귀가 마르지 아니함 같으니 그가 하는 모든 일이 다 형통하리로다
4. 악인들은 그렇지 아니함이여 오직 바람에 나는 겨와 같도다
5. 그러므로 악인들은 심판을 견디지 못하며 죄인들이 의인들의 모임에 들지 못하리로다
6. 무릇 의인들의 길은 여호와께서 인정하시나 악인들의 길은 망하리로다

악인들은 꾀로 사람들을 속이거나 꾀에 속는 사람들입니다. 죄를 짓고 살아가는 오만한 자들입니다. 그런 자들의 사상과 가치관을 따르고 함께 살아가는 자들 역시 악인들입니다. 결정적으로 악인들은 "여호와의 율법을 즐거워하여 그의 율법을 주야로 묵상하는" 자들이 아닙니다.

하나님의 말씀을 믿고 따르지 않는 사람들입니다. 그들은 "오직 바람에 나는 겨"처럼 가볍고 허무한 존재입니다. 그리고 하나님의 심판을 받아 영원히 망하게 됩니다.

베드로 사도는 이어서 "선을 행하고"라고 했는데, 선을 행할 수 있는 길은 바울이 디모데에게 교훈한 내용 즉 "악한 사람들과 속이는 자들은 더욱 악하여져서 속이기도 하고 속기도 하나니 그러나 너는 배우고 확신한 일에 거하라 너는 네가 누구에게서 배운 것을 알며 또 어려서부터 성경을 알았나니 성경은 능히 너로 하여금 그리스도 예수 안에 있는 믿음으로 말미암아 구원에 이르는 지혜가 있게 하느니라 모든 성경은 하나님의 감동으로 된 것으로 교훈과 책망과 바르게 함과 의로 교육하기에 유익하니 이는 하나님의 사람으로 온전하게 하며 모든 선한 일을 행할 능력을 갖추게 하려 함이라"(딤후 3:13~17)는 말씀에서 알 수 있습니다. 즉 성경을 통한 교육 없이는 "모든 선한 일을 행할 능력"을 갖출 수 없습니다. 마태복음 19장 16~17절 "어떤 사람이 주께 와서 이르되 선생님이여 내가 무슨 선한 일을 하여야 영생을 얻으리이까 이르시되 어찌하여 선한 일을 내게 묻느냐 선한 이는 오직 한 분이시니라 네가 생명에 들어가려면 계명들을 지키라"는 말씀을 통해서 알 수 있는 것은 "선한 일"의 시작은 바로 하나님의 말씀을 믿고 지키는 것입니다. 또한 하나님의 존재 자체를 믿지 않는 것 역시 악을 행하며 사는 것입니다. "어리석은 자는 그의 마음에 이르기를 하나님이 없다 하는도다 그들은 부패하고 그 행실이 가증하니 선을 행하는 자가 없도다"(시편 14:1)라는 말씀을 통해 알 수 있습니다. 하나님을 믿지 않는 자는 어리석은 자요, 부패한 자요, 행실이 가증한 자요, 선을 행하지 않는 악한 자임을 명심하기를 바랍니다. "사랑하는 자여 악한 것을 본받지 말고 선한 것을 본받으라 선을 행하는 자는 하나님께 속하고 악을 행하는 자는 하나님을 뵈옵지 못하였느니라"(요삼 1:11)는 말씀을 마음에 새기기를 바랍니다.

다음으로 "화평을 구하며 그것을 따르라"고 명령했습니다. "악을 꾀하는 자의 마음에는 속임이 있고 화평을 의논하는 자에게는 희락이 있느니라"(잠 12:20)는 말씀과 같이 그리스도인들이 추구해야 할 일은 화평입니다. 그래서 베드로는 시편 34편 14절 "악을 버리고 선을 행하며 화평을 찾아 따를지어다"라고 그대로 인용한 것입니다. "그러므로 우리가 믿음으로 의롭다 하심을 받았으니 우리 주 예수 그리스도로 말미암아 하나님과 화평을 누리자"(롬 5:1)는 말씀처럼 먼저 우리는 "하나님과 화평을" 누려야 합니다. "곧 우리가 원수 되었을 때에 그의 아들의 죽으심으로 말미암아 하나님과 화목하게 되었은즉"(롬 5:10)이라는 말씀처럼 하나님과 화목하게 되었기에 이제는 사람들과 화목해야 합니다. 악인조차도 겉으로는 화평을 말하기도 합니다. 그러나 진정한 화평은 마음에서부터 우러나는 것입니다. 그래서 다윗은 "악인과 악을 행하는 자들과 함께 나를 끌어내지 마옵소서 그들은 그 이웃에게 화평을 말하나 그들의 마음에는 악독이 있나이다"(시편 28:3)라고 하나님께 간구했던 것입니다. 예레미야 선지자를 통해 하나님은 죄악에 빠진 유다 백성을 향해, 특히 입으로만 평화를 말하는 자들을 향해 이렇게 예언하도록 하셨습니다.

3. 여호와의 말씀이니라 그들이 활을 당김 같이 그들의 혀를 놀려 거짓을 말하며 그들이 이 땅에서 강성하나 진실하지 아니하고 악에서 악으로 진행하며 또 나를 알지 못하느니라

4. 너희는 각기 이웃을 조심하며 어떤 형제든지 믿지 말라 형제마다 완전히 속이며 이웃마다 다니며 비방함이라

5. 그들은 각기 이웃을 속이며 진실을 말하지 아니하며 그들의 혀로 거짓 말하기를 가르치며 악을 행하기에 지치거늘

6. 네가 사는 곳이 속이는 일 가운데 있도다 그들은 속이는 일로 말미암아 나를 알기를 싫어하느니라 여호와의 말씀이니라

7. 그러므로 만군의 여호와께서 이와 같이 말씀하시되 보라 내가 내 딸 백성을 어떻게 처치할꼬 그들을 녹이고 연단하리라

8. 그들의 혀는 죽이는 화살이라 거짓을 말하며 입으로는 그 이웃에게 평화를 말하나 마음으로는 해를 꾸미는도다

9. 내가 이 일들로 말미암아 그들에게 벌하지 아니하겠으며 내 마음이 이런 나라에 보복하지 않겠느냐 여호와의 말씀이니라(렘 9:3~9)

끝으로 12절 "주의 눈은 의인을 향하시고 그의 귀는 의인의 간구에 기울이시되 주의 얼굴은 악행하는 자들을 대하시느니라 하였느니라"는 말씀을 살펴보겠습니다. 먼저 하나님을 구체적으로 의인화한 내용이 나오는데, 눈과 귀와 얼굴을 가진 존재로 묘사되어 있습니다. 특이한 점은 눈과 귀는 의인, 얼굴은 악인에게 맞추어져 있는 것입니다. "주의 눈은 의인을 향하시고"는 의인을 지켜보시는 눈으로 돌봄과 보호를 뜻합니다. "그의 귀는 의인의 간구에 기울이시되"라는 말씀과 같이 하나님은 그의 백성의 기도를 들으십니다. 시편 34편 17~18절 "의인이 부르짖으매 여호와께서 들으시고 그들의 모든 환난에서 건지셨도다 여호와는 마음이 상한 자를 가까이 하시고 충심으로 통회하는 자를 구원하시는도다"는 말씀을 통해서 분명히 알 수 있습니다. 반면에 "주의 얼굴은 악행하는 자들을 대하시느니라"는 말씀은 악인에 대한 심판의 말씀인데, 베드로는 시편 34편 16절 "여호와의 얼굴은 악을 행하는 자를 향하사 그들의 자취를 땅에서 끊으려 하시는도다"는 말씀을 간단히 인용했습니다. 앞에서 이미 언급했듯이 시편 1편 5~6절 "그러므로 악인들

 

은 심판을 견디지 못하며 죄인들이 의인들의 모임에 들지 못하리로다 무릇 의인들의 길은 여호와께서 인정하시나 악인들의 길은 망하리로다"라는 말씀과 같이 악인에 대한 심판은 확실히 정해져 있음을 기억하기를 바랍니다.

이와 반면에 의인들은 하나님의 보호 속에 있기에, 서로 마음으로 하나가 되기 어려운 사람들과 적대적인 사람들에 대해서도 사랑을 베풀고 그들을 축복해야 하는 것입니다. 이제 하나님의 은혜로 영원한 생명을 얻은 자들은 구약시대 백성이 복을 누리기 위하 조건으로 지켜야 했던 덕목을 이제 당연히 실천해야 한다는 뜻으로 고훈한 것임을 확실히 깨닫고, "혀를 금하여 악한 말을 그치며 그 입술로 거짓을 말하지 말고 악에서 떠나 선을 행하고 화평을 구하며 그것을 따르라"는 명령이 오늘 우리에게도 주어진 것임을 명심하기를 바랍니다. 아멘.

(2025년 5월 11일)

# 위인들의 양심선언과 그리스도인의 선한 양심

13. 또 너희가 열심으로 선을 행하면 누가 너희를 해하리요

14. 그러나 의를 위하여 고난을 받으면 복 있는 자니 그들이 두려워하는 것을 두려워하지 말며 근심하지 말고

15. 너희 마음에 그리스도를 주로 삼아 거룩하게 하고 너희 속에 있는 소망에 관한 이유를 묻는 자에게는 대답할 것을 항상 준비하되 온유와 두려움으로 하고

16. 선한 양심을 가지라 이는 그리스도 안에 있는 너희의 선행을 욕하는 자들로 그 비방하는 일에 부끄러움을 당하게 하려 함이라

17. 선을 행함으로 고난 받는 것이 하나님의 뜻일진대 악을 행함으로 고난 받는 것보다 나으니라

베드로전서 본론(1:3~5:11) 중 첫 번째 맥락은 그리스도인의 구원과 거룩한 삶에 대한 원론적이고 일반적인 교훈이고(1:3~2:10), 두 번째 맥락은 구원받은 그리스도인들이 이 세상에서 어떤 삶을 살아야 하는지 교훈한 구체적인 윤리입니다(2:11~5:11). 두 번째 맥락은 주로 특정 대상 또는 특정 상황에 대한 것인데, 다섯 가지로 구분해서 지난 주일까지 살펴보았습니다. 그 다섯 가지는 정부나 통치자에 대한 시민의 윤리, 주인에 대한 종의 윤리, 남편에 대한 아내의 윤리, 아내에 대한 남편의 윤리, 그리고 하나 되기 어렵고 적대적인 사람들에 대한 그리스도인 공동체 즉 '천국 백성'의 윤리에 대한 것이었습니다. 이제 3장 13절부터 5장 11절까지는 특별히 '그리스도인의 고난'에 대한 것으로, 그리스도인에게 집중되는 박해와 환란이라는 피할 수 없는 고난을 어떻게 통과할 것인가에 대한 교훈입니다. 오늘은 3장 13~17절을 살펴봄으로써 그리스도인들이 의를 위해 겪게 될 고난을 어떤 마음가짐으로 어떻게 견디고 통

과하는지 깨닫는 시간이 되기를 바랍니다.

베드로 사도는 먼저 "*또 너희가 열심으로 선을 행하면 누가 너희를 해하리요*"라고 함으로써, 앞의 내용과 관련된 말을 했습니다. 3장 8~12절 내용을 통해서 하나 되기 어렵고 적대적인 사람들에 대한 윤리를 다룰 때 그리스도인이 당하게 될 고난을 미리 교훈했는데, 본격적으로 고난에 대해 다루기 전에 먼저 언급한 그 내용은 앞으로 다룰 그리스도인의 고난의 삶에 대한 서론적 교훈에 해당함을 알 수 있습니다. "*또 너희가 열심으로 선을 행하면 누가 너희를 해하리요*"라는 이 말씀을 통한 베드로 사도의 의도는 "*보라 주 여호와께서 나를 도우시리니 나를 정죄할 자 누구냐 보라 그들은 다 옷과 같이 해어지며 좀이 그들을 먹으리라*"(사 50:9)는 말씀처럼 하나님을 의지하는 자들을 하나님이 친히 보호하시기에 그 어떤 자들도 하나님의 사람들을 해칠 수 없다는 뜻을 전하고자 한 것입니다. 그런데 문제는 우리가 '사필귀정'(事必歸正)을 말하고 "거짓은 참을 이길 수 없다"라고 말하지만, 이 세상에서는 실제로 억울하고 부당한 일이 항상 존재하기에 그런 말이 절대적으로 적용되지는 않는다는 사실입니다. 그래서 존 칼빈은 베드로전서 주석에서 플라톤의 『국가론』 제1권 중 "불의는 피차간의 다툼과 증오와 전쟁의 원인이 되지만, 공의는 피차간의 일치와 우정을 가져다준다"라는 말을 인용하면서도, 세상에서는 이 말이 보편적으로는 옳지만 절대적이지는 않다고 했습니다. 그래서 그리스도인들이 세상에서 친절과 우정으로써 악한 자들을 진정시키려 애쓰지만, 여전히 부당한 공격을 당하는 일이 종종 있다고 했습니다. 비록 상대적이지만 그리스도인이 아닌 사람들도 어느 정도 선을 행하고, 정의롭게 사는 경우가 많습니다. 그런데도 이 세상에서는 인정받지 못하고 심지어 부당한 대우를 받기도 하는 것이 사실입니다. 그래서 이 세상의 삶을 진정한 끝으로 볼 때는, 바르게 살아도 부당하게 대우받을 수 있고, '사필귀정'이나 "거짓은 참을 이길 수 없다"라는 말이 항상 적용되지는 않기에 세상은 부조리합니다. 그렇지만 결코 이 세상이 끝이 아님을 믿는 그리스도인들에게는 부조리한 세상이 끝도 아니고 전부도 아니기에, '사필귀정'이나 "거짓은 참을 이길 수 없다"라는 말을 오히려 완전하고 절대적인 진리로 받아들여야 합니다. 예수님은 "몸은 죽여도 영혼은 능히 죽이지 못하는 자들을 두려워하지 말고 오직 몸과 영혼을 능히 지옥에 멸하실 수 있는 이를 두려워하라"(마 10:28)는 말씀을 제자들에게 특별히 강조하셨습니다. 또한 바울 사도는 "만일 그리스도 안에서 우리가 바라는 것이 다만 이 세상의 삶뿐이면 모든 사람 가운데 우리가 더욱 불쌍한 자이리라"(고전 15:19)는 말씀을 통해 이 세상의 삶만으로 인간의 존재가 끝나는 게 아님을 분명히 교훈했습니다. 그러므로 본문의 일곱 가지 교훈 중 첫째 교훈은 '선을 행하는 사람을 해할 자는 이 세상에서 존재하지 않는다'라는 것인데, 어떤 악한 사람도 선한 사람을 해칠 수 없다는 것으로, 결코 그리스도인을 해칠 악인은 이 세상에 존재하지 않음을 확실히 믿기 바랍니다. 해치는 건 다만 그 육체까지만 해당할 뿐이고, 영혼은 결코 죽이지 못한다는 사실을 명심하기를 바랍니다.

두 번째 교훈은 14절 앞부분 "그러나 의를 위하여 고난을 받으면 복 있는 자니"라는 내용입니다. 산상보훈으로 알려진 예수님의 가르침 중 "의를 위하여 박해를 받은 자는 복이 있나니 천국이 그들의 것임이라"(마 5:10)는 말씀을 그대로 적용해서 가르친 내용입니다. 베드로는 예수님으로부터 이 교훈을 직접 받았고, 하나님의 의를 위해 핍박과 고난을 몸소 겪은 예수님을 직접 목격한 제자였기에 이 교훈은 당시 큰 박해와 환란을 목전에 둔 소아시아 지역 그리스도인들에게 진지함, 엄숙함, 비장함, 그리고 장래에 대한 소망의 확신을 주기에 충분한 교훈이었습니다. 그러나 당시 그리스도인 중에는 "의인이 땅을 차지함이여 거기서 영원히 살리로다"(시 37:29)라는 말씀과 달리 이 땅에서 박해받고 고난받는 삶을 이어가는 것을 받아들이지 못하고 하나님의 말씀을 전반적으로 이상하게 여기는 즉 의심하는 사람들이 있었습니다. 나중에 살펴보겠지만 베드로전서 4장 12절 "사랑하는 자들아 너희를 연단하려고 오는 불 시험을 이상한 일 당하는 것 같이 이상히 여기지 말고"라고 교훈한 사실을 통해서도 알 수 있습니다. 왜 그리스도인이 핍박당하고 고난받아야 하는지 이해하지 못한 사람들이 꽤 있었던 것입니다. 복음은 단지 땅에서 오래 살고 좋은 날들을 많이 보낼 수 있다는 소식이 아니라, 땅에 사는 자들에게 주는 하늘의 소식임을 항상 기억하기를 바랍니다.

그래서 세 번째 교훈이 그들에게 꼭 필요했는데, 다름 아닌 위협을 당해도 두려워 말고 근심하지 말라는 뜻으로 "그들이 두려워하는 것을 두려워하지 말며 근심하지 말고"라고 했습니다. "그들이 두려워하는 것"은 '저희가 느끼는 두려움' 또는 '저희가 주는 두려움' 즉 두려움을 당하는 자들 또는 '두려움을 주는 자들'이라는 내용 중심으로 해석하는 경향이 있습니다. 베드로 사도가 이 부분의 교훈을 이사야 8장 12절 "이 백성이 반역자가 있다고 말하여도 너희는 그 모든 말을 따라 반역자가 있다고 하지 말며 그들이 두려워하는 것을 너희는 두려워하지 말며 놀라지 말고"의 말씀을 인용했기 때문입니다. 이 인용 구절에는 이사야 선지자 당시 유다 백성의 불신앙이 내포되어 있습니다. 아람 왕 르신과 북쪽 이스라엘 왕 베가의 동맹은 남쪽 유다 백성에게는 큰 위협과 두려움이었습니다. 그런 상황에서 유다 왕 아하스는 하나님을 의지하기보다 앗수르 왕을 의지함으로써 나머지 백성도 힘으로 세상을 지배하려는 악한 앗수르를 의지하도록 이끌고 말았던 것입니다. 당시 유다는 북쪽 이스라엘과 아람의 위협을 무서워할 필요가 없었습니다. 또한 악한 강대국 앗수르를 의지할 것이 아니라 세상 모든 나라와 민족을 심판하실 수 있는 하나님을 의지해야 했습니다. 이런 상황에서 이사야 선지자를 포함한 경건한 자들도 유다 왕과 백성처럼 똑같이 두려워할 수 있었습니다. 그래서 하나님은 "그들이 두려워하는 것을 너희는 두려워하지 말며 놀라지 말고"라고 말씀하셨습니다. 다만 베드로는 이사야 선지자의 글을 인용했지만, 소아시아 지역 교회들이 박해와 고난을 겪을 때 박해를 가하는 자들의 악랄하고 잔인한 모습이나 그들의 포악한 행위에 대해 두려워하지 말라고 한 것입니다. 당시로부터 약 700년 전에 유다 백성이 느꼈던 공포를 소아시아 지역 그리스도인들 역시 겪게 되겠지만, 사람들이 무서워서 하나님 대신에 앗수르를 의지했던 것처럼 그렇게 두려워하는 일이 없도록 교훈한 것임을 깨닫기를 바랍니다.

다음은 네 번째 교훈인데, 핍박하는 자들 가운데서, 또는 고난받는 상황에서 그리스도를 주님으로 마음에 모시고 거룩하게 대하라고 했습니다. "너희 마음에 그리스도를 주로 삼아 거룩하게 하고"라는 말씀은 그리스도인 외에는 그 어떤 누구도 이해할 수 없는 교훈입니다. 그리스도를 믿지 않는 다른 모든 사람은 신(神)이 눈에 보이도록 존재하든지, 아니면 눈으로는 볼 수 없더라도 귀로 들을 수 있도록 소리라도 느낄 수 있도록 존재하든지, 아니면 초자연적인 현상을 통해서 필요할 때마다 신이 존재한다는 증명을 하든지 해야만 이해할 수 있고 받아들일 수 있기에 이 교훈을 절대로 이해할 수 없습니다. 그러나 환란 가운데 있는 그리스도인들에게는 가장 중요한 교훈입니다. 고난으로 인해 그리스도의 존재를 의심할 수 있는 상황이기 때문에 그들이 믿는 그리스도의 존재에 대해 더 확실한 믿음을 가지고 마음으로 모시면서 거룩하게 대하라는 말씀입니다. 그리스도를 모르는 세상 사람들은 고난과 환란에서 피하는 방법이나 눈에 보이는 의지할 대상을 찾으라고 할 것입니다. 아니면 극심한 고통을 피하는 마지막 수단인 자살을 택하라고 할 것입니다. 그러나 베드로는 교회들을 향해 확실하고 안전한 피난처인 그리스도를 마음에 모시라고 했습니다. 시편 기자가 "주는 *나의 피난처시요 원수를 피하는 견고한 망대이심이니이다*"(시 61:3)라고 했던 것처럼 그렇게 의지하라는 뜻입니다. 본문의 교훈을 일곱 가지로 나누었을 때, 앞 세 가지와 뒤 세 가지의 중심에 오는 교훈으로써 가장 중요한 교훈이라 할 수 있습니다. 이 교훈을 받아들여서 실천하지 않으면 나머지 모든 교훈은 의미가 없고 소용이 없어집니다. 오직 예수 그리스도를 거룩한 주님으로 마음에 모실 때 "*평안을 너희에게 끼치노니 곧 나의 평안을 너희에게 주노라 내가 너희에게 주는 것은 세상이 주는 것 같지 아니하니라 너희는 마음에 근심도 말고 두려워하지도 말라*"(요 14:27)는 말씀이 성취됨을 깨닫기를 바랍니다.

다섯 번째 교훈은 핍박하는 사람들이 조롱과 경멸의 의미로, 아니면 놀라움과 호기심으로, 또는 정말로 궁금해서 질문을 하든, 그리스도를 믿는 자들의 마음에 소망이 있는 이유를 물으면 항상 답을 준비하라는 말씀입니다. 그 물음에 진정성이 있든 없든 상관없이 진지한 답을 준비하라는 말씀입니다. 사람들은 때로는 법적인 신문(訊問)으로써 물을 수 있고, 경멸과 조롱을 더 심하게 하려는 목적으로 야비하게 물을 수 있습니다. 아울러, 핍박과 경멸 속에서도 굴하지 않는 그리스도인의 믿음과 소망에 대해 실제로 궁금하고 경이로워서 물을 수도 있습니다. 만약 이런 상황에서 믿음과 소망에 대해 답변을 제대로 하지 못한다면, 고난받는 일을 견디는 것 자체가 사람들에게 어리석게 보일 것입니다. 그런 상황에서 그리스도에 대한 견고한 믿음과 장래에 대한 소망을 품는 이유를 말하지 못한다면, 그만큼 복음을 모르는 반증입니다. 고난을 견딜만한 힘도 없는 것입니다. 높고 탄탄한 방파제를 해일이나 파도가 무너뜨릴 수 없듯이 미리 대비하면서 믿음을 견고하게 하고 확신에 찬 소망을 품는다면 어떤 핍박과 고난의 파도도 견딜 수 있을 것입니다. 준비한 만큼 견딜 수 있습니다. 그래서 항상 예수 그리스도의 복음에 대해 깊이 알고, 영원한 하나님의 나라에서 복락을 누리게 될 소망을 단단히 붙잡아야 합니다. 그렇게 할 때 "너희 속에 있는 소망에 관한 이유를 묻는 자에게는 대답할 것을 항상 준비하되"라는 말씀에 부합한 삶을 살게 됩니다. 다만 그렇게 준비하거나 그런 상황을 맞닥뜨리게 될 때 "온유와 두려움으로" 해야 합니다. 우리를 향해서 상대방이 비방하고 욕을 하고 고통을 주더라도 "온유"한 태도로 해야 합니다. 베드로는 앞서 "악을 악으로, 욕을 욕으로 갚지 말고 도리어 복을 빌라 이를 위하여 너희가 부르심을 받았으니 이는 복을 이어받게 하려 하심이라"(벧전 3:9)고 교훈했습니다. 예수님도 제자들을 향해 "온유한 자는 복이 있나니"(마 5:5)라고 하셨습니다. 그리고 "두려움으로" 하라고 했는데, 이는 사람들에 대해 그런 태도로 대하라는 뜻이 아니라 '하나님을 두려워하는 마음'을 가진 상태로 사람을 대하라는 뜻입니다.

여섯 번째 교훈은 "선한 양심을 가지라"는 말씀입니다. 사람에게는 누구에게나 양심이 있습니다. 자연인에게 있는 양심의 기능은 비록 제한적이고 온전하지 않지만, 어떤 태도나 행위에 대해 보편적으로 인정받는 옳음과 그름을 본능적으로 구별하는 것입니다. 양심은 비록 시대나 지역이나 문화나 종교나 교육에 따라 다르게 작용하는 면도 있지만, 도덕적 의식 또는 좋은 마음씨로 인간이라면 누구나 가지고 있기에, 항상 다른 사람도 자기 자신처럼 가지고 있기를 바라는 마음이기도 합니다. 사람들이 세상을 살아가면서 다소 조심스러우면서도 대체적으로는 사람들을 신뢰하면서 살아갈 수 있다는 것은 누구에게나 양심이 있다고 믿기 때문이고, 그 양심이 보편적으로 인정할만한 방식으로 작동할 것으로 예상하기 때문입니다. 그리스어 '양심'(συνείδησις 쉬네이데시스)은 보편적인 도덕 원칙을 어떤 상황에 적용하는 능력이고, 선악을 판단하는 내적인 의식입니다. 이스라엘 백성에게만 주어졌던 행위에 대한 규범인 율법을 대신하는 것으로써, 하나님은 모든 사람의 마음에 양심을 주셨기에, 율법을 받지 않았다고 할지라도 양심이 율법과 같은 기능을 하므로 율법을 지키지 못한 것에 대한 하나님의 심판을 피할 수 없다고 사도 바울은 로마서를 통해 교훈했습니다(롬 2:12~16).

우리 말 '양심'(良心)도 그리스어 '양심'과 크게 다르지는 않습니다. '좋은 마음' 또는 '어진 마음'(훌륭하고, 아름답고, 온순하고, 베푸는 마음을 뜻함)으로, 사실상 그런 마음에서 우러나오는 태도와 행동을 포함한 뜻입니다. 태도와 행동을 통해 그런 마음이 겉으로 드러나기 때문입니다. 우리가 사는 세상이 따뜻하고 안심할 수 있고 신뢰할 수 있으려면 양심이 어느 수준 이상 기능을 하는 사람들이 많아야 합니다. 그러나 사람들 대부분은 양심이 있더라도 적극적이기보다는 소극적입니다. 게다가 거짓되고 사악한 사람들이 힘을 가진 사회에서는 양심을 적극적으로 드러내고 뛰어난 양심으로 행동하고 살아가는 일이 쉽지 않습니다. 우리나라와 중국은 근대 역사에서 외세에 의한 격변기를 겪었는데, 그 시기였던 19세기 말부터 20세기 초에 태어난 중국 학자와 정치지도자 중 노신(루쉰, 1881~1936), 장개석(1887~1975), 임어당(린위탕, 1895~1976), 주은래(저우언라이, 1898~1976), 낙빈기(뤄빈지, 1917~1994) 등과 같은 사람들은 일반 사람들에 비해서 훌륭한 양심을 가진 사람들이었습니다. 적어도 우리 민족이나 세계인의 관점에서 보면 말입니다. 이들은 모두 한자(漢字)가 동이족이 만든 한자(韓字, 서글[書契])라고 양심적으로 인정했습니다. 주은래는 중국인이 가장 존경하는 인물 중 손가락으로 꼽는 사람이기도 한데, 1949년부터 1976년까지 중국 공산당 총리였고, 마오쩌둥 시대 당서열 3위(실제 제2인자) 인물이었습니다. 그는 1963년 6월 28일 중국을 방문한 북한 조선과학원 대표단 20명과 만난 자리에서 중국의 역사 왜곡에 대해 양심선언을 했습니다. 조선의 조상 나라 중 하나였던 청나라에 의해 중국이 이토록 넓은 땅을 차지하게 된 점도 고맙게 여겼고, 중국 중화주의 역사가들에 의해 조선이 고대부터 중국의 속국이었다고 날조된 점을 인정했으며, 역사의 진실성이 회복되어야 한다고 말했습니다. 그는 중국의 남부지역 역시 벼농사, 언어의 유사성, 방에 들어갈 때 신발을 벗는 문화 등을 고려할 때 중국이 아닌 고조선부터 이어진 한국의 역사일 것이라 말했습니다. 낙빈기는 중국 문자(文字)의 아버지로 칭송받는 인물인데, 그는 《금문신고》(金文新攷)를 통해 사마천과 공자가 왜곡한 중국 역사의 허구를 드러냈고, 삼황오제(三皇五帝)를 비롯한 고조선의 실제 역사를 복원했으며, 한자를 한국어와 비교해서 동이족의 문자임을 밝힘으로써 그의 책은 중국에서 금서(禁書)가 되었습니다. 그래서 중국 역사가들은 삼황오제 시대를 일부로 신화로 만들어버리고, 고조선의 역사를 없애버리거나 그 이후 역사를 중국의 역사로 편입해버린 것입니다.

또한 미국 컬럼비아(Columbia) 대학교에서 일본 미술사를 연구하다가 한국의 역사와 문화를 세계에 널리 알린 존 카터 코벨(Jon Carter Covell, 1910~1996) 박사도 양심적인 학자 중 한 사람이었습니다. 백인으로는 최초로 그녀는 일본 미술사 박사학위를 받고 일본까지 와서 많은 연구 업적을 남겼고 일본 문화훈장도 받았습니다. 그녀는 일본에서 명예를 누릴 수도 있었는데, 오히려 노년이었던 1978년부터 1986년까지 8년간 아들과 함께 우리나라에 들어와서 정부나 학계로부터 제대로 대우나 인정도 받지 못한 열악한 상황에서도 연구를 거듭한 끝에 일본의 모든 문화의 뿌리가 한국이었다는 사실을 밝혀냈습니다. 그녀는 일본 미술과 문화재를 연구하다가 그 시작이 한국이라는 사실을 알게 된 것입니다. 게다가 일본인 조상의 상당수가 한국에서 건너온 사람들임을 찾아냈습니다. 그녀는 유네스코에서 세계 4대 문명보다 앞선 한국의 요하문명(遼河文明)에 대해 발표했고, 중국과 일본이 고대부터 현재까지 아시아 역사를 왜곡했다고 양심선언을 했습니다. 그녀의 연구에 따르면, 고대 중국과 일본의 지도자들은 한국인이었다는 것입니다. 그러니까 중국과 일본은 자기들이 위대한 한국인의 지도자라고 우겼던 것입니다. 그런데 현재 우리나라 민중은 한류 문화를 통해 세계를 선도해가는데, 놀랍게도 지도자들은 역사를 복원할 생각도 없고, 그런 의식조차 없이 대부분 기득권을 누리는 일에만 혈안이 되어 있음을 보게 됩니다. 조선시대에는 소중화사상(小中華思想)에 편승하고, 일제강점기어는 친일(親日[일본과 친하다는 뜻이 아니라 아버지로 여기는 정신과 행위])로 일제에 부역하고, 해방 후 80년이 되었는데도 여전히 일제의 영향에서 벗어나지 못하고 있습니다. 중국은 낙빈기의 《금문신고》가 두렵고, 일본은 존 코벨의 연구 결과가 두려울 것입니다. 훌륭한 양심을 가진 자들을 세상 사람들은 두려워할 수밖에 없습니다. 이처럼 훌륭한 양심은 세상에서 꼭 필요합니다. 세상을 더 밝게 하고, 더 바르게 하고, 더 아름답게 할 것입니다. 우리나라 학자들과 정치지도자들이 하지 못한 일을 코벨은 학자의 양심에 따라 한국과 일본 사이에 얽힌 역사 문제와 문화적 기원에 대해 밝혀낸 것입니다. 낙빈기, 저우언라이, 그리고 코벨과 같은 사람들의 훌륭한 양심이 거짓되고 어두운 이 세상을 그나마 정의롭고 밝게 해주는 기능을 합니다. 우리는 이분들에게 큰 빚을 지고 있는 것입니다. 그러나 하나님 앞에서는 이런 훌륭한 양심도 상대적이고 불완전한 양심에 불과합니다. 바로 그런 양심이 *"만물보다 거짓되고 심히 부패한 것은 마음이라 누가 능히 이를 알리요마는"*(렘 17:9)이라는 말씀과 같이 *"거짓되고 심히 부패한"* 마음에 주어져 있기 때문입니다. 비록 세상에는 하나님을 믿지 않는 사람 중에서 상대적으로 훌륭한 양심을 가진 자들이 있다고 할지라도 그런 사람의 마음 자체도 절대적으로 부패한 상태라는 사실을 명심하기를 바랍니다. 세상 만물과 인간을 지으시고 다스리시는 여호와 하나님을 인정하지 않고 거부한다면, 양심을 주신 하나님에 대한 심각한 불충이요 오만한 태도요 악한 행위임을 깨닫기를 바랍니다. 그래서 베드로 사도는 그리스도인들에게 *"선한 양심을 가지라"*고 했습니다. 이 명령은 오직 그리스도인들에게만 해당합니다. 예수님은 유대인 지도자로서 훌륭한 사람이었던 니고데모에게 *"사람이 거듭나지 아니하면 하나님의 나라를 볼 수 없느니라"*(요 3:3)고 하셨습니다. 거듭나지 않고서는 부패한 마음을 그대로 가지고 있는 것입니다. 부패한 마음을 가지고 살다가 결국에는 죽음에 이르게 됩니다. 거듭난다는 것은 그리스도를 믿고 성령을 받아야만 가능한 일로써(요 3:5), 인간의 영혼과 마음이 모두 새롭게 되는 것입니다. 그러나 거듭남과 동시에 즉시 완전하고 새로워지지는 않습니다. 모든 부분에서 점진적으로 거룩하게 변화됨을 뜻합니다. 특히 양심이 새롭게 됨으로써 하나님을 두려워하는 마음이 생기므로 사람에 대한 두려움도 없어집니다(토머스 보스턴, 『인간 본성의 4중 상태』, 211~223쪽). 그래서 사도 바울은 유대인들로부터 공회에 고발당하고 살해 위협을 당하는 속에서도 두려움이 없었습니다. "바울이 공회를 주목하여 이르되 여러분 형제들아 오늘까지 나는 범사에 양심을 따라 하나님을 섬겼노라 하거늘"(행 23:1)이라는 구절에서 "양심을 따라"라는 부분은 바울이 그리스도를 믿고 난 후 사롭게 변화된 상태의 두려움 없는 양심을 뜻합니다. 즉, 그리스도 안에서 얻게 된 '새로운 양심'입니다. 히브리서 기자는 "우리를 위하여 기도하라 우리가 모든 일에 선하게 행하려 하므로 우리에게 선한 양심이 있는 줄을 확신하노니"(히 13:18)라고 말했습니다. 하나님을 믿고 은혜로 얻게 된 "선한 양심"을 의미합니다. 본문에 제시된 베드로의 일곱 가지 교훈 중에서 "선한 양심을 가지라"는 명령은 핍박과 박해를 견디고 이겨내는 무기와 같은 것임을 피력한 것입니다. "선한 양심을 가지라 이는 그리스도 안에 있는 너희의 선행을 욕하는 자들로 그 비방하는 일에 부끄러움을 당하게 하려 함이라"는 말씀을 통해 "선한 양심"이 곧 그리스도인들을 멸시하고 비방하고 박해하는 자들을 부끄럽게 만드는 결정적인 힘이요 능력이라고 교훈한 것임을 깨닫고 "선한 양심"을 가지고 살기를 바랍니다.

일곱 번째 교훈은 "선을 행함으로 고난 받는 것이 하나님의 뜻"이라는 것입니다. 이 교훈은 사도 바울이 골로새 교회를 향해 "나는 이제 너희를 위하여 받는 괴로움을 기뻐하고 그리스도의 남은 고난을 그의 몸된 교회를 위하여 내 육체에 채우노라"(골 1:24)고 고백한 내용과 깊은 관련이 있습니다. 다만 바울이 "그리스도의 남은 고난"이라고 했을 때는 그리스도께서 고난을 덜 채우고 이 세상에 남기고 가셨다는 뜻이 아니라, 그리스도와 그의 몸 된 교회가 당하는 고난 중 먼저 그리스도께서 당하셨고, 이제 남은 것은 교회가 당할 일이라는 뜻으로 순서를 의미한 것으로 이해해야 합니다. 예수님은 교회를 핍박하던 사울을 향해 "사울아 사울아 네가 어찌하여 나를 박해하느냐"(행 9:4)고 하셨는데, 이는 예수님이 당하신 고난과 교회가 당하는 고난을 하나의 고난으로 말씀하신 것입니다. 이 말씀을 잘못 받아들여서 마치 예수님이 당하실 고난의 총량에서 모자란 부분을 성직자들이 채운다는 뜻으로 교리를 세운다면 옳지 않습니다. 이를 가톨릭교회에서는 '공로의 보고[寶庫]'(Treasury of Merit)라 하는데, 성경적으로 근거도 없고 옳지도 않습니다. 그리스도와 성직자들이 '보고'에 가득 채워놓은 공로가 성례를 통해 일반 신자들에게 주어진다는 주장은 터무니없는 것입니다. 이런 교리는 누군가에 의해 계속 공로가 쌓이는 것을 전제로 하기에 그리스도의 속죄가 불완전하다는 사실을 의미하게 되고, 사람들의 공로가 더 많이 쌓일수록 더 많은 은혜가 다른 사람들에게 주어질 수 있다는 논리가 되므로 하나님이 아닌 사람의 공덕으로 은혜를 베풀 수 있다는 논리로 이어집니다. "그리스도의 남은 고난을 그의 몸된 교회를 위하여 내 육체에 채우노라"는 구절은 그리스도가 고난받으셨던 것처럼 그리스도인들에게도 역시 고난이 예정되어 있다는 뜻에서 피할 수 없이 맞닥뜨려야 하는 고난이기에 "남은 고난"이며, "내 육체에 채우노라"는 피할 수 없는 고난이기에 피하지 않고 감당한다는 뜻으로, 오롯이 고난받는 일에 동참한다는 뜻으로 이해해야 합니다. 그러므로 "선을 행함으로" 즉 하나님이 세상에 보내신 구원자 예수 그리스도를 믿고, 천국 복음을 전함으로써 "고난 받는 것이 하나님의 뜻"이라는 사실입니다. "형제들아 세상이 너희를 미워하여도 이상히 여기지 말라"(요일 3:13)는 말씀처럼 세상에 속한 자들이 그리스도인들을 미워하는 것은 당연한 일입니다. "가인 같이 하지 말라 그는 악한 자에게 속하여 그 아우를 죽였으니 어떤 이유로 죽였느냐 자기의 행위는 악하고 그의 아우의 행위는 의로움이라"(요일 3:12)는 말씀처럼 악한 세상은 선한 교회를 미워하고 죽이려 합니다. 그러므로 "선을 행함으로 고난 받는 것이 하나님의 뜻"이라고 교훈한 것입니다. "자녀이면 또한 상속자 곧 하나님의 상속자요 그리스도와 함께 한 상속자니 우리가 그와 함께 영광을 받기 위하여 고난도 함께 받아야 할 것이니라"(롬 8:17)는 말씀과 같이 그리스도와 함께 하나님의 영광을 얻도록, 하나님의 자녀들이 악을 행하지 않고 선을 행함에도 불구하고 고난받도록 뜻하셨다는 사실을 확실히 깨닫기를 바랍니다. 그러므로 "부당하게 고난을 받아도 하나님을 생각함으로 슬픔을 참으면 이는 아름다우나 죄가 있어 매를 맞고 참으면 무슨 칭찬이 있으리요 그러나 선을 행함으로 고난을 받고 참으면 이는 하나님 앞에 아름다우니라"(벧전 2:19~20)는 베드로 사도의 교훈에 비추어, 의와 선을 이어감으로써 고난의 폭풍우 저 너머에 보이는 찬란한 태양을 내다보는 소망을 잃지 않음으로써 고난을 견디고 통과하는 여러분이 되기를 기원합니다. 아멘.

(2025년 5월 18일)

# 죽음에서 삶으로

18. 그리스도께서도 단번에 죄를 위하여 죽으사 의인으로서 불의한 자를 대신하셨으니 이는 우리를 하나님 앞으로 인도하려 하심이라 육체로는 죽임을 당하시고 영으로는 살리심을 받으셨으니

베드로전서 3장 13절부터 5장 11절까지 이어지는 '그리스도인의 고난'에 대한 교훈 중 3장 18절은 이 세상에서 의를 행하고도 고난을 받는 그리스도인들의 삶의 근거와 본보기가 되는 매우 중요한 말씀입니다. 비록 한 구절이지만 많은 교훈을 담고 있습니다. 인류 역사를 볼 때 왜 많은 사람이 그리스도를 믿는지, 그리스도는 무엇을 위해 세상에 오셔서 어떤 일을 하셨는지, 그리고 어떻게 되었는지 알려주는 내용이고, 기독교의 핵심적인 교리와 그리스도인의 삶을 교훈하는 구절이기도 합니다. 아울러 18절 말씀은 지난 본문 3장 13~17절 교훈에 대한 이유를 제시하고, 그 교훈의 맥락도 다음 본문인 19~22절과 이어져 있음을 먼저 알기를 바랍니다.

왜 의인이 억울하게 고난받는 일이 세상에 존재하고, 왜 악인이 형벌을 받지 않는 경우가 존재하는지 사람들이 의문을 품는 것은 당연한 이치입니다. 누구나 양심이 있기에 그렇게 생각합니다. 사도 바울은 "양심이 증거가 되어 그 생각들이 서로 혹은 고발하며 혹은 변명하여 그 마음에 새긴 율법의 행위를 나타내느니라"(롬 2:15)고 말하면서, 법이 없다고 해도 하나님께서 법이나 다름없는 양심을 사람에게 주셨기에 누구에게나 있는 그 양심이 선과 악을 구분하고, 마음속에서 고발이나 변명의 작용을 하는 것이라 했습니다. 그런데 세상은 양심에 비추어 보더라

도 옳지 않은 일이 자주 일어납니다. 또한 세상에서 악인이 받는 고난이나 형벌은 의인이 억울하게 형벌을 당하고 고난받는 것보다는 상대적으로 약하고 가벼운 경우가 많습니다. 하나님의 법정이 아닌 인간의 법정에서는 돈이 많고, 권력이 있고, 명예가 있고, 신분이 높은 사람에게 유리한 판결이 나올 수 있기 때문입니다. 심지어 명백하게 불법인 사건이 재판에 회부가 되지 않는 경우 즉 기소조차 되지 않는 경우도 생기게 마련입니다. 재판하는 판사들도 사람이기에 타락한 본성과 거듭나지 않은 양심의 영향을 받을 수 있고, 그런 양심에는 정치적, 사회적, 또는 인종적 편견이 존재할 수 있습니다. 오로지 법과 판례에 따라 판결하면 되는데, 악한 본성과 개인의 양심을 배제하지 못하는 경우가 있습니다. 예를 들어 개인의 양심에 따른 병역거부처럼 판사도 그런 양심으로 재판에 임하거나, 사사롭고 편향적인 양심의 개입을 배제하지 못하면 법과 판례를 무시하는 판결을 할 수 있는 것입니다. 이처럼 양심이 제 기능을 하지 못하고 이기적이고 편파적으로 기울거나, 타락한 본성의 지배를 받는 세상에서는 권선징악(勸善懲惡)이 온전히 적용되지 않기에, 의를 행하고도 고난을 받거나 형벌을 당하는 일이 생깁니다. 그래서 악인이 악을 계속 이어가고 형통함을 누리는 것과 의인이 억울한 일을 당하는 현상을 목격한 하박국 선지자는 "주께서는 눈이 정결하시므로 악을 차마 보지 못하시며 패역을 차마 보지 못하시거늘 어찌하여 거짓된 자들을 방관하시며 악인이 자기보다 의로운 사람을 삼키는데도 잠잠하시나이까"(합 1:13)라고 하나님께 여쭈었던 것입니다. 시편 기자도 악인의 최후를 깨닫기 전에는 "말하기를 하나님이 어찌 알랴 지존자에게 지식이 있으랴 하는도다 볼지어다 이들은 악인들이라도 항상 평안하고 재물은 더욱 불어나도다 내가 내 마음을 깨끗하게 하며 내 손을 씻어 무죄하다 한 것이 실로 헛되도다"(시 73:11~13)라고 불평했습니다. 비록 잠깐의 생각이었지만, 악인들은 그들이 악을 행해도 여전히 "평안하고 재물은 더욱 불어나"기에 하나님을 무시하고 조롱하기까지 한다고 생각했던 것입니다. 그렇지만 우리는 악인들이 편안하고 조용히 죽는 일을 부러워할 필요가 전혀 없습니다. 그 자체가 하나님의 큰 심판이라고 청교도 존 번연(John Bunyan, 1628~1688)은 다음과 같이 의미심장하게 말했습니다.

> 사악한 자들이 고요히 죽는 것은 하나님께서 행하시는 아주 큰 심판입니다. 악인들이 고요히 죽음으로써 그들에게는 회개할 모든 가능성이 차단되며, 그 구원의 가능성도 모두 차단되기 때문입니다. 그리고 이런 죽음은 그들의 사후에 남겨진 그 친구들에게도 내려지는 큰 심판이기도 합니다. 왜냐하면 자신들의 친구가 고요히 죽은 것을 보고서, 자신들도……고요히 죽을 것을 기대하고는 더욱 완악해져서 담대하게 그 친구의 선례를 따라갈 것이기 때문입니다(존 번연, 『악인 씨의 삶과 죽음, 351~352쪽』.

이처럼 세상에서는 우리가 이해할 수 없는 억울한 일이 항상 일어난다는 사실을 잊지 말아야 합니다. 만약 세상을 긍정적으로만 바라보면 언제든지 실망하거나 절망할 수 있습니다. 특히 그리스도인들은 억울한 일을 더 많이 당할 수 있습니다. 그래서 "그리스도께서도 단번에 죄를 위하여 죽으사 의인으로서 불의한 자를 대신하셨으니"(18절)라고 베드로 사도가 말했을 때 '왜냐하면'과 같은 이유를 뜻하는 접속사(ὅτι)를 사용했던 것입니다. 이는 앞 구절 "선을 행함으로 고난 받는 것이 하나님의 뜻일진대 악을 행함으로 고난 받는 것보다 나으니라"(17절)고 말한 이유를 설명하고자 한 것이고, 그 이유로 든 예시가 바로 예수 그리스도께서도 억울하게 고난받으셨다는 사실입니다. 그런데 이 구절을 통해서 베드로 사도가 중의적 의미로 사용했음을 알 수 있습니다. 하나는 사람의 관점에서 보는 예수 그리스도의 고난이고, 다른 하나는 하나님의 관점에서 보는 예수 그리스도의 고난입니다. 첫째는 그리스도께서도 의를 위해 고난받으셨기에 당연히 그리스도인들도 고난을 받게 되어 있다는 뜻이고, 둘째는 불의한 자들 대신 의인 한 분이 죽음으로써 불의한 자들("우리" 및 모든 그리스도인)이 죄 사함을 받고 하나님 앞으로 나아갈 수 있게 되었다는 것입니다. 의인 한 사람이 불의한 많은 사람을 위해 속죄의 죽음을 친히 당하심으로써 하나님의 구속이 성취되었고, 그 속죄 교리를 믿는 모든 자가 하나님의 은혜를 누리게 되었다는 복음의 진수(眞髓)를 밝히 드러낸 것입니다. 바울 사도는 "그러므로 한 사람으로 말미암아 죄가 세상에 들어오고 죄로 말미암아 사망이 들어왔나니 이와 같이 모든 사람이 죄를 지었으므로 사망이 모든 사람에게 이르렀느니라 죄가 율법 있기 전에도 세상에 있었으나 율법이 없었을 대에는 죄를 죄로 여기지 아니하였느니라 그러나 아담으로부터 모세까지 아담의 범죄와 같은 죄를 짓지 아니한 자들까지도 사망이 왕 노릇 하였나니 아담은 오실 자의 모형이라"(롬 5:12~14)고 했습니다. 아담 이후 모든 사람이 하나님께 대해 범죄자가 되었고, 그로 인해 죽음을 피할 수 없게 된 것입니다. 그런데 "한 사람이 순종하지 아니함으로 많은 사람이 죄인 된 것 같이 한 사람이 순종하심으로 많은 사람이 의인이 되리라"(롬 5:19)는 말씀과 같이 하나님의 계획과 뜻에 대한 예수 그리스도의 순종 즉 죽음에 이르는 순종으로 "많은 사람이 의인이 되"었습니다. "그가 우리 죄를 없애려고 나타나신 것을 너희가 아나니 그에게는 죄가 없느니라"(요일 3:5)는 말씀의 증거와 같이, 죄가 전혀 없는 그리스도는 친히 대제사장으로서, 그리고 역시 친히 속죄 제물이 됨으로써 속죄의 제사를 완성하셨습니다. 히브리서 기자는 "그리스도께서는 장래 좋은 일의 대제사장으로 오사 손으로 짓지 아니한 것 곧 이 창조에 속하지 아니한 더 크고 온전한 장막으로 말미암아 염소와 송아지의 피로 하지 아니하고 오직 자기의 피로 영원한 속죄를 이루사 단번에 성소에 들어가셨느니라"(히 9:11~12)고 선포했습니다. 구약성경 레위기에 규정된 속죄 제사를 십자가에서 온전히, 그리고 "단번에" 드리심으로써, 이스라엘 백성이 시행해 온 제사가 더 이상 필요 없게 하셨습니다. 여기서 제사와 관련해서 한 가지 덧붙여 말하자면, 모든 이방인의 세계에 존재한 모든 종류의 제사는 처음부터 하나님이 인정하시지 않은 헛되고 부정하고 그릇된 제사임을 잊지 말기를 바랍니다. 또한 "단번에"는 '단 한 번으로써 영원히'라는 의미를 담고 있습니다. 그러므로 이제 짐승으로 드리는 제사든, 곡물로 드리는 제사든, 그 어떤 유형으로 드리는 제사든 모두 필요 없게 되었습니다. 예수님이 다 이루셨기 때문입니다. "예수께서 신 포도주를 받으신 후에 이르시되 다 이루었다 하시고 머리를 숙이니 영혼이 떠나가시니라"(요 19:30)는 말씀과 "예수께서 다시 크게 소리 지르시고 영혼이 떠나시니라 이에 성소 휘장이 위로부터 아래까지 찢어져 둘이 되고"(마 27:50~51)라는 말씀을 통해 아담의 타락 이후 하나님께 나아갈 수 없었던 죄인들에게 속죄의 길이 열렸다는 사실이 온 천하에 선포되었습니다. 이것이 바로 복음이고, 이 복음으로 인해 많은 사람이 그리스도를 믿게 되어 그리스도인들이 된 것입니다. 그러므로 예수 그리스도의 십자가 구속 이후에도 어떤 형태나 형식으로든 계속 제사하는 행위는 하나님의 뜻과 섭리에 정면으로 도전하는 심각한 죄악임을 깨닫기를 바랍니다. 예수님이 하신 말씀, "아버지께 참되게 예배하는 자들은 영과 진리로 예배할 때가 오나니 곧 이때라 아버지께서는 자기에게 이렇게 예배하는 자들을 찾으시느니라 하나님은 영이시니 예배하는 자가 영과 진리로 예배할지니라"(요 4:23~24)는 말씀을 지키고 전하는 일이 그리스도인의 사명임을 확실히 깨닫기를 바랍니다.

다음으로, "우리를 하나님 앞으로 인도하려 하심이라"는 구절에 대해 더 살펴볼 필요가 있습니다. 여기에 바로 그리스도인에게 주어진 신앙의 목적이 있습니다. 왜 그리스도인들에게 믿음의 은혜가 주어졌을까요? 도대체 그리스도인이 가진 믿음의 실체 또는 목적이 무엇일까요? 대통령 선거일(6월 3일)이 곧 다가오고 있는데 어떤 돗사는 "하나님, 개표하는 날 컴퓨터가 싹 고장 나게 하여 주옵소서. 예수의 이름으로 선관위 컴퓨터는 싹 고장 날지어다. 아멘!"이라고 기도했다고 합니다(5월 21일 〈MBC〉 뉴스 중). "전산을 고장 내게 하는 기술"이라는 말을 하며, 정부가 실시하는 선거 자체를 부정하고, 선거에 부정이 있기를 바라거나 선거일이 되기도 전에 이번 선거는 부정선거라고 지금부터 믿는 것이 그리스도인의 믿음인가요? 물론 부정을 저지르고 싶은 자들이 있을 것입니다. 부정한 방법을 통해서라도 지지하는 후보가 당선되기를 원하는 사람들도 있을 것입니다. 그것이 바로 양심이 무너진 사회의 한 모습이기도 합니다. 악하고 부조리한 세상에서는 그럴 수 있다고 하더라도 교회는 그럴 수 없는 것입니다. 과연 교회 공동체를 특정 정치지도자나 특정 정당 앞에 인도하려는 것이 믿음의 목적일까요? 그런 믿음은 결코 그리스도를 믿는 참된 신앙이 아닙니다. 오히려 그리스도와 관계가 없는 거짓 믿음이라는 사실을 스스로 드러내는 것입니다. 물론 그들에게는 믿음이 그런 목적일 수 있습니다. 그러나 그리스도께서는 "우리를 하나님 앞으로 인도하려"고 십자가의 고난을 친히 받으셨음을 잊지 말기를 바랍니다. 그래서 믿음의 목적은 베드로 사도가 편지 앞부분에서 말한 "믿음의 결국 곧 영혼의 구원을 받음이라"(벧전 1:9)는 말씀에 있습니다. "우리를 하나님 앞으로 인도하려 하심이라"는 말씀은 우리 모두 구원받게 하는 목적임을 확실히 깨닫기를 바랍니다. 하나님께서는 구원자 예수 그리스도를 믿는 자들을 "하나님 앞으로 인도하려"는 뜻으로 예수 그리스도를 "육체로는 죽임을 당하시고 영으로는 살리심을 받"게 하셨습니다. 사도 바울은 골로새 교회를 향해 "또 범죄와 육체의 무할례로 죽었던 너희를 하나님이 그와 함께 살리시고 우리의 모든 죄를 사하시고"(골 2:13)라고 했습니다. 예수 그리스도를 믿는다는 것은 그리스도와 함께 죽고(골 2:12, 20, 갈 2:20), 그리스도와 함께 살아나는 것입니다. "우리를 하나님 앞으로 인도하려"고 그리스도께서 "육체로는 죽임을 당하시고 영으로는 살리심을 받으셨"다는 사실을 확실히 믿기를 바랍니다.

다음은 "육체로는 죽임을 당하시고 영으로는 살리심을 받으셨으니"라는 구절을 더 깊이 살펴보고자 합니다. 이 구절의 의미를 육체는 죽는 것이고 영은 사는 것이라는 식으로 단순히 받아들이지 않기를 바랍니다. 그렇게 받아들이면 마치 초대교회 영지주의(Gnosticism) 이단이 주장했던 것처럼 영과 육을 서로 나누는 이원론적 교리로 받아들일 수 있습니다. 이원론적으로 세상을 바라보았던 자들 가운데 아예 예수 그리스도께서 육체로 오신 일 자체를 부인하는 자들까지 생겨났습니다. 예수 그리스도의 육체적 사망이라고 하는 역사적 사실까지 부인하고 없애버리는 자들이 생긴 것입니다. 그래서 사도 요한은 "미혹하는 자가 많이 세상에 나왔나니 이는 예수 그리스도께서 육체로 임하심을 부인하는 자라 이것이 미혹하는 자요 적그리스도니"(요이 1:7)라고 강조했습니다. 베드로는 예수님이 육체적으로 사망한 후에 육체적으로 부활한 사실을 분명히 목격했습니다. 그러므로 베드로 사도가 교훈할 때, 예수님은 육체의 몸으로 사망에 이르셨지만, 그 육체의 몸으로 다시 살아나셨다고 해야 논리적으로는 자연스럽습니다. 그러나 "육체로는 죽임을 당하시고 영으로는 살리심을 받으셨으니"라고 말했기에 그런 표현에 대한 배경 또는 전후 맥락을 알 필요가 있습니다. 앞부분에서 예수 그리스도의 고난 역시 베드로 사도가 중의적으로 사용했다는 사실을 살펴보았습니다. 의를 위한 그리스도의 고난이 하나님의 관점에서는 불의한 자들을 대신한 의인의 속죄로써의 고난이었고, 사람의 관점에서는 의로운 예수님이 불의한 사람들(그리스도로 말미암은 구속의 은혜를 아직 받지 않은 자들)을 위해 고난받으셨기에, 그리스도를 통해 은혜를 입은 자들도 그리스도가 당하셨던 고난의 삶에 동참하는 것은 당연한 일이 됩니다. "육체로는 죽임을 당하시고"라는 말씀에서 알 수 있듯이 누가 보더라도 예수님은 억울하게 십자가의 형벌을 통해 육체적으로 사망한 것입니다. 육체의 눈으로 보면, 예수 그리스도의 죽음은 당연히 고통스럽고 억울한 죽음이었습니다. 그것은 부인할 수 없는 사실입니다. 베드로 사도는 이 사실을 염두에 두고 그렇게 표현했음을 알 수 있습니다. 그래서 세상의 눈으로는 단지 그리스도의 육체적 죽음만 볼 수 있었던 것입니다. 마찬가지로 복음을 듣고 신앙생활을 하다가 고난과 박해로 인해 죽은 그리스도인들에 대한 억울하고 안타까운 마음 역시 당시 그리스도인들이라면 일반적으로 누구나 품고 있었을 것입니다. 그들의 죽음은 당시 살아 있는 그리스도인들에게는 고통스럽고 견디기 힘든 슬픔이었을 것입니다. 이에 베드로는 예수 그리스도 역시 똑같이 '육체 안에서'(in the flesh) 죽었다는 사실을 강조했습니다. 육체라고 하는 속성이 누구든 죽음에서 벗어날 수 없는 심판의 당위성을 나타내고 있음을 강조한 것이며, 비록 죄인이 아닌 의인임에도 불구하고 죄인들을 위해 십자가에서 그리스도께서 고난받고 죽음에 이르렀다면, 의인이 아닌 모든 사람이 육체 안에서 죽는 것은 필연적이고 매우 당연한 이치임을 교훈하고자 한 의도를 포함한 표현임을 깨닫기를 바랍니다.

그런 다음 곧바로 "영으로는 살리심을 받으셨으니"라고 했습니다. 이는 그리스도가 '영 안에서'(in the spirit) "살리심을 받으셨"다는 뜻입니다. 세상의 관점으로는 모든 육체가 죽음에 이르듯이, 예수 그리스도 역시 십자가의 고난과 함께 죽음에 이르게 된 것입니다. 그러므로 당시 교회들 가운데 그리스도를 믿다가 먼저 죽은 자들을 생각할 때, 믿음이 연약하거나 환난과 박해로 마음이 심히 요동치는 파도와 같은 감정 상태를 경험한 그리스도인들 역시 세상의 관점으로 죽음을 바라보는 경향이 생길 수밖에 없었던 것입니다. 그런 그리스도인들을 향해 베드로는 대조적인 방법을 통해 다른 관점 즉 하나님의 관점으로 죽음을 바라볼 수 있도록 교훈한 것입니다. 세상 사람들이 생각하는 것과 같이 예수 그리스도 역시 육체적 생명으로만 살아가는 이 세상의 영역에서 죽은 건 확실합니다. 이 세상의 자연적 질서로만 보면 예수님의 죽음이나 성도의 죽음을 받아들일 수 있는 것입니다. 그러나 다른 한편으로는 육체적 죽음으로 끝나지 않고 거듭난 생명이 지속되는 영적인 영역 즉 하나님 나라의 영역이 있음을 드러낸 것입니다. 하나님의 관점에서 보면, 육체적으로 죽은 그리스도가 여전히 영적으로 살아계시지만, 세상 사람들은 결코 볼 수 없는 영적인 영역에서 살아계시는 것입니다. 그런 사실을 확실히 믿을 수 있도록(물론 최후 심판 날 육체적 부활까지 믿을 수 있도록) 그리스도는 부활과 승천의 모습을 제자들이 목격하도록 하셨습니다. 열두 제자 중 수제자였던 베드로는 "내가 세상 끝날까지 너희와 항상 함께 있으리라"(마 28:20)는 약속을 누구보다도 확실히 믿었고 그 약속이 성취된 오순절 성령강림의 역사를 직접 체험했습니다. 이처럼 베드로는 육체와 영을 대조적으로 표현했고, 죽음과 삶 또한 대조적으로 표현한 것입니다. 여기서 육체와 영은 그리스도의 인성과 신성을 뜻하는 것도 아닙니다. 비록 육체와 영이 각각 그리스도의 인성과 신성의 측면을 나타낼 수는 있지만, 이 구절은 그리스도의 죽음을 자연적인 순리로 받아들이는 일반적인 관점을 포함해서 표현한 것으로, 결코 영지주의자들이 생각하는 이원론을 말한 것이 아닙니다. 영지주의에 따르면 육체는 살아날 수 없는 것이 됩니다. 게다가 영지주의의 한 분파인 가현설(假現說, Docetism)을 뒷받침해서 예수 그리스도가 실제 인성을 가진 것이 아니라, 육체의 모습으로 보이는 환영(幻影)으로 존자했다는 거짓 가르침을 인정하는 듯한 해석이 가능하게 됩니다. 이 세상에서만큼은 하나님의 나라에 속한 그리스도인들이라 할지라도 자연적 질서에 따른 육체적 죽음을 피할 수 없습니다. 그러나 그런 죽음으로 끝나는 것이 아니라 최후 심판 때 육체의 부활이 있기 전까지는 당연히 영적인 영역에서는 살아 있다는 베드로 사도의 가르침을 명심하기를 바랍니다.

결론적으로, "육체로는 죽임을 당하시고 영으로는 살리심을 받으셨으니"라는 말씀은 중의적 의미를 내포한 것입니다. 먼저 알 수 있는 뜻으로는 그리스도 편에서는 피동적인 것으로써, 자연적 질서에서는 그리스도를 대적하는 세상으로부터 육체적으로 죽임을 당하셨지만, 다른 한편으로는 영적인 질서에서 살리심을 받으셨기에 결코 억울하게 생각하거나 절망할 필요가 없다는 가르침을 위한 말씀입니다. 당시 소아시아 지역 교회들 가운데서 먼저 고난이나 핍박을 받고 죽은 자들이 있었을 것이고, 그런 고난의 상황 속에 있었거나 향후 그런 암울한 미래가 예견되는 상황에서 꼭 필요한 교훈이었습니다. 그리스도를 믿지 않고 대적하는 세속 정부나 사람들에 의해 육체로는 억울하게 죽임을 당할지라도 영으로는 하나님에 의해 살리심을 받는다는 교훈이 당시 그리스도인들에게, 그리고 오늘날 우리에게 주어졌음을 확실히 믿기를 바랍니다. 다음 뜻으로는 능동적인 삶을 위한 교훈을 준 것으로, "그리스도께서도 단번에 죄를 위하여 죽으사 의인으로서 불의한 자를 대신하셨으니"라는 말씀이 내포하는 교훈입니다. 그리스도의 속죄에 대한 교훈은 기본적으로 포함되어 있고, 이 구절이 내포하는 또 다른 교훈은 의를 위한 또는 선을 위한 고난을 기꺼이 받으라는 말씀(벧전 3:13~17)에 대한 이유입니다. 즉, 그리스도께서도 능동적으로 의를 위해 고난받으셨으니 그리스도인들 역시 능동적으로 의를 행하라는 뜻입니다. 그로 인한 고난은 당연히 감수하라는 것입니다. 비록 "육체로는 죽임을 당하"더라도 "영으로는 살리심을 받"기에 그리스도를 따라서 의를 위해 고난을 감수하라는 교훈입니다. 그러므로 비록 예수 그리스도처럼 의인은 아니지만 '의롭다고 여김을 받은'(갈 2:16, 롬 4:15, 6:7, 8:30, 행 13:39, 딛 3:7) 자들은 당연히 의를 위해, 그리고 선을 행하기 위해 고난받을 준비가 되어 있어야 한다는 교훈입니다. 그럼으로써 다른 사람들(아직 믿지 않지만 복음을 듣고 믿게 될 사람들)을 "하나님 앞으로 인도"하는 희생적이고 순교적인 삶을 살게 된다는 교훈입니다.

이제 이 교훈을 우리 각자가 이 시대를 살면서 어떤 태도로 살아가야 하는지 적용해보고자 합니다. 베드로 사도 당시 모든 교회가 마주해야만 했던 두렵고 절망적이고 고통스러운 극한 상황에 우리 각자가 처하게 된다면 오늘 교훈을 마음에 새기고 실천해야 합니다. 그러나 우리가 사는 환경이 그 당시와는 달리 스스로 쉽게 무너지고 타락할 수 있는 문화적 환경입니다. 예를 들어, 미국에서 신앙적으로 보수적이지 않은 일반 고등학교에서는 대부분 학생이 술을 마시거나 대마초를 피우고, 상당수의 학생이 마약을 쉽게 접하고 남녀 학생들이 즉흥적으로 성관계도 합니다. 이런 환경에서 그리스도인 학생들은 그런 흐름과 부도덕한 청소년 문화를 거리낌 없이 수용하거나, 아니면 남들 다 그렇게 한다고 하면서 서서히 순응하는 게 옳을까요? 친구들의 권유와 유혹에 넘어가고 문화적 흐름에 따라야 할까요? 그리스도를 믿는 자들이라고 하면서 세상의 유혹이나 압박을 이겨내지 못한다면, 결코 그리스도를 따르는 제자가 아닌 가짜 신자입니다. 그런 유혹과 압박과 강요를 이겨내지 못하고 또래 문화나 대중의 흐름에 동참하게 되면, 박해와 환란이 올 때 결코 통과할 수 없습니다. 또한 최근에는 모 정당의 공동선거대책위원장이 '유흥업소 술 접대' 의혹에 휘말린 모 판사를 옹호하는 표현을 했는데, "내 나이 또래면 룸살롱 안 가본 사람이 없다"는 발언으로 사회적 공분을 일으켰습니다. 또한 자신의 유튜브 방송에서 "아주 형편이 어려워서 못 간 분은 있겠지만 사회생활을 하다 보면 이런저런 인연으로 룸살롱을 한두 번 다 가게 된다"고 말했습니다. 일부 상류층이나 돈 많은 일부 사람들의 행태를 마치 모든 중년 남성이 다 가는 것처럼 일반화해서 말한 것도 문제지만, 그리스도인들의 경우 만약 자기들이 속한 사회나 직장에서 이런 문화가 있다면, 그리고 동료가 유흥업소에 가는 상황이라면 어떻게 해야 할까요? 더 나아가서 함께 가자고 권유받고 강요받는 상황이라면 어떻게 해야 할까요? 앞의 예시와 마찬가지로 그런 유혹과 압박과 강요를 이겨내지 못하면, 일부 남자들이 즐기는 타락한 문화에 동참하게 되면, 박해와 환란이 올 때 결코 통과할 수 없음을 명심하기를 바랍니다. 요즘은 여자들도 타락한 성문화 영향으로 유혹에 빠지는 경우도 많다고 합니다. 남자가 운영하거나 젊은 남자가 서비스를 제공하는 마사지 업소나 출장 서비스 업체를 이용하는 여자들이 늘고 있고, 유사 성행위나 성매매까지 이루어진다고 합니다. 수십만 원에서 수백만 원에 이르는 유흥비를 써가며 쾌락을 즐기는 문화가 일반 여자들에게까지 확산한다면 여러분은 어떻게 해야 할까요? 만약 그리스도인 여자가 그런 타락한 곳에 가거나 이용하는 일이 있다면, 그런 여자는 결코 참 그리스도인이 아닌 거짓 그리스도인입니다. 그리스도인들이 유혹에 넘어가지 않으려면 사탄보다 더 조심하고 경계해야 할 대상이 있는데, 바로 자기 자신의 마음입니다. 청교도 매튜 미드(Matthew Mead, 1626~1699)는 "사람의 마음은 사탄보다 더 거짓됩니다. 왜냐하면 사람의 마음이 자신을 속이지 않는다면 사탄은 결코 속일 수 없기 때문입니다. 그러므로 사람이 자신의 상태를 좋다고 가정하는 것은 거짓된 마음의 기만에서 나온 것입니다."라고 하면서 "*자기의 마음을 믿는 자는 미련한 자요 지혜롭게 행하는 자는 구원을 얻을 자니라*"(잠 28:26)는 구절을 인용했습니다(매튜 미드, 『유사 그리스도인』, 195~196쪽). 그러므로, "그리스도께서도 단번에 죄를 위하여 죽으사 의인으로서 불의한 자를 대신하셨으니 이는 우리를 하나님 앞으로 인도하려 하심이라"는 말씀이 타락한 죄인이었던 우리를 위해 의인으로 이 세상에 오신 그리스도께서 십자가에서 희생 제물이 됨으로써 우리가 하나님께로 인도되어 의롭다고 함을 얻게 되었다는 선언이고, 동시에 우리도 그리스도처럼 의를 위해 싸우고 고난받으면 비록 "육체로는 죽임을 당하"는 일이 있다고 할지라도 "영으로는 살리심을 받"는다는 가르침이라는 사실을 확실히 믿고 거듭난 자로서 거룩한 삶을 마지막 날까지 이어가기를 바랍니다. 아멘.

(2025년 5월 25일)

Πάντων δὲ τὸ τέλος ἤγγικεν

만물의 마지막이 가까이 왔으니(벧전 4:7)

# 지구를 뒤덮은 홍수 때
# 구원받은 여덟 식구

19. 그가 또한 영으로 가서 옥에 있는 영들에게 선포하시니라

20. 그들은 전에 노아의 날 방주를 준비할 동안 하나님이 오래 참고 기다리실 때에 복종하지 아니하던 자들이라 방주에서 물로 말미암아 구원을 얻은 자가 몇 명뿐이니 겨우 여덟 명이라

21. 물은 예수 그리스도께서 부활하심으로 말미암아 이제 너희를 구원하는 표니 곧 세례라 이는 육체의 더러운 것을 제하여 버림이 아니요 하나님을 향한 선한 양심의 간구니라

22. 그는 하늘에 오르사 하나님 우편에 계시니 천사들과 권세들과 능력들이 그에게 복종하느니라

베드로전서 3장 13~17절까지 먼저 한 단락으로 나누어 살펴보았고, 그다음 18절부터 22절까지 또 다른 한 단락으로 나눌 수 있는데, 18절은 사실상 두 단락을 이어주는 역할을 하고 매우 중요한 메시지를 담고 있기에 지난 강설에서 18절만 살펴보았습니다. 이제 나머지 19절부터 22절까지 내용을 보고자 합니다. 특히 이 부분은 신약성경 중 가장 해석이 어렵고 분분해서 마틴 루터조차도 어떤 구절은 모르겠다고 했을 정도고, 설교자들 대부분 몇 가지 주요 해석을 전달하는 정도로 그치고 직접적인 해석을 피할 정도입니다. 게다가 베드로 사도가 "먼저 알 것은 성경의 모든 예언은 사사로이 풀 것이 아니니"(벧후 1:20)라고 했기에 억지로 해석하려는 것 역시 성경에 대한 올바른 접근법이 아님을 알 수 있습니다. 《새번역》으로는 "여러분이 무엇보다도 먼저 알아야 할 것은 이것입니다. 아무도 성경의 모든 예언을 제멋대로 해석해서는 안됩니다."라고 번역되어 있습니다. 그래서 이 본문에 대한 강설을 위해 베드로전서 전체 맥락은 물론 신·구약성경 전체 맥락에서도 벗어나지 않는 해석

을 제시하고자 노력했습니다.

19절 "그가 또한 영으로 가서 옥에 있는 영들에게 선포하시니라"는 말씀은 18절 "그리스도께서도 단번에 죄를 위하여 죽으사 의인으로서 불의한 자를 대신하셨으니 이는 우리를 하나님 앞으로 인도하려 하심이라 육체로는 죽임을 당하시고 영으로는 살리심을 받으셨으니"라는 말씀과 연결해서 살펴보아야 하고, 또 그 이전 본문(3장 13~17절)도 마찬가지입니다. 그래서 13절부터 19절까지 베드로의 교훈 내용을 요약하자면, 의를 위해 기꺼이 고난을 받으라는 것과 두려운 상황에서 두려워하지 말고 오히려 소망의 복음을 전할 준비를 항상 하라는 것입니다. 그 이유는 죄가 없는 의인 예수님도 고난을 받으셨고 죽임을 당하셨기 때문입니다. 그러나 예수님은 영으로 살아나셨고, 또한 "옥에 있는 영들에게 선포"하셨습니다. 그리고 이어서 20~22절을 통해, 구원자 예수 그리스도를 믿지 않고 불순종한 자들이 대부분이지만 순종하고 구원받는 자들은 극소수에 불과하다는 것, 그리고 죽음에 이르게 한 홍수가 불신자들에게는 심판의 수단이었지만 노아와 그 가족에게는 오히려 구원의 물이었다는 사실을 설명합니다. 아울러 고난받고 십자가에 돌아가신 예수 그리스도는 부활 후 하늘에 올라가셔서 하나님의 우편에 계실 뿐만 아니라, "천사들과 권세들과 능력들"을 다스리는 통치자로 살아계신다고 교훈했습니다. 사람들의 눈, 즉 육체적 눈에는 예수 그리스도가 억울하게 십자가의 형벌을 당함으로써 세상의 권력자들과 악인들에게 무기력하게 패배한 것처럼 보이겠지만, 그리고 당시 그리스도인들이 복음을 위해 살다가 억울하게 고난받고 순교함으로써 의인이 악인에게 패배한 것처럼 보이겠지만, 영적인 눈으로 보면 결단코 그렇지 않다는 사실을 알려준 것입니다. 이런 맥락에서 본문을 들여다볼 수 있기를 바랍니다.

먼저 "그가 또한 영으로 가서 옥에 있는 영들에게 선포하시니라"는 구절을 보면 우리말 성경에는 없는 문구가 있는데 바로 영어 성경(《NASB, New American Standard Bible》)에 있는 "*in which*"입니다. 전치사와 관계대명사가 합쳐져 장소를 가리키는 부사 역할을 하게 됩니다. 앞 18절에 "영으로는"(in the spirit)이라는 문구와 이어지는 것으로, 물리적 영역과 대조되는 영적인 영역으로 이해해야 합니다. 그리스도가 물리적 영역에서 육체로는 사람들에게 죽임을 당하셨지만, 영적인 영역에서는 죽지 않고 여전히 살아계심을 뜻합니다. 이를 다르게 표현하면, 성령의 통치(악한 영들도 모두 이 통치 아래에 있음) 가운데 있는 영적인 영역이라고 할 수 있습니다. 베드로 사도는 박해라고 하는 두려운 현실, 즉 물리적 세상을 바라보고 있는 그리스도인들에게 예수 그리스도를 믿고 거듭난 자들이라고 하면 누구나 예수 그리스도처럼 영적인 영역에서는 살아 있음을 확실히 믿도록 교훈한 것입니다. 그래서 영적인 영역에서(in the spirit) 그리스도께서 살리심을 받으셨고(18절), 그 영적인 영역에서(in which) "옥에 있는 영들에게 선포"하셨다고 전했습니다. 그리고 "옥에 있는 영들"은 20절 "그들은 전에 노아의 날 방주를 준비할 동안 하나님이 오래 참고 기다리실 때에 복종하지 아니하던 자들이라"는 말씀과 같이 명확하게 특정되어 있습니다. 로마 가톨릭교회와 그리스 정교회는 "옥"을 '지옥' 또는 '연옥'(purgatory)으로 보고, 예수 그리스도가 지옥까지 내려가셨다는 일명 '지옥강하설'(地獄降下設)을 주장하거나, 이 말씀을 잘못 해석해서 예수 그리스도가 지옥까지는 아니더라도 천국과 지옥의 중간이라고 생각하는 연옥까지는 가셨을 것이라고 믿는 자들도 있습니다. 그래서 죽은 자들이 지옥에 가지는 않았더라도 천국에 들어갈 정도로 깨끗하지 않은 경우, 그런 자들의 정화(淨化)를 위한 장소가 존재한다고 믿는 연옥설을 주장하게 된 것입니다. 로마 가톨릭은 연옥을 장소 또는 어떤 상태로 보는데, 신자들이 세상에서 저지른 죄에 대한 벌을 치르지 못하고 죽을 때 가는 곳, 또는 천국에 가지 못하고 잠시 처해 있는 상태로, 하나님을 만나기 전에 죄를 완전히 씻어야 하는데 그들 스스로 씻을 수 없기에 지상에 살아 있는 신자들의 기도나 헌금이나 선행 등에 의해 씻어져야 한다고 믿습니다. 성경에서 결코 찾아볼 수 없는 잘못된 교리입니다.

또 어떤 사람들은 "영들"을 타락한 천사들이라고 하거나 이미 죽은 구약시대 신자들이라고 주장하기도 하고, 당시까지 이미 죽은 불신자들이라고도 합니다. 그러나 20절 "그들은 전에 노아의 날 방주를 준비할 동안 하나님이 오래 참고 기다리실 때에 복종하지 아니하던 자들이라"는 말씀과 같이 그 대상이 정확하게 특정되어 있습니다. 이들이 타락한 천사들일 것이라는 어떤 증거도 이 문장 속에서 찾을 수 없습니다. 이들은 구약시대 노아가 "방주를 준비할 동안" 살았던(그래서 지금은 당연히 죽어있는 자들임) 불신자들입니다. "하나님이 오래 참고 기다리실 때에"라는 말을 통해 알 수 있는 건 당시 하나님이 노아를 통해서 그들에게 회개의 기회를 주셨다는 것입니다. 그러나 그들은 오랜 세월 동안 거대한 크기의 배를 만들고 있었던 노아를 오히려 조롱했던 것으로 추측할 수 있습니다. 당시 노아를 지켜본 사람들이 "여브게 늙은이, 도대체 이 배는 무엇을 위한 것인가?"라고 조롱했다고 《바벨론 탈무드》에 기록되어 있습니다(Sanhedrin 108b). 그밖에 《미드라쉬》(Midrash) 랍바(Genesis Rabbah 30.7, 6:9)에도 방주를 짓는 동안 노아는 그를 지켜보던 사람들에게 조롱과 경멸을 당했다고 기록되어 있습니다. 기록에 의하면, 노아가 홍수를 예고하고 회개를 촉구했을 때도 듣기를 거부하고 조롱했습니다(《미드라쉬》 Kohelet Rabbah, 9:14). 어떤 사람들은 베드로전서 1장 11절에 있는 "자기 속에 계신 그리스도의 영"을 근거로 제시하며 십자가에서 죽임을 당하신 예수 그리스도가 시간을 거슬러 올라가 직접 그들에게 가신 건 아니지만, 노아 시대에 이미 '노아의 영'을 통해 그들에게 가신 것이나 다름없고, 노아를 통해 그들에게 회개할 기회를 주는 복음을 선포했다고 합니다. 이렇게 생각하는 것은 결국 시간과 공간의 한계 즉 자연의 질서를 벗어나지 못하는 인간이 가진 사고(思考)의 한계를 말해줍니다. 우리는 예수님이 십자가에서 돌아가시기 전에 십자가에 매달렸던 한 강도에게 하셨던 말씀 즉 "예수께서 이르시되 내가 진실로 네게 이르노니 오늘 네가 나와 함께 낙원에 있으리라 하시니"(눅 23:43)라는 구절에서 단서를 찾을 수 있습니다. 비록 육체의 죽음 이후라도 십자가에서 회개한 그 강도와 예수님은 영으로서 같은 공간 또는 상태에 있게 될 것이라는 사실을 알 수 있습니다. 그렇다면 반대로 회개하지 않은 다른 강도를 비롯한 불신자들 역시 모두가 예수님과 함께 할 수는 없지만, 또 다른 공간이나 상태에 있음을 알 수 있습니다. 누가복음 16장의 기록 중 "이에 그 거지가 죽어 천사들에게 받들려 아브라함의 품에 들어가고 부자도 죽어 장사되매 그가 음부에서 고통 중에 눈을 들어 멀리 아브라함과 그의 품에 있는 나사로를 보고"(22~23절)라는 내용으로 볼 때 육체의 죽음 이후에 영혼이 가는 곳으로, "아브라함의 품"으로 묘사된 곳과 "음부"라고 하는 서로 명확히 구분된 곳 또는 상태가 있음을 알 수 있습니다. 구분이 되어 있고, 서로를 인지할 수는 있어도 위치를 절대 옮길 수는 없는 곳임을 알 수 있습니다. "아브라함이 이르되 얘 너는 살았을 때에 좋은 것을 받았고 나사로는 고난을 받았으니 이것을 기억하라 이제 그는 여기서 위로를 받고 너는 괴로움을 받느니라 그뿐 아니라 너희와 우리 사이에 큰 구렁텅이가 놓여 있어 여기서 너희에게 건너가고자 하되 갈 수 없고 거기서 우리에게 건너올 수도 없게 하였느니라"(눅 16:25~26)는 말씀에서 알 수 있습니다. 그렇다고 하면, "옥에 있는 영들"은 "전에 노아의 날 방주를 준비할 동안 하나님이 오래 참고 기다리실 때에 복종하지 아니하던 자들"(20절)로, 그들은 홍수와 함께 완전히 몰살당한 것으로 끝나지 않고, 여전히 "옥"이라고 묘사된 제한된 상태 또는 그리스도의 통치가 미치는 영적인 영역에 존재하고 있었음을 알 수 있습니다. 이는 육체가 죽는 것으로 끝나지 않았다는 증거이기도 합니다. 사도 요한은 죽은 자들이 심판받기 위해 부활할 것이라 했습니다(요 5:28~29, 계 20:13). 결국 불신자들의 육체가 썩어 없어지고, 노아 시대처럼 아무리 오래되었다고 할지라도 최후 심판 때에 심판받기 위해 다시 살아날 것이고, 이미 죽은 각 육체에 대한 그들의 영 역시 "옥"이라고 하는 상태나 영역(예수님이 '낙원'이라고 하셨던 그 영역과 반대 개념)에 존재하고 있고, 예수님이 심판의 주님으로 세상에 다시 오실 때까지 그리스도를 믿지 않고 죽게 될 모든 사람의 영까지 "옥"에 갇히게 된다는 사실을 분명히 믿기를 바랍니다. 또한 시간을 초월해서 그 영들에게도 역시 그리스도께서 부활하신 후 승천하셔서 하늘 보좌 우편에 앉아 계심으로써 심판의 주님으로 마지막 때를 기다리고 계신다는 승리의 복음이 선포된다는 사실 또한 확실히 믿기를 바랍니다. 여기서 좀 더 확실한 이해를 돕기 위해 육체와 영의 존속에 대해 덧붙여 언급하자면, 이 세상에서는 육체와 영이 결합이 된 인격체로 살아갑니다. 그리고 사람이 이 세상을 살다 육체는 죽고 영은 "옥"(또는 "음부"라고도 함)으로 가든지, 아니면 "낙원"으로 가게 됩니다. 이곳이 바로 물리적 시간과 공간을 초월한 영적인 영역입니다. 그리고 예수 그리스도가 재림하시는 마지막 심판 때에 영들이 속했던 육체 모두 부활하거나 변화된 육체와 함께 영원한 지옥, 또는 영원한 천국으로 나뉘어 가게 됩니다. 예수님이 심판의 주님으로 오실 때 땅에서 육체를 가지고 살아있는 자들은 부활한 사람들처럼 그들의 몸이 변화될 것입니다. 사도 바울은 "보라 내가 너희에게 비밀을 말하노니 우리가 다 잠잘 것이 아니요 마지막 나팔에 순식간에 홀연히 다 변화하리니 나팔 소리가 나매 죽은 자들이 썩지 아니할 것으로 다시 살고 우리도 변화하리라 이 썩을 것이 불가불 썩지 아니할 것을 입겠고 이 죽을 것이 죽지 아니함을 입으리로다"(고전 15:51~53)라는 교훈을 통해 인류 최후의 날에 일어날 비밀을 이야기했습니다. 그 비밀이 바로 그 때 이미 죽어있는 자들이 부활한다는 것과 살아있는 자들은 썩지 않을 몸으로 변화된다는 사실입니다. 세상에 존재하는 육체와 영, 세상을 떠난 후 낙원과 옥(음부)으로 나뉘어 존재하는 영, 세상의 종말 때부터 천국과 지옥에서 영원히 존재하는 육체와 영에 대해 명확히 알고, 베드로전서 3장 19~22절 말씀을 확실히 깨닫기를 바랍니다.

그러면 "그가 또한 영으로 가서 옥에 있는 영들에게 선포하시니라"는 말씀에서 무엇을 선포하셨다는 것일까요? "그들은 전에 노아의 날 방주를 준비할 동안 하나님이 오래 참고 기다리실 때에 복종하지 아니하던 자들이라"는 말씀에서 알 수 있듯이 당시에 노아가 방주를 만드는 동안 회개와 구원의 말씀을 전했을 때 조롱했던 그들에게 다시 한번 회개와 구원의 기회를 주신 것일까요? 마치 연옥에 가 있는 자들에게 정화의 기회가 있다고 로마 가톨릭이 믿는 것처럼, 그들에게 회개할 수 있는 기회가 주어지도록 복음을 선포하신 것일까요? "그뿐 아니라 너희와 우리 사이에 큰 구렁텅이가 놓여 있어 여기서 너희에게 건너가고자 하되 갈 수 없고 거기서 우리에게 건너올 수도 없게 하였느니라"(눅 16:26)는 말씀과 같이 죽은 뒤에는 결코 기회가 없다는 사실을 명확히 알 수 있습니다. 만약 기회가 있고, 그 기회를 통해 회개할 수 있다면 건너갈 수 있지만 결코 그럴 수 없습니다. 그러므로 그 영들에게는 '좋은 소식'으로서의 복음이 아니라 '심판의 소식'으로서의 복음 즉 '심판에 대한 예언의 성취' 또는 '그리스도의 승리'가 선포되어야 마땅합니다. 즉 예수 그리스도의 십자가를 통한 하나님의 구원 계획이 온전히 성취되었고, 반대로 노아 시대에 홍수로 심판받을 때까지 불순종했던 모든 자들을 포함한 불신자들을 대상으로 한 하나님의 최후 심판이 이미 시작되었고, 곧 완성될 것이라는 '충격과 공포의 선언'이었다고 해석해야 베드로전서의 맥락과 성경 전체 맥락에 맞습니다.

우리는 당시 베드로가 누구를 대상으로 이 편지를 쓰게 되었는지 항상 잊지 말아야 하는데, 그들은 일차적으로 고난과 박해의 소용돌이 가운데 거대 다수의 조롱과 횡포와 핍박을 견뎌야 했던 그리스도인들이었습니다. 그러나 이 편지가 반드시 그 당사자들만을 위한 것이 아님을 우리는 잘 알고 있습니다. 그렇다면, 궁극적으로 모든 시대를 초월해서 모든 고난받는 그리스도인들을 위한 메시지임을 알아야 합니다. 그리고 비록 베드로가 "옥에 있는 영들"을 "그들은 전에 노아의 날 방주를 준비할 동안 하나님이 오래 참고 기다리실 때에 복종하지 아니하던 자들"이라고 한정해서 말했다 하더라도, 즉 홍수 전에 노아를 조롱하고 경멸했던 그 당시 거대 다수만을 특정해서 "옥에 있는 영들"이라고 표현했다 하더라도 "옥에 있는 영들"은 "하나님이 오래 참고 기다리실 때에 복종하지 아니하던 자들"로 수식되는 모든 시대의 모든 유형의 불신자들을 의미한다고 받아들여야 합니다. 예수님이 십자가에 달려 돌아가시기 전에 똑같이 왼편과 오른편에 두 명의 강도(또는 행악자)가 못 박혀 있었습니다. 죽음을 눈앞에 두고 그 강도 둘은 예수님에 대해 서로 전혀 다른 말과 태도를 보였습니다. 누가는 이렇게 기록했습니다.

39. 달린 행악자 중 하나는 비방하여 이르되 네가 그리스도가 아니냐 너

와 우리를 구원하라 하되

40. 하나는 그 사람을 꾸짖어 이르되 네가 동일한 정죄를 받고서도 하나님을 두려워하지 아니하느냐

41. 우리는 우리가 행한 일에 상당한 보응을 받는 것이니 이에 당연하거니와 이 사람이 행한 것은 옳지 않은 것이 없느니라 하고

42. 이르되 예수여 당신의 나라에 임하실 때에 나를 기억하소서 하니

43. 예수께서 이르시되 내가 진실로 네게 이르노니 오늘 네가 나와 함께 낙원에 있으리라 하시니라(눅 23:39~43)

여기서 한 강도는 죽음을 눈앞에 두고도 예수 그리스도를 비방하고 조롱했습니다. 반면에 다른 강도는 십자가상에서 예수님에 대해 뜻밖의 변화된 모습을 보였습니다. 예수님을 조롱한 강도를 꾸짖었고, 하나님에 대한 두려움을 가지고 있었으며, 죄악에 대해 처벌받는 것을 온당하게 여기고 *"예수여 당신의 나라에 임하실 때에 나를 기억하소서"*라고 간청했습니다. 예수님을 구원자요 하나님의 아들로 믿었고, 예수 그리스도와 함께 하는 나라에 대해 분명히 인식하고 있었습니다. 회개한 그 강도에 대해 예수님은 *"내가 진실로 네게 이르노니 오늘 네가 나와 함께 낙원에 있으리라"*(43절)는 확실한 약속을 해주셨습니다. 십자가에 함께 달린 두 강도 중 한 사람은 "낙원"으로, 다른 한 사람은 "옥"으로, 그들 각각의 영이 들어갔음을 확실히 믿기를 바랍니다. 노아 시대에 방주를 보며 조롱했던 자들처럼 예수님 당시에도 구원의 방주와 같은 십자가를 사람들 대다수는 저주와 수치의 대상으로 바라보았습니다. 그들이 죽어서 가게 될 곳 역시 "옥"이었고, 십자가에 달린 예수 그리스도를 구원자로 믿었던 당시 극소수의 사람들은 마치 베드로 당시 고난받는 극소수의 그리스도인들과 같이 "낙원"에 들어갈 하나님의 백성이었던 것입니다. 오늘날도 마찬가지입니다. 구원의 방주인 교회를 조롱하고 경멸하는

자들이 많습니다. 교회를 향한 세상의 시선과 태도는 언제나 똑같습니다. 물론 그런 조롱과 경멸이 합당한 예도 있습니다. 가짜 교회들과 가짜 신자들의 경우입니다. 이들로 인해 이제는 교회가 거룩한 공동체가 아니라 속되고 부패하고 오만하고, 돈과 권력과 명예를 추구하는 집단이 되어버렸습니다. 특히 한국교회는 이제 돌이키기 어려울 정도로 타락하고 말았습니다. 정치적 노리개가 되어 영혼을 팔아버린 집단이 되었고, 교리나 성경의 교훈이 아닌 이념이나 사상을 가르치고 전파하는 집단이 되었으며, 천국과 지옥의 교리가 아닌 정치적 우파와 좌파의 교리를 따르고 있습니다. 그리스도를 믿음으로 누리는 영적 자유, 즉 *"진리를 알지니 진리가 너희를 자유롭게 하리라"*(요 8:32)는 말씀을 전하기보다는 '민주주의'나 '자본주의'와 같은 정치경제 이념을 전하고 있을 정도입니다. 어쩌면 이런 현상이 당연할 수도 있습니다. *"방주에서 물로 말미암아 구원을 얻은 자가 몇 명뿐이니 겨우 여덟 명이라"*는 말씀과 같이 그때나 지금이나 어느 한 시대만 보면 소수만 구원받는 참된 신앙으로 살고 있기 때문입니다.

아울러 *"방주에서 물로 말미암아 구원을 얻은 자"*라는 구절에서 방주와 물의 역할을 살펴보면, 방주는 전적으로 구원을 위한 기능을 했고, 물은 방주의 기능을 위한 필수적 수단이 되었으며, 또한 구원에서 배제되어 심판받을 자들에 대한 심판의 도구가 되었습니다. 마찬가지로 예수 그리스도는 구원하는 방주의 기능을 하셨고, 십자가의 죽음은 그리스도의 구원을 위한 필수적인 수단이 되었습니다. 그리고 십자가의 죽음은 심판받을 자들에게 영원한 심판의 근거가 되었습니다. 십자가는 형벌의 상징이요 죽음이 곧 형벌입니다. 노아 시대에 있었던 전 지구적 홍수는 형벌의 상징이요 홍수로 인한 죽음이 곧 형벌이었습니다. 그런데 형벌의 상징이었던 홍수가 노아와 그 가족의 구원을 위해서도 꼭 필요한 것이었습니다. 홍수가 난 상태에서는 사람을 죽게 한 그 물이 그들의 구원을 위해서도 구원의 방주가 기능을 하도록 꼭 필요한 물이 되었던 것입니다. 그래서 베드로는 "물은 예수 그리스도께서 부활하심으로 말미암아 이제 너희를 구원하는 표니 곧 세례라 이는 육체의 더러운 것을 제하여 버림이 아니요 하나님을 향한 선한 양심의 간구니라"(21절)고 함으로써 불신자들에게 심판의 기능을 했던 홍수의 물을 이제 구원받은 자들에게는 "구원하는 표"라고 했습니다. 베드로는 홍수의 물로 인해 온 세상이 잠겨 심판의 죽음에 처하게 된 것과는 대조적으로 정결하게 씻기 위한 물, 그리고 더 나아가서 세례의 물이라는 상징적인 표현을 했습니다. 그리스도를 믿고 세례를 받는 것은 저주와 수치의 상징이었던 십자가에서 돌아가신 예수 그리스도를 믿는다고 고백하는 자들이 죄에서 씻음을 받아 새로운 사람이 되었다는 증표요, 공적으로 나타내는 행위였는데, 당시 일반 사람들에게는 그런 세례 행위가 어리석게 보였을 것입니다. 물에 잠시 잠겼다 일어난다고 해서, 또는 물세례를 머리나 온몸에 받았다고 해서 그들이 천국에 들어간다는 말을 일반 사람들은 어떻게 생각했을까요? 사람들은 그런 믿음을 회의적으로 생각했거나 웃음거리로 생각했습니다. 그러나 베드로 사도는 노아 시대에 전 지구적으로 모든 사람과 동물을 다 죽게 한 그 홍수를 그리스도인이 받는 세례의 예표로 제시했습니다. 그렇지만 베드로는 단순히 세례가 무엇인지 말하는 게 목적이 아니었습니다. 즉 "육체의 더러운 것을 제하여 버림이 아니요"라는 말을 함으로써 세례의 의미만 알고 있으면 되는 게 아니라, 세례에 대한 적극적이고 실천적인 행위가 필요함을 교훈했습니다. 그것이 바로 "하나님을 향한 선한 양심의 간구"입니다. 이 부분도 해석이 분분합니다. 여러 다른 번역본들을 보면, "선한 양심이 하나님께 응답하는 것》《새번역》, 선한 양심이 하나님을 향해 찾아가는 것》《현대인의 성경》, "하나님께 선한 양심을 요청하는 것》《원문번역주석성경》, "선한 양심이 하나님을 향하여 찾아가는 것》《개역한글》 등의 번역이 있습니다. 공통적인 것은 수동적으로 세례를 받는 것으로 그치지 않고 능동적으로 또는 적극적으로 하나님과의 관계에 들어가게 됨을 알 수 있습니다. 그렇다면, 베드로 당시 박해로 인해 이미 죽은 자들 때문에 낙담한 자들, 그리고 박해와 환란을 눈앞에 둔 그리스도인들에게, 세상의 권력과 사탄의 힘에 때가 되면 그들이 수동적으로 죽고 마는 존재가 아니라, 비록 적은 수지만 노아와 그 가족이 담대하고 굳건한 믿음으로 거대한 홍수에도 살아남은 것처럼, 거대한 힘에 굴복해서 결국 믿음을 저버리는 일이 없도록 하나님께 간구하라는 뜻으로 받아들여야 합니다. 그러므로 어떤 박해와 환란도 두려워하지 말고 적극적으로 맞서라는 뜻으로 받아들이는 것이 자연스럽습니다. 세례는 단지 의식으로 그치는 것이 아니라, 공적으로 회중 앞에서 그리스도와 함께 죽고 그리스도와 함께 사는 믿음을 고백하는 것이기에, 노아와 그 가족이 하나님의 은혜로 거대한 홍수를 견뎌내고 이겨낸 것처럼, 홍수와 같이 밀려드는 박해와 환란의 거대한 힘에 능동적이고 적극적으로 맞서 이겨내라는 교훈으로 받아들이기를 바랍니다.

여기서 베드로 사도가 한 가지 강조한 것은 "방주에서 물로 말미암아 구원을 얻은 자가 몇 명뿐이니 겨우 여덟 명이라"는 말씀입니다. 당시 많은 사람에게 회개와 구원의 기회가 주어졌지만, 겨우 여덟 명만 구원받았듯이, 베드로 당시에도 고난과 박해로 인해 그리스도에 대한 믿음을 저버리고 소수만이 남을 것이라는 의미심장한 말이기도 합니다. 물론 중의적 의미가 있어서 '여덟'은 성경에서 자주 사용되었듯이 '새로운 시작'

또는 '하나님과의 언약'을 뜻하기도 합니다. 이스라엘 백성에게 난지 팔일 만에 할례를 행하게 함으로써 하나님의 언약 백성으로서 새로운 시작을 명하셨습니다. 예수님은 제7일에 무덤에 계셨다가 제8일에 부활하셨습니다. 그래서 7 다음의 수인 8은 새로운 시작과 부활을 뜻하기도 합니다. 구약시대에서 오순절(출 34:22, 레 23:15~22, 신 16:50)은 무교절이 지난 후 50일째 되는 날로 일곱 번의 안식을 지나고 나서 첫 번째 날입니다. 즉 7회의 안식(제7일)을 헤아리면 49일이 되고, 마지막은 8일째 되는 날로 그날이 오순절(맥추절, 칠칠절)입니다. 예수 그리스도의 승천 후 성령이 강림하신 날 역시 오순절이었습니다. "오순절 날이 이미 이르매 그들이 다같이 한 곳에 모였더니 홀연히 하늘로부터 급하고 강한 바람 같은 소리가 있어 그들이 앉은 온 집에 가득하며 마치 불의 혀처럼 갈라지는 것들이 그들에게 보여 각 사람 위에 하나씩 임하여 있더니 그들이 다 성령의 충만함을 받고 성령이 말하게 하심을 따라 다른 언어들로 말하기를 시작하니라"(행 2:1~4). 그러므로 그리스도의 십자가 구속으로 모이게 된 새로운 이스라엘 백성인 교회는 오순절에 시작되었고, 부활의 날인 제8일을 '주의 날'로 지키게 되었습니다. 여담(餘談)이지만, 특히 우리나라 선조가 한자(서글[書契])를 만들어 사용한 것을 보면, 배를 뜻하는 '선'(船)의 경우 방주를 뜻하는 '주'(舟)에, 여덟 명을 뜻하는 '팔'(八), 그리고 식구나 인구에 사용되는 입을 뜻하는 글자 '구'(口)를 조합해서 만들었음을 알 수 있습니다. 우리나라 초대 문교부장관 안호상(1902~1999)과 세계적 문호 중국의 임어당이 서로 만난 자리에서 대화를 나누었을 때, 안호상은 중국이 한자를 만들어 우리까지 문제가 많다고 했고, 그 말을 들은 임어당은 "그게 무슨 말씀이오? 한자는 당신들의 조상 동이족이 만든 문자로, 중국은 빌려서 쓰고 있는 것뿐인데 당신은 그것도 아직 모른단 말이오?"라며 놀라움을 금치 못했다고 합니다. 중국을 대표

   21세기 한국교회를 위한 **베드로전서 강설**

하는 세계적 학자 임어당은 기본적인 양심을 가진 사람으로서 중국인들이 사용해 온 한자가 자기들 문자가 아니라 한민족의 문자였음을 잘 알고 있었고, 문교부장관을 만난 자리에서도 그 사실을 양심껏 말한 것입니다. 최근에는 한자와 성경적 사실의 관련성을 찾아내는 일을 하는 사람도 생겨났습니다. '선'(船) 자만 하더라도 우리 조상 동이족에게도 노아의 홍수 사실이 분명히 공유되고 있었음을 알 수 있습니다. 세계적으로 270개 이상의 대홍수 관련 설화가 존재하고 있는데, 특히 현재 중국에서 전해져 온 설화에 의하면 '누와'(Nuwa)라는 조상이 있었고, 그는 세계를 뒤덮은 대홍수에서 살아남은 유일한 가장으로 아내와 함께 세 명의 자식이 있었다고 합니다. 만약 그 세 명의 자식에게 아내가 각각 있었다면 모두 여덟 명이 됨을 알 수 있습니다. '창조과학의 아버지'로 불리는 헨리 모리스(Henry Morris, 1918~2006)는 처음에는 진화론을 따르면서 수력학자(水力學者)로서 연구에 전념하다가 창조 사실을 과학적으로 밝히는 일을 하게 되었습니다. 그 아들 존 모리스(John Morris, 1946~2023)가 아버지처럼 창조과학 연구를 이어갔고, 사망하기 몇 년 전까지 창조과학연구소(Institute for Creation Research, ICR)를 이끌었는데, 그 역시 한자 '선'(船)을 알고 나서 홍수에서 살아남은 사람들의 숫자에 대해, 그리고 글자 하나가 담고 있는 엄청난 사실에 놀라움을 금치 못했습니다. 그는 세계 곳곳에 존재하는 200개 이상의 홍수 관련 설화들과 신화들을 파악했는데, 세계 모든 지역에서 지리적으로나 언어적으로, 또는 문화적으로 서로가 분리되어 살고 있어도 대홍수에서 살아남은 소수의 후손이라는 사실을 사람들이 인식하고 있음을 알 수 있었다고 했습니다. 게다가 성경에 기록된 이 실제 사건은 인류가 결코 잊지 못할 것이라 했습니다. 참고로 성경 기록과 역사적 기록에 의하면 대홍수는 BC 2348년경에 있었던 것으로 추정되고, 일반적으로 BC 2350~2345년에 발생했다고 알려져 있습니다. 또한 대홍수 당시 지구 전체 인구를 임의로 상상해 보더라도 8명밖에 살아남지 않았다는 사실에 충격을 받을 것입니다. 그러나 여덟 명이 오늘날 현재 인구에 속한 모든 민족의 선조가 되었다는 사실 역시 놀라움을 금할 수 없습니다. 그러므로 물로 세례를 받음으로써 옛사람이 죽고, 예수 그리스도의 십자가 고난과 죽음, 그리고 부활로 인해 '새로운 양심'을 가지게 된 '새로운 사람'이 되었다면, 그 사람은 이미 그리스도께서 만들어 놓은 구원의 방주에 들어와 있는 사람입니다!

끝으로 "그는 하늘에 오르사 하나님 우편에 계시니 천사들과 권세들과 능력들이 그에게 복종하느니라"(22절)고 교훈함으로써, 핍박받는 당시 그리스도인들에게는 보이지 않지만, 십자가에서 돌아가신 그리스도가 하늘에서 최고의 권위를 가지고 모든 영적 존재들을 다스리고 계신다는 사실을 일깨워주고자 했습니다. 그리스도를 믿음으로써 고난받고 모진 박해를 견뎌야 했던 그리스도인들에게는 이 말씀은 엄청난 격려가 되었고, 하늘에서 누리게 될 영광으로 가슴 벅찬 감격을 맛보았을 것입니다. 사도 바울은 "그가 우리를 흑암의 권세에서 건져내사 그의 사랑의 아들의 나라로 옮기셨으니 그 아들 안에서 우리가 속량 곧 죄 사함을 얻었도다 그는 보이지 아니하는 하나님의 형상이시요 모든 피조물보다 먼저 나신 이시니 만물이 그에게서 창조되되 하늘과 땅에서 보이는 것들과 보이지 않는 것들과 혹은 왕권들이나 주권들이나 통치자들이나 권세들이나 만물이 다 그로 말미암고 그를 위하여 창조되었고 또한 그가 만물보다 먼저 계시고 만물이 그 안에 함께 섰느니라"(골 1:13~17)는 말씀을 골로새 교회에 전하면서 하나님을 찬양하고 예수 그리스도의 영광과 능력과 권세를 드러냈습니다. 또한 빌립보 교회를 향해서도 "이러므로 하나님이 그를 지극히 높여 모든 이름 위에 뛰어난 이름을 주사 하늘에 있는 자들과 땅에 있는 자들과 땅 아래에 있는 자들로 모든 무릎을 예수의 이름에 꿇게 하시고 모든 입으로 예수 그리스도를 주라 시인하여 하나님 아버지께 영광을 돌리게 하셨느니라'(빌 2:9~11)고 전했습니다. 그러므로 베드로는 교회 역사상 가장 혹독한 박해가 시작된 그 시대 로마에 속한 소아시아 지역 교회들을 향해 고난을 견뎌내도록 특별한 편지를 보낸 것입니다. 고난과 박해로 고통당하고 두려워하는 성도에게 십자가의 고난을 몸소 당하신 예수 그리스도를 그들의 모본(模本)으로 강조했습니다. 또한 살아있는 사람들이 결코 눈으로 볼 수 없는 영적인 세계에서 그리스도가 승리자로서 영광스러운 모습으로 계신다는 사실을 알도록 교훈했습니다. 하나님을 대적한 모든 존재, 즉 노아가 살았던 때까지 하나님을 외면하고 멀리했던 사람들과 그 시대 이후 모든 불신자와 하나님을 대적한 사탄과 악한 영적 존재에게 그리스도께서 승리의 소식을 선포하신 사실을 깨닫게 하고, 또한 그 모든 존재를 그리스도가 통치하고 계심을 영적 세계와 물리적 세계에 모두 그리스도께서 친히 강력하게 선포하신 사실을 알림으로써, 그리스도 예수를 믿고 복음을 전하다가 억울하게 고난받는 모든 그리스도인에게 큰 위로와 소망의 말씀을 주었음을 확실히 믿기를 바랍니다. 아멘.

(2025년 6월 1일)

# '쾌락의 제국'에서 엑소더스(Exodus)!

### 강설 본문: 베드로전서 4장 1~6절

1. 그리스도께서 이미 육체의 고난을 받으셨으니 너희도 같은 마음으로 갑옷을 삼으라 이는 육체의 고난을 받은 자는 죄를 그쳤음이니
2. 그 후로는 다시 사람의 정욕을 따르지 않고 하나님의 뜻을 따라 육체의 남은 때를 살게 하려 함이라
3. 너희가 음란과 정욕과 술취함과 방탕과 향락과 무법한 우상 숭배를 하여 이방인의 뜻을 따라 행한 것은 지나간 때로 족하도다
4. 이러므로 너희가 그들과 함께 그런 극한 방탕에 달음질하지 아니하는 것을 그들이 이상히 여겨 비방하나
5. 그들이 산 자와 죽은 자를 심판하기로 예비하신 이에게 사실대로 고하리라
6. 이를 위하여 죽은 자들에게도 복음이 전파되었으니 이는 육체로는 사람으로 심판을 받으나 영으로는 하나님을 따라 살게 하려 함이라

전에 살펴본 바와 같이 베드로전서 3장 13절부터 19절의 교훈은 당시 고난과 박해 가운데 있는(또는 있게 될) 그리스도인들에게 예수 그리스도의 본을 제시하면서 의를 위해 기꺼이 고난을 받으라는 것과 두려운 상황에서도 절대로 두려워하지 말고 오히려 소망의 복음을 전할 준비를 항상 하라는 것이었습니다. 또한 20~22절을 통해, 의를 위해 고난받는 자들은 노아 시대에 홍수 심판에서 살아남은 여덟 명과 같이 특별한 보호를 받을 것이며, 그들의 구원을 위해 십자가에서 돌아가신 예수님은 하나님의 우편에서 "천사들과 권세들과 능력들"을 다스리는 통치자로 살아계신다고 교훈했습니다. 이제 살펴보게 될 4장 1절부터 6절 말씀은 고난에 대한 연속적인 교훈의 마무리라 할 수 있습니다. 또한 이 부분은 베드로의 교훈에서 자주 나타나는 대조적이고 이중적인

면을 확인할 수 있습니다. 베드로는 고난과 박해 가운데 있는 그리스도인들에게 은혜와 구원에 대해 교훈하면서 하늘을 바라보게 합니다(벧전 1:3~12). 독자들은 마치 금방이라도 천국에 들어갈 것 같은 느낌을 받을 수 있습니다. 그리스도인들에게 지금 당장 박해와 고난으로 고통스럽더라도 머지않아 가게 될 천국을 확실히 바라보게 하는 교훈입니다. 그런데 바로 이어서 독자들이 이 땅에서 어떻게 살아야 하는지 교훈합니다(1:13~25). 마치 그리스도인들의 삶이 오래 지속될 것이라는 느낌을 받게 합니다. 3장 13절부터 22절까지는 그리스도인들이 극심한 고난 가운데 있더라도 의를 위해 참고 견디다가 곧 죽는 생각을 떠올리게 합니다. 즉 복되고 영광스러운 하늘을 가리키면서 눈을 위로 향하게 합니다. 그러나 4장 1절부터 6절 내용을 살펴보면, 그 "남은 때"가 하루든, 몇 년이든, 몇십 년이든, "하나님의 뜻을 따라" 이 세상에서 신실하고 거룩하게 살도록 교훈합니다. 다시 땅을 가리키면서 책임과 의무를 다하는 삶을 살도록 가르친 것입니다. 그러므로 오늘 살펴볼 본문은 교회가 박해와 고난 가운데 있더라도 이 땅에서 거룩한 삶을 계속 이어가야 한다는 교훈임을 명심하기를 바랍니다.

먼저 1~2절을 보면, "그리스도께서 이미 육체의 고난을 받으셨으니 너희도 같은 마음으로 갑옷을 삼으라 이는 육체의 고난을 받은 자는 죄를 그쳤음이니 그 후로는 다시 사람의 정욕을 따르지 않고 하나님의 뜻을 따라 육체의 남은 때를 살게 하려 함이라"고 교훈하면서 고난의 삶에서 바로 윤리적 삶으로 인도합니다. 곧 들어갈 천국을 소망하며 고난을 참으라는 교훈에 이어 지금 이곳에서 그리스도인의 윤리를 실천하라고 합니다. 《개역개정》에는 "그러므로"(therefore, οὖν)가 없는데, 헬라어 및 영어 성경에는 있습니다. 그렇다면 고난 후에 누릴 저 천국의 삶이 있으므로 지금 여기에서 거룩하게 살아야 한다는 교훈입니다. 먼저 "그리스도께서 이미 육체의 고난을 받으셨으니 너희도 같은 마음으로 갑옷을 삼으라"고 했는데, 이는 그리스도께서 담대한 마음으로 하나님의 뜻을 이루기 위해 기꺼이 고난을 받으셨듯이 그런 마음으로 무장하라는 뜻이고, 또 한편으로는 '육체의 죽음'이 결코 끝이 아니라, 오히려 '영적 생명'으로 연결된다는 확신을 품으라는 뜻이기도 합니다. 즉 육체의 영역이 전부가 아니라 영적인 영역이 존재한다는 확신을 품고 고난과 죽음을 대하라는 뜻입니다. 이어서 "이는 육체의 고난을 받은 자는 죄를 그쳤음이니"라고 덧붙임으로써, "육체의 고난을 받은 자" 즉 그리스도와 "같은 마음으로" "무장한 자'는 '세상을 기쁘게 하는 죄를 그친 사람'이라고 했습니다. 또한 "그 후로는 다시 사람의 정욕을 따르지 않고 하나님의 뜻을 따라 육체의 남은 때를 살게 하려 함이라"는 말로써 자세히 설명했습니다. 좀 쉽게 풀자면, 예수 그리스도의 고난에 동참함으로써 예수 그리스도와 똑같이 하나님의 뜻을 따르고 하나님을 기쁘게 해드리기 위해 죄를 그친 사람은 당연히 옛사람의 본성 즉 "사람의 정욕을 따르지 않고 하나님의 뜻을 따라 육체의 남은 때를" 살아야 한다는 뜻입니다. 여기서 "죄를 그친" 사람의 뜻은 이 세상에서 더 이상 죄를 짓지 않는 완전무결한 사람이 아니라, 죄의 종으로 살지 않고 그리스도의 종으로 사는 자임을 깨닫기를 바랍니다.

베드로는 "너희가 음란과 정욕과 술취함과 방탕과 향락과 무법한 우상 숭배를 하여 이방인의 뜻을 따라 행한 것은 지나간 때로 족하도다"는 3절 말씀으로 다시 한번 '그리스도와 똑같은 마음으로 무장한 자'의 삶을 살기 위해서는 죄를 끊어야 함을 구체적으로 교훈했습니다. "이방인의 뜻을 따라 행한 것은 지나간 때로 족하도다"라고 함으로써 소아시아 지역 그리스도인들은 물론 복음을 듣고 회개한 모든 이방인 출신 그리스도인들에게 본성을 따라 살았던 옛 삶의 행태를 끝내야 한다고 했습니다. 바울 사도 역시 에베소 교회를 향해 "너희는 유혹의 욕심을 따라 썩어져 가는 구습을 따르는 옛 사람을 벗어 버리고"(엡 4:22)라고 했고, 골로새 교회를 향해서도 "그러므로 땅에 있는 지체를 죽이라 곧 음란과 부정과 사욕과 악한 정욕과 탐심이니 탐심은 우상 숭배니라 이것들로 말미암아 하나님의 진노가 임하느니라 너희도 전에 그 가운데 살 때에는 그 가운데서 행하였으나 이제는 너희가 이 모든 것을 벗어 버리라 곧 분함과 노여움과 악의와 비방과 너희 입의 부끄러운 말이라"(골 3:5~8)고 교훈했습니다. 당시 로마와 로마의 속주였던 소아시아 지역은 "음란과 정욕과 술취함과 방탕과 향락과 무법한 우상 숭배"가 어느 시대보다도 만연해 있었습니다. 1세기 중후반부터 로마 제국에서는 사치스럽고 호화로운 빌라(villa)를 건축하는 붐이 부자들 사이에서 크게 일어났습니다. 도시를 벗어난 교외 지역에 큰 규모의 빌라를 지어서 목욕탕과 정원을 만들고, 식당을 비롯한 여러 가지 편의시설을 갖춰서 아름답고 자연스러운 휴양시설과 육체적 쾌락을 즐겼습니다. 많은 노예가 동원되어 건물을 짓고, 꾸미고, 시중을 들고, 빌라 전체를 유지하는 일을 맡았습니다. 노예들도 본의 아니게 쾌락을 즐기는 일에 고용되어 간접적으로 쾌락을 누릴 수 있었습니다. 큰 부자들은 하루 정도 걸리는 가까운 곳이나 심지어 지중해 연안까지 먼 곳에 빌라를 지어서 여유를 즐기곤 했고, 그런 곳에서 시중을 드는 노예의 삶 역시 다른 노예와는 수준이 다른 삶을 경험한 것입니다. 특히 빌라 데이 볼루시(Villa dei Volusii, 1세기 중반), 하드리아누스 빌라(Villa Adriana, 2세기 초반), 빌라 로마나(Villa Romana, 4세기) 등이 유명한 빌라였습니다.

베드로전서 2장부터 3장까지 다뤘던 지난 강설에서 몇 차례 살펴보았듯이, 로마는 '쾌락의 제국'이었습니다. 온갖 종류의 타락한 성문화가 만연해 있었습니다. 심지어 노예들도 누릴 수 있었던 로마의 목욕탕 문화는 단순히 몸을 노출하고 목욕하는 수준을 넘어 남녀혼탕, 동성연애, 성매매와 같이 타락하고 음란한 성문화를 즐기고 확산하는 곳이기도 했습니다. 또한 와인은 로마 문화를 상징하는 대표적인 예입니다. 로마를 '와인의 제국'이라고 해도 과언이 아닙니다. 만찬 자리에서 남자들은 항상 술을 마시기를 즐겼고, 아이들은 10대 후반이나 20대가 되면서 자기들끼리 집 밖에서 어울려 마시고 취하는 경험을 했습니다. 로마인들은 와인을 마셔야 문명인이라고 생각할 정도였습니다. 단순히 반주(飯酒)나 사교(社交)를 위한 1~2잔이 아니라 하루 1병 정도는 마셨다고 합니다. 와인 소비가 1인당 1일 평균 0.5리터씩이었고, 군인들의 경우 하루 1리터가 지급되었다고 하니 로마인들이 얼마나 술에 취한 삶을 살았는지 짐작할 수 있습니다. 헬라 제국에 속했던 지역들이 로마의 속주가 된 후로도 고대 그리스 신화에서 와인과 풍요의 신, 술의 신, 다산의 신, 환락의 신으로 섬겼던 디오니소스(Dionysos) 축제는 계속되었습니다. 디오니소스는 로마 신화의 바쿠스(Bacchus)에 해당하는데, 지중해 문화권에 속한 데살로니가(Thessalonica)의 경우, 당시 사람들이 디오니소스를 숭배하면서 술을 탐닉하고, 아내가 아닌 다른 여자들과 무분별한 성행위를 일삼을 정도로 타락했으며, 아테네(아덴) 사람들도 아크로폴리스(Acropolis) 언덕 아래 설치된 디오니소스 극장에서 연극 구경을 하면서 술 취함을 즐길 정도였습니다(김세민, 『21세기 한국교회를 위한 갈라디아서 강설』, 219~220쪽). 로마에서 와인은 그 자체로도 쾌락을 위한 것이었지만, 와인을 통해 성적 쾌락을 추구하는 것이기도 했습니다. 술을 마시면서 연극을 관람하는 동안 무대에서는 성적 욕망을 극대화하는 실제 성관계가 이루어지기도 했습니다. 원칙적으로 노예들과 여자들은 극장에 들어갈 수 없었고 남자 자유민들을 위한 공간이었습니다. 크리소스톰(John Chrysostom, 347~407)은 사탄을 '최초의 극장 건축가'라고 했고, 터툴리안(Tertullian/Tertullianus, 155~240)은 극장을 '악마의 신전'(the Devil's Temple)이라고 할 정도였습니다. 그 밖에도 교회 지도자들은 로마의 극장을 '사탄의 학교' 또는 '사탄의 회당'이라고 부르기도 했습니다. 그래서 그리스도인들이라면 결코 가서는 안 될 장소가 극장이었고, 관람해서는 안 되는 게 당시 연극이었습니다. 이처럼 로마 제국은 극장과 목욕탕과 빌라와 술과 연극까지 모두 성적 쾌락을 위한 수단이 되었고, '술 취함'은 쾌락을 위한 일상적이고 보편적인 생활이요 문화였습니다. 우리나라 역시 로마 시대와 크게 다를 바 없습니다. 2014년 통계에 따르면, 우리나라 성매매 종사자 비율이 세계 최고 수준이었는데, 20~30대 여성 약 4%(100명 중 4명)가 성매매 종사자로 나타났습니다. 이것도 공식적으로 나타난 통계가 그렇고, 개인적으로 성매매 경험이 있는 여자들의 숫자를 포함하면 몇 배는 더 높게 나타났을 것입니다. 공신력이 다소 떨어질 수 있는 조사긴 하지만, 2011년 어느 시민단체가 조사한 통계로 우리나라 20~40대 여성의 27%가 성매매를 한 것으로 조사되었습니다(《조갑제닷컴》 김성욱, "한국의 음란한 민낯" 2014.04.05.). 물론 여기에는 유사성행위 업소 등의 종사자들도 포함된 것으로 여겨집니다. 현재 우리나라에도 성매매로 이어질 수 있는 음란퇴폐 유흥업소 종류가 수십 가지는 될 것입니다. 그러므로 지금 우리 역시 이러한 쾌락의 문화로부터 우리 자신을 지켜야 하고, *"음란과 정욕과 술취함과 방탕과 향락과 무법한 우상숭배"*에서 완전히 벗어나야 합니다. 그래서 남은 인생을 거룩하고 경건한 삶으로 채워나가기를 바랍니다.

또한 로마인들은 폭력도 쾌락으로 즐겼습니다. 주인들은 노예들을 사소한 이유로도 형벌이나 다름없는 채찍질을 일삼았고, 집 밖에 사람들이 볼 수 있도록 문을 훤히 열어놓고 고통스럽고 수치스럽게 채찍질하곤 했습니다. 베드로의 편지가 보내지기 몇 년 전이었던 61년 로마시에서는 원로원 의원이요 로마 행정장관이었던 페다니우스 세쿤두스가 자기 집 노예에 의해 살해되는 사건이 벌어졌고, 그 사건으로 400명이나 되는 집안 노예들이 모두 살아있는 채로 화형을 당했습니다. 로마 사람들은 노예를 일반적인 사람이 아닌 다른 부류의 사람으로 취급했기에 집단 처형된 노예들에 대해 연민을 느끼지 않았습니다. 집단 처형이 있기 전에 로마 군중의 강력한 시위가 일어나기도 했습니다(레이 로렌스, 『로마 제국 쾌락의 역사』, 290~295쪽). 이 사건을 접한 소아시아 지역 노예들과 노예 출신 그리스도인들은 큰 불안감과 공포심을 느꼈을 것입니다. 이뿐만 아니라 콜로세움(Colosseum)이라는 원형경기장에서 상대방을 죽여야 이기는 검투사들의 결투나 맹수와 사람이 싸우는 것도 관람으로 즐겼습니다. 1세기 당시 로마와 로마 속주들에는 수용 인원 5만 명 안팎 규모의 콜로세움이 많이 세워졌습니다. 네로 황제 때부터 콜로세움에 던져져 검투사와 싸우다 죽거나, 맹수에게 사냥당하는 그리스도인들이 많았는데, 그런 잔인함을 로마인들은 쾌락으로 즐겼을 정도로 심각하게 타락한 상태였습니다. 로마 신화에는 동물과 신들의 참혹한 관계 또는 난잡한 관계가 자주 등장하는데, 황제는 그런 이야기들을 콜로세움에서 군중이 보는 앞에서 재현하도록 명령했고, 죄수들이나 노예들, 또는 전쟁 포로들이나 그리스도인들이 굶주린 맹수들에게 던져져 잡아먹히거나, 조련사에 의해 훈련받은 발정 난 짐승들에게 수간을 당하고 중상을 입거나 죽는 장면을 구경거리로 제공했을 정도로 로마는 극악무도한 '악의 제국'이었습니다(위의 책, 300~302쪽).

특히 로마는 우상을 위한 신전들이 많았는데, 속주였던 에베소에는 아르테미스(Artemis) 신전이 있었습니다. 그곳에는 천여 명의 여사제가 신을 섬기며 찾아온 사람들의 제사를 도왔는데, 주로 고급 창녀 역할을 했습니다. 로마에는 농경의 신 사투르누스(Saturnus, 영. Saturn)를 위한 신전이 BC 497년경에 세워졌고, 12월 17일부터 24일까지 '사투르날리아'(Saturnalia)라는 농신제(農神祭)가 열렸습니다. 이 기간에 사람들은 서로 선물을 주고받았는데, 특별한 의미와 감사의 표시보다는 일종의 풍요를 누리고 기원하는 우상 축제의 일환이었습니다. 선물을 주고받는 행위도 일종의 쾌락이었습니다. 농신제가 남자들 중심의 겨울 축제로 쾌락을 즐기고 호사를 누리면서 선물을 주고받는 축제였는데, 여자들(특히 결혼 여자들) 중심의 축제도 있었습니다. 로마 사회가 어느 사회보다도 가부장(Pater Familias) 권한이 강력했는데, 놀랍게도 '마트로날리아'(Matronalia)라 불렸던 결혼한 여성들(matronae)을 위한 축제가 있었다는 사실입니다. 마트로날리아는 율리우스 달력 이전에 신년 첫날이었던 3월 1일에 여자들이 출산과 빛의 여신 '유노 루치나'(Juno Lucina)를 기리기 위해 제물과 꽃을 바친 축제였습니다. 이 축제 때 여자들은 남자들로부터 선물을 받았는데, 심지어 여자 노예들도 선물을 받고 휴무나 휴가를 받을 정도였습니다(위의 책, 31~45쪽).

종교적으로 들여다보면, 페르시아 종교로써 예언자 조로아스터(Zoroaster)의 가르침에 따라 유일신으로 여겨졌던 아후라 마즈다(Ahura Mazda)를 숭배한 조로아스터교가 있었는데, 여기서 파생된 미트라 밀교(Mysteries of the Persians) 즉 미트라교(Mithraism)가 1세기에 군인들과 일부 상인들에 의해 로마 제국까지 스며들었고, 4세기에 기독교를 로마의 국교로 공표(392년)한 테오도시우스 황제(379년 즉위) 때 사라지게 되었습니다. 황제는 모든 우상과 신상을 없애라고 했습니다. 그때까지 미트라교는 기독교가 로마 제국에서 박해받으며 성장하고 있던 300년간 로마의 주류 종교 중 하나가 되었고, 사제들은 미트라스(Mithras) 신에게 바친다는 의미로 황소를 죽인 다음 피를 나누어 마시고 광란의 제사 행위에 빠졌으며, 무아지경에 빠지기 위해 자해하고 피를 흘리곤 했습니다. 게다가 로마에서는 황제 숭배까지 있었기 때문에 그리스도인들은 언제 어디서나 우상 숭배, 컬트(Cult), 오컬트(Occult) 등의 종교적 악습이나 폐단을 피할 수 없을 정도였습니다. 그리스도인들은 스스로 정결하고 거룩한 생활을 이어가기 위해서는 공적인 장소에 가는 일도 피해야 했습니다. 반면에 기독교가 공인된 이후 이런 종교의 축제 의식이나 종교적 관습 일부가 기독교와 융합되기도 했는데, 대표적인 예가 바로 성탄절입니다. 태양신을 섬기는 종교들(미트라교 등) 가운데서는 낮이 가장 짧은 동지(冬至, 12월 22일)가 지나고 낮이 다시 길어지기 시작하는 25일을 태양신의 탄생일로 지켰던 것입니다. 당시 농신제 기간에 선물을 교환하던 풍습이 성행했는데, 지역에 따라 축제가 12월 24일로 그치지 않고 며칠 더 연장되는 경우가 많아서, 미트라교 축제와 겹치는 12월 25일은 매우 특별한 날로 지켜졌습니다. 한 해의 중요 절기나 축일 등을 기록해 놓은 발렌티누스의 《연대기》(The Chronography, 354년)에 "정복당하지 않는 신"(태양신의 이름)의 날과 "그리스도께서 유대 베들레헴에서 태어나심"이라고 적힌 부분이 똑같이 12월 25일로 언급된 것으로 볼 때, 이미 그 이전부터 대표적인 이교 축제일을 성탄절로 삼아 지켜오고 있었다고 볼 수 있습니다. 특히 콘스탄티누스 황제(306~337년 재위)가 336년 12월 25일을 성탄절로 공포함으로써 기존의 이교 축제를 억제하려는 정치적 목적이 있었다는 설도 어느 정도 설득력이 있습니다(《브리태니커 사전》 참조). 콘스탄티누스가 밀라노 칙령(Edict of Milan, 313년)으로 기독교를 정식 종교로 선언하기 전까지 로마 제국은 모든 신과 우상을 수용하는 '신들을 위한 제국'이기도 했습니다. 당시 로마 달력에는 40개 이상의 종교적인 축제들이 있었는데, 며칠 동안 지속되는 축제들도 있었고, 하루 정도로 끝나는 축제들도 있었습니다. 그리스도인들의 신앙이 종교로 인정받게 된 4세기 초반까지 그리스도인들은 타락하고 부패한 종교 축제들 속에서 정결함을 유지해야만 했습니다. 기득교를 제외한 종교들은 모두 제사나 의식(儀式)이 있었고, 도덕이나 윤리는 거의 가르치지도 않았습니다. 게다가 그런 종교들은 신상(神像)이나 신전(神殿)이 있었고, 신들을 만족시켜야 그만큼 평화가 오고 원하는 것들을 얻는다는 믿음이 보편적이었습니다. 반면에 그리스도인들의 신앙 행위는 이런 종교들과 전혀 다른 면들을 가졌기에 오히려 '불법의 종교'(religio illicita)라는 소리를 들었고, 핍박과 탄압을 받을 수밖에 없었습니다. 로마는 물론 그리스나 주변 나라들에서 전해져 온 종교들은 풍요와 다산(多産)을 추구했기에 반드시 성(性)과 연관된 제의가 포함되어 있어서 신전에서 벌이는 난잡한 성관계나 매춘과 같은 음분(淫奔)이 중요한 기능을 했는데, 그리스도인들의 신앙은 그런 세속적 즐거움을 전혀 제공하지 않으므로 사람들은 그리스도인들을 오히려 불법적인 종교를 믿는 자들이라고 범죄자 취급했습니다. 그래서 베드로는 *"이러므로 너희가 그들과 함께 그런 극한 방탕에 달음질하지 아니하는 것을 그들이 이상히 여겨 비방하나"*라는 말을 한 것입니다.

결국 로마인들에게 종교는 축제를 즐기고 쾌락과 음분에 빠지는 구실과 *"극한 방탕"*에 휩쓸리는 기회를 제공했습니다. 그런 로마인들의 종교는 결코 도덕적인 삶을 추구하거나 죄악에서 구원받고자 하는 열망을 가진 사람들을 위한 길을 제시하지 않았습니다. 그리스도인들이 *"극한 방탕에 달음질하지 아니하는 것을" 보고 사람들은 좋은 영향을 받아 타락한 삶에서 벗어나야 하는데, 그러기는커녕 자기들처럼 방탕과 정욕과 술 취함과 우상 숭배에 동참하지 않는다고 비방을 할 정도였습니다. 특히 예전에 자기들과 같이 술과 문란한 성문화를 즐겼는데, 이제는 그런 삶이 아닌 변화된 깨끗한 삶을 사는 모습을 이상히 여기고 헐뜯은 것입니다. 어떤 조직이나 사회든 권력을 가졌거나 권위가 있는 자가 조직을 장악하거나 지배 구조를 단단히 하고자 할 때 술을 이용하는 경우가 보편적입니다. 일종의 쾌락을 공유하는 매개체가 바로 술이고, 술을 함께 마심으로써 동질감과 연대감을 공유하게 됩니다. 여기서 힘을 가진 자가 지배력을 강화하려고 술을 강요하지만, 술이라는 매개체가 가진 성질 때문에 도덕적으로 비난을 피할 수 있는 것이, 술의 좋은 기능은 강조하고, 반면에 술로 인해 취하고 실수하고 중독될 수 있는 나쁜 기능은 강요받은 사람이 알아서 해야 할 몫으로 떠넘기는 경향이 있기 때문입니다. 직장 상사가 부하 직원에게 계속 술을 권유하고 심지어 강요하는 행위는 술의 순기능 차원에서만 밀어붙이는 심리적 기만행위입니다. 하급자는 상급자의 권위에 순응하는 집단적 행위에 압박을 느끼고 동조하는 경향이 있습니다. 동조하는 자는 술을 마셔야 조직의 일원으로서 인정받고 살아남을 수 있다는 신념을 가지게 됨으로써 자신의 태도와 행동을 계속 합리화하게 됩니다. 바로 심리학에서 말하는 인지부조화를 겪게 되지만, 자기 자신의 바람직하지 못한 부분을 수정하지 않는 쪽으로 계속 향하게 됩니다. 일본의 사무라이들 역시 술자리를 통해서 결속과 동맹을 다졌고, 군대나 직장의 술자리와 회식 문화, 남자들의 룸살롱 문화 역시 강한 동지 의식을 가짐으로써 술과 방탕함으로 유대관계를 강화하는 기능을 하게 됩니다. 만약 어떤 사람이 이런 집단 음주 문화와 성문화를 거부하고 참여하지도 않으면 그 사람은 집단적인 따돌림이나 비방과 손가락질을 피하기 어렵게 됩니다. 그리스도인들은 이런 집단적 술 문화에 동참하지 말아야 합니다. 베드로 사도 당시 그리스도인들이 그런 사회와 문화와 종교적 관습에서 벗어남으로써 듣게 된 소리는 무신론자들, 인육을 먹는 자들, 근친상간하는 자들, 피를 마시는 자들, 사회적이고 공적인 집회나 장소에 오지 않는 자들, 절기나 축제에 참여하지 않는 자들, 애국심이 없는 자들, 해로운 미신을 믿는 자들 등이었습니다. 그래서 베드로는 "이러므로 너희가 그들과 함께 그런 극한 방탕에 달음질하지 아니하는 것을 그들이 이상히 여겨 비방하나"라고 말한 것입니다. 어느 시대 어느 사회든 정의로운 사람이 나타나 기득권의 악습을 타파하려고 하거나 악한 세력과 맞서게 되면, 근거도 없이 온갖 부당한 소송을 당하거나 기득권 사회로부터 살해 위협과 지속적인 압박을 당하게 됩니다. 며칠 전 임기가 시작된 이재명 대통령의 경우 판·검사 임용을 선택할 만한 훌륭한 성적에도 불그하고 힘없고 가난한 시민들을 위한 인권 변호사의 길을 택하고 '토건 마피아' 세력에 맞서다가 가족까지 협박당하고 살해 위협을 당하게 되면서 한동안 가스총을 휴대하고 다닐 정도였다고 합니다. 예수님이 가난한 백성 편에서 정치와 종교 기득권 세력을 향해 기회가 있는 대로 회개를 촉구하셨을 때, 그들은 예수님의 행동과 말꼬리를 트집 잡아 로마 법정에서 재판받게 했고, 거짓 증인들을 내세우고 순진한 백성을 선동해서 십자가에 못 박혀 처형당하도록 몰고 갔습니다. 죄악을 행하는 자들에게 하나님의 의와 심판을 선포한다는 것은 이 세상 기득권을 장악한 마귀의 세력을 향해 도전장을 내민 것이므로, 큰 압박과 죽음의 위협을 당하는 건 당연한 이치입니다. 그래서 세상에 속해 있던 사람이 그리스도를 믿고 회개한 후에 타락하고 부패하고 악한 세상과 결별을 하게 도면 세상으로부터 따돌림을 당하거나 미움을 받게 되고 비방을 당하게 됩니다. 그래서 당시 로마 제국에서 사람들이 그리스도인의 변화된 모습을 보고 "이상히 여겨 비방"한 것은 당연히 그럴 만한 반응이었습니다. 베드로가 "너희가 음란과 정욕과 술취함과 방탕과 향락과 무법한 우상 숭배를 하여 이방인의 뜻을 따라 행한 것은 지나간 때로 족하도다"(3절)라고 말한 내용을 통해 알 수 있듯이 당시 그리스도인들은 대부분 이방인 출신 이교도들이었습니다. 예수 그리스도를 믿기 전에는 당연히 "이방인의 뜻을 따라" 살면서 "음란과 정욕과 술취함과 방탕과 향락과 무법한 우상 숭배를" 했던 것입니다. 그런데 그런 삶에서 벗어나자 그리스도인들을 이상하게 보았고, 정확한 사실도 모르고 비방하기 시작한 것입니다. 이처럼 세상에서 평범하게 살다가 그리스도를 믿고 변화된 삶을 살게 되면, 세상은 그리스도인들을 결코 칭송하거나 축하하지 않습니다. 조상에게 제사하고 명절에 차례를 지낸 것을 더 이상 행하지 않고, 친구들이나 동료 모임 또는 가족 모임에서 술 마시는 것을 더 이상 하지 않으면 비방당하거나 욕과 핀잔을 먹기도 합니다. 그러함에도 불구하고 예수 그리스도를 믿고 세례를 받았다면, 죄에 대해 죽고 의에 대해 살기로 다짐한 것이므로 세상의 핀잔과 비방과 핍박과 경멸을 각오하고 살기를 바랍니다.

베드로는 당시 그리스도인들을 향해 "그들이 산 자와 죽은 자를 심판하기로 예비하신 이에게 사실대로 고하리라"고 교훈함으로써 그들이 그렇게 비방당하고 핍박받는 삶을 이어 가야 하는 이유를 분명히 제시했습니다. 그리스도인들을 비방하고 핍박하다가 이미 죽은 자들이든, 지금 살아 있으면서 비방하고 핍박하는 자들이든 앞으로 그럴 자들이든 반드시 예수 그리스도에게 심판받게 된다고 했습니다. "산 자와 죽은 자를 심판하기로 예비하신 이"가 바로 하나님의 심판을 위임받아 시행하실 예수 그리스도입니다. 심판의 권한이 하나님께 있으나 하나님은 예

수 그리스도에게 위임하셨습니다. 그래서 사도 바울은 "알지 못하던 시
대에는 하나님이 간과하셨거니와 이제는 어디든지 사람에게 다 명하사
회개하라 하셨으니 이는 정하신 사람으로 하여금 천하를 공의로 심판
할 날을 작정하시고 이에 그를 죽은 자 가운데서 다시 살리신 것으로 모
든 사람에게 믿을 만한 증거를 주셨음이니라"(행 17:30~31)는 말씀을 통
해 하나님이 심판의 날을 정하셨고 예수 그리스도를 심판자로 정하셨다
고 했습니다. 또한 심판의 날이 어떻게 올지 예수님은 제자들에게 "너
희는 스스로 조심하라 그렇지 않으면 방탕함과 술취함과 생활의 염려로
마음이 둔하여지고 뜻밖에 그 날이 덫과 같이 너희에게 임하리라 이 날
은 온 지구상에 거하는 모든 사람에게 임하리라"(눅 21:34~35)고 말씀
하셨습니다. 최후 심판에 대한 가장 구체적인 말씀은 예수님이 친히 제
자들에게 하신 말씀으로 마태복음에 다음과 같이 기록되어 있습니다.

31. 인자가 자기 영광으로 모든 천사와 함께 올 때에 자기 영광의 보좌에
    앉으리니
32. 모든 민족을 그 앞에 모으고 각각 구분하기를 목자가 양과 염소를 구
    분하는 것 같이 하여
33. 양은 그 오른편에 염소는 왼편에 두리라
34. 그 때에 임금이 그 오른편에 있는 자들에게 이르시되 내 아버지께 복
    받을 자들이여 나아와 창세로부터 너희를 위하여 예비된 나라를 상속
    받으라
35. 내가 주릴 때에 너희가 먹을 것을 주었고 목마를 때에 마시게 하였고
    나그네 되었을 때에 영접하였고
36. 헐벗었을 때에 옷을 입혔고 병들었을 때에 돌보았고 옥에 갇혔을 때
    에 와서 보았느니라
37. 이에 의인들이 대답하여 이르되 주여 우리가 어느 때에 주께서 주리

신 것을 보고 음식을 대접하였으며 목마르신 것을 보고 마시게 하였나이까

38. 어느 때에 나그네 되신 것을 보고 영접하였으며 헐벗으신 것을 보고 옷 입혔나이까

39. 어느 때에 병드신 것이나 옥에 갇히신 것을 보고 가서 뵈었나이까 하리니

40. 임금이 대답하여 이르시되 내가 진실로 너희에게 이르노니 너희가 여기 내 형제 중에 지극히 작은 자 하나에게 한 것이 곧 내게 한 것이니라 하시고

41. 또 왼편에 있는 자들에게 이르시되 저주를 받은 자들아 나를 떠나 마귀와 그 사자들을 위하여 예비된 영원한 불에 들어가라

42. 내가 주릴 때에 너희가 먹을 것을 주지 아니하였고 목마를 때에 마시게 하지 아니하였고

43. 나그네 되었을 때에 영접하지 아니하였고 헐벗었을 때에 옷 입히지 아니하였고 병들었을 때와 옥에 갇혔을 때에 돌보지 아니하였느니라 하시니

44. 그들도 대답하여 이르되 주여 우리가 어느 때에 주께서 주리신 것이나 목마르신 것이나 나그네 되신 것이나 헐벗으신 것이나 병드신 것이나 옥에 갇히신 것을 보고 공양하지 아니하더이까

45. 이에 임금이 대답하여 이르시되 내가 진실로 너희에게 이르노니 이 지극히 작은 자 하나에게 하지 아니한 것이 곧 내게 하지 아니한 것이니라 하시리니

46. 그들은 영벌에, 의인들은 영생에 들어가리라 하시니라(마 25:31~46)


본문 5절 말씀에서 심판자 다음으로 우리가 주목해야 할 부분은 심판의 대상인 *"산 자와 죽은 자"*입니다. 베드로 당시로 말하자면, *"산 자"*는 그때부터 예수님이 심판자로 오실 때까지 살아있는 자를 말하고, *"죽은*

자"는 그때까지 또는 예수님이 재림하실 때 죽어있는 자를 말합니다. 바울은 디모데에게 편지하면서 예수 그리스도를 말할 때 *"살아 있는 자와 죽은 자를 심판하실 그리스도 예수"*(딤후 4:1)라고 했습니다. 두 가지를 분명히 말했는데, 하나는 심판하실 분은 예수 그리스도라는 사실이고, 다른 하나는 심판의 대상이 *"살아 있는 자와 죽은 자"*라는 사실입니다. 예수님의 재림을 기준으로 해서 그때까지 이미 *"죽은 자"*와 그때 *"살아 있는 자"*가 심판받는다는 사실을 잊지 말아야 합니다. 또한 모든 불신자 즉 예수 그리스도를 구원자와 심판자로 믿지 않고 살거나 이미 죽은 자들은, *"그들이⋯⋯사실대로 고하리라"*는 말씀과 같이, 회개하지 않고 죄악에서 떠나지 않은 이유에 대해, 즉 *"하나님의 뜻을 따라"*(2절) 행하지 않고 *"이방인의 뜻을 따라"*(3절) 또는 *"사람의 정욕"*(2절)을 따라 행한 모든 일에 대해 낱낱이 고하게 될 것입니다. 마치 재판정에서 신문(訊問)을 받게 되면 사실대로 낱낱이 답변해야 하듯이 하늘의 재판정에서 심판자 예수 그리스도 앞에서 답변해야 한다는 뜻입니다.

그렇다면 복음을 듣고 죽은 자들은 예수 그리스도의 심판이 있기 전까지 어떻게 될까요? 6절 하반절 *"육체로는 사람으로 심판을 받으나 영으로는 하나님을 따라 살게 하려 함이라"*는 말씀과 같이 육체를 가진 사람이라면 누구든지 육체에 대한 심판인 죽음을 피할 수 없지만, 영적인 영역에서는 결코 죽지 아니하고 하나님과 함께 산다는 뜻입니다. 영적인 영역(in the spirit)은 3장 18절의 "영으로는"과 19절의 "영으로"와 같이 똑같이 이해해야 합니다. 죽음이라고 하는 심판을 피할 수 없는 육체의 영역, 육의 영역과 대조되는 영역입니다. 이 영역 중 '음부'가 아닌 '낙원'으로 들어가도록 그리스도인들이 세상에서 육체적 존재로 살아가는 동안 복음을 듣고 예수 그리스도를 따라 살도록 은혜가 주어졌습니다. 그래서 베드로는 "이를 위하여 죽은 자들에게도 복음이 전파되었으니 이는 육체로는 사람으로 심판을 받으나 영으로는 하나님을 따라 살게 하려 함이라"고 교훈한 것입니다. 결론적으로, 복음을 듣고 복음에 제시된 하나님의 뜻에 따라 살아가는 그리스도인들은 아무리 고난과 박해와 죽음을 통해 육체적으로 심판받는다고 할지라도 영적인 영역에서는 죽지 않기에, 이 세상을 살아가는 동안 "다시 사람의 정욕을 따르지 않고 …… 음란과 정욕과 술취함과 방탕과 향락과 무법한 우상 숭배"에서 벗어나야 하고, 그리스도를 믿기 전 이방인으로서 방탕하게 살았던 삶을 더 이상 좇지 않는 일로 인해 이상히 여김을 당하고 비방을 당하더라도 억울하게 생각할 필요가 전혀 없다는 뜻입니다. 살아있는 동안 복음을 외면하고 소홀히 여기고 그리스도인들을 비방하고 박해한 자들은 반드시 최후의 심판 때 예수 그리스도 앞에서 낱낱이 신문을 당한다는 사실을 명심하고, "사람의 정욕을 따르지 않고 하나님의 뜻을 따라 육체의 남은 때를" 살아가기를 바랍니다. 아멘.

(2025년 6월 8일)

Πάντων δὲ τὸ τέλος ἤγγικεν
만물의 마지막이 가까이 왔으니(벧전 4 7)

# 세상 종말에 당신은? 페푸자, 금욕, 음분, 데린쿠유?

7. 만물의 마지막이 가까이 왔으니 그러므로 너희는 정신을 차리고 근신
   하여 기도하라

8. 무엇보다도 뜨겁게 서로 사랑할지니 사랑은 허다한 죄를 덮느니라

9. 서로 대접하기를 원망 없이 하고

10. 각각 은사를 받은 대로 하나님의 여러 가지 은혜를 맡은 선한 청지기
    같이 서로 봉사하라

11. 만일 누가 말하려면 하나님의 말씀을 하는 것 같이 하고 누가 봉사하
    려면 하나님이 공급하시는 힘으로 하는 것 같이 하라 이는 범사에 예
    수 그리스도로 말미암아 하나님이 영광을 받으시게 하려 함이니 그에
    게 영광과 권능이 세세에 무궁하도록 있느니라 아멘

지난 주일에는 베드로 당시 소아시아 지역 교회들이 어떤 문화적 환경에서 생활하고 있었는지 로마 제국 사회 전체를 '쾌락의 제국'이라는 관점으로 살펴보았습니다. 또한 베드로의 교훈에서 자주 나타나는 대조적이고 이중적인 면을 보았는데, 고난과 극심한 박해 가운데 있는 그리스도인들에게 하나님의 은혜와 구원에 대해 교훈하면서 하늘을 바라보게 하지만(벧전 1:3~12), 곧바로 이어서 이 세상에서 어떻게 살아야 하는지 진지하게 교훈한 것을 살펴보았습니다(1:13~25). 지난 주일 본문(4:1~6)이 땅에서의 윤리에 대한 교훈이었는데, 그 앞 내용(3:13~22)에서는 하늘을 바라보도록 하는 교훈이 강조되었습니다. 오늘 본문도 "만물의 마지막이 가까이 왔으니 그러므로 너희는 정신을 차리고 근신하여 기도하라"(7절)는 말씀을 통해 알 수 있듯이 앞 본문(4:1~6)과 달리 하늘을 바라보게 하는 교훈으로 시작됩니다. 즉 하나님과 나의 관계를 먼저 생각하게 합니다. 그렇지만 바로 이어서 "무엇보다도 뜨겁게 서로 사랑할지니

사랑은 허다한 죄를 덮느니라"(8절)고 함으로써 나와 이웃 사람의 관계를 생각하게 합니다. 이처럼 베드로는 아무리 종말이 임박했다 하더라도, 그리고 오로지 하나님만을 바라보더라도, 반드시 잊지 않고 제시하는 교훈이 바로 이웃들과 사랑의 관계를 계속 유지해야 한다는 것임을 알 수 있습니다. 그러므로 한편으로는 내일이라도 당장 천국에 들어갈 자의 '믿음'이 전부임을 말하면서도, 또 한편으로는, 인생이 얼마나 남아 있든 상관없이 죽는 날까지 서로 사랑하고 섬기는 그리스도인의 삶 역시 대단히 중요함을 말한 것입니다.

7절 "만물의 마지막이 가까이 왔으니 그러므로 너희는 정신을 차리고 근신하여 기도하라"는 명령 하나로도, 종말의 때를 살고 있다고 여기는 그리스도인들에게 강력한 메시지가 되었을 것입니다. 어느 누가 듣더라도 임박한 종말에 대해 생각하지 않을 수 없는 메시지입니다. 이런 메시지는 마치 "그러므로 오직 하늘만 바라보고 주님을 만나도록 학수고대를 하기 바랍니다"와 같은 교훈일 것입니다. 사실 베드로 사도 당시 1세기 중반부터 2세기 초까지는 그리스도 재림을 고대하는 신앙이 매우 강했습니다. 그러나 2세기 중반 즉 베드로 사도가 활동하던 때로부터 100년이 흐르고도 그리스도의 재림이 없자 종말에 대한 믿음이 약해지기 시작했습니다. 결국 긴장이 느슨해진 그리스도인들로 인해 그 반작용으로 성경에서 벗어난 종말론적 신앙과 금욕주의 운동이 일어났습니다. 이교도 사제였다가 개종한 몬타누스(Montanus, 135~177)가 소아시아 브루기아(Phrygia)에서 "예언과 방언"(하나님의 은사와는 거리가 멀었음)을 함으로써 신자들을 끌기 시작했습니다. 그를 따르는 추종자들이 수없이 늘었고, 그는 성령이 자기를 통해 말씀하신다고 주장하기 시작했으며, 요한계시록에 예언된 새 예루살렘이 페푸자(Pepuza) 마을에 임할 것이므로 신자들은 그곳으로 모여야 한다고 전했습니다. 그런데 예수 그리스도의 재림이 아무리 기다려도 성취되지 않자 많은 신자가 실망하고 떠났습니다. 그러함에도 불구하고 추종자들과 이 운동은 사라지지 않고 오히려 아프리카 카르타고(Carthago)와 유럽 일부까지 퍼져나갔습니다. 훗날 이들의 신앙은 '몬타누스주의'(Montanism)라고 불리게 되었고, 추종자들은 '몬타누스파' 또는 '몬타누스주의자들'이라고 불렸습니다. 이들은 재림을 준비하면서 엄격한 금욕생활을 했으나, 약 400년이 지난 후 거의 사라지게 되었습니다. 몬타누스주의는 베드로 사도가 강조한 임박한 종말에 대한 신앙이 점점 식어가던 무렵 강력한 종말론 신앙 운동으로 일어났지만, 성경의 교훈을 벗어난 잘못된 운동이었습니다. 이와 비슷한 이단 사상이나 잘못된 신앙 운동은 그 이후로도 계속 이어져 교회에 악영향을 미쳤습니다. 그러나 한편으로는 교회가 성경적 가르침을 체계화해서 교리를 확립하게 된 긍정적인 성과를 얻은 면도 있었습니다.

다시 7절 말씀으로 돌아가 살펴보자면, *"만물의 마지막이 가까이 왔으니 그러므로 너희는 정신을 차리고 근신하여 기도하라"*는 말씀에서 중요한 것은 '마지막 때'도 아니고, 때가 '가까이 온 것'도 아니라, 바로 '하나님께 대한 기도'임을 놓치지 말아야 합니다. '때'가 더 중요한 게 아니라, *"정신을 차리고 근신하여 기도"*하는 일이 더 중요합니다. 하나님께 기도하되, 어떤 상황에서든 자기의 마음이 흔들리지 않도록 붙잡아야 합니다. 또한 세상의 끝이 온다고 해서 크게 동요하거나, 어떤 상황에 대해 미리 걱정하거나 두려워할 필요 없이 자기 자신을 감정적으로나 신체적으로나 완전하게 통제할 수 있어야 합니다. 자기 자신을 전적으로 하나님께 맡기고 하나님께 기도하는 일이 마지막 때에 필요한 신앙입니다. 단순히 때를 말하자면 세상의 마지막이 가까이 오고 있다는 것은 사실이지만, '때'보다 더 중요한 것은 하나님이 정하신 바로 그날에 하나님의 뜻이 성취될 것이라는 사실입니다. 그래서 "마지막"(τέλος, telos)은 한편으로는 시간의 흐름이 끝나는 마지막 지점을 뜻하지만, 또 한편으로는 오히려 완성이나 성취, 또는 성공이나 완결을 뜻하는 말이기도 합니다. 하나님의 뜻에 따라 움직이고 유지되는 우주와 세상 만물이 어느 순간 멈추는 것은 끝을 의미하지만, 더 중요한 것은 하나님의 뜻이 성취되고, 하나님의 작정에 따라 존재하는 모든 것의 끝이 하나님의 뜻대로 완결되는 것임을 깨닫기를 바랍니다.

베드로 사도는 "만물의 마지막이 가까이 왔으니 그러므로 너희는 정신을 차리고 근신하여 기도하라"는 교훈을 그리스도인들이 잘못 받아들여서 비성경적 종말론에 빠지지 않도록 "무엇보다도 뜨겁게 서로 사랑할지니 사랑은 허다한 죄를 덮느니라 서로 대접하기를 원망 없이 하고 각각 은사를 받은 대로 하나님의 여러 가지 은혜를 맡은 선한 청지기 같이 서로 봉사하라"(8~10절)고 강조해서 가르쳤습니다. 특히 베드로는 두 번째 편지 끝부분에서 "그러므로 사랑하는 자들아 너희가 이것을 미리 알았은즉 무법한 자들의 미혹에 이끌려 너희가 굳센 데서 떨어질까 삼가라"(벧후 3:17)고 함으로써, 잘못된 가르침에 빠지거나 종말에 대해 오해해서 미혹되는 일이 없도록 교훈한 것을 통해 충분히 짐작할 수 있습니다. 그래서 "너희는 정신을 차리고 근신하여 기도하라"는 말은 일차적으로 종말이 임박했음을 잊지 말고 언제든지 천국에 들어갈 수 있도록 준비하라는 교훈이기도 하지만, 이차적으로는 멀쩡하고 맑은 정신, 영적으로 깨어있는 상태, 올바른 믿음으로 종말을 준비함으로써 주변 환경이나 세상의 흐름에 미혹되는 일이 없도록 단단히 경고한 말씀이기도 합니다. 언제나 천국을 소망하되, 이 세상에서 지켜야 할 그리스도인의 윤리와 각자의 삶에 대한 책임을 다하도록 흔들리지 말라는, 즉 깨어있는 상태를 유지하고 자기 자신을 삼가고 절제하면서 하나님과 동행하라는 강력한 교훈입니다. 이로부터 100년 후에 일어난 몬타누스주의처럼, 그리고 수많은 사이비 종말론자들처럼 주님의 재림을 준비한다는 구실로 현재의 삶을 포기하고 지나친 금욕생활을 함으로써 하나님의 뜻에서 멀어지는 신앙은 결코 성경이 교훈하는 거룩한 삶이 아님을 깨닫기를 바랍니다.

베드로전서 2:11~12절 강설을 통해, 소아시아 지역 교회들이 베드로의 편지를 받고 회람하던 시기에 로마에서는 네로 황제에 의한 혹독한 박해가 있었고, 로마 속주에 속했던 소아시아 지역 교회들 역시 박해로 인해 고통을 당하고 있었기에 세상의 종말이 임박했다고 믿는 신자들이 많았을 것이라고 언급했습니다. 그래서 "사랑하는 자들아 거류민과 나그네 같은 너희를 권하노니 영혼을 거슬러 싸우는 육체의 정욕을 제어하라 너희가 이방인 중에서 행실을 선하게 가져 너희를 악행한다고 비방하는 자들로 하여금 너희 선한 일을 보고 오시는 날에 하나님께 영광을 돌리게 하려 함이라"(2:11~12)는 말씀은 이 세상에서 그리스도인들은 "영혼을 거슬러 싸우는 육체의 정욕"(벧전 2:11)을 멀리하고 제어하는 윤리적 삶을 살아야 하는 자들이지, 결코 세상을 떠나 산으로 들어가 그들만의 공동체를 만들고 살아야 하는 자들이 아니라고 했습니다. 또한 지금 우리는 "내일 지구의 종말이 온다고 할지라도 나는 오늘 한 그루의 사과나무를 심겠다"고 한 마틴 루터의 말처럼 종말이 단 하루밖에 남지 않았더라도, 우리에게 맡겨진 일과 사명에 최선을 다해야 한다고 했습니다. 베드로는 박해로 인해 죽음을 눈앞에 둔 그리스도인들이라 할지라도 세상에 있는 동안은 거룩한 삶을 살고, 불신자들 가운데서 선한 행실을 이어가야 한다고 교훈했습니다. 그리스도인들은 비록 이 세상에 속하지 않고 하늘에 속한 사람들이지만, 세상에 살아있는 동안은 정욕을 제어하는 삶을 살아야 하고, 선한 행실을 통해서 비방하는 자들이 그리스도를 믿게 될 때 하나님께 영광을 돌리도록 그리스도인의 윤리를 실천해야 한다고 교훈했습니다. 임박한 종말을 확고히 믿었던 몬타누스주의자들처럼 금욕적인 삶을 살아야 거룩한 삶이 되는 것이 아님을 알아야 합니다.

우리나라에서도 1992년 다미선교회 신자들이 10월 28일에 예수님이 재림할 것이라고 믿고 재산을 정리하고 직장을 그만두고 휴거가 되기를 기다렸던 사건이 큰 사회적 파장을 일으킨 적이 있었습니다. 이외에도 국내외적으로 많은 시한부 종말론자들이 존재했었고, 이들의 공통적인 신념은 세상의 끝이 왔으니 세상에서 맡은 바 책임을 다하면서 성실하게 살아갈 필요가 없다는 것입니다. 신약성경에서 가장 먼저 기록된 서신으로 알려진 데살로니가전서·후서의 경우, *"또 너희에게 명한 것 같이 조용히 자기 일을 하고 너희 손으로 일하기를 힘쓰라"*(살전 4:11)는 말씀과 *"우리가 너희와 함께 있을 때에도 너희에게 명하기를 누구든지 일하기 싫어하거든 먹지도 말게 하라 하였더니"*(살후 3:10)라는 말씀이 기록되어 있는데, 당시 임박한 종말에 대한 교훈을 듣고 난 후 맡은 일을 충실히 하지 않고 게으른 태도를 보인 신자들이 일부 있었음을 알 수 있습니다. 그리고 앞으로 그런 사람들이 늘어날 수 있다는 생각을 바울이 가지고 있었음을 유추해볼 수 있습니다. 특히 바울이 *"영으로나 또는 말로나 또는 우리에게서 받았다 하는 편지로나 주의 날이 이르렀다고 해서 쉽게 마음이 흔들리거나 두려워하거나 하지 말아야 한다는 것이라"*(살후 2:2)고 당부한 것은 당시 데살로니가 교회가 세상의 종말과

최후의 심판에 대한 많은 교훈과 주장을 접하고 얼마나 동요했는지 알
수 있습니다. 그런 상황에서 이원론적 헬라 철학의 영향을 받은 신자들
은 육체적이고 현실적인 삶에 대해 책임을 다하고자 한 생각이 더욱 약
해질 수밖에 없었을 것이고, 임박한 종말을 기다린 신자들은 예수님의
재림이 멀지 않았기에 열심히 일할 필요가 없다고 생각했을 것입니다.
베드로 사도가 소아시아 지역 교회들을 향해 편지를 보내기 전에 이미
10여 년 전부터 바울 사도의 편지가 전해졌기에 그때부터 종말과 관련
한 동요가 심했을 것이라 유추해볼 수 있습니다. 그런데 베드로 사도의
편지가 전해지고 회람되던 때는 그리스도인들의 박해와 고난이 훨씬 강
해져 있는 상황이었고, 이단 사상도 더 세력이 커진 상황이었습니다. 특
히 그리스도인의 삶에 대해서 접근한 이교도적 태도가 종말과 관련해서
대조적 또는 극단적으로 나타나 교회를 어지럽혔는데, 바로 금욕주의
와 음분제일(淫奔第一)주의입니다. 한편으로는 육체에 대한 가학적인 태
도로, 다른 한편으로는 육체에 관련한 도덕적 해이로 이어지게 되었습
니다. 만약 지금 우리가 그런 상황 가운데 있다면, 이 두 가지 중 하나
를 따르게 될까요? 신앙의 유무와 상관없이 세상 모든 사람은 이 두 가
지를 포함한 다른 한 가지 즉 세 가지 중에 하나를 따르게 될 것입니다.

먼저 음분제일주의를 살펴보고자 합니다. '음분'은 '음란'과 비슷한 말
로, 사전적 의미는 '남녀가 음탕하고 난잡한 짓을 하는 행위'를 말합니
다. 이미 우리가 살펴보았듯이 당시 로마와 로마 속주들 사회 전체에 타
락한 성문화가 만연해 있어서 거의 모든 사람이 음분에 빠져 있었습니
다. 성에 국한된 음분을 육체를 즐겁게 하기 위한 모든 행위와 연관해
서 보면, 방탕과 쾌락으로 이어지는 '쾌락주의'가 됩니다. 당시 이 쾌락
과 음분의 문화에서 빠져나오지 못하고, 즉 구원은 영혼만 받으면 되고

육체는 악하고 추하기에 죽으면 그만이라는 생각을 가졌던 이원론적 사상의 영향을 받은 영지주의(靈智主義)가 교회 속으로 침투하고 있었습니다. 그러나 또 어떤 영지주의자들은 사람이 악하고 추한 육체를 가지고 살기에 고난과 고통을 당한다고 생각했고, 육체적 욕구를 삼가야 한다고 믿었습니다. 그런 생각에서 금욕주의가 생겼습니다. 결혼까지 금하고 독신을 추구하고, 심지어 육식까지 금하기도 했습니다. 이와 반대로, 육체는 이 세상이라고 하는 악한 물질과 다를 바 없기에 영적으로 받게 되는 구원과 아무런 관계가 없고, 일종의 감옥과 같은 굴레이기 때문에 육체를 가지고 있는 한 그 육체를 어떻게 사용해도 괜찮다고 하는 방종(放縱)이 생겨나기도 했습니다. 우리나라에서 생겨난 '구원파' 신자들도 그들이 깨달음을 통해 거듭난 후에 지은 죄는 어떤 죄라도 영혼의 구원과 관계가 없다고 믿는데 이 역시 영지주의 사상에서 비롯된 것입니다. 고린도 교회에도 이런 방종이 존재했습니다. 바울은 "너희 중에 심지어 음행이 있다 함을 들으니 그런 음행은 이방인 중에서도 없는 것이라 누가 그 아버지의 아내를 취하였다 하는도다 그리하고도 너희가 오히려 교만하여져서 어찌하여 통한히 여기지 아니하고 그 일 행한 자를 너희 중에서 쫓아내지 아니하였느냐"(고전 7:1~2)고 꾸짖었고, 출교시키지 않은 사실에 몹시 화를 냈습니다. 이처럼 종말론적 긴장이 존재했던 교회 안팎에는 이원론의 영향을 받은 신앙 행태가 확산하고 있었고, '쾌락의 제국' 로마의 타락한 문화로 인해 소아시아 지역까지 똑같이 성적으로 타락한 사회였기에, 교회는 이에 대한 반작용으로 금욕주의로 향하기 쉬웠습니다. 육체를 통제하고 거룩하게 한다는 명분으로 자발적으로 가난한 삶과 독신의 삶을 추구했고, 심지어 순교까지도 육체를 이기는 최고의 삶으로 여겼던 것입니다. 그러다 보니 마치 이교 사회의 독신 문화와 다를 바 없게 되었습니다. 로마의 중심 베네치아 광장에는 베스타 신전

(Temple of Vesta) 유적이 남아 있는데, 이곳에서는 독특하게 여섯 명의 처녀들이 제사장으로서 베스타 여신을 섬기는 일을 30년 동안 했습니다. 30년이 지나면 신전을 나가서 결혼할 수 있었습니다. 귀족이나 평민 중에서 여섯 살에서 열 살 사이에 선발되어 일정 기간 교육받고 제사장 역할을 하는데, 성스러운 불을 절대 꺼뜨리는 일이 없어야 하고, 30년간 처녀로만 지내야 했습니다. 만약 누군가 처녀성을 잃으면 생매장이라는 끔찍한 처형을 당해야 했습니다. 그 대신 사회적 지위가 높았고, 국가로부터 높은 급여와 특권을 받아 누렸습니다. 그런데 이런 독신주의와 금욕주의가 교회로 스며들어왔던 것입니다. 물론, 당시 그리스–로마 문화가 극에 달할 정도로 타락했기에 나름대로 거룩한 삶을 유지하려는 열정에서 비롯되었다고 볼 수도 있습니다. 초대교회의 유명한 교부 중 한 사람이었던 오리게네스(Oregenes, 185~254)는 청년 시절 자발적으로 고자가 됨으로써 결혼을 부도덕하고 불결한 것이라 여겼을 정도입니다. 그러다 보니 결국 신앙이 깊을수록 독신이 당연하거나 보편적인 일이 되었고, 남자 독신자들(주로 성직자들)과 여자 독신자들이 마치 천사처럼 특별한 존재가 된 것으로 생각하게 되었습니다. 이들은 영적인 교제를 구실로 함께 사는 경우가 많았고, 부정적인 결과를 낳게 마련이었습니다. 독신이 단지 장려되는 수준이었다가, 나중에는 법적으로 강화되면서 은밀하게 성적인 접촉을 하게 되는 사례들이 늘어남으로써 로마 가톨릭 역시 타락하게 되었습니다(필립 샤프, 『교회사 전집 제2권』, 383~385쪽). 결과적으로 이원론 철학과 영지주의 영향으로 한편으로는 금욕주의가, 다른 한편으로는 음분제일주의가 생겨났지만, 둘 다 성경의 교훈에서 벗어난 이교 사상임을 기억하기를 바랍니다.

아울러, 철학이나 이교 사상이나, 성적으로 문란한 문화가 아니더라

도, 일반 사람은 보편적으로 갑작스러운 재난이나 전쟁 등으로 개인 또
는 국가의 종말이 왔다고 여기거나, 심지어 인류의 종말이 왔다고 여길
때는, '재앙 후 반응'(Post–Disaster Reaction) 중 하나로 자기가 선호하지
않는 상대, 심지어 낯선 상대와도 잠자리를 쉽게 하는 일이 생길 수 있
습니다. 생존 및 생존의 확인에 대한 본능이기도 하고, 무의식적으로 친
밀감과 안정감을 찾는 방법으로 결국 음분을 추구하는 본능이 있습니
다. 큰 재난을 겪게 되면 사람들은 문명이 요구하는 윤리적 잣대를 놓
게 되고, 원초적인 본능을 따르기 쉽습니다. 그래서 그리스도인들조차
도 자칫 그런 생각에 빠질 수 있습니다. 끝으로, 다른 한 가지가 바로 그
리스도인들이 선택하는 '그리스도 중심주의'입니다. 이는 금욕주의도 아
니요, 음분제일주의도 아닙니다. 오직 그리스도와 함께 자기 자신을 지
키는 사람입니다. 여러분은 그런 사람이 되기를 바랍니다.


　　종말과 관련해서 그리스도인들이 동요할 때 윤리적 삶을 이어갈 필요
가 없다고 생각하거나, 이 세상에서 당연히 책임을 다해야 할 각자의 삶
을 소홀히 여기거나, 또는 더 이상 세상에서 맡은 책임을 다하면서 성실
하게 살아갈 필요가 없다는 생각을 할 수 있었습니다. 그래서 바울 사
도는 "또 너희에게 명한 것 같이 조용히 자기 일을 하고 너희 손으로 일
하기를 힘쓰라"(살전 4:11)는 말씀과 "우리가 너희와 함께 있을 때에도 너
희에게 명하기를 누구든지 일하기 싫어하거든 먹지도 말게 하라 하였더
니"(살후 3:10)라고 교훈했던 것입니다. 이런 일은 우리나라에서도 여전히
벌어지고 있습니다. 안식교 신자였다가 '하나님의 교회'를 창시한 안상홍
(1918~1985)은 1971년에 세상의 종말이 오고 자기가 세운 교회가 구원
의 방주라고 주장했지만, 그에게 속은 추종자들에게는 안식교의 잘못
된 해석 때문이라고 책임을 돌렸습니다. 그가 사망한 후에도 대표적인

추종자들은 1988년에 종말이 온다는 시한부 종말론을 다시 내세웠고, 역시 종말이 오지 않자 일부 신자들이 실망하고 떠났지만, 여전히 많은 사람이 남아 있었습니다. 그 집단의 중심 세력은 종말에 대한 기대감과 공포감을 교묘히 이용해서 1999년과 2012년에도 종말이 온다고 주장하고 추종자들에게 경제적으로나 정신적으로 피해를 주었습니다. 추종자들 일부는 속았다고 생각하고 떠났지만, 여전히 많은 사람이 남아 있는 것은 인지부조화를 겪은 후 사람들이 심리적으로 자신의 잘못된 태도와 신념을 더 강하게 믿거나 새로운 신념으로 합리화하기 때문입니다. 이미 공개적으로 드러난 잘못된 행동 또는 결과를 통해 자기들의 태도와 신념에 문제가 있었음을 인식하고 바꿔야 하는데, 오히려 신념이 더 견고해지는 경우가 많습니다. 일반적으로, 사회적 인식이 매우 나쁘고 헛된 교리를 제시하는 사이비 종교에 멀쩡한 사람들이 빠져드는 이유와 그런 잘못된 집단을 벗어나지 못하는 이유를 모르겠다고 하지만, 일반적인 사람들에게서 정치적으로도 똑같은 일이 일어납니다. 좌우 진영 논리에 빠져 어느 한쪽에 속하게 되면, 속고 또 속는 사이비 신자들처럼 벗어나지 못하는 경우가 정치권에 훨씬 더 많습니다. 종교든 정치든 인지부조화를 겪더라도 더욱 강한 신념으로 잘못된 행동을 합리화하고, 강력한 확증편향(Confirmation Bias)에 스스로 빠지게 됨으로써 결코 헤어 나오지 못하는 경우가 대부분입니다. 확증편향에 빠지면, 자기가 믿는 신념이나 자기의 판단에 부합되는 정보나 사실만 수용하고 그 외에는 모두 배척하거나 무시해 버립니다. 우리가 *"정신을 차리고 근신하여 기도하라"*는 말씀을 외면한다면 누구라도 언제든지 인지부조화나 확증편향에 빠질 수 있음을 알아야 합니다. 진화론이라는 한 가설을 세계관으로 확실히 받아들이게 되면, 진화론이 가지고 있는 허점과 모순이 계속 드러남에도 불구하고 문제를 인식하지 못하고 오히려 확증편향에 빠진 나머지, 성경적 진리를 외면하고, 오로지 진화론에 관한 것들만 인정하고 받아들이게 됨으로써 '진화론 종교'의 신도가 되어 버립니다. 설령 진화론 진영에 있었던 과학자들이 자기들의 오류나 어떤 사실을 왜곡한 일에 대해 양심적으로 고백하는 일이 있어도, 인지부조화를 겪은 진화론 신도들은 곧바로 스스로 합리화해서 진화론을 결코 떠나지 못하게 됩니다. 결과적으로 성경의 교훈을 따르지 않으면, 또는 잘못된 해석을 따르게 되면, 누구라도 이단이나 사이비 신앙의 오류에 빠질 수 있기 때문에, 그럴 가능성이 가장 큰 시기인 정서적, 사회적, 정치적으로 불안하고 불안정한 때일수록 더욱 정신을 바짝 차리기를 바랍니다.

여기서 잠시 20대 젊은이들이 특히 이단이나 사이비 종교에 많이 빠지는 이유를 알 필요가 있습니다. 신앙적으로나 사회생활 면에서도 도움이 되기를 바랍니다. 첫째, 진로 때문이든 취업이나 이성 문제든, 심리적으로 불안정하고 위축되어 있고 자존감이 떨어지고 외로울 때 그런 약점을 파고든 다음 위로와 희망의 메시지(성경적 위안이 아닌 심리적 위안)를 제시합니다. 둘째, 옳고 다양한 정보를 얻을 수 있는 수단을 차단하거나 인간관계를 정리하게 함으로써 이단 사상이나 왜곡된 성경 해석만을 받아들이게 합니다. 일종의 터널 비전(Tunnel Vision) 현상을 경험하게 됩니다. 극한 공포를 느낄 때 뇌가 생존을 위해 중요한 정보만 집중하고 나머지는 무시하듯이 그런 사이비 종교 속에 있으면 마치 터널 속에 있는 것처럼 다른 것들은 보이지 않게 됩니다. 주변 사람들로부터 속고 있다는 이야기를 들어도 들리지 않거나, 아예 들으려 하지도 않습니다. 셋째, "너한테만 특별히…"와 같은 희소성과 비밀스러움과 특별함을 강조해서 집착을 유도하고, 조직이나 집단에 대한 강한 집착이 생기도록 합니다. 넷째, '매몰 비용'(Sunk Cost)을 어떤 형태로든 건지려 하거나, 혹은 찾지 못한다는 것을 알게 되어도 아까운 생각에 빠져나오지 못하거나, 나오지 않는 경우입니다. 이미 자기 자신이 이단·사이비 집단에 속해 있다는 것을 알아도, 게다가 그 조직의 종교·사회적 문제를 알게 되어도, 그동안 들인 돈과 시간과 노력, 그리고 형성된 인간관계가 아까워서 나오지 않게 됩니다. 가장 나쁜 경우로, 많은 문제를 알면서도 벗어나지 않는 경우입니다. 건전한 교단이나 교회도 점점 타락하거나 성경에서 이탈하게 되는 경우가 많은데, 이 경우 교회 내에서 심각한 성경 왜곡이 이루어지고, 심지어 중세 시대에 있었던 성직 세습이나 성직 매매와 같은 타락한 일들이 일어나도 개의치 않고 당연하게 받아들이게 됩니다. 사이비 종교에 빠져 헤어 나오지 못하는 위 네 가지 이유를 상식적으로 알고 있기를 바랍니다. 특히 20대에 속한 청년 여러분은 어떤 사람(들)이 주변에서 우연을 가장해서 접근하든, 어떤 목적을 빙자해서 접근하든 속아 넘어가지 않도록 정신을 바짝 차리기를 바랍니다.

베드로는 종말에 대한 기대와 두려움을 가지고 동요할 수 있었던 그리스도인들을 향해서 현실의 삶을 외면하거나 소홀히 하지 않도록 "무엇보다도 뜨겁게 서로 사랑할지니 사랑은 허다한 죄를 덮느니라 서로 대접하기를 원망 없이 하고"(8~9절)고 교훈했습니다. 임박한 종말에 대한 메시지로 인해 많은 신자가 동요할 수 있었고, 그런 상황에서는 무엇보다 교회가 서로 하나가 되고, 대열에서 이탈하지 않도록 할 필요가 있었습니다. 종말에 대한 교리의 분분한 해석, 그리고 박해와 고난이라는 현실적 삶에서 믿음의 공동체가 분열되기 쉬운 때였기에 이단 사상에 빠질 수도 있었고, 이원론적 세계관과 로마 세계의 쾌락 중심 문화로 인해 잘못된 생각이나 행동으로 실수하거나 잠시 죄에 빠질 수 있었기에 "무엇보다도 뜨겁게 서로 사랑할지니 사랑은 허다한 죄를 덮느니라 서로 대접하기를 원망 없이 하고"(8~9절)라고 강조했던 것입니다. 큰 고난과 박해라는 환란을 당하게 되면 교회가 뿔뿔이 흩어질 수도 있는 상황이기에 가족보다 더 뜨거운 사랑과 더 견고한 신뢰 관계를 유지해야 했습니다. 베드로는 특별히 *"미움은 다툼을 일으켜도 사랑은 모든 허물을 가리느니라"*(잠 10:12)는 구절을 인용해서 교훈했습니다. 게다가 박해로 인해 다른 지역으로 피신해야 한다면, 같은 믿음의 가정을 찾게 마련이기 때문에, 누군가의 부탁을 듣고 대접하는 데 비용이 들더라도 불만 없이 사랑의 마음으로 대접하라고 전했습니다. 단지 일상적인 여행으로 누군가의 집에 들렀다 가는 것이라면 대접하는 비용도 많이 들지 않고 당시 문화로는 당연히 대접해야 하는 일이기에 전혀 부담될 일이 아니었지만, 박해로 인해 가족과 집을 떠난 상황이라면, 생명의 위협을 피해 먼 곳을 찾아왔다면, 며칠만 대접하고 끝나는 게 아니라 장기간 생활고를 해결해주어야 할 정도로 크게 부담스러운 일이었을 것입니다. 또한 장기간은 아니더라도 가족 구성원 전체, 또는 여러 가족을 대접해야 하는 일은 큰 부담이었을 것입니다. 반대로 박해를 피해 다른 지역으로 떠나야만 했던 그리스도인들도 더 큰 어려움을 겪어야 했습니다. 베드로 당시 소아시아 지역 중 오늘날 튀르키예 중부에 속한 카파도키아(Cappadocia, 갑바도기아)에서 1963년 한 농부에 의해 발견된 후 세상에 알려진 지하도시 데린쿠유(Derinkuyu)를 통해 알 수 있는 건 박해를 피해 몸을 숨겨야 했거나 피신해야 했던 날들이 길면 길수록 많은 수고와 고통이 따랐다는 사실입니다. 지금도 언제 누가 건설했는지 정확히 알 수는 없지만 대략 BC 8~7세기경에 프리기아인(Phrygians)이 건설했다고 알려져 있습니다. 1세기에 네로 황제 때부터 시작된 그리스도인들에 대한 로마의 본격적인 박해로 인해 그리스도인들이 이곳으로 피난을 왔다는 이야기가 있습니다. 그 이후로 거주했던 사람들이 바뀌는 과정에서 더 넓고 깊고 복잡하게 만들어졌을 것이라고 합니다. 기독교가 베드로 당시보다 500년 이상 지난 시기에 이슬람교에 의해 엄청난 박해와 탄압을 받았을 때, 그 지역에 몸을 숨기기 위해 지하로 85미터 깊이(아파트 28층 높이)로 미로처럼 연결된 공간에서 2만 명 이상 거주했었고, 적들이 침입해도 완벽하게 방어하거나 중간에서 길을 막을 수 있었던 지하 도시에 살았다는 것은 대규모 박해와 탄압이 얼마나 고통스럽고 두려운 일이었는지 짐작할 수 있습니다. 데린쿠유('깊은 우물'이라는 뜻)에는 곡식 창고, 식당, 우물, 상·하수로, 학교, 예배처, 가축 사육장, 감옥, 무덤, 환기구까지 갖추어져 있었고, 이런 지하 공동 주거시설이 200개가 넘는다고 합니다. 게다가 최근에는 데린쿠유보다 훨씬 크고 7만 명 이상 거주할 수 있었던 거대 지하 도시가 튀르키예 동남부 마르딘(Mardin)에서 발견되었다고 합니다. 그러나 베드로 당시에는 기독교인들 수가 매우 적었기에 개별적으로 또는 가족 단위로 다른 지방이나 지역으로 몸을 피해야 했고, 그들을 보살피고, 생활을 할 수 있도록 돕는 일 역시 경제력이나 생활 수준이 전반적으로 어려웠던 당시 그리스도인들에게는 큰 부담이 아닐 수 없었습니다. 그래서 "서로 대접하기를 원망 없이 하고"(9절)라고 교훈한 것으로 짐작해볼 수 있습니다.

끝으로 "각각 은사를 받은 대로 하나님의 여러 가지 은혜를 맡은 선한 청지기 같이 서로 봉사하라 만일 누가 말하려면 하나님의 말씀을 하는 것 같이 하고 누가 봉사하려면 하나님이 공급하시는 힘으로 하는 것 같이 하라 이는 범사에 예수 그리스도로 말미암아 하나님이 영광을 받으시게 하려 함이니 그에게 영광과 권능이 세세에 무궁하도록 있느니라 아멘"(10~11절)이라고 함으로써, 앞에서 물질적인 면에서 부족함과 어려움이 있더라도 "원망 없이" 즉 불평 없이 하라고 교훈한 내용에 영적인 근거를 제시했습니다. "각각 은사를 받은 대로 하나님의 여러 가지 은혜를 맡은 선한 청지기 같이 서로 봉사하라"고 했습니다. 여기서 "은사"(χάρισμα, 카리스마)는 하나님이 그리스도의 몸 된 교회를 세우고 섬기도록 주신 사명, 직분, 권능, 선물, 지혜, 재능, 호의, 정, 자비, 축복으로 개인의 유익을 위해 주신 것이 아니라, 교회를 위한 것임을 명심하기를 바랍니다. 로마서 12장 6~8절 "이와 같이 우리 많은 사람이 그리스도 안에서 한 몸이 되어 서로 지체가 되었느니라 우리에게 주신 은혜대로 받은 은사가 각각 다르니 혹 예언이면 믿음의 분수대로, 혹 섬기는 일이면 섬기는 일로, 혹 가르치는 자면 가르치는 일로, 혹 위로하는 자면 위로하는 일로, 구제하는 자는 성실함으로, 다스리는 자는 부지런함으로, 긍휼을 베푸는 자는 즐거움으로 할 것이니라"는 말씀을 통해 알수 있듯이 모든 은사는 전적으로 하나님의 일을 하고 교회를 섬기기 위한 것임을 깨닫기를 바랍니다. 또한 본문 10절에 "하나님의 여러 가지 은혜를 맡은 선한 청지기 같이"라는 구절이 있는데, 주인의 재산과 재물을 관리하는 청지기(참조: 마 20:8, 눅 16:1~3, 갈 4:2)와 같이 하나님을 주인으로 모신 그리스도인들 즉 하나님의 청지기들은 하나님께 받은 은혜와 여러 가지 은사를 자기를 위해 사용하는 것이 아니라 주인인 하나님의 교회를 위해 사용해야 합니다. 베드로는 "서로 봉사하라 만일 누가 말하려면 하나님의 말씀을 하는 것 같이 하고 누가 봉사하려면 하나님이 공급하시는 힘으로 하는 것 같이 하라"고 명령함으로써, 물질이든 영적 은사든 그리스도인들에게는 모든 것이 하나님을 섬기고 하나님의 교회를 위한 것임을 강조한 것입니다. 그래서 "누가 말하려면" 즉 누가 하나님의 말씀을 전하거나 가르치려거든, "하나님의 말씀을 하는 것 같이" 즉 진리의 말씀에서 벗어나지 말고 하나님의 말씀을 그대로 전해야 한다는 것입니다. 또한 이어서 "누가 봉사하려면 하나님이 공급하시는 힘으로 하는 것 같이 하라”고 했는데, 여기서 “봉사”(διακονία)가 바로 교회가 해야 하는 전형적인 봉사와 섬김의 행위였습니다. 당시 교회 직분 중 큰 비중을 차지했던 직분이 집사(deacon)였는데, 바로 “봉사”라는 말에서 나온 말입니다. 그래서 그리스도인들은 봉사할 때도 자기 자신의 재능이나 힘을 토대로 하는 것이 아니라 “하나님이 공급하시는 힘”으로 즉 하나님의 뜻에 따라 주어진 은사로 해야 한다고 했습니다. 위 두 가지 일은 사도행전 6장 2~4절을 보면 정확히 알 수 있는데, 당시 교회가 말씀의 은사를 받은 사도들과 봉사의 은사를 받은 집사들로 나뉘어 효율적으로 하나님과 교회를 위해 섬기기 시작했음을 알 수 있습니다. 베드로는 11절을 통해 교회가 말씀 전하는 자들의 섬김과 봉사하는 자들의 섬김으로 나누어 각자의 직분과 은사에 따라 섬기라고 교훈했습니다. 베드로는 끝으로 그 이유를 제시했는데, “이는 범사에 예수 그리스도로 말미암아 하나님이 영광을 받으시게 하려 함이니 그에게 영광과 권능이 세세에 무궁하도록 있느니라 아멘”이라고 했습니다. 그는 소아시아 지역 교회들을 향해 ‘오직 그리스도’(Solus Christus)를 통해서 ‘오직 하나님께 영광(Soli Deo Gloria)’을 돌리도록 교훈했습니다. 사람들은 종말이 가까워지면 제2의 ‘페푸자’를 찾고, 갑자기 금욕하고, ‘케 세라 세라’(Que sera, sera)라고 하면서 아예 ‘음분’에 빠지고, 아니면 ‘데린쿠유’를 찾을지도 모릅니다. 그러나 우리는 임박한 종말에 대한 동요와 환란의 파도 앞에서 오직 하나님만을 바라보아야 합니다. “너희는 정신을 차리고 근신하여 기도하라”(7절)고 교훈하고, 박해와 탄압이라는 고난의 터널을 통과해야 할 교회들을 향해 “무엇보다도 뜨겁게 서로 사랑할지니”(8절)라고 교훈한 말씀을 마음에 깊이 새기고 세상의 끝이 오는 바로 그 순간까지 실천할 수 있기를 바랍니다. 아멘.

(2025년 6월 15일)

Πάντων δὲ τὸ τέλος ἤγγικεν

만물의 마지막이 가까이 왔으니(벧전 4:7)

# 제25강

## 고난과 영광(Passion & Glory)

강설 본문: 베드로전서 4장 12~16절

12. 사랑하는 자들아 너희를 연단하려고 오는 불 시험을 이상한 일 당하는 것 같이 이상히 여기지 말고

13. 오히려 너희가 그리스도의 고난에 참여하는 것으로 즐거워하라 이는 그의 영광을 나타내실 때에 너희로 즐거워하고 기뻐하게 하려 함이라

14. 너희가 그리스도의 이름으로 치욕을 당하면 복 있는 자로다 영광의 영 곧 하나님의 영이 너희 위에 계심이라

15. 너희 중에 누구든지 살인이나 도둑질이나 악행이나 남의 일을 간섭하는 자로 고난을 받지 말려니와

16. 만일 그리스도인으로 고난을 받으면 부끄러워하지 말고 도리어 그 이름으로 하나님께 영광을 돌리라

지난 주일 강설을 통해서는 "만물의 마지막이 가까이" 왔을 때 그리스도인들이 어떤 태도로 하나님께 기도해야 하는지, 그리고 어떤 마음으로 교회를 섬겨야 하는지 살펴보았습니다. 오늘은 말세에 반드시 존재하는 그리스도인에 대한 핍박과 교회에 대한 박해와 같은 고난에 대해 어떤 마음가짐과 자세를 가져야 하는지 교훈한 내용을 함께 들여다봄으로써, 그리스도인들은 반드시 고난의 산을 넘어야 하고 그럼으로써 영원한 기쁨과 영광을 누리게 됨을 깨닫기를 바랍니다.

세상은 그리스도인들에게 적대적입니다. 그러나 베드로는 적대적인 세상을 오히려 그리스도인들을 단련하는 불과 같은 하나님의 특별한 수단으로 여겼습니다. "사랑하는 자들아 너희를 연단하려고 오는 불 시험을 이상한 일 당하는 것같이 이상히 여기지 말고"(12절)라는 말을 통해 적대적인 세상을 오히려 그리스도인들을 위한 하나님의 뜻으로 받아들

이도록 교훈했습니다. 오순절 때 예루살렘에서 120명 정도가 모여 기도하다가 불같은 성령을 받은 후(행 1:15), 베드로 사도가 하나님의 뜻과 예수 그리스도를 전함으로써 한 번에 3,000명이 회개하는 일이 일어났는데, 이 일을 계기로 교회에 대한 유대인의 박해가 본격적으로 시작되었습니다. 당시 그 사건을 목격한 누가가 기록한 내용을 보면 다음과 같습니다.

32. 이 예수를 하나님이 살리신지라 우리가 다 이 일에 증인이로다

33. 하나님이 오른손으로 예수를 높이시매 그가 약속하신 성령을 아버지께 받아서 너희가 보고 듣는 이것을 부어 주셨느니라

34. 다윗은 하늘에 올라가지 못하였으나 친히 말하여 이르되 주께서 내 주에게 말씀하시기를

35. 내가 네 원수로 네 발등상이 되게 하기까지 너는 내 우편에 앉아 있으라 하셨도다 하였으니

36. 그런즉 이스라엘 온 집은 확실히 알지니 너희가 십자가에 못 박은 이 예수를 하나님이 주와 그리스도가 되게 하셨느니라 하니라

37. 그들이 이 말을 듣고 마음에 찔려 베드로와 다른 사도들에게 물어 이르되 형제들아 우리가 어찌할꼬 하거늘

38. 베드로가 이르되 너희가 회개하여 각각 예수 그리스도의 이름으로 세례를 받고 죄 사함을 받으라 그리하면 성령의 선물을 받으리니

39. 이 약속은 너희와 너희 자녀와 모든 먼 데 사람 곧 주 우리 하나님이 얼마든지 부르시는 자들에게 하신 것이라 하고

40. 또 여러 말로 확증하며 권하여 이르되 너희가 이 패역한 세대에서 구원을 받으라 하니

41. 그 말을 받은 사람들은 세례를 받으매 이 날에 신도의 수가 삼천이나 더하더라(행 2:32~41)

특히 36절 "그런즉 이스라엘 온 집은 확실히 알지니 너희가 십자가에 못 박은 이 예수를 하나님이 주와 그리스도가 되게 하셨느니라"는 말씀을 들었을 때 "듣고 마음에 찔려" 회개한 자들은 새로운 하나님의 백성인 교회의 일원이 되었지만, 회개하지 않은 자들은 그리스도인들을 적대시하는 자들로, 잠재적 박해자들이 되었습니다. 그 일 이후로 계속 늘어난 그런 적대자 중에 회개하기 이전의 사도 바울도 포함되어 있었습니다. 스데반이 복음을 전하다가 유대인들의 돌에 맞아 죽었을 때 바울은 그 죽음을 합당하게 여겼고(행 8:1), "사울이 교회를 잔멸할 새 각 집에 들어가 남녀를 끌어다가 옥에 넘기니라"(행 8:3)는 말씀에서 알 수 있듯이 사울을 위시한 동족의 박해가 본격적으로 시작되었습니다. 이는 종교적 기득권을 가졌던 유대인들 즉 대제사장들, 서기관들, 바리새인들, 장로들의 시기심에서 비롯되었습니다(마 27:18, 행 13:45, 17:5). 또한 나중에 회개하고 사도가 된 바울과 바나바가 안식일에 유대인들에게 복음을 전했을 때도 많은 사람이 들으려고 모여들자, "그 무리를 보고 시기가 가득하여 바울이 말한 것을 반박하고 비방하거늘"(행 13:45)이라는 내용을 통해 알 수 있듯이 기득권을 누려온 유대인들은 자기들의 자리를 지키기 위해 방어와 공격을 동시에 시작했음을 알 수 있습니다. 이 같은 유대인 지도자들의 박해는 종교적 박해로 규정할 수 있습니다. 반면에 정치적 박해도 있었습니다. 헤롯 가문은 혈통으로는 이두메(에돔) 족으로, 유대인들의 지지와 존경도 받지 못한 왕조였고, 유대와 사마리아 지역을 통치하는 분봉 왕이 된 것도 로마 황제 덕분이었습니다. 그래서 헤롯 왕조는 로마를 등에 업고 잔혹하게 통치하기도 하고 유대인들의 환심을 사기 위해 교활한 정치를 하기도 했습니다. 헤롯 안디바는 세례 요한을 옥에 가두었고 잔인하게 살해했습니다(막 6장). 그는 또한 예수를 호송해 온 본디오 빌라도에게 예수를 재판하도록 넘겨주되 조롱하고 업신여겼습니다(눅 23:7~11). 그의 조카로 왕위를 물려받은 헤롯 아그립바(1세)는 사도 야고보를 죽였고, 베드로까지 죽이려 했는데, 사도행전에 "그 때에 헤롯 왕이 손을 들어 교회 중에서 몇 사람을 해하려 하여 요한의 형제 야고보를 칼로 죽이니 유대인들이 이 일을 기뻐하는 것을 보고 베드로도 잡으려 할새 때는 무교절 기간이라"(행 12:1~3)고 기록되어 있습니다. 나중에 헤롯은 하나님이 직접 내리신 벌을 통해 죽었습니다. 다만 "헤롯이 영광을 하나님께 돌리지 아니하므로 주의 사자가 곧 치니 벌레에게 먹혀 죽으니라"(행 12:23)는 말씀은 그리스도인을 박해하는 자들을 이 세상에서 즉시 하나님이 심판하신다는 뜻이 아니라, 죽음 이후에 하나님의 심판이 있다는 확실성을 보증하는 사건이기도 하고, 다른 한편으로는 베드로가 감옥에 갇히자 하나님께 간절히 기도하기 시작한 교회에 대한 하나님의 응답과 함께 하나님의 말씀이 더욱 강력하게 전해질 수 있도록 하는 뜻이기도 했습니다. 헤롯 아그립바(2세)는 사도 바울을 재판하기도 했습니다(행 25~26장). 사도들이 정치적 재판과 박해를 받기도 했지만, 결과적으로 소아시아 지역과 로마까지 복음이 전파되었습니다. 그러나 그곳에서도 여전히 정치적 박해가 시작되었습니다. 베드로 사도의 편지가 회람되던 때는 로마 황제를 비롯한 정치 권력으로부터 박해가 극심했는데, 정치적이고 종교적인 박해였습니다. 온갖 신들을 믿고 제사에 참여하는 로마인들의 시각에서 황제 숭배를 거부한 그리스도인들은 자기들의 종교를 우상 숭배의 죄로 취급한 불법적인 이단이었던 것입니다. 또한 황제를 신의 아들로 받아들이지 않은 그리스도인들은 정치적으로 범죄자가 될 수밖에 없었습니다. 그래서 공권력에 의한 대대적인 박해가 시작된 것입니다.

다음으로, 경제적 이유로도 박해하는 자들이 생겨났음을 알 수 있습니다. 이들은 우상으로 돈을 버는 자들이었는데, 그리스도를 믿는 자들로 인해 이득을 누리지 못하게 된 경우입니다. 사도행전 16장 내용을 통해 알 수 있습니다.

16. 우리가 기도하는 곳에 가다가 점치는 귀신 들린 여종 하나를 만나니 점으로 그 주인들에게 큰 이익을 주는 자라
17. 그가 바울과 우리를 따라와 소리 질러 이르되 이 사람들은 지극히 높은 하나님의 종으로서 구원의 길을 너희에게 전하는 자라 하며
18. 이같이 여러 날을 하는지라 바울이 심히 괴로워하여 돌이켜 그 귀신에게 이르되 예수 그리스도의 이름으로 내가 네게 명하노니 그에게서 나오라 하니 귀신이 즉시 나오니라
19. 여종의 주인들은 자기 수익의 소망이 끊어진 것을 보고 바울과 실라를 붙잡아 장터로 관리들에게 끌어 갔다가
20. 상관들 앞에 데리고 가서 말하되 이 사람들이 유대인인데 우리 성을 심히 요란하게 하여
21. 로마 사람인 우리가 받지도 못하고 행하지도 못할 풍속을 전한다 하거늘
22. 무리가 일제히 일어나 고발하니 상관들이 옷을 찢어 벗기고 매로 치라 하여
23. 많이 친 후에 옥에 가두고 간수에게 명하여 든든히 지키라 하니
24. 그가 이러한 명령을 받아 그들을 깊은 옥에 가두고 그 발을 차꼬에 든든히 채웠더니
25. 한밤중에 바울과 실라가 기도하고 하나님을 찬송하매 죄수들이 듣더라(행 16:16~25)

또한 소아시아 에베소(현 튀르키예 서부)에서도 종교적이면서도 경제적인 이유로 바울 일행을 잡으려고 했습니다.

26. 이 바울이 에베소뿐 아니라 거의 전 아시아를 통하여 수많은 사람을 권유하여 말하되 사람의 손으로 만든 것들은 신이 아니라 하니 이는 그대들도 보고 들은 것이라
27. 우리의 이 영업이 천하여질 위험이 있을 뿐 아니라 큰 여신 아데미의 신전도 무시 당하게 되고 온 아시아와 천하가 위하는 그의 위엄도 떨어질까 하노라 하더라
28. 그들이 이 말을 듣고 분노가 가득하여 외쳐 이르되 크다 에베소 사람의 아데미여 하니
29. 온 시내가 요란하여 바울과 같이 다니는 마게도냐 사람 가이오와 아리스다고를 붙들어 일제히 연극장으로 달려 들어가는지라(행 19:26~29)

당시 그리스-로마 문화권에서는 많은 종류의 직업이 우상과 관련되어 있었습니다. 그런 사람들은 문화적으로 그리스도인들에 대해 이질감을 가질 수밖에 없었습니다. 그리스도인들은 우상과 관련된 문화라면 일반 사람들과 함께할 수 없었기에 비방과 따돌림을 당하는 일은 당연한 일이었습니다. 게다가 그리스도인들은 유대인들이 믿는 유대교와는 달리 민족 종교의 특수성을 초월한 보편 종교로 확산할 조짐을 보이자 종교에 대한 로마 제국의 관용 정책도 서서히 흔들리기 시작했고, 64년부터 로마 대화재 사건을 계기로 네로 황제에 의한 대규모 박해가 시작되었는데, 정치, 종교, 경제, 사회 등 모든 분야가 합세해서 그리스도를 믿는 신앙을 로마 사회에서 박멸하고자 했습니다. 바로 이 박해를 미리 내다보고 그리스도인들을 영적으로 무장하도록 한 교훈이 바로 오늘 살펴볼 본문입니다.

*"사랑하는 자들아 너희를 연단하려고 오는 불 시험을 이상한 일 당하*

는 것같이 이상히 여기지 말고 오히려 너희가 그리스도의 고난에 참여하는 것으로 즐거워하라 이는 그의 영광을 나타내실 때에 너희로 즐거워하고 기뻐하게 하려 함이라"(12~13절)고 하면서 "너희를 연단하려고 오는 불 시험"이라는 무시무시한 표현을 사용했습니다. 이는 서신 앞부분에서 "너희 믿음의 확실함은 불로 연단하여도 없어질 금보다 더 귀하여 예수 그리스도께서 나타나실 때에 칭찬과 영광과 존귀를 얻게 할 것이니라"(1:7)고 한 말씀과 유사한 표현인데, 전자는 연단 전 그리스도인의 불안한 상황을 나타내고, 후자는 연단 후의 결과를 강조한 표현이라 할 수 있습니다. 예수님은 선지자들이 받은 박해를 예로 들면서 미리 제자들에게 "의를 위하여 박해를 받은 자는 복이 있나니 천국이 그들의 것임이라 나로 말미암아 너희를 욕하고 박해하고 거짓으로 너희를 거슬러 모든 악한 말을 할 때에는 너희에게 복이 있나니 기뻐하고 즐거워하라 하늘에서 너희의 상이 큼이라 너희 전에 있던 선지자들도 이같이 박해하였느니라"(마 5:10~12)고 말씀하셨습니다. 그러므로 그리스도인들은 박해를 두려워하지 말아야 합니다. 불순물이 섞여 있는 금을 뜨거운 풀무 불에 넣어서 순금으로 만드는 제련사가 금을 바라볼 때는 두려움이 아니라 기대감과 기쁜 마음으로 바라보겠지만, 금을 의인화해서 표현한다면, 풀무 불에 넣어지기 전 불순물을 포함한 금은 극한 공포와 두려움을 느낄 것입니다. 그러나 자신이 풀무 불에서 나온 뒤 어떤 모습일지 미리 안다면 들어가는 상황보다는 연단이 되어 나온 후의 찬란한 모습을 더 떠올리게 될 것입니다. 그리스도인들이 박해라는 풀무 불에 들어갈 때 바로 이런 생각으로 스스로 준비해야 한다는 교훈임을 깨닫기를 바랍니다.

그러나 박해의 현실은 너무나 무서운 것이었습니다. 베드로전서가 네

   21세기 한국교회를 위한 **베드로전서 강설**

로 황제의 박해가 시작되기 전 63년에 기록되었다는 설과 박해가 시작된 64년에 기록되었다고 보는 설이 있습니다. 물론 박해가 시작된 후로 보는 견해도 있습니다. 그러나 박해 전에 기록되었다 하더라도 편지를 받아 회람하던 시기에 박해가 시작된 곳이 생겼을 것이고, 박해가 시작된 경우라도 로마 속주들 지역에 살고 있었던 그리스도인들은 아직 본격적으로 박해받지 않고, 개별적인 핍박 또는 사회적인 비방을 당하거나, 로마 그리스도인들이 받는 박해를 소식으로 들었을 것입니다. 묘하게도 베드로전서에는 박해를 가까운 미래의 일토 묘사하는 듯한 구절들이 있고(1:6~7, 3:14~15, 4:1~2, 14~16), 부분적인 박해 또는 본격적이고 대대적인 박해가 일어난 상황임을 시사하는 구절들도 있습니다(2:18~20, 3:16~17, 4:4, 5:9~10). 정확한 기록 시기와 상관없이 박해 이전의 로마와 로마 속주들은 관용 정책에 따라 종교에 대한 자유를 상당히 보장했습니다. 그렇다고 그리스도를 믿는 신앙이 완전한 자유를 누린 것은 결코 아니었습니다. 그나마 그런 정책 때문에 근근이 복음을 전하고 교회를 세워나갈 수 있었을 뿐입니다. 그러나 그리스도인들의 신앙은 유대교나 조로아스터교와 같은 민족적 종교도 아니고, 미트라교처럼 특별한 계층(군인과 상인)의 종교도 아닌 모든 민족과 모든 계층과 모든 지역을 대상으로 확산하고 있었고, 게다가 모든 종교를 우상 숭배나 헛된 종교로 여겼기에 로마 정부는 서서히 그리스도인들의 신앙을 불법적이고, 반역 가능성이 있는 신흥 종교라고 낙인을 찍기 시작했습니다. 그런 시기에 로마에서 64년 7월 18일 밤에서 19일 이른 새벽에 대형 화재가 발생했고, 그리스도인들에 대한 본격적인 박해가 같은 해 8월 또는 11월에 시작되었다고 알려져 있습니다. 네로는 로마 대화재의 원인을 그리스도인들에게 돌렸고 잔인한 고문과 처형을 시작했습니다. 이어서 우상 숭배와 황제 숭배를 죄악으로 본다는 것은 로마에서 누구나 해왔던 신앙적 행위를 혐오한 것이기에 인류에 대한 혐오 죄와 로마의 관습을 무시하고 혐오한다는 죄목까지 씌워서 학살을 이어갔습니다. 사실 화재와 관련해서 네로 황제에 관한 이상한 소문들, 밝혀지지 않은 화재의 원인, 로마시 전체 14개 구역 중 10개 구역이 타버린 초대형 참화로 인한 시민들의 원성과 흉흉한 민심 등으로 네로의 통치력은 약해지고 흔들리기 시작했습니다. 그래서 당시 '제3의 인종'(genus tertium) 즉 로마 사회에 속해서 로마 문화와 종교를 따르는 로마인도 아니고, 유대인도 아닌 매우 위험하고 이상하다고 여겼던 그리스도인들에게 화재의 원인을 돌려버렸습니다. 그로 인해 살아 있는 채로 기둥에 묶여 기름이 발라지고 인간 횃불처럼 화형을 당하거나 십자가에 못 박히는 처형을 당했고, 콜로세움에 던져서 굶주린 맹수들에게 잡아 먹히는 등 처참하게 죽었습니다. 얼마 지나지 않아서 로마 대화재와 관련한 박해가 어느 정도 수그러들었지만, 그리스도를 믿는 신앙은 로마 시민들에게도 수용하기 어려운 신앙이었기에 혐오적인 행동과 고발이 계속 이어졌습니다. 로마인들이 보기에 그리스도인의 가르침은 평등사상으로 로마의 신분제를 위협했고, 남녀를 동등한 존재로 여김으로써 남성 중심의 사회와 가부장제를 위협했으며, 단순히 어느 한 민족에게만 국한되는 종교가 아니라 모든 민족을 대상으로 했기에 다문화 사회였던 로마의 정치적 기반을 흔들었던 것입니다. 그래서 정치, 종교, 경제, 사회 등 모든 분야의 사람들이 합세해서 그리스도를 믿는 신앙을 로마 사회에서 박멸하고자 했습니다. 특히 기독교에 대한 네로 황제의 박해는 영화로도 만들어진 역사소설 《쿠오바디스》(Quo Vadis)에 상세하게 묘사되어 있으니 자세히 알고자 한다면 참고하기를 바랍니다.

이러한 대대적인 박해가 시작되었음을 알게 된 그리스도인들은 무섭

　　　　　　　　21세기 한국교회를 위한 **베드로전서 강설**

고 처참한 죽임을 당할 것이라고 각오해야만 했습니다. 그러나 베드로는 "너희가 그리스도의 이름으로 치욕을 당하면 복 있는 자로다 영광의 영 곧 하나님의 영이 너희 위에 계심이라"고 위로했습니다. 예수님은 십자가 죽음 이전에 이미 베드로를 비롯한 제자들에게 "의를 위하여 박해를 받은 자는 복이 있나니 천국이 그들의 것임이라 나로 말미암아 너희를 욕하고 박해하고 거짓으로 너희를 거슬러 모든 악한 말을 할 때에는 너희에게 복이 있나니 기뻐하고 즐거워하라 하늘에서 너희의 상이 큼이라 너희 전에 있던 선지자들도 이같이 박해하였느니라"(마 5:10~12)고 하심으로써 그리스도를 믿는 신앙으로 인해 고난과 박해를 당하는 일이 복 있는 일이기에 "기뻐하고 즐거워하라"고 하셨습니다. 베드로 사도가 "영광의 영 곧 하나님의 영이 너희 위에 계심이라"고 했는데, 《새번역》에는 "영광의 영 곧 하나님의 영이 여러분 위에 머물러 계시기 때문입니다." 라고 되어 있습니다. 결코 육체적 죽음이 끝이 아니요, 그리스도를 믿고 억울하고 비참하게 죽는 것 자체가 헛된 일이 아님을 강조했습니다. 오히려 가장 영광스럽고 기쁘고 복된 일이라고 했습니다. 마치 금을 단련하는 제련사가 뜨거운 풀무 불에서 불순물이 제거되는 순금을 지켜보면서 만족스럽게 여기는 장면을 떠올리게 합니다. 물론 일반 사람들은 이런 상황을 가학적이라고 여길 수도 있습니다. 전적으로 이성의 한계에서 하나님과 하나님의 섭리를 바라본다면 그런 생각을 할 수밖에 없습니다. 그러나 성경은 이성을 초월해서 영적으로 거듭난 자들을 위한 책이기에, 고난에 대한 인식도 확실히 달라야 합니다. 바울 사도 역시 "다만 이뿐 아니라 우리가 환난 중에도 즐거워하나니 이는 환난은 인내를, 인내는 연단을, 연단은 소망을 이루는 줄 앎이로다"(롬 5:3~4)라고 함으로써 불같은 연단을 받고 소망 즉 영원한 구원에 대한 확신을 품게 되므로 오히려 "환난 중에도 즐거워하나니"라고 했고, '자녀이면 또한 상속자 곧 하나님의 상속자요 그리스도와 함께 한 상속자니 우리가 그와 함께 영광을 받기 위하여 고난도 함께 받아야 할 것이니라"(롬 8:17)고 강조해서 가르쳤습니다. 그래서 베드로 사도 또한 "오히려 너희가 그리스도의 고난에 참여하는 것으로 즐거워하라 이는 그의 영광을 나타내실 때에 너희로 즐거워하고 기뻐하게 하려 함이라 너희가 그리스도의 이름으로 치욕을 당하면 복 있는 자로다 영광의 영 곧 하나님의 영이 너희 위에 계심이라"(13~14절)고 교훈한 것입니다. 이처럼 예수 그리스도와 그의 제자들이 똑같이 고난에 대해, 그리고 고난 후의 영광에 대해 교훈했음을 잊지 말기를 바랍니다.

베드로는 이어서 "너희 중에 누구든지 살인이나 도둑질이나 악행이나 남의 일을 간섭하는 자로 고난을 받지 말려니와 만일 그리스도인으로 고난을 받으면 부끄러워하지 말고 도리어 그 이름으로 하나님께 영광을 돌리라"(15~16절)고 했습니다. 그리스도인들은 아무리 비방과 핍박과 억울한 일을 당하더라도 "살인이나 도둑질이나 악행이나 남의 일을 간섭하는 자"가 되어서는 안 된다고 했습니다. "살인이나 도둑질이나 악행이나 남의 일을 간섭하는 자로 고난을" 받는다면 부끄러운 일이겠지만, 단지 "그리스도인"이라는 이유로 고난받는다면 결코 부끄러워할 일이 아니라고 했습니다. 그러나 "그리스도인"이라는 명칭 자체가 당시에는 경멸적인 말이었기에, 사람들에게 그렇게 불리는 것이 실제로 부끄러운 일이었습니다. '그리스도를 따르는 자들', 또는 '그리스도를 추종하는 자들'이라는 뜻으로 성경에서는 이곳과 사도행전 11장 26절 그리고 26장 28절에만 사용되었습니다. 초대교회 당시에는 교회 밖 사람들로부터 경멸과 조롱의 뜻으로 불린 이름일 수밖에 없었습니다. 그 당시에는 여전히 예수 그리스도가 이단 사상을 전파하다가 십자가에서 치욕과 저주의 고통을 당하면서 처형되었다고 생각했기에 당연히 그를 따르는 자들을 이단 종교나 이단 사상의 추종자라고 부르며 경멸과 조롱을 했던 것입니다. 그러므로 그리스도를 믿다가 고난을 받게 되면 사람들에게 동정 대신 오히려 경멸과 조롱을 받았던 것입니다. 이에 베드로는 "살인이나 도둑질이나 악행이나 남의 일을 간섭하는 자로 고난을" 받는 게 부끄러운 일이지, "그리스도인"이라는 이유로 고난받는 것은 결코 부끄러운 일이 아니고, 오히려 경멸당하는 "그 이름으로 하나님께 영광을 돌리라"(16절)고 했습니다. 다른 사람들이 어떻게 생각하고 어떤 식으로 부르든 상관없이 "영접하는 자 곧 그 이름을 믿는 자들에게는 하나님의 자녀가 되는 권세를 주셨으니"(요 1:12)라는 말씀을 명심하고 "하나님의 자녀가 되는 권세"를 얻었음을 잊지 말아야 합니다. 천하를 호령하는 권세를 가졌던 네로는 17세 어린 나이에 황제가 되어 14년을 통치했으나 결국 68년 6월 9일 31세의 나이로 자기에게 반기를 든 총독들과 반란 세력에게 쫓기다 자살하고 말았습니다. 네로가 죽기 1년 전(67년) 베드로는 십자가형으로, 바울은 참수형으로 네로에 의해 처형된 것으로 알려져 있습니다. 베드로 사도는 자기의 죽음을 내다보며 로마에서 이 편지를 쓰면서(벧전 5:13 참조) 로마에서 소아시아 지역 전체에 이르기까지 대환란이 있게 될 일을 예견한 듯한 메시지를 보냄으로써 로마의 박해와 압제에 굴하지 말고 견고한 믿음과 기쁜 마음으로 고난을 통과함으로써 영광스러운 주 예수를 맞이하도록 교훈했습니다. 그리스도인은 죽음이라는 고난의 산을 넘을 때 비로소 영광을 누리게 됨을 확실히 믿기를 바랍니다. 아멘.

(2025년 6월 22일)

# 천국의 문 vs. 지옥의 문

'그리스도인'이라는 호칭이 초대교회 당시에는 사회적으로 경멸스럽게 사용되었지만, 베드로 사도는 "만일 그리스도인으로 고난을 받으면 부끄러워하지 말고 도리어 그 이름으로 하나님께 영광을 돌리라"(4:16)고 했습니다. 당시 경멸의 대상이었던 그리스도인으로서 고난까지 받게 되면 매우 부끄럽고 치욕스러운 존재로 여겨졌는데, 오히려 "그 이름으로 하나님께 영광을 돌리라"고 했습니다. 믿음이 연약한 그리스도인에게는 받아들이기 어려운 교훈이었을 것입니다. '그리스도인'이라고 불리면 그 자체만으로도 부끄러운 일인데, 고난까지 받더라도 "하나님께 영광을 돌리라"고 한 것입니다. 그 이유가 바로 "하나님의 집에서 심판을 시작할 때가 되었"기 때문입니다. 지난 본문이 순전히 그리스도인의 고난과 영광에 대한 관점으로 접근한 교훈이었다면, 이번 본문은 "하나님의 집"에서 시작된 심판이 "하나님의 복음을 순종하지 아니하는 자들"(17절) 즉 "경건하지 않은 자와 죄인"(18절)에게는 얼마나 무섭고 고통스러울지를 보여주는 내용입니다. 즉 복음을 듣고 순종하는 그리스도인들에게는 '천국의 문'이 열렸고, 복음을 듣지 않는 자들에게는 '지옥의 문'이 열린 것을 의미합니다.

　프랑스 화가요 조각가 로댕(Rodin, 1840~1917)은 단테(Dante, 1265~1321)의 역작 《신곡》(神曲, La Divina Commedia)에서 영감을 받아 〈지옥의 문〉(The Gates of Hell)이라는 작품을 완성했는데, 수많은 군상(群像) 중에서 단테 형상으로 조각된 한 인물이 아래에 있는 군상을 내려다보는 모습이 단연 돋보입니다. 훗날 이 조각만 따로 다시 제작되어 〈생각하는 사람〉(The Thinker)이라는 작품으로 유명해졌습니다. 한편으로 보면 〈지옥의 문〉이 중세의 신 중심 사상을 잘 드러낸 작품이라면, 〈생각하는 사람〉은 근현대의 인간 중심 사상을 잘 드러내는 작품이라고 할 수 있습니다. 그만큼 하나님의 심판보다는 인간의 자유와 능력이 중시되는 삶을 대변하는 작품이라 할 수 있습니다. 〈지옥의 문〉을 볼 때 드는 생각, 그리고 따로 조각되어 1904년에 전시된 〈생각하는 사람〉을 볼 때 드는 생각이 다를 것입니다. 전자가 신학적이라면, 후자는 철학적인 느낌을 줍니다. 마찬가지로 현대 사람들은 천국과 지옥에 관한 생각을 깊이 하기를 꺼리고, 대신 삶에 대해서 번민하고 고뇌하는 모습을 흔히 볼 수 있습니다. 어쩌면 천국도 지옥도 아닌 중립적인 생각을 하는 사람들이 많다고 볼 수 있습니다. 성경이 제시하는 천국과 지옥의 실재에 대해 부인하려는 사람들도 많고, 무관심한 사람들도 많습니다. 이를 잘 반영이라도 하는 것처럼 단테의 《신곡》에서 종종 왜곡되기도 하고 자주 거론되는 대목은 "치욕도 명예도 없이 살아온 사람들의 슬픈 영혼들이 이렇게 비참한 꼴을 당하고 있다. 하느님께 반항하지도 복종하지도 않았고 단지 자신에게만 충실했던 저 사악한 천사들의 무리도 섞여 있다. 하늘은 그들을 쫓아냈다"(단테 알리기에리, 《신곡─지옥편》, 민음사, 29쪽)라는 구절입니다. 존 F. 케네디(John F. Kennedy, 1917~1963)가 "지옥에서 가장 뜨거운 자리는 도덕적 위기 상황에서 중립을 지킨 자들을 위해 예약되어 있다"라고 약간 왜곡해서 인용한 말이 오히려 더 유명해져서 정치적으로 무관심하거나 양비론(兩非論)을 내세우는 사람들을 비판할 때 자주 사용하는 말이 되었습니다. 그러나 우리는 단테가 작품 속에서 말한 "하느님께 반항하지도 복종하지도 않았고 단지 자신에게만 충실했던 저 사악한 천사들의 무리"라는 존재를 되새겨야 합니다. 세상에는 그런 사람들 또는 그런 신자들이 즐비하기 때문입니다. 반면에 오늘 본문의 내용으로 볼 때 베드로 사도 당시 로마 사회는, 비록 규모의 차이가 현격하지만 "하나님의 집"에 있는 자들과 "하나님의 복음을 순종하지 아니하는 자들"로 뚜렷이 구분되는 상황이었습니다. 즉 로마 제국에서는 적어도 4세기 초까지는 그리스도를 따르는 믿음으로 인해 박해받는 자들과 그런 그리스도인들을 박해하는 자들로 나누어졌습니다. 지금 우리는 대부분 그런 박해 상황 속에 처해 있지 않지만, 언제라도 개인적으로나 집단적으로나 그런 대치 관계에 놓일 수 있습니다.

베드로는 "하나님의 집에서 심판을 시작할 때가 되었나니 만일 우리에게 먼저 하면 하나님의 복음을 순종하지 아니하는 자들의 그 마지막은 어떠하며"라고 말함으로써, "만물의 마지막이 가까이 왔으니 그러므로 너희는 정신을 차리고 근신하여 기도하라"(벧전 4:7)는 말씀과 같이 마지막 심판이 "하나님의 집" 즉 하나님의 백성 또는 교회(고전 3:16, 딤전 3:15)로부터 먼저 시작될 것임을 예고했습니다. 그런데 여기 사용된 단어 "심판"(κρίμα, krima)은 의미의 폭이 넓은 단어입니다. 단순히 죄인을 벌하는 심판만을 뜻하지 않습니다. 비판 또는 판단(마 7:2, 고전 11:34), 평결, 선고, 결과, 판결(막 12:40, 눅 24:20, 유 1:4), 심판(눅 20:47, 요 9:39, 행 24:25, 롬 2:2, 5:16, 13:2, 갈 5:10, 약 3:1), 고발(고전 6:7), 정죄(눅 23:40, 롬 3:8, 딤전 5:12), 죄(고전 11:29), 형벌, 저주 등의 뜻을 가진 단어입니다. 사람이 지은 죄, 그에 따른 정죄 또는 고발, 그 후 판결이나 선고, 끝으로 형벌까지 이어지는 과정의 일부 또는 전체로 이해하는 것이 바람직합니다. 그러므로 "하나님의 집에서 심판을 시작할 때가 되었나니"라는 말은 하나님의 심판이 시작될 것인데, 먼저 하나님의 백성에 대한 고발과 재판 사건이 다루어져 판결이 날 것이라는 의미입니다. 하나님의 백성 역시 이 땅에서 잘못을 저지르면 합당한 벌을 받는 건 당연한 일이고, 그 밖에 하나님을 믿지 않는 자들에게 대대적인 심판이 이어질 것입니다. 예레미야 선지자가 전한 "보라 내가 내 이름으로 일컬음을 받는 성에서부터 재앙 내리기를 시작하였은즉 너희가 어찌 능히 형벌을 면할 수 있느냐 면하지 못하리니 이는 내가 칼을 불러 세상의 모든 주민을 칠 것임이라 하셨다 하라 만군의 여호와의 말씀이니라"(렘 25:29)는 예언을 통해 알 수 있는 것은 하나님이 하나님의 백성에게 먼저 재앙을 내리시고, 이어서 이방인들에게 재앙을 내리신다는 사실입니다. 구약성경에서 심판은 항상 하나님의 백성에게 먼저, 그다음 이방인들에게로 옮겨졌습니다. 왜냐하면 하나님의 백성은 언약 백성으로서 하나님의 율법을 지켜야 할 의무가 있었고, 그 의무를 다하지 못하면 그에 대한 형벌이 있었기 때문입니다. 에스겔 선지자의 예언에도 "그들에 대하여 내 귀에 이르시되 너희는 그를 따라 성읍 중에 다니며 불쌍히 여기지 말며 긍휼을 베풀지 말고 쳐서 늙은 자와 젊은 자와 처녀와 어린이와 여자를 다 죽이되 이마에 표 있는 자에게는 가까이 하지 말라 내 성소에서 시작할지니라 하시매 그들이 성전 앞에 있는 늙은 자들로부터 시작하더라"(겔 9:5~6)는 심판의 말씀이 나오는데, "내 성소에서 시작할지니라"는 말씀이 가리키듯이 하나님의 심판은 하나님의 백성에게서 먼저 시작됨을 알 수 있습니다. 구약 이스라엘 민족은 하나님의 특별한 백성이었기에 그 어느 민족보다도 거룩한 삶을 살아야 했습니다. 하나님은 모세에게 "너는 이스라엘 자손의 온 회중에게 말하여 이르라 너희는 거룩하라 이는 나 여호와 너희 하나님이 거룩함이니라"(레 19:2)고 말씀하셨습니다. 그래서 그들이 죄를 범하고 타락한 삶을 이어가는 것을 하나님은 용납하실 수 없었습니다. "내가 땅의 모든 족속 가운데 너희만을 알았나니 그러므로 내가 너희 모든 죄악을 너희에게 보응하리라 하셨나니"(암 3:2)라는 말씀에 분명히 드러나 있습니다. 이처럼 구약성경에서 하나님의 심판이 하나님의 백성부터 적용되는 건 당연한 일이었음을 알기를 바랍니다.

그러나 신약시대에 와서 예수 그리스도를 통해 하나님의 양자가 된 그리스도인은 "너희는 다시 무서워하는 종의 영을 받지 아니하고 양자의 영을 받았으므로 우리가 아빠 아버지라고 부르짖느니라"(롬 8:15)는 말씀과 같이 하나님을 아버지로 모시는 자가 되었기에 고난과 박해를 통해 연단 또는 징계받는 대상이 되었습니다. 바울 사도는 "우리가 판단을 받는 것은 주께 징계를 받는 것이니 이는 우리로 세상과 함께 정죄함을 받지 않게 하려 하심이라"(고전 11:32)고 구분해서 교훈했습니다. 말라기 선지자를 통해 하나님은 "만군의 여호와가 이르노라 보라 내가 내 사자를 보내리니 그가 내 앞에서 길을 준비할 것이요 또 너희가 구하는 바 주가 갑자기 그의 성전에 임하시리니 곧 너희가 사모하는 바 언약의 사자가 임하실 것이라 그가 임하시는 날을 누가 능히 당하며 그가 나타나는 때에 누가 능히 서리요 그는 금을 연단하는 자의 불과 표백하는 자의 잿물과 같을 것이라 그가 은을 연단하여 깨끗하게 하는 자 같이 앉아서 레위 자손을 깨끗하게 하되 금, 은 같이 그들을 연단하리니 그들이 공의로운 제물을 나 여호와께 바칠 것이라"(말 3:1~3)고 말씀하셨는데 "언약의 사자가 임하실 것"과 "레위 자손을 깨끗하게 하되 금, 은같이 그들을 연단하리니"라고 하셨습니다. "언약의 사자"는 바로 예수 그리스도요, *"레위 자손"*은 새로운 하나님의 백성이요 *"왕 같은 제사장들"* (벧전 2:9) 즉 그리스도의 교회입니다. 바로 이들에 대한 연단이 있을 것이라 하셨습니다. 스가랴 선지자를 통해서도 *"내가 그 삼 분의 일을 불 가운데에 던져 은같이 연단하며 금 같이 시험할 것이라 그들이 내 이름을 부르리니 내가 들을 것이며 나는 말하기를 이는 내 백성이라 할 것이요 그들은 말하기를 여호와는 내 하나님이시라 하리라"*(슥 13:9)고 하셨습니다. 그러므로 베드로 사도가 말한 심판은 엄밀히 두 가지로 나눌 수 있습니다. 하나는 교회에 대한 연단과 징계, 다른 하나는 하나님을 외면한 세상에 준엄한 형벌을 내리는 심판입니다. 베드로는 10여 년 전에 바울 사도가 데살로니가 교회에 보냈던 편지의 내용을 익히 알았을 것입니다. 바울 사도의 교훈(살후 1:4~9)을 함께 살펴봄으로써 더 확실히 깨닫기를 바랍니다.

4. 그러므로 너희가 견디고 있는 모든 박해와 환난 중에서 너희 인내와 믿음으로 말미암아 하나님의 여러 교회에서 우리가 친히 자랑하노라

5. 이는 하나님의 공의로운 심판의 표요 너희로 하여금 하나님의 나라에 합당한 자로 여김을 받게 하려 함이니 그 나라를 위하여 너희가 또한 고난을 받느니라

6. 너희로 환난을 받게 하는 자들에게는 환난으로 갚으시고

7. 환난을 받는 너희에게는 우리와 함께 안식으로 갚으시는 것이 하나님의 공의시니 주 예수께서 자기의 능력의 천사들과 함께 하늘로부터 불꽃 가운데에 나타나실 때에

8. 하나님을 모르는 자들과 우리 주 예수의 복음에 복종하지 않는 자들에게 형벌을 내리시리니

9. 이런 자들은 주의 얼굴과 그의 힘의 영광을 떠나 영원한 멸망의 형벌을 받으리로다

다음으로 살펴볼 내용은 "하나님의 집에서 심판을 시작할 때가 되었나니 만일 우리에게 먼저 하면 하나님의 복음을 순종하지 아니하는 자들의 그 마지막은 어떠하며"라는 말씀을 통해 드러난 두 가지 심판의 차이입니다. 먼저 "하나님의 집에서" 시작된 심판은 "하나님의 집"에 속한 이들이 받는 연단 또는 징계인데, 이는 육체의 생명이 끝나기까지 당할 수 있는 고난과 박해, 그리고 마지막 육체의 죽음 그 자체입니다. 그러나 두려워할 필요가 없습니다. 불같은 시험 역시 하나님의 뜻 안에서 이루어지는 과정이기 때문입니다. 제련사가 불순물을 녹여서 순금을 얻듯이 하나님은 시험을 통해 그리스도인들을 순결한 백성으로 만드십니다. 베드로는 "선을 행함으로 고난받는 것이 하나님의 뜻일진대 악을 행함으로 고난 받는 것보다 나으니라"(벧전 3:17)고 했고, "죄가 있어 매를 맞고 참으면 무슨 칭찬이 있으리요 그러나 선을 행함으로 고난을 받고 참으면 이는 하나님 앞에 아름다우니라"(벧전 2:20)고 하면서, 선을 행하는 그리스도인들이 부당하게 당하는 고난은 하나님의 뜻이고, 그 뜻을 따라 고난을 견디면 "하나님 앞에" 아름다운 일이라고 교훈했습니다. 이는 예수님의 말씀을 통해서도 확인할 수 있습니다. "빌라도가 이르되 내게 말하지 아니하느냐 내가 너를 놓을 권한도 있고 십자가에 못 박을 권한도 있는 줄 알지 못하느냐 예수께서 대답하시되 위에서 주지 아니하셨더라면 나를 해할 권한이 없었으리니 그러므로 나를 네게 넘겨준 자의 죄는 더 크다 하시니라"(요 19:10~11)는 말씀에 나타나 있듯이 본디오 빌라도에게 하나님이 권한을 허용하셨기에 예수님에 대한 십자가형 언도가 가능했다는 뜻입니다. 본디오 빌라도는 예수님에 대해 무죄를 선고하고 군중을 해산할 권한이 있었습니다. 또한 아내의 간곡한 부탁도 있었음을 알 수 있습니다. "총독이 재판석에 앉았을 때에 그의 아내가 사람을 보내어 이르되 저 옳은 사람에게 아무 상관도 하지 마옵소서 오늘

*꿈에 내가 그 사람으로 인하여 애를 많이 태웠나이다 하더라*"(마 27:19)
고 마태는 빌라도 아내의 말과 행동에 대해 기록했습니다. 도널드 리드
만(Donald N. Liedmann) 박사가 콘스탄티노플의 성 소피아 사원에 소장
되어 있던 《예수의 체포와 심문 및 처형에 관하여 가이사에게 보낸 빌
라도의 보고서》를 발간했는데, 그 보고서에 있는 내용을 통해 빌라도가
예수님을 두려워하는 마음과 존경하는 마음을 가지고 있었지만, 게다
가 아내의 꿈 이야기도 들었지만, 결국 십자가형을 언도했다는 사실을
정확히 알 수 있습니다(김세민, 『그리스도가 이끄는 삶』, 205~206쪽). 한편
으로는 하나님의 뜻이었지만, 다른 한편으로는 예수 그리스도가 십자가
에서 고난의 죽음에 이르도록 자기가 가진 권한을 자기 뜻대로 사용한
일이었습니다. 그는 인류 역사에서 가장 불명예스럽게 세상 마지막 날까
지 기독교인들의 입에 "본디오 빌라도에게 고난을 받으사"라는 말이 이
어지게 하고 말았습니다.

또한 "*하나님의 복음을 순종하지 아니하는 자들의 그 마지막은 어떠
하며*"라는 표현이 암시하는 것은 이루 말할 수 없는 고통이 그들에게
주어질 것이라는 사실입니다. 18절 "*또 의인이 겨우 구원을 받으면 경건
하지 아니한 자와 죄인은 어디에 서리요*"라고 함으로써 "*경건하지 아니
한 자와 죄인*"은 사실상 구원받을 길이 없다고 표현했습니다. 이 구절은
베드로 사도가 《70인역》(LXX, BC 3세기에 번역된 히브리어 구약성경에 대
한 헬라어 역본) 잠언 11장 31절 "*만약 의인들이 겨우 구원받는다면, 경
건하지 않은 자들과 죄인들은 어디에 나타날 것인가?*"를 인용한 것으로
알려져 있습니다. 그렇다고 해서 그리스도인들이 구원받는 데 있어서 매
우 어려운 과정을 간신히 통과한 극히 소수만 어렵게 구원받는다는 의
미가 아닙니다. 어려운 일을 해냄으로써, 즉 행함을 통해 구원받는다는

뜻이 아닙니다. 하나님의 은혜로써 받는 구원이라 할지라도, 그리스도인들이 세상의 유혹은 물론이고 불같은 고난을 견디고 믿음을 지키는 일이 그만큼 어렵다는 것을 말합니다. 하나님이 자녀들에게 내리시는 연단과 징계가 그만큼 혹독하다는 뜻입니다. 그래서 히브리서 기자는 "너희가 참음은 징계를 받기 위함이라 하나님이 아들과 같이 너희를 대우하시나니 어찌 아버지가 징계하지 않는 아들이 있으리요"(히 12:7)라고 교훈했습니다. 그러므로 잠언 11장 31절을 베드로가 여기에 인용한 의도는, 수사법을 통해 하나님을 믿지 않는 자들 즉 예수 그리스도의 복음을 거부한 자들이나 복음에 대해 무관심한 자들은 구원받을 길이 없고, 그들이 받게 될 지옥의 형벌은 이 땅에서 받는 그 어떤 고난이나 고통이나 형벌에도 비교할 수 없다는 사실을 강조하기 위함입니다. 단테의 《신곡》〈지옥편〉에서 사람들에게 가장 많이 알려진 문장이 있는데, 지옥문에 새겨진 "Lasciate ogni speranza, voi ch'entrate"("모든 희망을 버려라, 들어오는 너희들이여!")입니다. 지옥에 들어오는 자들에게는 결코 희망이 없음을 단호하게 선언합니다. 베드로의 수사학적 표현은 "경건하지 아니한 자와 죄인"에게는 사실상 구원받을 희망이 없음을 뜻한 것임을 깨닫기를 바랍니다.

그러나 "하나님의 뜻대로 고난을 받는 자들"은 어떤 상황에서도 희망 즉 천국의 소망이 있는 자들입니다. 그래서 베드로는 "그러므로 하나님의 뜻대로 고난을 받는 자들은 또한 선을 행하는 가운데에 그 영혼을 미쁘신 창조주께 의탁할지어다"(19절)라고 강력한 어조로 말한 것입니다. 누가는 예수님이 숨을 거두시기 직전 그 영혼을 하나님 아버지께 맡기는 장면에 대해 "예수께서 큰 소리로 불러 이르시되 아버지 내 영혼을 아버지 손에 부탁하나이다 하고 이 말씀을 하신 후 숨지시니라"(

눅 23:46)고 기록했습니다. 유대인들이 아이들을 재우면서 기도할 때 다
윗이 "*내가 나의 영을 주의 손에 부탁하나이다 진리의 하나님 여호와여
나를 속량하셨나이다*"(시 31:5)라고 기도한 내용을 응용해서 "아버지여,
이 영혼을 주님의 손에 부탁하나이다"라고 했다고 합니다. 또한 복음을
전하다 유대인들의 돌에 맞아 순교하는 순간 스데반은 하늘을 향해 크
게 부르짖기를, "*주 예수여 내 영혼을 받으시옵소서*"(행 7:59)라고 기도
했고, 마지막으로 무릎을 꿇고 더 크게 기도하기를, "*주여 이 죄를 그들
에게 돌리지 마옵소서*"라고 외치면서 하나님의 품으로 들어갔습니다(행
7:60). 그러므로 그리스도의 고난에 동참하는 자들은 그리스도께서 그
렇게 하셨던 것처럼, 그리고 첫 순교자 스데반이 그랬던 것처럼 "*그 영
혼을 미쁘신 창조주께 의탁*"해야 합니다. 하나님의 형상으로 지음을 받
고 그리스도 안에서 택하심을 받아 하나님의 자녀가 된 자들은 온전히
신뢰하고 의지할 수 있는 창조주 하나님께 영혼을 맡기고 고난을 견뎌
야 합니다. 그렇게 할 때, 마지막 숨을 거두는 순간 "창조주 하나님, 내
영혼을 아버지께 맡기나이다"라고 기도할 수 있습니다. 그것이 바로 천
국의 문 앞에서 하게 되는 마지막 기도입니다.

그러나 마지막 때가 언제 올지 모르기 때문에 "*만물의 마지막이 가까
이 왔으니 그러므로 너희는 정신을 차리고 근신하여 기도하라*"(벧전 4:7)
는 말씀을 마음 깊이 새겨야 합니다. 최근 30년 전부터 북극이 심상치
않다는 과학자들의 보고가 잇따르고 있습니다. 북극은 크게 지리적 북
극(Geographical North Pole)과 자북극(Magnetic North Pole)으로 나누는데,
자전축 지점이 되는 북극과 거리가 꽤 떨어진 자북극(1831년 최초 관측
시 캐나다 북쪽)이 러시아 시베리아 쪽으로 조금씩 이동했는데 1990년대
부터는 크게 이동하고 있다면서, 원인을 밝히지 못해 당황해하고 있습

니다. 일본은 올해가 가장 염려스러운 해이기도 합니다. 추적이 가능한 역사적 기록을 통해 난카이 대지진의 발생 추이를 살펴본 결과 1361년 부터 137년, 107년, 102년, 147년, 90년(지난 1944/1946년 발생) 주기로 발생했는데 그 주기가 빨라지고 있습니다. 게다가 1999년 7월에 발간된 타츠키 료(たつき諒)의 만화《내가 본 미래》가 일본에서 베스트셀러가 되면서 공포심이 커지고 있고, 일본 정부나 지진 관련 과학자들도 앞으로 30년 이내에 초대형 지진이 난카이 해곡(南海海谷)에서 일어날 것으로 예상하고 대재앙을 대비하고 있는 상태입니다. 대지진과 같은 자연재해가 일어날 거라는 이야기로 인해 일본 여행객들의 취소 행렬이 이어지고 있습니다. 실종자 포함 2만 6천 명 정도가 죽은 동일본 대지진은 그녀가 예언한 2011년 3월 대재해와 일치했기에, 그녀의 예지몽과 관련한 7월이 다가오자 불안하고 초조한 마음으로 걱정하는 일본인들이 많습니다. 우리나라도 지난 2016년 경주 지진 이후 지진에 대한 사람들의 생각이 크게 바뀌면서 2020년 전후로 노후 학교시설에 대한 대대적인 내진 보강 공사가 전국적으로 이어지고 있습니다. 지금 이 시대에 만약 3차 세계대전이 일어난다면 핵전쟁이 일어날 확률이 매우 높습니다. 일어난다면 상상을 초월한 피해가 있을 것입니다. 그래서 냉전 시대부터 시작된 '핵 대피소' 사업이 2000년대 이후로 미국을 중심으로 활황입니다. 일명 '지하 벙커'라 불리는 대피시설은 4인용 가족형부터 대규모 집단형에 이르기까지 다양하고, 가격대도 수천만 원부터 수십억까지 다양합니다. 최대 몇 달을 지낼 수 있는 식량, 물, 전기, 통신 시설 등을 갖추고 있고, 심지어 고급 주택과 다름없는 시설도 있습니다. 꼭 핵전쟁이 아니더라도 초대형 자연재해까지도 대비한 시설입니다. 심지어 일본에서도 최근에 지하 핵 대피시설 판매사업이 시작되었다고 합니다. 마치 제2의 '데린쿠유'라는 생각이 들 정도입니다. 그런데 예수님은 자연재해나

     

전쟁에 대해 어떤 말씀을 하셨을까요? 예수님은 인류의 마지막 때가 가까이 오면 자연재해, 기근, 전쟁, 그리스도인들에 대한 박해와 혐오, 가족의 배신 등의 일들이 일어날 것이라 하셨습니다. 이와 관련하여 예수님이 하신 말씀이 마가복음 13장에 기록되어 있습니다. 6절부터 13절까지 읽어보면 다음과 같습니다.

6. 많은 사람이 내 이름으로 와서 이르되 내가 그라 하여 많은 사람을 미혹하리라

7. 난리와 난리의 소문을 들을 때에 두려워하지 말라 이런 일이 있어야 하되 아직 끝은 아니니라

8. 민족이 민족을, 나라가 나라를 대적하여 일어나겠고 곳곳에 지진이 있으며 기근이 있으리니 이는 재난의 시작이니라

9. 너희는 스스로 조심하라 사람들이 너희를 공회에 넘겨 주겠고 너희를 회당에서 매질하겠으며 나로 말미암아 너희가 권력자들과 임금들 앞에 서리니 이는 그들에게 증거가 되려 함이라

10. 또 복음이 먼저 만국에 전파되어야 할 것이니라

11. 사람들이 너희를 끌어다가 넘겨 줄 때에 무슨 달을 할까 미리 염려하지 말고 무엇이든지 그 때에 너희에게 주시는 그 말을 하라 말하는 이는 너희가 아니요 성령이시니라

12. 형제가 형제를, 아버지가 자식을 죽는 데에 내주며 자식들이 부모를 대적하여 죽게 하리라

13. 또 너희가 내 이름으로 말미암아 모든 사람에기 미움을 받을 것이나 끝까지 견디는 자는 구원을 받으리라

그러나 그리스도인들은 마지막 때가 오든, 개인적 종말을 당하든 "영혼을 미쁘신 창조주께 의탁"해야 합니다. 고난이 오면 창조주 하나님께

영혼을 맡기고 고난을 견뎌야 합니다. 그리고 마지막 천국의 문 앞에서 "창조주 하나님, 내 영혼을 아버지께 맡기나이다"라고 기도해야 합니다. 우리 영혼을 창조주 하나님께, 또는 주 예수께 맡기는 기도를 하면서 천국의 문으로 들어가는 여러분이 되기를 바랍니다. 아멘.

(2025년 6월 29일)

Πάντων δὲ τὸ τέλος ἤγγικεν

만물의 마지막이 가까이 왔으니(벧전 4:7)

# 더러운 이득 vs. 영광의 관

베드로전서를 세 부분으로 나눌 때, 인사말(1:1~2), 본론(1:3~5:11), 그리고 마지막 인사말(5:12~14)로 나눌 수 있는데, 이번 강설(5:1~4)과 앞으로 이어질 두 번의 강설(5:5~7, 5:8~11)로 본론 부분이 끝납니다. 베드로전서에는 이중적 또는 대조적 교훈이 자주 등장하는데, 베드로는 하늘과 땅을 번갈아 가리키며 곧 하늘에 들어갈 준비를 하라고 하고, 또 한편으로는 땅에 있는 동안 그리스도인의 윤리를 실천하라고 교훈합니다. 이러한 이중적이고 대조적인 교훈이 자주 반복됩니다. 지난 강설에 해당하는 본문(4:17~19)을 한 문장으로 요약하면 "*하나님의 집에서 심판을 시작할 때가 되었나니 …… 영혼을 미쁘신 창조주께 의탁할지어다*"입니다. 이 상태로 교훈이 끝나도 전혀 부족함이 없을 정도입니다. 그런데 하늘을 향하도록 했던 시선을 다시 땅으로 향하게 합니다. 이번 강설의 본문과 앞으로 이어질 두 번의 강설 본문을 통해서, 임박한 종말을 의식하고 준비할 그리스도인들에게 현재의 경건한 삶을 강조함으로써 교훈을 마무리하는 것을 보게 될 것입니다. 베드로 사도 교훈의 이런 특성을 이해하고 본문을 받아들이면서 말세를 살아가는 우리의 신앙적 삶을 돌아볼 수 있기를 바랍니다.

지난 강설이 마치 부대 전원 전사(戰死)를 각오해야 하는 최전방에 투입되는 병사들의 비장한 모습을 떠올리게 했다면, 이번 강설을 포함한 세 번의 강설은 정반대로 훈련과 영내 생활에 있어 지휘관들과 병사들이 서로 책무를 다하도록 교훈하는 것에다 비유할 수 있습니다. 전자는 전시(戰時) 전방의 모습, 후자는 평시 후방의 모습을 대조적으로 떠올리게 합니다. 그러나 평시라도, 또한 후방이라도 모든 교육과 훈련은 언제 발생할지 모르는 전시 상황에 맞춰져 있듯이 베드로의 교훈 역시 그런 이중성과 대조적인 면을 보여줍니다. 베드로전서는 결코 두서없이 즉흥적으로 써 내려간 편지가 아닙니다. 마지막 인사에 밝혔듯이 *"내가 신실한 형제로 아는 실루아노로 말미암아 너희에게 간단히 써서 권하고"*(5:12)라고 한 내용이 잘 말해줍니다. 비록 내용이 길지 않고, 또한 예의상 표현하는 겸손의 뜻으로 '간단한 편지'이지만 실루아노의 도움을 얻어 짜임새 있게 쓴 편지임을 알아야 하고, 더 중요한 것은 성령의 감동으로 기록된 것(벧후 1:20~21)임을 명심해야 합니다.

먼저 *"너희 중 장로들에게 권하노니 나는 함께 장로 된 자요 그리스도의 고난의 증인이요 나타날 영광에 참여할 자니라"*(1절)고 했는데, 소아시아 지역 모든 교회에서 복음을 전하고 가르치는 직무를 담당하고 있던 지도자들에게 *"함께 장로 된 자"*라고 함으로써 사도의 권위를 드러내기보다는 같은 직무를 담당하는 '동료'와 같은 위치에서 권고했습니다. 이어서 *"그리스도의 고난의 증인이요 나타날 영광에 참여할 자"*라고 함으로써 앞서 교훈했던 내용(4:17~19)과 연결한 것이라 볼 수 있습니다. 일부 사본에는 1절 앞부분에 *"그러므로"*에 해당하는 접속사가 없지만, 다른 사본들에는 "그러므로"가 있습니다. 그렇다면 앞의 내용과 논리적으로 이어진 내용임을 알 수 있습니다. 먼저 본이 될만한 자들에게 "함께 장로 된 자요 그리스도의 고난의 증인이요 나타날 영광에 참여할 자"라는 표현을 통해, 앞으로 닥칠 고난에 동참하면 영광 역시 함께 누리게 된다는 인식을 강하게 심어준 것이라 할 수 있습니다. 베드로가 자기 자신을 겸손히 낮추면서 소아시아 여러 지역에 흩어져 있는 교회들 가운데 지도자층에 속한 자들에게 먼저 교훈한 것임을 알고, 교회에서 신앙적으로나 연륜으로나 지도자층에 속한 여러분부터 베드로 사도의 교훈을 충실히 따르기를 바랍니다.

2절을 보면 "너희 중에 있는 하나님의 양 무리를 치되 억지로 하지 말고 하나님의 뜻을 따라 자원함으로 하며 더러운 이득을 위하여 하지 말고 기꺼이 하며"라는 교훈이 이어지는데, "하나님의 양 무리를 치되 억지로 하지 말고"라는 중요한 교훈을 명심해야 합니다. 사도 바울 역시 고린도 교회에 연보에 대해 가르쳤을 때 "각각 그 마음에 정한 대로 할 것이요 인색함으로나 억지로 하지 말지니 하나님은 즐겨 내는 자를 사랑하시느니라"(고후 9:7)고 가르쳤습니다. 억지로 하는 연보는 연보를 하면서도 불쾌감을 드러내는 것이기에, 하나님께 물질을 바친 게 아니라 하나님께 불쾌하고 내키지 않은 마음을 표출한 것이 됩니다. 우리는 가인과 아벨의 제사에 대해 잘 알고 있습니다. 이 구절과 관련이 깊은 내용만 살펴보고자 합니다. 인류의 조상 아담과 하와가 먼저 가인을 낳았고, 다음에 아벨을 낳았습니다(창 4:1~2). 에덴동산에서 쫓겨난 후로 인간은 땀을 흘려야 충분히 먹고 살아갈 수 있게 되었는데(창 3:16~18), 가인은 농사가 생업이었고, 아벨은 목축업이 생업이었습니다(창 4:2). "세월이 지난 후에 가인은 땅의 소산으로 제물을 삼아 여호와께 드렸고 아벨은 자기도 양의 첫 새끼와 그 기름으로 드렸더니 여호와께서 아벨과 그의 제물은 받으셨으나 가인과 그의 제물은 받지 아니하신지라 가인이 몹시 분하여 안색이 변하니"(창 4:3~5)라는 말씀에서 알 수 있는 것은 "가인과 그의 제물"을 하나님이 받지 아니하셨다는 사실입니다. 즉 가인의 마음을 받지 아니하신 것인데, 히브리서 11장 4절 "믿음으로 아벨은 가인보다 더 나은 제사를 하나님께 드림으로 의로운 자라 하시는 증거를 얻었으니 하나님이 그 예물에 대하여 증언하심이라 그가 죽었으나 그 믿음으로써 지금도 말하느니라"는 말씀이 이유를 알만한 단서를 제공해 줍니다. 즉, 가인의 제사는 근본적으로 아벨의 제사와 비교가 불가한 제사였습니다. 그러나 "가인은 땅의 소산으로 제물을 삼아 여호와께 드렸고"라는 말씀 자체만으로는 그의 제물에 문제가 있었다는 점을 찾기 어렵습니다. 다만 뒤에 이어지는 기록을 통해서 짐작해 볼 수 있는데, 창세기 4장 5절부터 12절 내용을 함께 읽어보고자 합니다.

5. 가인과 그의 제물은 받지 아니하신지라 가인이 몹시 분하여 안색이 변하니

6. 여호와께서 가인에게 이르시되 네가 분하여 함은 어찌 됨이며 안색이 변함은 어찌 됨이냐

7. 네가 선을 행하면 어찌 낯을 들지 못하겠느냐 선을 행하지 아니하면 죄가 문에 엎드려 있느니라 죄가 너를 원하나 너는 죄를 다스릴지니라

8. 가인이 그의 아우 아벨에게 말하고 그들이 들에 있을 때에 가인이 그의 아우 아벨을 쳐죽이니라

9. 여호와께서 가인에게 이르시되 네 아우 아벨이 어디 있느냐 그가 이르되 내가 알지 못하나이다 내가 내 아우를 지키는 자니이까

10. 이르시되 네가 무엇을 하였느냐 네 아우의 핏소리가 땅에서부터 내게 호소하느니라

11. 땅이 그 입을 벌려 네 손에서부터 네 아우의 피를 받았은즉 네가 땅에
    서 저주를 받으리니
12. 네가 밭을 갈아도 땅이 다시는 그 효력을 네게 주지 아니할 것이요 너
    는 땅에서 피하며 유리하는 자가 되리라

먼저 하나님이 가인의 제물을 받지 아니하셨을 때 그의 반응은 "가인이 몹시 분하여 안색이 변하니"라는 말씀에서 알 수 있습니다. 피조물인 인간으로서 창조주 하나님 앞에서 보일 수 없는 '화'(火)를 드러내는 행위를 했다는 사실입니다. 주권자 하나님을 경외해야 할 인간이 감히 하나님께 화를 표출한 것입니다. 피조물인 인간이 창조주 하나님께 감사의 제물을 바치고, 하나님의 명령에 따라 자원하는 마음으로 제사해야 하는데, 가인은 그렇게 하지 않았다는 증거입니다. 처음부터 마음에 내키지 않은 제사였고, 하나님을 경외하는 마음이 없는 형식적인 제사였음을 알 수 있습니다. 아담의 범죄 후 모두가 죄인이 되었기에 하나님께 회개와 순종의 마음으로 제사해야 했고, 하나님이 정하시고 말씀하신 대로 제사하면 하나님이 기뻐 받으신다는 믿음의 제사로 하나님께 감사를 드려야 했습니다. 그런데 가인은 그렇게 하지 않았습니다. 7절 "네가 선을 행하면 어찌 낯을 들지 못하겠느냐 선을 행하지 아니하면 죄가 문에 엎드려 있느니라 죄가 너를 원하나 너는 죄를 다스릴지니라"는 말씀에서도 알 수 있듯이 그는 선을 행하지 않았습니다. 즉 하나님의 뜻을 따르기보다는 죄를 따르는 사람이었습니다. "우리는 서로 사랑할지니 이는 너희가 처음부터 들은 소식이라 가인같이 하지 말라 그는 악한 자에게 속하여 그 아우를 죽였으니 어떤 이유로 죽였느냐 자기의 행위는 악하고 그의 아우의 행위는 의로움이라"(요일 3:11~12)는 말씀에서 동생 아벨을 죽인 것도 가인이 "악한 자에게 속하여" 있었기 때

 

문임을 알 수 있습니다. 사탄에 속한 자였기에 그의 마음이 악한 행위로 드러났던 것이고, 살인까지 저지른 것입니다. 하나님께 속하지 않고 사탄에 속한 악한 자는 아무리 종교적이고 헌신적인 모습으로 포장된 사람이라 할지라도 본심으로는 "억지로" 드리고, '자기의 뜻'에 따라 드리며, "더러운 이득을 위하여" 드리게 마련입니다. 창세기 4장 11~12절 "땅이 그 입을 벌려 네 손에서부터 네 아우의 피를 받았은즉 네가 땅에서 저주를 받으리니 네가 밭을 갈아도 땅이 다시는 그 효력을 네게 주지 아니할 것이요 너는 땅에서 피하며 유리하는 자가 되리라"는 말씀에서 알 수 있는 명확한 사실은 예전과 달리 소득이 확연히 줄 것이라는 점입니다. 결과적으로 아벨은 제물을 바치는 일에 있어서 가장 좋은 부분을 바쳤고, 무엇보다도 하나님께 속한 자로서 자원하는 마음으로 기꺼이 바쳤기에 그의 마음을 기쁘게 받아주셨다는 사실을 알 수 있습니다. 비록 제물을 바친 장면이라 할지라도 두 사람의 일상적인 삶을 확연히 보여 준 일이었습니다. 성경은 그들의 제사를 통해 그들의 삶을 보여 주었습니다. 베드로 당시 그리스도인들이나 지금 우리 역시 예배와 교회를 섬기는 일은 하나님께 대한 살아있는 제사입니다. 바울은 "그러므로 형제들아 내가 하나님의 모든 자비하심으로 너희를 권하노니 너희 몸을 하나님이 기뻐하시는 거룩한 산 제물로 드리라 이는 너희가 드릴 영적 예배니라 너희는 이 세대를 본받지 말고 오직 마음을 새롭게 함으로 변화를 받아 하나님의 선하시고 기뻐하시고 온전하신 뜻이 무엇인지 분별하도록 하라"(롬 12:1~2)고 교훈했습니다. 이는 로마 교회를 향한 바울 사도의 교리적 교훈에 대한 결론이나 다름없는 명령이기도 했습니다. 내 뜻대로, 내 생각대로 하나님을 예배하는 것이 아닌, "하나님의 선하시고 기뻐하시고 온전하신 뜻"에 따라 하나님을 예배하는 삶을 살아야 한다는 것입니다. 그러므로 가인처럼 "악한 자에 속하여"(요일 3:12) 억지로 하는 예배 행위는 주권자 하나님을 경홀히 여기는 패역한 죄악임을 명심하기를 바랍니다.

사도 바울은 양을 치는 일 즉 복음으로 교회를 세우고 가르치는 일 역시 하나님께 드리는 제사로 보았습니다. *"전제와 같이 내가 벌써 부어지고 나의 떠날 시각이 가까웠도다"*(딤후 4:6)라고 하면서 그리스도의 종으로서 자기의 삶이 끝나는 죽음을 전제(奠祭) 즉 관제(灌祭, Drink Offering)라고 표현한 것인데, 이는 화제(火祭)를 드릴 때 제물에 포도주(출 29:40, 30:9) 또는 피(시 16:4)를 부어서 드렸던 것(민 15:5)에 자기의 죽음을 비유한 것입니다. 그의 삶 전체를 제사로 본 것입니다. 그러므로 양을 치는 일, 즉 교회를 위해 일하는 지도자들의 섬김 역시 하나님께 제사하는 삶입니다. *"너희 중에 있는 하나님의 양 무리를 치되 억지로 하지 말고 하나님의 뜻을 따라 자원함으로 하며 더러운 이득을 위하여 하지 말고 기꺼이 하며"*라고 한 말씀의 중요성을 간과하지 말아야 합니다. 먼저, *"하나님의 양 무리를 치되 억지로 하지 말고"*라고 했고, *"하나님의 뜻을 따라 자원함으로"* 하라고 했습니다. 그리고 *"더러운 이득을 위하여 하지 말고 기꺼이"* 하라고 교훈했습니다. 아벨의 제사와 일맥상통함을 알 수 있고, 가인의 제사는 이러한 세 가지를 벗어났음을 알 수 있습니다. 아벨의 제사는 세 가지 태도가 모두 해당하는 것이었습니다. 억지로 즉 내키지 않는 마음이 아닌 기쁜 마음으로 했고, 자기의 뜻이 아닌 하나님의 뜻대로 했으며, 더러운 이득이 아닌 하나님께 바치고 감사하는 마음으로 했습니다. 세 가지로 다르게 표현된 태도지만 사실상 하나의 태도로도 볼 수 있는데, *"억지로 하지"* 않는 것, *"자원함"*, 그리고 *"기꺼이"* 하는 것은 바로 '순종'입니다. 그러나 가인의 제사는 이런 면이 전혀 없는, 즉 순종이 없는 제사였습니다. 특별히 *"더러운 이득을 위*

하여 하지 말고 기꺼이"라는 말씀을 적용해볼 수 있습니다. 창세기 4장 11~12절에는 동생 아벨을 죽인 가인에 대한 형벌이 사형이 아닌 다른 형벌로 주어졌음을 알 수 있습니다. "땅이 그 입을 벌려 네 손에서부터 네 아우의 피를 받았은즉 네가 땅에서 저주를 받으리니 네가 밭을 갈아도 땅이 다시는 그 효력을 네게 주지 아니할 것이요 너는 땅에서 피하며 유리하는 자가 되리라 네가 밭을 갈아도 땅이 다시는 그 효력을 네게 주지 아니할 것이요 너는 땅에서 피하며 유리하는 자가 되리라"는 형벌입니다. "네가 밭을 갈아도 땅이 다시는 그 효력을 네게 주지 아니할 것이요"라는 내용 또한 반복됩니다. 아담의 범죄로 이미 저주받은 땅에 살게 되었는데(창 3:17), 가인은 자신의 범죄로 더 열악한 환경의 땅으로 쫓겨가게 되었고, 농사해도 이득이 크게 줄어드는 땅에 살게 되었습니다. 창세기 4장 16절에 "가인이 여호와 앞을 떠나서 에덴 동쪽 놋 땅에 거주하더니"라고 기록되어 있습니다. 가인의 후예는 본능적으로 이득을 탐하는 자들이라 할 수 있습니다. 그런 자들이 교회 안에 들어오게 되면, 반드시 이득을 탐하게 됩니다. 그런 자들은 개인적 이득을 위해 순종의 모습을 보일 뿐입니다. 그리고 베드로가 "더러운 이득을 위하여 하지 말고 기꺼이 하며"라고 말했을 정도라면, 아무리 신앙심이 좋은 초대교회라도 그런 자들이 있었음을 유추해볼 수 있습니다. 지금 한국교회는 "더러운 이득을 위하여" 목회하는 가인의 후예들이 얼마나 많겠습니까? 예수님은 "나는 선한 목자라 선한 목자는 양들을 위하여 목숨을 버리거니와 삯꾼은 목자가 아니요 양도 제 양이 아니라 이리가 오는 것을 보면 양을 버리고 달아나나니 이리가 양을 물어 가고 또 헤치느니라 달아나는 것은 그가 삯꾼인 까닭에 양을 돌보지 아니함이나 나는 선한 목자라 나는 내 양을 알고 양도 나를 아는 것이 아버지께서 나를 아시고 내가 아버지를 아는 것 같으니 나는 양을 위하여 목숨을 버리노라"(요 10:11~15)고 하셨습니다. "더러운 이득을 위하여" 교회를 세우고 유지하고 확장해나가는 "삯꾼 목자"들이 지금은 훨씬 더 많습니다. 미국이든 우리나라든, 이제 교회는 기업이 되었습니다. 미국 상원의 채플 목사를 역임했던 리처드 핼버슨(Richard C. Halverson, 1916~1995)은 이렇게 말했습니다.

> 처음에 교회는 살아 계신 그리스도를 중심으로 하는 남녀들의 친교였습니다. 그 후 교회는 그리스로 옮겨갔고, 그곳에서 교회는 철학이 되었습니다. 그런 다음 로마로 옮겨가서 제도가 되었습니다. 그다음에는 유럽으로 옮겨가서 하나의 문화가 되었습니다. 그리고 마침내 미국으로 옮겨가서 기업이 되었습니다.

2014년에 김재환 감독의 다큐멘터리 영화 〈쿼바디스〉(Quo Vadis)가 개봉되자 기독교 여러 교단이 연합해서 방해 운동에 동참한 일이 있었는데, 타락하고 변질이 된 한국교회의 현재 모습을 사회적 이슈로 삼고자 했던 작품이어서 교회들과 목사들의 명예가 실추될 수 있었기 때문입니다. 영화를 통해 관객들에게 전하고자 했던 메시지는 한국교회가 점점 커짐으로써 오히려 예수는 작아지고, 아버지 목사가 대형교회를 운영하다가 아들에게 물려주는 탐욕스러운 모습에 대한 비판이었습니다. 그는 핼버슨 목사의 말을 인용해서 덧붙여 말했는데, 미국으로 건너간 교회가 기업이 되었다면, 한국에 들어와서는 대기업이 되었다고 했습니다. 그러나 한국교회는 기업적인 면 외에 또 다른 면을 가지고 있음을 알아야 합니다. 대기업이 된 교회가 기득권을 지키기 위해 수구(守舊)적인 정치 집단이 되었다는 사실입니다. 물론 그것은 일부라고 말하는 사람들도 있겠지만, 침묵하고 조용히 동조하는 교회들이 상당히 많다는 것은 간과할 수 없는 사실입니다. 이명박 정부(2008년 2월~2013년 2월) 이후부터 교회의 정치 집단화 현상이 더욱 심해졌습니다. 항일투쟁을 하고 독립운동을 하면서 민족주의를 추구했던 그런 보수가 아니라 친일 극우성향의 뉴라이트(New Right)로 옷을 갈아입고 있다는 사실은 심각한 문제입니다. 일본 극우 세력의 재정적 기반이 되는 '사사카와 재단'(일본재단, The Nippon Foundation)이 국내 학자들이나 각종 단체를 지원하고 있다고 알려져 있습니다. 그래서 우리나라 보수권에 파고든 뉴라이트는 일본이 우리나라를 식민 지배했던 일을 정당화하고 있습니다. 심지어 일제강점기에는 국가가 없었다고 하고, 1948년에야 비로소 대한민국이 건국했다고 하는 등 일본 편에서 일본을 대변하는 역할을 하고 있습니다. 뉴라이트는 특히 젊은 층을 대상으로 해서 점점 일본의 전범들과 극우 세력의 사상에 동화되도록 가스라이팅을 하고 있습니다. 여기에 '펨코'(에펨코리아)나 '일베'(일베저장소)가 젊은 남자들을 친일 극우성향으로 향하기 쉽게 분위기를 이끌고 있다고 볼 수 있습니다. 특히 일부 기독교와 사이비 종교 집단이 앞장서서 반성도 없는 전쟁범죄 국가 일본을 미화하고, 나라와 민족을 사랑하고 헌법을 중시하는 평범한 사람들을 '좌파'나 '종북'으로 치부해 버리는 일이 벌어지고 있습니다. *"악한 자"* 즉 사탄에 속하여 의로운 동생 아벨을 죽인 가인처럼, '악한 전범국가' 즉 일본에 속하여 의로운 국민을 핍박하고 죽이려는 일에 일부 기독교가 열렬히 나서는 일은 참으로 개탄스러운 일입니다. 일제강점기에 일본의 적국(영국, 미국 등)이 패망하도록 조복(調伏, 쵸부쿠) 기도에 앞장서고, 전범의 학살과 만행에 협력하고 심지어 일본을 찬양하더니, 이제는 나라와 민족을 위한 일반 시민을 빨갱이로 몰고, 친일파와 밀정이 지배하는 세상을 만들려는 일본 극우 세력에 일부 기독교가 앞장서고 있는 현실입니다. 사탄을 따르거나 사탄의 속성을 따르는 악한 집단에 속하거나, 그런 집단에 의해 정치적으로나 종교적으로 세뇌당하는 일이 없도록 경계하기를 바랍니다. 다시 한번 "가인같이 하지 말라 그는 악한 자에게 속하여 그 아우를 죽였으니 어떤 이유로 죽였느냐 자기의 행위는 악하고 그의 아우의 행위는 의로움이라"(요일 3:12)는 말씀을 마음에 새기기를 바랍니다.

다음으로, 베드로 사도는 "맡은 자들에게 주장하는 자세를 하지 말고 양 무리의 본이 되라 그리하면 목자장이 나타나실 때에 시들지 아니하는 영광의 관을 얻으리라"(3~4절)고 했습니다. 《새번역》에는 "여러분은 여러분이 맡은 사람들을 지배하려고 하지 말고, 양 떼의 모범이 되십시오. 그러면 목자장이 나타나실 때에 변하지 않는 영광의 면류관을 얻을 것입니다."라고 번역되어 있습니다. "주장하는 자세"를 취하는 목자들은 양 떼를 먹이는 일보다는 자기들이 양을 잡아먹는 일을 더 좋아하게 마련입니다. 에스겔 선지자에게 하나님은 이렇게 말씀하셨습니다.

1. 여호와의 말씀이 내게 임하여 이르시되
2. 인자야 너는 이스라엘 목자들에게 예언하라 그들 곧 목자들에게 예언하여 이르기를 주 여호와께서 이같이 말씀하시되 자기만 먹는 이스라엘 목자들은 화 있을진저 목자들이 양 떼를 먹이는 것이 마땅하지 아니하냐
3. 너희가 살진 양을 잡아 그 기름을 먹으며 그 털을 입되 양 떼는 먹이지 아니하는도다
4. 너희가 그 연약한 자를 강하게 아니하며 병든 자를 고치지 아니하며 상한 자를 싸매 주지 아니하며 쫓기는 자를 돌아오게 하지 아니하며 잃어버린 자를 찾지 아니하고 다만 포악으로 그것들을 다스렸도다(겔 34:1~4)

 

　자칭 목자라고 하면서 양 떼를 잡아먹는 이단·사이비 교주들도 문제
지만, 누가 보더라도 건전한 교파나 교단에 속해 있으면서 온갖 종류의
헌금을 만들어서 헌금을 유도하고, 중세 가톨릭 성당만큼이나 화려하
고 장엄한 교회당 건물을 지어 마치 치적(治績)처럼 으스대는 자들이 많
다는 것도 큰 문제입니다. 이런 자들은 목자처럼 완벽하게 위장해서 "더
러운 이득을 위하여" 목회하는 자들입니다. 예수님은 이미 제자들에게
"삯꾼은 목자가 아니요 양도 제 양이 아니라 이리가 오는 것을 보면 양을
버리고 달아나나니 이리가 양을 물어 가고 또 헤치느니라"(요 10:12)고
말씀하셨습니다. 이런 삯꾼 목자들은 근본적으로 "주장하는 자세" 즉
'지배하는 자세'를 가지고 있습니다. "양 무리의 본"이 되기는커녕 양 무
리가 우러러보도록 하고, 심지어 자기를 신격화하는 일도 서슴지 않습니
다. 신자들은 오히려 그런 교주의 모습을 보고 마치 하나님이나 하나님
의 아들을 보는 것처럼 착각과 어리석음에 빠져들곤 합니다. 사람들은
권위가 주어져 있거나 권세를 잡으면 남을 지배하고 주장하려는 욕망에
쉽게 빠질 수 있습니다. 정치권력도 마찬가지입니다. 우리나라 헌법 제1
조 1~2항은 "대한민국은 민주공화국이다. 대한민국의 주권은 국민에게
있고, 모든 권력은 국민으로부터 나온다."라고 명시하고 있는데도, 대통
령이 되면 주권자 국민을 감시하고 지배하고 공권력으로 통제하려는 욕
망에 사로잡혔다가 권력을 남용해서 임기를 채우지 못한 경우가 여러 차
례 있었을 정도입니다. 베드로 사도는 아무리 세상의 종말이 가까이 왔
다고 하더라도 맡겨진 책무를 다하라고 교훈했습니다. 이단·사이비 집
단의 지도자들은 마지막 때가 가까이 왔다고 믿을 경우, 더욱 신자들을
세뇌하고 통제해서 현실의 책임과 윤리를 다하기보다는 세상과 단절하
고 종교적 열심만을 요구하는 경향이 강합니다. 그러나 베드로는 "맡은
자들에게 주장하는 자세를 하지 말고 양 무리의 본이 되라"고 했습니다.

마태는 예수님이 제자들에게 교훈하신 말씀을 이렇게 기록했습니다.

25. 예수께서 제자들을 불러다가 이르시되 이방인의 집권자들이 그들을 임의로 주관하고 그 고관들이 그들에게 권세를 부리는 줄을 너희가 알거니와
26. 너희 중에는 그렇지 않아야 하나니 너희 중에 누구든지 크고자 하는 자는 너희를 섬기는 자가 되고
27. 너희 중에 누구든지 으뜸이 되고자 하는 자는 너희의 종이 되어야 하리라
28. 인자가 온 것은 섬김을 받으려 함이 아니라 도리어 섬기려 하고 자기 목숨을 많은 사람의 대속물로 주려 함이니라(마 20:25~28)

교회 지도자들이 위와 같은 교훈을 철저히 따를 때, 이 땅에서 누릴 수 있는 큰 액수의 사례비와 고급아파트와 외제 차가 주어지는 것이 아닙니다. 설령 누가 준다고 해도 생활에 필요한 최소한의 것만 받는 것이 좋습니다. 그들이 정말로 받아야 할 것이 있다면 바로 하늘에서 누리는 "영광의 관"입니다. 목회자들은 본문 마지막 구절 "그리하면 목자장이 나타나실 때에 시들지 아니하는 영광의 관을 얻으리라"는 말씀을 가슴 깊이 새겨야 합니다. 그럼으로써 두 가지 확실한 약속, 즉 "목자장이 나타나실" 것과 "시들지 아니하는 영광의 관을 얻으리라"는 것을 가장 큰 은혜로 여겨야 합니다. 여기서 "목자장"은 바로 목자들의 우두머리 예수 그리스도를 뜻합니다. "시들지 아니하는 영광의 관"은 올림픽 경기 때 마라톤 우승자에게 주어지는 '시드는 영광의 관'과 대조적인 표현입니다. BC 776년 고대 올림피아(Olympia)에서 4년마다 제우스(Zeus)에게 바치는 제사 겸 축제가 열렸고, 당시에도 여전히 지켜지고 있었습니다. 그러므로 승리와 영광의 의미로 주어지지만, 곧 시들고 마는 월계관을 알고

있는 당시 그리스도인 지도자들에게 그것과 대조적으로 "시들지 아니하는 영광의 관"이라고 표현함으로써, "하나님의 양 무리를 치되 억지로 하지 말고 하나님의 뜻을 따라 자원함으로 하며 더러운 이득을 위하여 하지 말고 기꺼이 하며 맡은 자들에게 주장하는 자세를 하지 말고 양 무리의 본이 되라"고 교훈했습니다. 바울 사도가 고린도 교회를 향해 "그런즉 우리는 몸으로 있든지 떠나든지 주를 기쁘시게 하는 자가 되기를 힘쓰노라 이는 우리가 다 반드시 그리스도의 심판대 앞에 나타나게 되어 각각 선악간에 그 몸으로 행한 것을 따라 받으려 함이라"(고후 5:9~10)고 한 말씀처럼 "그리스도의 심판대 앞에" 낯을 들고 똑바로 설 수 있도록(참조, 창 4:7) 기꺼이 순종하는 지도자들이 되기를 바랍니다. 아멘.

(2025년 7월 6일)

# 노예의 겸손과 그리스도인의 겸손

지난 강설을 통해 교회 장로들 즉 목자들이 어떤 자세로 교회를 섬겨야 하는지 살펴보았습니다. 이번에는 반대로 장로들에 대해서는 젊은 그리스도인들이 어떤 태도로 섬겨야 하는지, 그리고 그리스도인들 서로 어떤 태도로 섬겨야 하는지 새로운 덕목을 가르친 내용을 통해서 교회 생활에 적용할 수 있기를 바랍니다.

"젊은 자들아 이와 같이 장로들에게 순종하고 다 서로 겸손으로 허리를 동이라 하나님은 교만한 자를 대적하시되 겸손한 자들에게는 은혜를 주시느니라"(5절)로 시작한 말씀에서 교훈의 대상이 먼저 "젊은 자들"로 한정되는 듯했다가, "다 서로"라고 함으로써 그 대상이 젊은 자들과 젊은 자들, 또는 장로들과 젊은 자들, 또는 장로들과 장로들로 확대됨을 알 수 있습니다. 그래서 먼저 장로들로 한정해서 교훈한 것과 대조적으로 다음 차례로 젊은 자들로 한정해서 교훈하다가, 곧바로 어떤 직분이나 연령층에 상관없이 겸손한 자세로 섬기라고 교훈했습니다. 먼저 "장로들에게 순종"하라고 한 것은 당연한 도리라고 볼 수 있지만, 교회라고 하는 새로운 집단이 형성된 후 사도들 대신에 교회 내 높은 연령층의 그리스도인들에게 나이가 젊은 그리스도인들이 대하는 자세는 일반적인 우리 생각과는 달랐다고 봅니다. 왜냐하면, 당시 소아시아 지역의 교회들의 경우 유대인과 이방인, 주인과 노예, 남자와 여자, 장년과 청년 등과 같이 서로 하나 되기 어려운 계층과 신분과 출신의 사람들이 함께 존재했기 때문입니다. 예를 들어 할례받지 않은 이방인 출신으로 나이가 많고 신앙심도 좋다면, 할례받은 젊은 유대인은 그를 따르기가 어려웠을 것입니다. 마찬가지로, 노예 신분으로 먼저 믿게 된 연장자의 권면이나 가르침을 늦게 믿게 된 젊은 자유민이 따르기에는 쉽지 않았을 것입니다. 이처럼 새로운 신앙 공동체를 이끄는 일이 쉽지 않았기에, 또한 세상의 종말이 임박했다는 말들로 인해 동요가 심해진 상황이었기에 베드로는 무엇보다도 믿음이 견고한 장로들과 연장자들의 지시와 가르침에 따르도록 *"젊은 자들아 이와 같이 장로들에게 순종하고"*라고 했음을 깨닫고, 교회 내에서 신분이나 사회적 관계를 초월해서 나이가 많고 믿음이 굳건한 자들과 목회자들에게 순종함으로써 교회가 어떤 상황에서도 동요하지 않고 더 견고해지도록 힘쓰기를 바랍니다.

다음으로, *"다 서로 겸손으로 허리를 동이라 하나님은 교만한 자를 대적하시되 겸손한 자들에게는 은혜를 주시느니라"*고 함으로써 젊은 자들에게만이 아니라 대상을 모두에게로 향해서 '겸손'에 대해 교훈했는데, 이 겸손은 우리가 보편적으로 생각하는 것과 달리 당시 로마 시대 일반 사람들에게는 좋은 덕목이 아니었습니다. 로마 사회에서 겸손(ταπεινοφροσύνη, tapeinophrosynē)이라는 말은 사람이 자기 자신을 비천하게 느끼는 감각 또는 그렇게 보는 견해로, 스스로 신분상 낮고 천함을 아는 마음이었습니다. 오늘날 생각하는 겸손(humility, modest, humble mind) 즉 낮고 천하지 않지만 스스로 낮추는 도덕적 품성이 아니라, 노예의 품성 또는 노예가 마땅히 지녀야 할 덕목이었습니다. 당시 노예들은 몇 가지 덕목을 꼭 갖추어야 했는데, 겸손(modest), 복종(submission), 성실(faithfulness), 근면(diligence), 순종(obedience), 충성(loyalty) 등과 같은 덕목이었습니다. 특히 노예라는 신분을 스스로 알고 주인에게도 그런 면을 나타내야 하는 것이 겸손이었습니다. 노예가 아닌 로마 자유민들에게는 해당하지 않는 덕목이었습니다. 오히려 로마 자유민들은 지혜(sapientia), 용기(virtus), 절제(temperantia), 정의(justitia), 충실(fides)과 같은 덕목을 갖추어야 했고, 겸손은 가질 필요가 없었습니다. '모스 마이오룸'(mōs majōrum)이라고 하는 로마인들의 도덕적 또는 사회적 가치에서 '겸손'은 없었습니다. 대신 겸손해야 할 필요가 없는 로마인들은 그들이 중요하게 여기는 두 가지 삶의 양식이 있었습니다. 하나는 '오티움'(otium)으로 여유를 즐기는 삶의 양식입니다. 힘들고 어려운 일이나 긴 노동은 노예가 하는 것이고, 자유민은 삶의 여유를 평화롭고 한가롭게 즐겨야 한다고 생각했습니다. 그래서 휴식, 명상, 문예활동, 술과 음악과 춤과 같은 것들을 즐기고, 별장이나 호화 빌라에서 지적인 활동을 하거나 쾌락을 즐기는 시간을 보냈습니다. 오티움은 오늘날 사용하는 레저(leisure)라는 말과 비슷하지만, 일반인들이라면 누구나 누리는 레저라기보다는 상류층이 누리는 레저로 볼 수 있습니다. 이와 반대되는 삶의 양식은 '네고티움'(negotium)인데, 부정을 뜻하는 'neg'가 붙어서 '여유가 없음' 또는 '바쁨'을 뜻하는 말로써, 중요한 일을 결정하거나 처리해야 하는 삶입니다. 이 말에서 상거래, 무역, 사업(business), 협상(negotiation)이 생겨난 것입니다. 그래서 상류층 로마인들은 정치나 공직이나 무역 등과 같은 크고 중요한 일을 하면서 네고티움의 삶을 영위하고, 일 못지않게 중요하거나, 또는 더 중요한 오티움의 삶을 누렸던 것입니다. 오늘날 우리가 사용하는 '워라밸'(워크 & 라이프 밸런스, Work and Life Balance)과 유사하지만, 워라밸은 일을 많이 하는 공적인 환경에서, 개인과 가족의 삶을 뺏기지 않기 위해, 또는 삶의 질을 높여서 균형을 맞추고자 하는 것이기에 로마의 오티움과 네고티움의 삶과는 다르다고 볼 수 있습니다. 오늘날 규모가 큰 어떤 기업에 적용해본다면, 모두 그렇지는 않아도 임원들에게서 로마 자유민들의 삶을 엿볼 수도 있고, 직원들에게서는 로마 노예들의 삶을 엿볼 수도 있을 것입니다. 이처럼 겸손은 로마 자유민의 오티움과 네고티움의 삶과는 거리가 먼 노예가 갖추어야 할 품성이요 덕목이었습니다(Elliott, 『1st Peter』, 847쪽). 그런데 베드로 사도는 이 겸손이라는 덕목을 자유민이든 노예든, 유대인이든 이방인이든, 장로들이든 젊은이든 상관없이 그리스도인이라면 누구나 갖추어야 할 덕목으로 내세운 것입니다. 그래서 "다 서로 겸손으로 허리를 동이라"고 했고, "하나님은 교만한 자를 대적하시되 겸손한 자들에게는 은혜를 주시느니라"고 함으로써 마치 새로운 나라에 속한 사람들처럼 새로운 윤리와 새로운 질서를 세우고자 했습니다. 베드로는 잠언에서 "진실로 그는 거만한 자를 비웃으시며 겸손한 자에게 은혜를 베푸시나니"(잠 3:34)라는 말씀을 인용했는데, 야고보 사도 역시 "그러나 더욱 큰 은혜를 주시나니 그러므로 일렀으되 하나님이 교만한 자를 물리치시고 겸손한 자에게 은혜를 주신다 하였느니라"(약 4:6)는 말씀을 인용했습니다. 예수님은 제자들에게 "나는 마음이 온유하고 겸손하니 나의 멍에를 메고 내게 배우라 그리하면 너희 마음이 쉼을 얻으리니"(마 11:29)라고 교훈하셨습니다. 예수님은 유월절 전에 제자들과 함께 저녁 식사하시기 전 제자들의 발을 씻겨주심으로써 겸손의 본을 보여주셨습니다. "저녁 잡수시던 자리에서 일어나 겉옷을 벗고 수건을 가져다가 허리에 두르시고 이에 대야에 물을 떠서 제자들의 발을 씻으시고 그 두르신 수건으로 닦기를 시작하여"(요 13:4~5)라는 말씀과 "그들의 발을 씻으신 후에 옷을 입으시고 다시 앉아 그들에게 이르시되 내가 너희에게 행한 것을 너희가 아느냐 너희가 나를 선생이라 또는 주라 하니 너희 말이 옳도다 내가 그러하다 내가 주와 또는 선생이 되어 너희 발을 씻었으니 너희도 서로 발을 씻어 주는 것이 옳으니라 내가 너희에게 행한 것 같이 너희도 행하게 하려 하여 본을 보였노라"(요 13:12~15)는 말씀은 새로운 그리스도 공동체를 세우고 유지하는 것이 바로 겸손이라는 덕목임을 확실히 보여줍니다. 그러므로 교회는 그리스-로마 사회의 관습과 로마인들이 생각하는 가치관과는 전혀 다른 가치관과 덕목으로 새로운 윤리를 세워나가야 했습니다. 오히려 로마 사회에 존재하는 노예의 덕목을 그리스도인들에게 있어야 할 가장 중요한 덕목으로 적용한 것입니다. 다만 그 대상이 로마의 제도나 노예의 주인들이 아닌 하나님이었고, 모든 하나님의 사람들이었음을 깨닫기를 바랍니다.

다음은 "겸손으로 허리를 동이라"는 말씀의 의미를 정확히 알 필요가 있습니다. 단지 겸손이라는 품성을 말한 것이 아니라 겸손이 행동과 삶으로 나타나야 함을 뜻한 것입니다. 노예가 주인의 명령이나 지시에 따르기 위해 준비하는 모습, 또는 군인이 지휘관의 명령에 따라 전투에 임할 준비로 복장을 갖추는 모습을 연상케 하는 표현입니다. 단지 겸손이라는 가치관을 품으라는 것이 아니라 겸손한 행동을 할 준비를 언제든지 하라는 뜻입니다. 그리스도인들은 서로 겸손을 실천할 준비가 되어 있어야 하고, 그런 교훈 차원에서 마치 노예가 주어진 일을 수행하기 위해 앞치마를 두르고 단단히 묶는 모습이나, 짧은 튜닉(tunic)을 입고 끈으로 매는 모습을 떠올리게 함으로써 겸손을 실천해야 할 종의 모습을 보여준 것입니다. 그러므로 그리스도인들은 나이와 신분을 불문하고 그리스도의 종이 되어야 하고, 또한 서로의 종이 되어야 합니다. 그런 삶을 살아갈 때, 겸손을 노예나 노예적 가치관을 가진 자에게서나 찾을 수 있는 덕목으로 치부해버리고, 이 세상에서 경쟁을 통해 승리자가 되고 지배자가 되는 것이 미덕인 줄 아는 미련하고 오만하고 불경한 자들은 결코 누릴 수 없는 영원한 생명과 하나님의 은혜를 반드시 누리게 됨을 "겸손한 자들에게는 은혜를 주시느니라"는 말씀을 통해 확실히 믿기를 바랍니다.

6절 "그러므로 하나님의 능하신 손 아래에서 겸손하라 때가 되면 너희를 높이시리라"는 말씀으로 다시 한번 그리스도를 따르는 겸손한 자들에게 마지막 때에 또는 심판의 날(주님이 재림하시는 날)에 하나님이 그들을 높여 주실 것이라고 강조했습니다. "하나님의 능하신 손"은 구약성경에서 하나님의 권능과 위엄과 무서움을 나타내는 상징적 표현이었습니다. "내가 내 손을 들어 애굽 중에 여러 가지 이적으로 그 나라를 친 후에야 그가 너희를 보내리라"(출 3:19~20)는 말씀, "내가 든 손과 강한 팔 곧 진노와 분노와 대노로 친히 너희를 칠 것이며"(렘 21:5)와 같은 말씀을 통해 하나님의 권능에 대해 늘 명심하기를 바랍니다. BC 2348년경, 즉 지금으로부터 약 4,373년경에 전 지구 표면을 덮었던 홍수가 있기 전 하나님은 노아에게 미리 말씀하셨습니다. "그 때에 온 땅이 하나님 앞에 부패하여 포악함이 땅에 가득한지라 하나님이 보신즉 땅이 부패하였으니 이는 땅에서 모든 혈육 있는 자의 행위가 부패함이었더라 하나님이 노아에게 이르시되 모든 혈육 있는 자의 포악함이 땅에 가득하므로 그 끝 날이 내 앞에 이르렀으니 내가 그들을 땅과 함께 멸하리라"(창 6:11~13)는 말씀대로, 그리고 "사십 주야를 비가 땅에 쏟아졌더라"(창 7:12)와 같이 노아와 그 가족 8명을 제외한 모든 동물과 사람이 대홍수로 전멸한 재앙이 임했고, 현재 세계적으로 270개 이상의 대홍수 관련 설화가 존재하고 있습니다. 또한 대홍수 후에 일어난 전 지구적 대격

변으로 지구 곳곳에 그 놀라운 흔적을 고스란히 가지고 있음에도 타락하고 부패한 인간은 여전히 하나님의 전지전능한 능력에 대해 의식조차 하지 못하고 있습니다. 이제 그런 자들을 하나님이 심판하시려고 마지막 때를 정하셨습니다. 그 마지막 때에 하나님은 겸손한 자들을 높이시고, 교만한 자들을 심판하실 것입니다.

> 3. 먼저 이것을 알지니 말세에 조롱하는 자들이 와서 자기의 정욕을 따라 행하며 조롱하여
> 4. 이르되 주께서 강림하신다는 약속이 어디 있느냐 조상들이 잔 후로부터 만물이 처음 창조될 때와 같이 그냥 있다 하니
> 5. 이는 하늘이 옛적부터 있는 것과 땅이 물에서 나와 물로 성립된 것도 하나님의 말씀으로 된 것을 그들이 일부러 잊으려 함이로다
> 6. 이로 말미암아 그 때에 세상은 물이 넘침으로 멸망하였으되
> 7. 이제 하늘과 땅은 그 동일한 말씀으로 불사르기 위하여 보호하신 바 되어 경건하지 아니한 사람들의 심판과 멸망의 날까지 보존하여 두신 것이니라(벧후 3:3~7)

"그러므로 하나님의 능하신 손 아래에서 겸손하라 때가 되면 너희를 높이시리라"(6절)는 말씀은 로마라고 하는 위대하고 강력한 제국 아래서 노예들이 겸손해야만 할 수밖에 없었다면, 그리스도인들은 겸손한 삶 이후에 주어지는 영광을 확실히 믿어야 한다는 뜻입니다. 그러므로 애굽을 심판하셨고, 이어서 앗수르, 바벨론, 메대와 바사(페르시아), 헬라와 같은 제국들을 차례로 심판하셨던 하나님이 로마 제국도 심판하실 것이며, 로마 제국 이후에 존재하는 모든 세상 나라들을 예수 그리스도께서 재림하실 때 불로써 심판하실 것이기 때문에, 그리스도인들은 하나님의 권능 아래 더욱 겸손해야 한다는 가르침을 실천해야 합니다.

   21세기 한국교회를 위한 **베드로전서 강설**

또한 최후 심판 때가 되면, 사람들로부터 조롱과 비방을 받고, 핍박받으면서도 참고 견뎌온 겸손한 그리스도인들을 하나님이 높여 주실 것이라는 약속을 확실히 믿어야 합니다.

또한 베드로 사도는 "너희 염려를 다 주께 맡기라 이는 그가 너희를 돌보심이라"(7절)는 말씀을 통해 근심과 걱정과 염려와 불안과 공포까지 그리스도께 맡기라고 했습니다. 이 부분은 "네 짐을 여호와께 맡기라 그가 너를 붙드시고 의인의 요동함을 영원히 허락하지 아니하시리로다"(시 55:22)는 말씀과 유사하여 아마도 베드로가 인용한 것으로 여겨집니다. 우리가 해결하기 어려워서 생기는 걱정과 염려, 도저히 해결 방법이 없는 문제들로 인한 고민과 불안 등의 감정과 생각을 모두 하나님께 맡기는 여러분이 되기를 바랍니다. 특히 당시 그리스도인들은 종말이 임박했다는 생각으로 마음의 큰 동요와 불안감이 있었고, 점점 심해지는 핍박과 박해에 대한 소문으로 두려움을 느낀 나머지 교회들은 점점 질서에 균열이 생기고 혼란스러운 상태가 가속화 되어 가는 상황이었습니다. 이런 상황 가운데 있는 그리스도인들에게 베드로 사도는 마치 전시가 아닌 평시 군대처럼 병사들이 지휘관들의 명령에 따르고 질서 있게 안정을 유지하면서 강한 군인정신으로 두장하여 평소대로 교육과 훈련에 성실히 임하듯이 교회들을 향하여 동요하지 않도록, 질서가 무너지지 않도록 교훈한 것입니다. 전쟁이 시작되면 심리전이 중요한 작전이 되기도 합니다. 온갖 유언비어를 퍼뜨려 적군이 동요하도록 하고 사기가 떨어지게 하는 것이 전투력에 큰 도움이 되기 때문입니다. 그러나 하나님의 군대는 그 어떤 상황에서도 단 한 명의 실종자나 전사자가 나오지 않는다는 사실을 알아야 합니다. 단지 육체만 잠시 죽을 뿐이기 때문입니다. 예수님은 제자들에게 "몸은 죽여도 영혼은 능히 죽이지 못하는 자들을 두려워하지 말고 오직 몸과 영혼을 능히 지옥에 멸하실 수 있는 이를 두려워하라"(마 10:28)고 말씀하셨습니다. 세상에 존재하는 권력자들이나 악한 자들은 사람들의 몸만 죽일 수 있을 뿐입니다. 결코 영혼을 죽이지 못합니다. 그러나 하나님은 "몸과 영혼을 능히 지옥에 멸하실 수 있는" 분이라고 가르치셨습니다. 하나님은 사람의 육체뿐만 아니라 영혼을 지으셨기에(렘 38:16), "이제는 나 곧 내가 그인 줄 알라 나 외에는 신이 없도다 나는 죽이기도 하며 살리기도 하며 상하게도 하며 낫게도 하나니 내 손에서 능히 빼앗을 자가 없도다"(신 32:39)라는 말씀을 명심해야 합니다. 또한 우리는 한나의 기도 내용에서 하나님이 어떤 분인지 알아야 합니다.

> 6. 여호와는 죽이기도 하시고 살리기도 하시며 스올에 내리게도 하시고 거기에서 올리기도 하시는도다
> 7. 여호와는 가난하게도 하시고 부하게도 하시며 낮추기도 하시고 높이기도 하시는도다
> 8. 가난한 자를 진토에서 일으키시며 빈궁한 자를 거름더미에서 올리사 귀족들과 함께 앉게 하시며 영광의 자리를 차지하게 하시는도다 땅의 기둥들은 여호와의 것이라 여호와께서 세계를 그것들 위에 세우셨도다
> 9. 그가 그의 거룩한 자들의 발을 지키실 것이요 악인들을 흑암 중에서 잠잠하게 하시리니 힘으로는 이길 사람이 없음이로다
> 10. 여호와를 대적하는 자는 산산이 깨어질 것이라 하늘에서 우레로 그들을 치시리로다 여호와께서 땅 끝까지 심판을 내리시고 자기 왕에게 힘을 주시며 자기의 기름 부음을 받은 자의 뿔을 높이시리로다 하니라(삼상 2:6~10)

하나님이 어떤 분이지 확실히 깨달은 자들은 "그가 너희를 돌보심이라"(7절)는 말씀의 의미 역시 깨닫게 될 것입니다. 대표적인 영어성경

   21세기 한국교회를 위한 **베드로전서 강설**

《NASB》나 《NIV》는 단순하게 *"He cares for you."* 라고 번역되어 있습니다. 이는 우리가 걱정이나 염려할 거리를 하나님께 맡기면, 하나님이 우리 대신 알아서 처리하신다는 뜻입니다. 마치 버거운 짐을 하나님께 맡길 때 하나님이 알아서 그 짐을 처리하신다는 뜻입니다. 우리가 염려를 하나님께 맡기는 순간 그 염려는 더 이상 우리에게 있지 않고 하나님의 손에 있다는 뜻입니다. 그러므로 하나님이 직접 처리하신다는 뜻이 됩니다. *"너희 염려를 다 주께 맡기라 이는 그가 너희를 돌보심이라"*(7절)는 말씀은 걱정하고 염려하고 있는 우리 옆에서 단지 공감하심으로써 위로해주신다는 의미가 아닙니다. 걱정하는 우리를 돌봐주신다는 뜻을 넘어서 우리의 염려를 대신 맡아서 처리해주신다는 뜻입니다. 당시 고난과 박해로 두려움과 염려에 휩싸여 있던 그리스도인들에게는 평시와 똑같이 신앙생활을 이어가라고 했고, 걱정과 염려는 모두 하나님께 맡겨버리라고 했습니다. 심지어 죽음에 대한 염려까지 맡기라고 했습니다. 우리 역시 개인적으로 고난과 어려움을 당하게 되면 하나님의 돌보심과 하나님의 해결을 믿고 걱정과 불안과 염려를 맡길 수 있기를 바랍니다. 이사야 선지자를 통해 하나님은 유다 백성을 향해 *"두려워하지 말라 내가 너와 함께 함이라 놀라지 말라 나는 네 하나님이 됨이라 내가 너를 굳세게 하리라 참으로 너를 도와 주리라 참으로 나의 의로운 오른손으로 너를 붙들리라"*(사 41:10)고 하셨고, 사도 바울은 빌립보 교회를 향해 *"아무것도 염려하지 말고 다만 모든 일에 기도와 간구로, 너희 구할 것을 감사함으로 하나님께 아뢰라 그리하면 모든 지각에 뛰어난 하나님의 평강이 그리스도 예수 안에서 너희 마음과 생각을 지키시리라"*(빌 4:6~7)고 교훈했습니다. 내일 당장 지구의 종말 즉 최후 심판이 온다고 하더라도 평시와 같은 상태를 유지하면서 모든 걱정과 염려를 하나님께 맡길 수 있기를 바랍니다. 아멘.

(2025년 7월 13일)

---

# 플래시백(Flashback)과 플래시포워드(Flash-forward)

지난 본문에서는 겸손에 대한 덕목을 중심으로 강설이 전개되었는데, 곧 최후 심판의 날이 온다고 할지라도 겸손히 교회를 섬기면서 걱정과 염려를 모두 하나님께 맡기고 평시와 똑같은 상태를 유지하라는 교훈으로 강설을 마무리했습니다. 그런데 베드로전서에서 자주 볼 수 있는 대조적이고 이중적인 일관성을 또 보게 됩니다. 하늘에서 땅으로, 전시에서 평시로, 당장 종말을 준비하는 모습에서 오래 신앙 생활하는 모습으로 갑작스럽게 전환되는, 또는 그 반대로 전환되는 패턴이 또 나타납니다. 지난 본문이 마치 걱정할 필요 없이 긴장을 늦추고 겸손의 덕목을 갖추면서 평시처럼 지내는 상황이라면, 이번 본문은 갑자기 긴장감을 주고, 위험하고 중대한 전투를 즉시 준비하도록 하는 상황이라 할 수 있습니다. 그러므로 여러분 역시 실제로 긴장하면서 본문을 함께 살펴보기를 바랍니다.

8절 "근신하라 깨어라 너희 대적 마귀가 우는 사자 같이 두루 다니며 삼킬 자를 찾나니"라는 말씀으로 베드로 사도는 당시 그리스도인들은 물론 모든 독자에게 가장 강도 높게 긴장하도록 요구하고 있습니다. 그리스도인들이 영적으로 나태해지지 않도록 목회자라면 누구나 자주 인용하면서 특별히 강조하는 성경 구절이 바로 이 구절입니다. 마귀 즉 사탄의 활동을 구체적으로 묘사함과 동시에 신자들에게는 강한 긴장감과 두려움과 긴박한 감정을 느끼게 합니다. 베드로 사드는 마귀를 "우는 사자 같이 두루 다니며 삼킬 자를 찾"는 적, 원수, 대적(對敵)으로 묘사했는데, "여호와께서 사탄에게 이르시되 네가 어디서 왔느냐 사탄이 여호와께 대답하여 이르되 땅을 두루 돌아 여기저기 다녀왔나이다"(욥 1:7)라는 말씀과 유사하게 풍유적으로 묘사하고 있음을 알 수 있습니다. 여기서 우리는 단어나 문장 표현에 대해 지나치게 문자적으로만 접근하지 말아야 합니다. 사탄의 활동에 대해 인간이 쉽게 알 수 있도록 문학적 기교를 사용했다는 사실을 받아들이면서 접근해야 바람직합니다. "대적"(the Adversary)이라고 함으로써 그리스도인들과 적대적이고 원수 관계에 있음을 나타냄과 동시에 싸움에서 지면 안 되는, 즉 반드시 승리해야만 하는 전투 상대임을 말해줍니다. 동시에 "마귀"에 대한 정체성을 명확히 묘사하기 위해 "대적"이라고 했습니다. 그리스도인들이 상대해야 하는 마귀는 결코 타협의 대상도, 협력의 대상도, 동행의 대상도, 공존의 대상도 아님을 명심하기를 바랍니다. 마귀(魔鬼)는 마약(痲藥)과 비교할 수조차 없을 정도로 무서움을 알아야 합니다. 마약은 그리스도인들이 반드시 피해야 하고, 결코 유혹에 넘어가면 안 되는 것인데, 이는 육체와 정신을 무너뜨리고 서서히 죽이기 때문입니다. 물론 대부분 영혼까지 마귀에게로 끌고 가지만, 그래도 극히 일부는 만신창이가 되어 간신히 빠져나올 수는 있습니다. 그러나 마귀는 영혼을 무너뜨리기에 결국에는 정신과 육체까지 모두 지옥에 던져지게 됩니다. 마귀에게 넘어가면 빠져나올 기회가 없습니다. 누가복음에는 가룟 유다가 왜 예수님을 배신하게 되었는지 기록되어 있습니다. "열둘 중의 하나인 가룟인이라 부르는 유다에게 사탄이 들어가니 이에 유다가 대제사장들과 성전 경비대 장들에게 가서 예수를 넘겨 줄 방도를 의논하매 그들이 기뻐하여 돈을 주기로 언약하는지라 유다가 허락하고 예수를 무리가 없을 때에 넘겨 줄 기회를 찾더라"(눅 22:3~6)는 말씀에서 알 수 있듯이 마귀(사탄)가 유다에게 들어감으로써, 그리고 그가 마귀를 대적하기보다는 자기에게 들어오도록 함으로써, 예수님을 죽이려 하는 자들에게 예수님을 넘겨줄 방법을 함께 찾게 된 것입니다. 결국 유다에 의해 예수님은 잡혀가 십자가형을 당하게 되었습니다. 예수님은 죽음을 앞두고 제자들에게 "인자는 자기에 대하여 기록된 대로 가거니와 인자를 파는 그 사람에게는 화가 있으리로다 그 사람은 차라리 태어나지 아니하였더라면 제게 좋을 뻔하였느니라"(마 26:24)고 하셨고 "멸망의 자식"(요 17:12)이라고 하셨습니다. 마귀는 물론 마귀에 속한 자들까지 영원한 지옥에 들어갑니다. 우리는 예수님이 제자들에게 하신 "또 왼편에 있는 자들에게 이르시되 저주를 받은 자들아 나를 떠나 마귀와 그 사자들을 위하여 예비된 영원한 불에 들어가라"(마 25:41)는 말씀, 그리고 사도 요한이 예수 그리스도의 계시 (계 1:1)를 받고 기록한 말씀 중 "또 그들을 미혹하는 마귀가 불과 유황 못에 던져지니 거기는 그 짐승과 거짓 선지자도 있어 세세토록 밤낮 괴로움을 받으리라"(계 20:10)는 말씀을 명심해야 합니다.

　또한 "마귀가 우는 사자 같이 두루 다니며 삼킬 자를 찾나니"라고 한 말씀을 통해 그리스도인들이 영적으로 얼마나 위험한 상태에 있는지 깨닫기를 바랍니다. 사람들은 영적 세계를 볼 수 없기에, 사탄과 악한 영들의 활동이나 귀신의 활동을 눈으로 보거나 귀로 들을 수 없습니다. 대신 베드로 사도는 사탄이 어떻게 활동하는지 묘사함으로써 그리스도인들이 영적으로 경계를 늦추지 않도록 했습니다. 마귀를 "우는 *사자*"로 비유했는데, 사자는 울면 8km 떨어진 곳에도 들릴 정도라고 합니다. 강력한 힘을 가진 맹수로, 사냥감을 잡을 때까지 은밀하게 몸을 숨기고 있다가 소리 없이 다가가서 마지막에 돌진해서 움켜쥐거나 물어뜯어서 먹이를 덮치는 사자에 마귀를 비유했습니다. "우는 *사자*"와 같은 마귀의 표적이 되지 않도록, 또한 먹이가 되지 않도록 근신하고 깨어있어야 합니다. "*삼킬 자를 찾나니*"라는 말씀을 통해 교훈하려는 것은 그리스도인들이 두려움과 염려 가운데 있거나, 담대하지 못한 믿음과 연약한 믿음으로 인해 마음이 흔들릴 때 사탄은 더욱 공포에 떨게 하고 무너뜨리려 한다는 사실입니다. 비록 마귀의 활동이 하나님의 주권 아래서 허용 범위에서만 가능하더라도(눅 22:31~34, 욥 1:12, 마 4:1~11, 대상 21:1, 삼하 24:1 등), 여전히 세상은 마귀에게 장악되어 있음을 알아야 합니다(요일 5:19). "*그 때에 너희는 그 가운데서 행하여 이 세상 풍조를 따르고 공중의 권세 잡은 자를 따랐으니 곧 지금 불순종의 아들들 가운데서 역사하는 영이라*"(엡 2:2)는 말씀이 가리키듯이 이 세상은 마귀의 영향 아래 놓여 있습니다. 여기서 "공중"(in the air)이라는 표현은 비록 물리적 영역으로 묘사되어 있지만 실제로는 우리가 살아가는 세상 중에서 비물질적이고 영적인 세계를 말합니다. 그런 세계를 장악하고 있기에 마귀는 "*이 세상의 임금*"(요 12:31)으로 불리는 것입니다. 그러므로 성경으로부터 나오지 않은 법과 제도, 교육과 철학, 지식과 사상, 윤리와 종교 등 모든 것은 사탄의 지식과 술수로부터 나온 것이기에 은혜의 복음을 통하지 않고서는 누구도 사탄의 권세와 영향력에서 벗어날 수 없음을 깨닫기를 바랍니다.

성경은 사탄의 존재를 분명히 말하고 있지만, 그 기원에 대해서는 말해주지 않습니다. "우는 *사자*"와 같은 사탄이 존재하기 때문에 근신하고 깨어있어야 한다는 교훈에 집중해야지 "우는 *사자*"로 묘사된 사탄에 대해 지나친 호기심을 가지지 않기를 바랍니다. 사탄의 존재가 어떻게 시작되었고, 어떻게 타락하게 되었는지 깊이 알 수 없기에 사탄의 속성과 활동과 최후에 대해 성경이 제시하는 한도에서만 알 필요가 있습니다. 초대교회 교부들부터 현대에 이르기까지 이사야 14장 12절 "너 아침의 *아들 계명성이여 어찌 그리 하늘에서 떨어졌으며 너 열국을 엎은 자여 어찌 그리 땅에 찍혔는고*"라는 구절을 근거로 제시하면서, 사탄의 기원을 설명하려는 시도가 있었습니다. 단지 바벨론 왕에 대한 말씀을 중의적으로 적용해서 사탄으로 해석하는 건 문제가 있음을 알기를 바랍니다. 우리말로 "*계명성*"이라 번역된 것도, 히브리어를 라틴어로 번역한 '불가타'(Vulgate) 성경에서 '새벽 별' 또는 '샛별'로 일컬어지는 금성(Venus)을 루시퍼(Lucifer)로 번역한 것에 영향을 받은 것이라 할 수 있습니다. 히브리 원어의 의미인 '빛나는 자'로 이해하기를 바랍니다. 유명한 신학자나 청교도가 그렇게 해석했더라도 지나친 적용임을 알고, 이사야 전체 맥락에서 단지 바벨론 왕에 대한 상징적 표현이었음을 기억하기를 바랍니다.

다음 내용인 9절 "*너희는 믿음을 굳건하게 하여 그를 대적하라 이는 세상에 있는 너희 형제들도 동일한 고난을 당하는 줄을 앎이라*"는 말씀을 보면 강한 힘을 가진 마귀를 피하라고 한 것이 아니라 "*믿음을 굳건하게 하여 그를 대적하라*"고 했습니다. 과연 어떻게 덩치가 큰 사자와 맞서 싸운단 말일까요? "*믿음을 굳건하게 하여*"라는 말에 해답이 있습니다. 이미 베드로는 본문 앞에 있는 7절 말씀 즉 "*너희 염려를 다 주께 맡기라 이는 그가 너희를 돌보심이라*"고 했습니다. 그래서 "*믿음을 굳건하게*" 하라는 것은 바로 옆에서 하나님이 함께하신다는, 하나님이 싸워

주신다는 강한 확신을 가지라는 뜻입니다. "우는 *사자*"와 같은 사탄을 상대해서 맞서 싸우는 일은 누구라도 이길 수 없는 일이지만, 하나님이 함께하신다면, 백전백승이기에 전적으로 하나님을 의지하며 대적하라는 뜻입니다. 그렇게 맞서 싸우는 행위를 고난에 동참하는 것으로 표현했습니다. 한편으로는 대적해서 싸우는 모습으로 묘사했지만, 다른 한편으로는 그렇게 맞서 싸우는 것이 곧 고난에 동참하는 것이라 했습니다. "*이는 세상에 있는 너희 형제들도 동일한 고난을 당하는 줄을 앎이라*"는 말씀을 덧붙였는데, 마귀를 대적해서 싸우는 일에 있어서 고난은 불가피하다는 뜻이고, "*대적하라*"는 말이 바로 고난에도 불구하고 끝까지 버텨야 함을 뜻합니다. 그리스도인들이 고난을 겪는 것은 당연한 일이고, 언제 어디서나 당하게 마련이라는 뜻입니다. 그리스도인들이라면 어디서든 함께 고난의 싸움에 동참한다는 사실을 아는 것만으로도 큰 위로가 됩니다. 바울 사도가 "*나는 이제 너희를 위하여 받는 괴로움을 기뻐하고 그리스도의 남은 고난을 그의 몸된 교회를 위하여 내 육체에 채우노라*"(골 1:24)고 했던 교훈처럼 그리스도인이라면 누구든지 똑같이 고난에 동참한다는 사실을 당연하게 받아들여야 합니다. 그래서 바울은 디모데에게 "*무릇 그리스도 예수 안에서 경건하게 살고자 하는 자는 박해를 받으리라*"(딤후 3:12)고 말했고, "*너는 그리스도 예수의 좋은 병사로 나와 함께 고난을 받으라*"(딤후 2:3)고 말했던 것입니다. 바울은 에베소 교회를 향해 마귀를 대적하도록 다음과 같이 명령했습니다.

11. 마귀의 간계를 능히 대적하기 위하여 하나님의 전신 갑주를 입으라
12. 우리의 씨름은 혈과 육을 상대하는 것이 아니요 통치자들과 권세들과 이 어둠의 세상 주관자들과 하늘에 있는 악의 영들을 상대함이라
13. 그러므로 하나님의 전신 갑주를 취하라 이는 악한 날에 너희가 능히 대

일부 그리스도인들만 고난과 박해에 직면하는 게 아니라 그리스도인이라면 누구라도 해당하는 일이고, 마귀가 장악하고 있는 이 세상에 존재하는 교회로서는 피할 수 없는 일입니다. 그래서 고난받는 것을 이상히 여기지 말아야 합니다. 사도 요한은 "형제들아 세상이 너희를 미워하여도 이상히 여기지 말라"(요일 3:13)고 했고, 베드로는 이 편지에서 "사랑하는 자들아 너희를 연단하려고 오는 불 시험을 이상한 일 당하는 것 같이 이상히 여기지 말고"(벧전 4:12)라고 했습니다. 비록 세상이 교회를 미워해서 박해하더라도, 그 박해로 인한 "불 시험"을 당하더라도 이상히 여기지 않고 오히려 마귀를 대적하는 자세로 임하면 그 고난은 잠깐이면 끝날 것입니다. 우리는 야고보 사도가 "그런즉 너희는 하나님께 복종할지어다 마귀를 대적하라 그리하면 너희를 피하리라"(약 4:7)고 한 말씀을 마음에 새겨야 합니다. 결국 하나님이 함께하시는 그리스도인들을 마귀가 피할 수밖에 없다는 뜻입니다. 본문 10절을 보더라도 "모든 은혜의 하나님 곧 그리스도 안에서 너희를 부르사 자기의 영원한 영광에 들어가게 하신 이가 잠깐 고난을 당한 너희를 친히 온전하게 하시며 굳건하게 하시며 강하게 하시며 터를 견고하게 하시리라"고 한 베드로의 확신에 찬 기도를 통해 반드시 응답이 될 것임을 말해줍니다. 형식으로는 베드로의 기도지만, 내용은 그리스도인들의 기도에 대한 응답까지 포함한 교훈입니다. 어떤 사본에는 "온전하게 하시며 굳건하게 하시며 강하게 하시며 터를 견고하게 하시리라"는 부분의 동사들이 미래시제로 되어 있어서 하나님이 약속하셔서 그대로 성취될 것이라고 해석하기도 하는데, 실제로는 베드로가 하나님의 약속을 언급한 것이 아니라 기도한 내용입니다. 이 구절과 11절이 확신에 찬 베드로의 기도입니다. 그 기도를 통해서 함께 소망과 확신을 품으라는 뜻입니다. 그리고 기도에 대한 응답으로 고난받은 그리스도인들을 하나님이 "친히 온전하게 하시며 굳건하게 하시며 강하게 하시며 터를 견고하게 하시리라"고 믿어야 합니다. 그래서 하나님의 함께하심을 고난 중에도 확실히 누리도록 베드로는 기도로써 마귀를 대적하는 강한 마음을 품도록 교훈한 것입니다. 고난과 압제와 박해와 환란 가운데 신음하고 부르짖는 그리스도인들에게, 십자가의 고난을 목전에 둔 그리스도인들에게 "모든 은혜의 하나님 곧 그리스도 안에서 너희를 부르사 자기의 영원한 영광에 들어가게 하신 이가 잠깐 고난을 당한 너희를 친히 온전하게 하시며 굳건하게 하시며 강하게 하시며 터를 견고하게 하시리라 권능이 세세무궁하도록 그에게 있을지어다 아멘"이라고 한 베드로의 기도는 세상에서 그 어떤 기도보다도 가장 강력한 기도요, 뜨거운 기도며, 기쁜 소망을 주고 견고한 믿음을 심어주는 기도입니다. 하나님을 향해 부르짖기를 "모든 은혜의 하나님"이라고 했는데, 절박하고 안타깝고 무서운 순간에 가장 적절한 부르짖음이었습니다. 이어서 "곧 그리스도 안에서 너희를 부르사 자기의 영원한 영광에 들어가게 하신 이"라고 함으로써 이미 하나님의 영광에 들어오도록 그리스도를 통해서 그리스도인들을 부르셨음을 명확히 교훈했습니다. 다음으로 "잠깐 고난을 당한 너희"라고 함으로써 하나님이 예비하신 영원한 영광에 비해 이 세상에서 당하는 고난은 너무나 짧은 시간임을 말하고자 했음을 깨닫기를 바랍니다.

끝으로 "권능이 세세무궁하도록 그에게 있을지어다 아멘"이라는 송영으로 마쳤는데, 《새번역》으로 보면 "권세가 영원히 하나님께 있기를 빕니다. 아멘"으로, 《현대인의성경》으로 보면 "능력이 하나님께 길이길이 함께 하기를 기도합니다. 아멘."이라고 되어 있어서, 베드로 사도가 이 편지의 본론을 마무리하면서 간절하면서도 확신에 찬 기도로 하나님의 함께하심을 빌었고, 소아시아 지역 교회들을 물론 이 편지를 읽게 될 모든 그리스도인에게 고난은 잠깐이요 영광은 영원하다는 확신을 품도록 했음을 알 수 있습니다. 또한 어떤 상황에서든 고난받는 그리스도인들이 영원토록 영광스러운 하나님의 "권세"를 의지하도록 이끌었습니다. 여기에 사용된 "권세"(κράτος, kratos; 권능, 힘, 권세, 능력, 위력, 세력)라는 단어는 신약성경에서 히브리서 2장 14절을 빼고는 오로지 하나님께만 사용되었습니다(눅 1:51, 행 19:20, 골 1:11, 엡 1:19, 6:10, 딤전 6:16, 벧전 4:11, 유 1:25, 계 1:6, 5:13). 히브리서에서는 "자녀들은 혈과 육에 속하였으매 그도 또한 같은 모양으로 혈과 육을 함께 지니심은 죽음을 통하여 죽음의 세력을 잡은 자 곧 마귀를 멸하시며"(히 2:14)라는 구절에서 "죽음의 세력을 잡은 자 곧 마귀"라고 한 부분에 "세력"이라고 사용되었지만, 이 역시 하나님이 잠시 허용하신 것이었고, 그것마저도 "죽음을 통하여 죽음의 세력을 잡은 자 곧 마귀를 멸하시며"라는 말씀에서 알 수 있듯이 예수님은 죽음으로써 마귀가 잠시 가진 그 죽음의 권세를 멸하셨기에 오로지 권세는, 즉 사람을 죽이기도 하시고 살리기도 하시는 권능을 가지고 계신 분은 오로지 하나님뿐임을 잊지 말기를 바랍니다. 모세의 노래로 알려진 말씀 중에 "이제는 나 곧 내가 그인 줄 알라 나 외에는 신이 없도다 나는 죽이기도 하며 살리기도 하며 상하게도 하며 낫게도 하나니 내 손에서 능히 빼앗을 자가 없도다"(신 32:39)라고 하신 하나님의 말씀이 나옵니다. 한나의 기도와 찬송에는 "여호와는 죽이기도 하시고 살리기도 하시며 스올에 내리게도 하시고 거기에서 올리기도 하시는도다"(삼상 2:6)라는 내용이 등장합니다. 이 세상을 장악한 사탄이라 할지라도 그가 사용할 수 있는 권세에 한계가 있고, 유효기간이 있습니다. 마찬가지로 정치지도자들이 부릴 수 있는 권력 역시 극히 유한하고 제한적입니다. 악명높은 네로 황제의 권세도 겨우 14년밖에 유지되지 못했습니다. 그러므로 베드로는 1장 3절부터 5장 11절까지 이어진 이 편지의 본론 부에서 그리스도인의 구원이 하나님의 은혜로 주어졌기에 나그네처럼 살아야 하는 이 세상에서는 구원받은 자의 삶으로써 거룩한 삶을 이어가야 하고, 영원한 하나님의 나라에 들어가기 전에 "잠깐 고난"을 받더라도 염려하지 말고 "믿음을 굳건하게 하여 그를 대적하라"고 했습니다. 그리고 구체적으로 제시된 윤리적 삶을 이어가라고 했습니다.

이로써 1장 3절부터 5장 11절까지 베드로전서 본론 부에 대한 강설이 마무리되었습니다. 본론 부 첫 번째 맥락은 1장 3절부터 2장 10절까지로, 그리스도인의 거룩한 삶에 대한 원론적이고 일반적인 교훈이었고, 두 번째 맥락은 2장 11절부터 5장 11절까지 이어지는 그리스도인의 윤리에 관한 구체적이고 특별한 교훈이었습니다. 특히 두 번째 맥락은 이 세상에서 고난의 삶을 살아야 하지만, 그리스도인으로서 윤리적 삶을 특별히 강조한 교훈이었습니다. 아울러 이 부분은 하늘의 영역과 땅의 영역, 즉 영의 영역과 육의 영역의 삶을 번갈아 가며 제시함으로써 이중적이고도 대조적인 '플래시포워드'(flash-forward)를 경험하게 했습니다. 이 용어에 앞서 우리가 알고 있는 플래시백(flashback)을 언급하자면, 어떤 사람이 현실에서 무언가를 보고나 들었을 때 그와 관련해서 어둠에서 갑자기 환해지는 플래시처럼 강렬하고도 뚜렷한 기억에 몰입하게 되는 심리적 현상을 말하는 것으로, 과거를 의도적으로 떠올리거나 자연스럽게 떠오르는 것과는 다른 유형의 현상입니다. 이런 플래시백으로 인해 갑자기 긴장과 공포를 느끼기도 하고, 슬픔과 괴로움을 느끼기도 하며, 행복감과 쾌락의 감정을 느끼기도 합니다. 때로는 갑자기 어떤 자극을 통해 계획하지 않은 행동을 하거나 바람직하지 않은 일을 하기도 합니다. 만약 외상 후 스트레스 장애(PTSD)가 있는 사람이라면, 플래시백은 일상적인 삶에 큰 어려움이 될 수 있습니다. 이런 플래시백을 영화에서 작품의 몰입과 긴장도를 위해, 또는 이야기 전개 방법의 하나로 사용하기도 합니다. 현재 시점에서 플래시백을 통해 과거 사건이나 인물을 보여줌으로써 현재 진행되는 일에 더 몰입하고 긴장하게 하거나 앞으로 전개될 일에 대해 더 궁금하게 만듭니다. '액자식 구성'도 큰 틀에서는 플래시백이 될 수 있습니다. 그러나 액자식 구성은 이야기 속의 이야기들을 전개하는 것으로써 허구적인 이야기도 가능합니다. 그래서 영화와 소설 작품에 액자식 구성이 많이 사용됩니다.

　　며칠 전 개봉한 애니메이션 영화 〈킹 오브 킹스〉(King of Kings)가 액자식 구성으로 만들어졌고, 플래시백도 포함되어 있습니다. 영국의 대문호 찰스 디킨스(Charles Dickens, 1812~1870)의 『우리 주님의 생애(The Life of Our Lord)』를 바탕으로 한 영화여서 제작자 나름대로는 성경적 사실에 기반한 작품이라 할 수 있을 것입니다. 그러나 교리적인 면으로나 신학적으로 크게 지적할 부분이 많이 있습니다. 우선 영화가 신약성경의 복음서가 아닌 찰스 디킨스의 작품을 기반으로 만들어졌기에, 그 작품 속에 스며들어 있는 유니테리언(Unitarian) 신자 찰스 디킨스의 신앙관이 그대로 반영된 영화여서 개혁주의 신앙과는 거리가 멀다는 사실은 꼭 인지하기를 바랍니다. 미국에서 먼저 크게 흥행한 영화라는 사실 하나만으로도 종교적인 영화 즉 정통 교리에서 벗어난 기독교 영화임을 알 수 있습니다. 신학적이고 교리적인 면이 강조되지 않거나 심지어 거부되는 오늘날 기독교의 모습과 닮아있는 영화라 할 수 있습니다. 18세기 말에 뉴잉글랜드의 대표적 도시 보스턴(Boston)을 중심으로 알미니안, 보편론자, 유니테리언, 아리우스주의(Arianism)자가 모이게 됨으로써, 보스턴은 칼빈주의 신학과 청교도 신앙과는 달리 자유주의적이고 진보적이고 인본주의적인 신앙의 중심지가 되었습니다. 당시에는 그렇게 형성된 신앙을 기독교가 아닌 "보스턴 종교"(Boston Religion)라고 불렀을 정도입니다 (윈스롭 허드슨 & 존 코리건, 『미국의 종교』 배덕만 옮김, 261~263쪽). 그런데 이제는 보스턴을 중심으로 한 뉴잉글랜드 지역(뉴욕 동쪽에 해당하는 6개 주)의 종교가 어느새 '미국의 종교'가 되었고, 이제는 디국을 따라가는 우리나라도 '이신칭의'보다는 '행위 구원론'으로, 칼빈주의보다는 알미니안주의로, 보수주의 신학보다는 자유주의 신학으로 기울고 있습니다. 한국교회가 단체관람을 할 정도로 환영할만한 영화가 되었다는 사실은 지금 한국교회 역시 어느덧 '미국의 종교'와 크게 다를 바 없는 상태라고 진단할 수 있습니다. 참고로 덧붙이자면, 영화 속에서 계속 드러나는 유니테리언 사상은 초대교회 이후부터 이단 사상으로 항상 존재했지만, 16세기 영국과 유럽에서 교세를 형성하기 시작했고, 18세기에 본격적으로 미국을 중심으로 사회적 영향력을 펼치기 시작했습니다. 삼위일체 교리를 부인하고, 선한 행위를 통해 구원받을 수 있다는 '행위 구원론'을 강조하며, 최근에는 보편론자(Universalist)들과 하나가 되어 '보편구원론'을 함께 주장하기에 성경의 교훈과 멀어져 있음을 알아야 합니다. 보스턴에는 유명한 킹스 채플(King's Chapel)이 있습니다. 1688년 설립되어 영국 국교 성공회 교회당이었는데 이곳 신자들은 18세기 흑반에 유니테리언 신앙을 받아들였고, 19세기 초인 1825년에는 더 이상 성공회가 아닌 유니테리언 교회가 되었습니다. 그런데 예배 형식은 성공회를 따르고, 교회 정치 형태는 미국 기독교에서 가장 보편적인 회중 정치를 따르는 혼합주의 교회가 되었습니다. 특히 우리나라 교회도 2000년대부터 행위 구원론 사상이 확산하고 있음을 볼 때 아마도 일반적인 기독교인들에게 이 영화는 큰 호응을 얻을 것입니다. 단순히 영화 자체로만 접근한다면 일반 관객들에게는 대부분 교훈적일 것입니다. 그러나 하나님은 결코 세상을 통해 복음을 선포하시지 않고 교회를 통해 선포하신다는 사실을 잊지 말기를 바랍니다. 복음에 기초한 영화나 예술 작품은 많지만, 결코 그것들이 복음을 참되게 전하지는 않습니다. 미술 작품이든, 영상으로든, 또는 연극으로든 예수님을 형상화한다면, 아무리 성경적 진리와 사실을 기반으로 하더라도 그런 방법은 복음을 전하는 옳은 방법이 아닙니다. 이 영화를 한 편의 설교라고 하거나 그렇게 받아들인다면, 이미 하나님인 예수 그리스도를 떠나 단지 한 종교 지도자나 도덕 선생으로서 예수를 믿고 있는 "보스턴 종교"인이라 할 수 있을 것입니다. 아울러, 이 영화를 통해 거듭나지 못한 유사 그리스도인들의 양심과 거듭난 그리스도인들의 양심의 차이를 확실히 분별하는 기회로 삼기를 바랍니다.

과거로 향하는 플래시백과는 반대로 미래로 향하는 '플래시포워드'라는 개념을 공상과학의 개념으로 삼아 드라마를 제작한 일이 미국에서 있었습니다. 〈ABC〉에서 2009년 9월부터 2010년 5월까지 8개월 동안 방영했는데, 캐나다 공상과학 소설가 로버트 J. 소여(Robert James Sawyer, 1960~)의 SF소설 『플래시포워드』(1999)를 토대로 드라마 〈플래시포워드〉를 제작해서 방영했습니다. 어느 날 지구상 거의 모든 사람이 어떤 신비한 사건을 겪고 2분 17초 동안 의식을 잃게 된 후 미래 시간인 2010년 4월 29일에 대한 환상을 보는데, 결국 6개월 후에 일어날 상황을 전 세계인이 동시에 경험하게 되는 '플래시포워드'입니다. 베드로전서의 본론 부 중에서 두 번째 맥락 즉 2장 11절부터 5장 11절까지 해당하는 내용이 이런 플래시백과 플래시포워드를 보여주는 형식이라 할 수 있습니다. 예수 그리스도의 고난과 십자가 죽음, 그리고 그 후의 모습을 플래시백과 플래시포워드로 보여주고, 고난받는 그리스도인들에게는 고난 후의 영광스러운 모습을 플래시포워드로 보여줍니다. 교회의 현재 모습을 보여주고 동시에 미래의 모습을 보여줍니다. 시간적인 것 외에도 공간적으로 하늘을 향하게 하고, 곧바로 땅을 보게 합니다. 그러므로 지금 힘들고 어렵고 슬프고 고난받는 삶이 진행되고 있다면 그 속의 현재 모습에 절망하거나 포기하지 말고, 베드로전서의 교훈을 통해 플래시백으로 과거 그리스도의 모습을 보고, 플래시포워드로 심판의 주로 재림하실 그리스도의 모습과 영광스러운 교회의 모습을 미리 봄으로써 위로와 소망을 얻고, 견고한 믿음으로 그리스도인의 삶을 이어가기를 바랍니다. 아멘.

(2025년 7월 20일)

# 팍스 로마나(Pax Romana) vs. 팍스 크리스티아나(Pax Christiana)

강설 본문: 베드로전서 5장 12~14절

12. 내가 신실한 형제로 아는 실루아노로 말미암아 너희에게 간단히 써서
    권하고 이것이 하나님의 참된 은혜임을 증언하노니 너희는 이 은혜에
    굳게 서라
13. 택하심을 함께 받은 바벨론에 있는 교회가 너희에게 문안하고 내 아
    들 마가도 그리하느니라
14. 너희는 사랑의 입맞춤으로 서로 문안하라 그리스도 안에 있는 너희
    모든 이에게 평강이 있을지어다

베드로전서를 크게 세 부분으로 나누어, 지난 1월부터 강설을 이어왔
는데, 첫인사(1:1~2) 부분과 본론 부분(1:3~5:11)을 마쳤고, 이제 마지
막 인사 부분(5:12~14)을 다루게 되었습니다. 7개월 동안 이어진 강설을
통해서 베드로 사도가 어떤 마음과 뜻으로 편지를 썼는지 충분히 깨달
았을 것입니다. 이제 마지막 인사 부분을 살펴봄으로써, 하나님이 베드
로 사도를 통해 우리에게 주시는 큰 위로를 받고, 어떤 상황이나 환경에
서도 흔들림 없는 믿음으로 천국을 향한 순례의 길에서 멈추거나 벗어
나지 않는 은혜를 누리기를 바랍니다.

12절을 보면 *"내가 신실한 형제로 아는 실루아노로 말미암아 너희에
게 간단히 써서 권하고"*라고 함으로써, 베드로가 편지를 쓸 때 실루아노
가 대필했거나 실루아노에게 편지를 전달하도록 했음을 짐작할 수 있습
니다. 어떤 면에서는 큰 도움을 받아서 썼다는 사실도 배제할 수는 없
습니다. 자세한 언급이 없지만 단순한 대필자나 전달자가 아니라, 편지
를 쓰는 일에 도움을 주었음을 짐작할 수 있습니다. 바울의 동역자와 베
드로의 조력자로 큰 역할을 한 인물이었기에 단지 글만 대신 써주었거

나, 편지만 전달해준 역할로만 보기에는 "내가 신실한 형제로 아는 실루아노"라는 표현이 어울리지 않습니다. 실루아노는 '실라'(Silas)라고도 하는데, 사도행전에는 '실라'로, 여기와 바울 서신에는 로마식 이름인 '실루아노'로 등장합니다. 사도행전 15장에 "유다와 실라도 선지자라 여러 말로 형제를 권면하여 굳게 하고"(행 15:32)라고 기록된 말씀에서 알 수 있듯이 그는 초대교회 "선지자" 중 한 사람이었습니다. "그 때에 선지자들이 예루살렘에서 안디옥에 이르니 그 중에 아가보라 하는 한 사람이 일어나 성령으로 말하되 천하에 큰 흉년이 들리라 하더니 글라우디오 때에 그렇게 되니라"(행 11:27~28)는 말씀, "이튿날 떠나 가이사랴에 이르러 일곱 집사 중 하나인 전도자 빌립의 집에 들어가서 머무르니라 그에게 딸 넷이 있으니 처녀로 예언하는 자라 여러 날 머물러 있더니 아가보라 하는 한 선지자가 유대로부터 내려와"(행 21:8~10) 등과 같은 말씀을 통해 당시 선지자들은 형제들을 권면해서 믿음을 견고하게 하고, 성령을 통해 예언하는 일을 했음을 알 수 있습니다. 그래서 실루아노가 편지를 전해주었다면 단순히 편지를 전하는 행위만이 아니라, 베드로 사도의 뜻을 설명해주거나 믿음이 약한 자들을 말씀으로 권면해서 강하게 해주었을 것입니다. 실제로 실루아노는 예루살렘에서 사도들과 장로들과 교회가 모인 회의에서 유다와 함께 지도자로 선출되었던 만큼 충분한 자격을 갖춘 사람이었습니다. "이에 사도와 장로와 온 교회가 그 중에서 사람들을 택하여 바울과 바나바와 함께 안디옥으로 보내기를 결정하니 곧 형제 중에 인도자인 바사바라 하는 유다와 실라더라 그 편에 편지를 부쳐 이르되 사도와 장로 된 형제들은 안디옥과 수리아와 길리기아에 있는 이방인 형제들에게 문안하노라"(행 15:22~23)는 말씀에 나타나 있듯이 유다와 함께 예루살렘교회에서 결정한 사항을 기록한 편지를 들고 가서 이방인 출신 그리스도인들에게 전할 '지도자'였습니다.

그는 바울의 2차 전도 여행에 동행했고, 바울 사도와 함께 로마인 관리들에게 폭행당하고 감옥에 갇히는 등 큰 어려움을 겪기도 했습니다(행 15~16장 참조). 나중에는 로마에서 베드로 사도의 조력자로 복음을 위해 동역하기도 했음을 알 수 있습니다(벧전 5:12).

　여기서 잠시 당시 사도와 선지자의 직분에 대해 알 필요가 있습니다. "그가 어떤 사람은 사도로, 어떤 사람은 선지자로, 어떤 사람은 복음 전하는 자로, 어떤 사람은 목사와 교사로 삼으셨으니 이는 성도를 온전하게 하여 봉사의 일을 하게 하며 그리스도의 몸을 세우려 하심이라"(엡 4:11~12)는 말씀에서 "그가"라는 부분은 앞 10절에 나와 있는 그리스도를 가리키고, 그리스도께서 사도, 선지자, 복음 전하는 자, 목사, 그리고 교사를 세우셨음을 알 수 있습니다. 그런데 이 직분 중에서 예수님이 직접 세우신 직분이 있는데 다름 아닌 사도입니다. 바울 사도 역시 승천하신 예수님이 직접 그를 부르심으로써 이방인을 위한 사도로 세우셨습니다(행 9장). 다음으로 독특한 직분은 선지자였습니다. 구약시대 선지자든, 신약시대 선지자든 가장 중요한 역할이 예언(預言)입니다. 일반적으로 미래의 일을 말하는 예언(豫言)과는 전혀 다름을 알아야 합니다. 우리나라에도 조선시대부터 내려온 정감록(鄭鑑錄), 남사고비결(南師古秘訣, '격암록'이라고도 함), 송하돈비결(松下豚秘訣, 송하비결)은 3대 예언서로 널리 알려졌고, 특히 정감록은 동학사상과 우리나라 신흥 사이비 종교(백백교, 영생교 등) 발흥에도 영향을 끼쳤습니다. '탄허 스님'으로 알려진 김금택(1913~1983)은 2025년 이후로 자연재해로 인한 일본 열도의 상당 부분 침몰과 우리나라 동해안 일대의 큰 침수와 같은 초대형 재난을 예언했고, 중국의 분열로 인해 옛 우리 영토 일부가 회복되고 한반도가 세계 정치, 경제, 군사, 문화 등의 중심 역할을 할 것이라 예언했습니

다. 타츠키 료(たつき諒)의 만화에도 2025년 7월 큰 폭발과 분화가 일본과 필리핀 사이 바다에서 일어날 것이라 묘사되어 있습니다. 미 해군이 1965년 12월 일본 오키나와 근해에서 훈련 중 실수로 바다에 빠뜨린 핵폭탄(히로시마 70배 위력)은 바다 4,800미터 깊이에 빠져 현재까지 60년간 방치되어 있는데, 미국은 사건 발생 후 24년이 지나서 사실을 공개함으로써 일본과 외교적 마찰을 빚은 바 있습니다. 여러 안전장치가 있다고 하지만 만에 하나라도 폭발한다면 최근 몇 주 동안 유례없이 빈번하게 지진이 발생하는 일본 도카라 열도와 일본이 걱정하고 있는 난카이 해곡의 응력에도 조금은 영향을 미칠 수도 있다고 생각합니다. 앞서 말한 이런 예언들은 개인의 능력이든, 여러 사람의 능력으로 모은 것이든, 아니면 귀신이나 어떤 영에 의한 것이든 단지 미래에 대한 말이나 예측이나 소원에 불과함을 먼저 알기를 바랍니다.

이와 달리 성경에 나오는 선지자들은 하나님 앞에서, 과거와 현재와 미래에 대한 하나님의 말씀을 대신 전하는 일을 했습니다. 가장 중요한 세 가지 요소가 있는데, 첫째는 '하나님 앞'입니다. 그래서 하나님의 뜻이나 계획을 하나님 앞에서 전하는 일이 예언입니다. 둘째는 '하나님의 말씀을 맡아서 전하는 일'입니다. 즉 하나님의 말씀을 전달하는 전달자 또는 심부름꾼의 일이라는 사실입니다. '예'(預)라는 글자가 바로 성경의 예언을 가장 정확히 설명해주는 말입니다. 우리가 은행에 돈을 맡길 때 예금 또는 예탁이라고 합니다. 이때 사용하는 글자입니다. 그래서 예언은 예언자가 중심이 아니라 그 메시지를 맡기신 하나님이 중심이 됩니다. 예금의 주인이 은행에 돈을 맡긴 예금자인 것처럼 예언 역시 예언을 맡기신 하나님이 주인임을 명심하기를 바랍니다. 마지막 셋째가 바로 '장래 일어날 일을 미리 말하는 일과 그 내용'입니다. 이때는 '맡기다'는 뜻과 함께 '미리'라는 뜻도 포함한 경우입니다. 그러므로 구약시대 선지자들은 주로 성부 하나님으로부터, 신약시대 선지자들은 하나님의 영으로부터, 또는 그리스도의 대리자들이었던 사도들로부터 전하라고 '맡겨진 말씀'(또는 위탁받은 말씀)을 그대로 전달하고, 선포하고, 알려주고, 가르쳐주고, 설명해주는 역할을 했습니다. 그런 일을 통해 하나님의 뜻도 전하고, 받은 말씀을 바탕으로 권면도 하고, 믿음도 견고하게 해주었던 것입니다. 그래서 우리는 사도 바울이 에베소 교회를 향해 "너희는 사도들과 선지자들의 터 위에 세우심을 입은 자라 그리스도 예수께서 친히 모퉁잇돌이 되셨느니라"(엡 2:20)고 했던 말씀을 명심해야 합니다. 이 말씀은 실루아노에 대한 이해에도 큰 도움이 됩니다. "이제 그의 거룩한 사도들과 선지자들에게 성령으로 나타내신 것 같이 다른 세대에서는 사람의 아들들에게 알리지 아니하셨으니"(엡 3:5)라는 말씀과 같이 하나님의 계시가 신약성경의 기록으로 종결될 때까지는 하나님은 일시적으로 사도들과 선지자들을 특별한 직분으로 사용하신 것입니다. 그들을 통해서 교회의 기초가 되는 하나님의 계시가 완성된 것입니다. 사실상 1세기 말 또는 2세기 초에 그들이 모두 죽음으로써 사도와 선지자 직분은 이제 더 이상 존재하지 않게 되었습니다. 그런데 신사도적 개혁(New Apostolic Reformation) 또는 신사도 운동(New Apostolic Movement)이라는 새로운 현상이 19세기 후반부터 미국을 중심으로 일어나기 시작해서 지금은 전 세계로 확산하고 있는데, 이 운동을 이끄는 자들은 하나님이 지금도 사도와 선지자를 세워서 직접 계시의 말씀을 주신다고 주장하고 있습니다. 예수님은 이미 "거짓 그리스도들과 거짓 선지자들이 일어나서 이적과 기사를 행하여 할 수만 있으면 택하신 자들을 미혹하려 하리라"(막 13:22)고 하셨고, 사도 요한도 "사랑하는 자들아 영을 다 믿지 말고 오직 영들이 하나님께 속하였나 분별하라 많은 거짓 선지자가 세상에 나왔음이라"(요일 4:1)고 교훈했습니다. 신사도 운동을 주도하는 자들은 복음을 전하는 자(전도자)와 목사와 교사(엡 4:11)가 지금도 존속되는 직분이기에 사도와 선지자도 존속되어야 한다고 주장합니다. 그렇게 되면 성경 외에도 성경만큼 또는 성경보다 더 권위가 있는 말씀을 계속 받는 결과가 됩니다. 또한 사도들과 선지자들로 이루어진 그리스도 교회의 터 외에 다른 터를 주장하는 것이고, 다른 모퉁이 돌 즉 다른 예수를 주장하는 것이며, 다른 교회를 주장하는 것이 됨을 깨닫기를 바랍니다.

베드로는 자기가 쓴 글에 대해서는 겸손한 태도를 보였지만, 하나님의 감동으로 쓰게 된 편지 자체가 '하나님의 은혜'라고 했습니다. "너희에게 간단히 써서 권하고 이것이 하나님의 참된 은혜임을 증언하노니 너희는 이 은혜에 굳게 서라"는 말씀은 인사말부터 써내려 온 모든 위로와 권면과 명령의 글이 소아시아 지역 그리스도인들과 이 편지를 읽는 모든 그리스도인에게 주시는 하나님의 은혜라고 확신했습니다. "이것이 하나님의 참된 은혜임을 증언하노니"라는 말에는 베드로전서의 전반적인 내용 즉 고난 가운데 있는 하나님의 자녀들을 하나님이 친히 보호하신다는 내용에 대한 확실한 증언이라는 뜻을 담고 있습니다. 그러므로 베드로는 고난받는 그리스도인들을 향해 "너희는 이 은혜에 굳게 서라"고 강하고 확신에 찬 말을 할 수 있었던 것입니다.

지금까지 본 강설을 이어오면서 베드로전서의 본론 부분을 두 맥락으로 나누었는데, 1장 3절부터 2장 10절까지는 그리스도인의 구원과 거룩한 삶이라는 교리적 교훈의 맥락으로, 2장 11절부터 5장 11절까지는 고난과 박해가 있는 세상에서 그리스도인들이 실제로 어떤 태도로 살아야 하는지에 대한 윤리적이고 실천적인 교훈이라는 맥락으로 살펴보았습니다. 베드로 사도는 편지라는 형식으로 메시지를 전했지만, 그리스도를 믿는 신앙의 교리와 그 교리에 따른 삶을 함께 전함으로써, 그리스도인의 삶이 일반 사람들이 보기에 겉으로는 경멸스러운 이름을 가진 자들의 고난의 삶으로 보이겠지만 실제로는 영광스러운 이름을 가진 자들의 은혜의 삶이라고 확신을 심어주고 보증한 것입니다. 그러므로 하나님의 은혜를 입은 자들은 어떤 박해와 환란도 두려워하지 않고 그 은혜 안에서 굳게 서야 합니다.

사도 베드로는 "택하심을 함께 받은 바벨론에 있는 교회가 너희에게 문안하고 내 아들 마가도 그리하느니라"(13절)고 마지막 인사를 했습니다. "택하심을 함께 받은 바벨론에 있는 교회"라고 함으로써 베드로 자신이 어디에서 이 편지를 쓰고 있는지 상징적으로 묘사했습니다. 구약 성경에서 바벨론은 하나님을 대적하는 이방 나라들을 대표하고, 하나님의 백성을 짓밟고 포로로 잡아 노예로 부린 악한 제국이었는데, 로마 제국을 그 바벨론으로 묘사했습니다. 요한계시록에서도 하나님을 대적하고 하나님의 교회를 박해함으로써 진노의 심판을 받을 이 세상 나라를 바벨론에 비유했습니다.

큰 성이 세 갈래로 갈라지고 만국의 성들도 무너지니 큰 성 바벨론이 하나님 앞에 기억하신 바 되어 그의 맹렬한 진노의 포도주 잔을 받으매 (계 16:19)

그의 이마에 이름이 기록되었으니 비밀이라, 큰 바벨론이라, 땅의 음녀들과 가증한 것들의 어미라 하였더라(계 17:5)

힘찬 음성으로 외쳐 이르되 무너졌도다 무너졌도다 큰 성 바벨론이여 귀신의 처소와 각종 더러운 영이 모이는 곳과 각종 더럽고 가증한 새들이 모이는 곳이 되었도다 그 음행의 진노의 포도주로 말미암아 만국이 무너졌으며 또 땅의 왕들이 그와 더불어 음행하였으며 땅의 상인들도 그 사치의 세력으로 치부하였도다 하더라(계 18:2~3)

하늘과 성도들과 사도들과 선지자들아, 그로 말미암아 즐거워하라 하나님이 너희를 위하여 그에게 심판을 행하셨음이라 하더라 이에 한 힘 센 천사가 큰 맷돌 같은 돌을 들어 바다에 던져 이르되 큰 성 바벨론이 이같이 비참하게 던져져 결코 다시 보이지 아니하리로다(계 18:20~21)

구약시대에서 바벨론 제국이 하나님의 백성을 대적하고 하나님의 말씀을 거역하는 모든 세력의 중심이요 대표로 여겨졌는데, 베드로는 모든 악한 세력의 중심이요 타락한 로마 제국을 바벨론에 비유한 것입니다. 다니엘과 하나님을 경외하는 신실한 자들이 타락하고 악한 세상에서 하나님의 언약을 믿고 인내함으로써 기다렸던 것처럼, "택하심을 함께 받은 바벨론에 있는 교회"는 고난과 핍박 속에서도 인내하면서 하나님을 의지했고, 그런 중에도 소아시아 지역 교회들을 걱정했으며, 그들이 인내하면서 하나님의 은혜 가운데 믿음을 지키도록 뜨거운 사랑과 기도로 힘을 보탰던 것입니다. 로마에 있는 교회가 "너희에게 문안하고 내 아들 마가도 그리하느니라"고 함으로써 베드로와 함께 복음을 위해 헌신했던 마가의 인사까지 전했습니다. "아들"이라고 표현함으로써 베드로에게 있어서 마가가 얼마나 소중한 존재였는지, 영적으로 마치 부자(父子) 관계인 것처럼 표현했습니다. 마가는 바울의 동역자였고(몬 1:24), 또한 베드로의 동역자이자 조력자였습니다. 헤롯 왕이 야고보를 죽이고, 다음으로 베드로를 죽이고자 감옥에 가두었는데, 예루살렘교회는 베드로를 위해 간절히 하나님께 기도했고, 베드로가 감옥에 있는 동안 천사가 나타나서 베드로를 구해준 일을 겪고 베드로는 놀라지 않을 수 없었고 환상을 보는 것으로 착각했었습니다(행 12:1~10). 사도행전 12장 11~12절 "이에 베드로가 정신이 들어 이르되 내가 이제야 참으로 주께서 그의 천사를 보내어 나를 헤롯의 손과 유대 백성의 모든 기대에서 벗어나게 하신 줄 알겠노라 하여 깨닫고 마가라 하는 요한의 어머니 마리아의 집에 가니 여러 사람이 거기에 모여 기도하고 있더라"는 말씀에서 알 수 있듯이 베드로는 하나님의 도우심으로 구출된 것을 깨닫고 "마가라 하는 요한의 어머니 마리아의 집"으로 갔습니다. 마가는 교회가 함께 모여 기도하던 장소였던 집주인의 아들이었던 것입니다. 그 마가가 기록한 복음서가 '마가복음'이고, 마가는 초대교회의 두 기둥과 같은 존재였던 베드로와 바울을 돕고, 그들과 함께 헌신적으로 일했습니다. 베드로에게는 신실한 동역자 실루아노와 조력자 겸 제자 마가가 있었고, 함께 고난을 감당하고 있는 로마 교회가 있었습니다. 베드로에게 마가는 특별한 존재였는데, 그를 마지막에 콕 집어서 언급함으로써, 앞으로 로마와 로마 속주들 가운데 있는 그리스도인들에게 마치 마가의 존재가 각인되도록 하기라도 하듯이 "내 아들 마가도 그리하느니라"고 덧붙였습니다. 놀랍게도, 베드로후서가 기록된 다음 얼마 지나지 않아서, 베드로 사도가 순교한 전후쯤에 마가는 로마와 이방인 그리스도인들을 위한 복음서를 기록했고, 그 복음서가 가장 먼저 기록된 복음서가 되었습니다. 바울과 베드로 사도가 순교를 당한 후에 마가에 의해 기록된 '마가복음'이 로마 제국 곳곳에 퍼지게 되었고, 그 이후 마태복음, 누가복음, 마지막으로 요한복음이 기록되었다고 알려져 있습니다. 로마에서 베드로가 아람어로 복음을 전하면, 마가는 헬라어나 라틴어로 통역했다고 알려져 있는데, 헬라어로 기록된 마가복음에는 라틴어, 히브리어, 아람어와 같은 단어들이 많이 사용되었습니다. 마가가 바울과 베드로의 순교 때 죽

　　　　　21세기 한국교회를 위한 **베드로전서 강설**

지 않고 어떻게 살아남았는지 자세히 알 수는 없지만, 그를 통해 하나님
은 놀라운 일을 행하셨음을 깨닫고 감사하기를 바랍니다.

　마지막으로 "너희는 사랑의 입맞춤으로 서로 문안하라 그리스도 안
에 있는 너희 모든 이에게 평강이 있을지어다"(14절)라고 축복함으로써
편지를 마무리했습니다. '사랑의 입맞춤'(벧전 5:14) 또는 '거룩한 입맞춤'
(롬 16:16, 고전 16:20, 고후 13:11, 살전 5:26)은 그리스도 안에서 하나가
된 그리스도인들의 유대감과 친밀감의 표시였습니다. 남자와 남자, 여자
와 여자가 서로 뺨에 입 맞추는 인사였는데, 주로 성만찬 후에 영적으
로 그리스도의 피를 나눈 가족이라는 친밀감과 유대감을 표현하는 관
습으로 굳어진 인사였습니다. 초대교회 그리스도인들은 혈육이나 법적
후원 관계로 맺어진 가족보다 더 깊은 사랑과 신뢰의 관계였습니다. 그
러므로 베드로는 로마에 있는 교회와 소아시아 지역에 있는 교회가 서
로 멀리 떨어져 있고, 출신이나 신분이나 언어와 문화가 다르더라도 그
리스도의 복음으로써 하나가 된 영적 가족으로 알고, 서로 믿고 사랑하
고 섬기는 관계를 이어가도록 그런 인사를 했고, 마가도 아들로 표현했
으며, 심지어 로마 교회도 '그녀'라는 대명사를 사용할 정도였습니다. 베
드로에게 로마 교회는 그리스도를 믿는 자들의 연합체를 초월해서 마치
자기에게는 어머니와 같은 존재, 때로는 아내와 같은 존재, 때로는 보호
하면서 사랑으로 키워야 할 딸 같은 존재로 생각했다고 짐작할 수 있습
니다. 그런 생각을 가졌기에 마가를 '아들'이라고 칭한 것입니다. 이것은
당시 바울의 언어이기도 했습니다. 그는 "도리어 사랑으로써 간구하노라
나이가 많은 나 바울은 지금 또 예수 그리스도를 위하여 갇힌 자 되어
갇힌 중에서 낳은 아들 오네시모를 위하여 네게 간구하노라"(몬 1:9~10)
고 말함으로써 감옥에서 전도한 오네시모를 아들이라고 표현했습니다.

그런데 이러한 사랑과 신뢰와 친밀함과 유대감을 상징했던 '입맞춤'이 세월의 흐름에 따라 변질이 되었는데, 먼저 단순한 인사가 예배와 성만찬에 관련된 의식 일부로 행해지게 되었고, 다음은 성례전에 포함된 중요한 의식이 되었습니다. 교회 초기에는 유대인의 관습이었던 입맞춤(눅 7:45, 22:48)이 교회에서 친밀함을 표시하는 인사로 굳어졌던 것인데, 예배와 성찬의 한 요소를 차지하는 행위가 되고, 점점 중요한 의식으로 자리 잡은 것입니다. 그러다가 2세기 말경에는 입술에 입을 맞추는 일부 신자들이 생겨나면서 기독교 변증론 신학자 아테네의 아테나고라스(Athenagoras, 133~190)가 나서서 쾌락을 위해 하는 두 번째 입맞춤은 해서는 안 된다고 주장할 정도였습니다. 친교 기능을 위한 입맞춤이 원래 취지에서 벗어난 것입니다. 알렉산드리아의 클레멘트(Clement, 150~215)도 거룩한 입맞춤을 순수하게 유지하라고 권고했을 정도로 원래의 순수성을 잃고 있었습니다. 결국 3세기에 이르러 교회는 입맞춤에 관한 규정을 만들게 되었습니다(Valeriy A. Alikin, The Earliest History of Christian Gathering, 255~260쪽). 종교개혁으로 인해 개혁교회에서는 없어졌지만, 로마 가톨릭에는 아직도 몇 가지 입맞춤이 남아 있습니다. 그리스도인들이 이 세상에 존재하는 혈통 상의 가족을 초월한 관계에 속하고, 영적인 형제자매 관계라 할지라도, 본질적으로 타락한 본성을 여전히 가지고 있기에 지나친 육체적 접촉은 피하는 것이 바람직함을 명심하기를 바랍니다.

끝으로 베드로 사도는 "그리스도 안에 있는 너희 모든 이에게 평강이 있을지어다"라고 축복함으로써 편지를 마무리했습니다. 마지막 인사의 대상으로 "그리스도 안에 있는 너희 모든 이"라고 했는데 이는 갈라디아서 3장 26~29절을 통해 누구인지 더 확실히 알 수 있습니다. "너희가 다 믿음으로 말미암아 그리스도 예수 안에서 하나님의 아들이 되었으니 누구든지 그리스도와 합하기 위하여 세례를 받은 자는 그리스도로 옷 입었느니라 너희는 유대인이나 헬라인이나 종이나 자유인이나 남자나 여자나 다 그리스도 예수 안에서 하나이니라 너희가 그리스도의 것이면 곧 아브라함의 자손이요 약속대로 유업을 이을 자니라"는 말씀은 "그리스도 안에 있는" 자를 정확히 설명해주는데 이는 그리스도를 믿고 세례를 받음으로써 "그리스도의 것"이 되었고, 영적으로 아브라함의 자손이 되었다는 것입니다. 이는 그리스도와 연합함으로써 새로운 정체성을 가진 자가 되었음을 의미합니다. "그리스도 안에 있는" 자는 죄에 대해 죽고 의에 대해 살게 된 자들로 그들의 "생명이 그리스도와 함께 하나님 안에 감추어졌음"(골 3:3)을 분명히 알고 믿는 자들입니다. 바로 그들에게 바울이 "우리 생명이신 그리스도께서 나타나실 그 때에 너희도 그와 함께 영광 중에 나타나리라"(골 3:4)고 교훈한 것처럼 "그리스도 안에 있는" 자들은 부활의 공동체입니다. "아담 안에서 모든 사람이 죽은 것 같이 그리스도 안에서 모든 사람이 삶을 얻으리라"(고전 15:22)는 말씀을 확실히 믿기를 바랍니다.

베드로는 모든 교회를 향해 비록 고난과 압제와 박해 속에 있더라도 "그리스도 안에 있는…모든 이에게" 평강을 빌었습니다. 이 평강(εἰρήνη, eirēnē)은 우리말로 평화 또는 평안으로도 불리는 것인데, 예수님이 제자들에게 말씀하셨던 "평안을 너희에게 끼치노니 곧 나의 평안을 너희에게 주노라 내가 너희에게 주는 것은 세상이 주는 것과 같지 아니하니라 너희는 마음에 근심하지도 말고 두려워하지도 말라"(요 14:27)는 말씀에서 그 의미를 정확히 알 수 있습니다. 이 평안은 "내가 너희에게 주는 것은 세상이 주는 것과 같지 아니하니라"는 말씀에서 명확히 알 수 있는 것으로, "나의 평안" 즉 예수님께만 있고, 예수님만이 주실 수 있는 평안입니다. '팍스 로마나'(Pax Romana, Roman Peace, BC 27~AD 180 기간에 로마 제국이 군사적 힘으로 누린 약 200년의 평화)와 같은 일시적인 세상의 평화가 아닌 '팍스 크리스티아나'(Pax Christiana, Peace of Christ) 즉 그리스도가 주시는 영원한 평화입니다. "이것을 너희에게 이르는 것은 너희로 내 안에서 평안을 누리게 하려 함이라 세상에서는 너희가 환난을 당하나 담대하라 내가 세상을 이기었노라"(요 16:33)고 하신 말씀 중 "내 안에서 평안을 누리게 하려 함이라"는 말씀의 중요성을 놓치지 말아야 합니다. 참된 평안은 오직 '그리스도 안에서'만 누리게 됨을 잊지 말기를 바랍니다. 그리스도가 주시는 평안은 이 세상에서는 결코 찾을 수 없는 평안입니다. "세상이 주는 것"은 일시적이고, 허무한 것이고, 불완전한 것입니다. 교회에 대한 박해는 "교회의 머리"(엡 1:12, 골 1:18) 예수 그리스도에 대한 십자가 처형부터 시작되었고, 예수님을 따르는 제자들에 대한 박해는 유대인들로부터 시작되었습니다. 이 박해는 예루살렘과 유대 지역에 국한되지 않고 아시아 지역까지 이어졌습니다. 그리고 로마와 로마의 모든 속주까지 공권력에 의한 잔혹한 박해가 이어졌습니다. 그런데, 교회가 잠시 평화와 안정을 누리던 때가 있었습니다. 바로 갈리에누스(Gallienus, 218~268) 황제가 통치하던 시기(260~268)와 그 후 여섯 명의 황제들이 빠르게 정권교체를 이룬 시기로 약 40년간 평화의 시대를 누렸습니다. 갈리에누스가 기독교를 합법 종교로 승인함에 따라 교회가 급속도로 성장하고 재산도 크게 늘게 되었습니다. 이때 그리스도인들은 얼마나 감격했을까요? 먼저 하나님께 감사를 드렸을 것입니다. 또한 믿음을 지키다 박해받고 순교한 부모 세대, 그리고 이전에 박해받다 죽어간 그리스도인들에 대한 고마움도 이루 말할 수 없이 컸을 것입니다. 그러나 그 평화는 잠시 누린 일시적 평화였습니다(필립 샤프, 『교회사』 제2권, 76~82쪽). 평화가 끝나자마자 디오클레티아누스 황제 치하(303~311년)에서 가장 혹독한 박해가 자행되었습니다. 313년 기독교가 로마 제국의 종교로 공인이 되기까지 예수 그리스도의 십자가 사건 후 280년이 흘렀고, 로마의 국교가 되기까지는 약 350년이 걸렸습니다. 그렇다고 사도 베드로가 이런 정치적 평화(Pax Romana) 또는 육체적이고 정신적인 평강(εἰρήνη, 에이레네)을 빌었을까요? 베드로는 박해와 자연재해와 전쟁과 같은 환난과 재앙을 당하지 않는 뜻으로 평화 또는 평안을 구한 것이 아닙니다. 오히려 그런 상황과 환경을 예견하면서 그리스도인들이 믿음을 지키고 이겨낼 수 있도록 "그리스도의 평강"(Pax Christiana)을 빌었습니다. 바울 사도 역시 골로새 교회를 향해 쓴 편지에서 "그리스도의 평강이 너희 마음을 주장하게 하라 너희는 평강을 위하여 한 몸으로 부르심을 받았나니 너희는 또한 감사하는 자가 되라"(골 3:15)고 함으로써 "그리스도의 평강"을 강조했습니다. 세상이 주는 평화(평안, 평강)는 일시적이고, 부분적이고, 허무하고, 완전하지 않다는 사실을 알아야 합니다. 그러함에도 불구하고 그리스도인들은 마땅히 세상에 이런 평화가 유지되도록, 사람들이 마음의 평안을 누리도록 힘써야 합니다. 이것은 사람으로서, 세상을 살아가는 양심적인 사람으로서 당연한 책무입니다. 그래서 그리스도인들은 불화와 싸움이 일어나지 않도록 힘써야 하고, 전쟁이 일어나지 않도록 위정자들을 위해서도 기도해야 합니다. 그러나 당시 베드로가 기도했던 평강 즉 참 평화는 정치적으로 만들어낼 수도 없고, 그 어떤 종교와 인간적 노력으로도 만들어낼 수 없음을 알아야 합니다. 한국 주요 교파가 이단으로 분류하고 독일과 프랑스 중국 등이 사이비 종교로 지정한 '통일교'(세계평화통일가정연합)가 세계평화 운동을 위해 가정을 시작으로 평화로운 세상을 만들겠다고 하고, 국제 합동결혼식을 주선하며, 남북통일 및 여러 국가와 민족의 통일

을 추구한다고 하지만, 결코 사람이나 조직의 힘으로 이루어낼 수 없습
니다. 죄와 사망의 권세를 이기고 죽음에서 부활하신 예수 그리스도 외
에는 그 누구도 영원한 평화, 참된 평화를 줄 수 없음을 깨닫기를 바랍
니다. 이 평화를 통해 사람과 사람 사이에서도 참된 평화를 누릴 수 있
습니다. 이 평화는 하나님과 사람 사이에 가로막힌 죄악의 담을 헐어버
린 그리스도의 속죄를 믿음으로 받아들이는 자들에게 주어짐을 확실히
믿기를 바랍니다. 또한 바울 사도가 에베소 교회를 향해 교훈했던 내용
을 함께 읽어 봄으로써, 베드로 사도의 마지막 인사 속에 담긴 의미를
마음 깊이 새기고, 핍박과 고난과 슬픔의 삶 속에 있더라도 믿음을 지
키는 여러분이 되기를 바랍니다.

12. 그 때에 너희는 그리스도 밖에 있었고 이스라엘 나라 밖의 사람이라
    약속의 언약들에 대하여는 외인이요 세상에서 소망이 없고 하나님도
    없는 자이더니
13. 이제는 전에 멀리 있던 너희가 그리스도 예수 안에서 그리스도의 피
    로 가까워졌느니라
14. 그는 우리의 화평이신지라 둘로 하나를 만드사 원수 된 것 곧 중간에
    막힌 담을 자기 육체로 허시고
15. 법조문으로 된 계명의 율법을 폐하셨으니 이는 이 둘로 자기 안에서
    한 새 사람을 지어 화평하게 하시고
16. 또 십자가로 이 둘을 한 몸으로 하나님과 화목하게 하려 하심이라 원
    수 된 것을 십자가로 소멸하시고
17. 또 오셔서 먼 데 있는 너희에게 평안을 전하시고 가까운 데 있는 자들
    에게 평안을 전하셨으니
18. 이는 그로 말미암아 우리 둘이 한 성령 안에서 아버지께 나아감을 얻
    게 하려 하심이라

19. 그러므로 이제부터 너희는 외인도 아니요 나그네도 아니요 오직 성도
    들과 동일한 시민이요 하나님의 권속이라

20. 너희는 사도들과 선지자들의 터 위에 세우심을 입은 자라 그리스도 예
    수께서 친히 모퉁잇돌이 되셨느니라(엡 2:12~20)


아멘.

(2025년 7월 27일)

# 베드로전서

---

## 베드로전서 1장

1. 예수 그리스도의 사도 베드로는 본도, 갈라디아, 갑바도기아, 아시아와 비두니아에 흩어진 나그네
2. 곧 하나님 아버지의 미리 아심을 따라 성령이 거룩하게 하심으로 순종함과 예수 그리스도의 피 뿌림을 얻기 위하여 택하심을 받은 자들에게 편지하노니 은혜와 평강이 너희에게 더욱 많을지어다
3. 우리 주 예수 그리스도의 아버지 하나님을 찬송하리로다 그의 많으신 긍휼대로 예수 그리스도를 죽은 자 가운데서 부활하게 하심으로 말미암아 우리를 거듭나게 하사 산 소망이 있게 하시며
4. 썩지 않고 더럽지 않고 쇠하지 아니하는 유업을 잇게 하시나니 곧 너희를 위하여 하늘에 간직하신 것이라
5. 너희는 말세에 나타내기로 예비하신 구원을 얻기 위하여 믿음으로 말미암아 하나님의 능력으로 보호하심을 받았느니라
6. 그러므로 너희가 이제 여러 가지 시험으로 말미암아 잠깐 근심하게 되지 않을 수 없으나 오히려 크게 기뻐하는도다
7. 너희 믿음의 확실함은 불로 연단하여도 없어질 금보다 더 귀하여 예수 그리스도께서 나타나실 때에 칭찬과 영광과 존귀를 얻게 할 것이니라
8. 예수를 너희가 보지 못하였으나 사랑하는도다 이제도 보지 못하나 믿고 말할 수 없는 영광스러운 즐거움으로 기뻐하니
9. 믿음의 결국 곧 영혼의 구원을 받음이라

10. 이 구원에 대하여는 너희에게 임할 은혜를 예언하던 선지자들이 연구하고 부지런히 살펴서

11. 자기 속에 계신 그리스도의 영이 그 받으실 고난과 후에 받으실 영광을 미리 증언하여 누구를 또는 어떠한 때를 지시하시는지 상고하니라

12. 이 섬긴 바가 자기를 위한 것이 아니요 너희를 위한 것임이 계시로 알게 되었으니 이것은 하늘로부터 보내신 성령을 힘입어 복음을 전하는 자들로 이제 너희에게 알린 것이요 천사들도 살펴 보기를 원하는 것이니라

13. 그러므로 너희 마음의 허리를 동이고 근신하여 예수 그리스도께서 나타나실 때에 너희에게 가져다 주실 은혜를 온전히 바랄지어다

14. 너희가 순종하는 자식처럼 전에 알지 못할 때에 따르던 너희 사욕을 본받지 말고

15. 오직 너희를 부르신 거룩한 이처럼 너희도 모든 행실에 거룩한 자가 되라

16. 기록되었으되 내가 거룩하니 너희도 거룩할지어다 하셨느니라

17. 외모로 보시지 않고 각 사람의 행위대로 심판하시는 이를 너희가 아버지라 부른즉 너희가 나그네로 있을 때를 두려움으로 지내라

18. 너희가 알거니와 너희 조상이 물려 준 헛된 행실에서 대속함을 받은 것은 은이나 금 같이 없어질 것으로 된 것이 아니요

19. 오직 흠 없고 점 없는 어린 양 같은 그리스도의 보배로운 피로 된 것이니라

20. 그는 창세 전부터 미리 알린 바 되신 이나 이 말세에 너희를 위하여 나타내신 바 되었으니

21. 너희는 그를 죽은 자 가운데서 살리시고 영광을 주신 하나님을 그리스도로 말미암아 믿는 자니 너희 믿음과 소망이 하나님께 있게 하셨느니라

22. 너희가 진리를 순종함으로 너희 영혼을 깨끗하게 하여 거짓이 없이 형제를 사랑하기에 이르렀으니 마음으로 뜨겁게 서로 사랑하라

23. 너희가 거듭난 것은 썩어질 씨로 된 것이 아니요 썩지 아니할 씨로 된 것이니 살아 있고 항상 있는 하나님의 말씀으로 되었느니라

24. 그러므로 모든 육체는 풀과 같고 그 모든 영광은 풀의 꽃과 같으니 풀은 마르고 꽃은 떨어지되
25. 오직 주의 말씀은 세세토록 있도다 하였으니 너희에게 전한 복음이 곧 이 말씀이니라


## 베드로전서 2장

1. 그러므로 모든 악독과 모든 기만과 외식과 시기와 모든 비방하는 말을 버리고
2. 갓난 아기들 같이 순전하고 신령한 젖을 사모하라 이는 그로 말미암아 너희로 구원에 이르도록 자라게 하려 함이라
3. 너희가 주의 인자하심을 맛보았으면 그리하라
4. 사람에게는 버린 바가 되었으나 하나님께는 택하심을 입은 보배로운 산 돌이신 예수께 나아가
5. 너희도 산 돌 같이 신령한 집으로 세워지고 예수 그리스도로 말미암아 하나님이 기쁘게 받으실 신령한 제사를 드릴 거룩한 제사장이 될지니라
6. 성경에 기록되었으되 보라 내가 택한 보배로운 모퉁잇돌을 시온에 두노니 그를 믿는 자는 부끄러움을 당하지 아니하리라 하였으니
7. 그러므로 믿는 너희에게는 보배이나 믿지 아니하는 자에게는 건축자들이 버린 그 돌이 모퉁이의 머릿돌이 되고
8. 또한 부딪치는 돌과 걸려 넘어지게 하는 바위가 되었다 하였느니라 그들이 말씀을 순종하지 아니하므로 넘어지나니 이는 그들을 이렇게 정하신 것이라
9. 그러나 너희는 택하신 족속이요 왕 같은 제사장들이요 거룩한 나라요 그의 소유가 된 백성이니 이는 너희를 어두운 데서 불러 내어 그의 기이한 빛에 들어가게 하신 이의 아름다운 덕을 선포하게 하려 하심이라
10. 너희가 전에는 백성이 아니더니 이제는 하나님의 백성이요 전에는 긍휼

을 얻지 못하였더니 이제는 긍휼을 얻은 자니라

11. 사랑하는 자들아 거류민과 나그네 같은 너희를 권하노니 영혼을 거슬러 싸우는 육체의 정욕을 제어하라

12. 너희가 이방인 중에서 행실을 선하게 가져 너희를 악행한다고 비방하는 자들로 하여금 너희 선한 일을 보고 오시는 날에 하나님께 영광을 돌리게 하려 함이라

13. 인간의 모든 제도를 주를 위하여 순종하되 혹은 위에 있는 왕이나

14. 혹은 그가 악행하는 자를 징벌하고 선행하는 자를 포상하기 위하여 보낸 총독에게 하라

15. 곧 선행으로 어리석은 사람들의 무식한 말을 막으시는 것이라

16. 너희는 자유가 있으나 그 자유로 악을 가리는 데 쓰지 말고 오직 하나님의 종과 같이 하라

17. 뭇 사람을 공경하며 형제를 사랑하며 하나님을 두려워하며 왕을 존대하라

18. 사환들아 범사에 두려워함으로 주인들에게 순종하되 선하고 관용하는 자들에게만 아니라 또한 까다로운 자들에게도 그리하라

19. 부당하게 고난을 받아도 하나님을 생각함으로 슬픔을 참으면 이는 아름다우나

20. 죄가 있어 매를 맞고 참으면 무슨 칭찬이 있으리요 그러나 선을 행함으로 고난을 받고 참으면 이는 하나님 앞에 아름다우니라

21. 이를 위하여 너희가 부르심을 받았으니 그리스도도 너희를 위하여 고난을 받으사 너희에게 본을 끼쳐 그 자취를 따라오게 하려 하셨느니라

22. 그는 죄를 범하지 아니하시고 그 입에 거짓도 없으시며

23. 욕을 당하시되 맞대어 욕하지 아니하시고 고난을 당하시되 위협하지 아니하시고 오직 공의로 심판하시는 이에게 부탁하시며

24. 친히 나무에 달려 그 몸으로 우리 죄를 담당하셨으니 이는 우리로 죄에 대하여 죽고 의에 대하여 살게 하려 하심이라 그가 채찍에 맞음으로 너

희는 나음을 얻었나니

25. 너희가 전에는 양과 같이 길을 잃었더니 이제는 너희 영혼의 목자와 감
독 되신 이에게 돌아왔느니라


## 베드로전서 3장

1. 아내들아 이와 같이 자기 남편에게 순종하라 이는 혹 말씀을 순종하지 않
는 자라도 말로 말미암지 않고 그 아내의 행실로 말미암아 구원을 받게
하려 함이니

2. 너희의 두려워하며 정결한 행실을 봄이라

3. 너희의 단장은 머리를 꾸미고 금을 차고 아름다운 옷을 입는 외모로 하지
말고

4. 오직 마음에 숨은 사람을 온유하고 안정한 심령의 썩지 아니할 것으로 하
라 이는 하나님 앞에 값진 것이니라

5. 전에 하나님께 소망을 두었던 거룩한 부녀들도 이와 같이 자기 남편에게
순종함으로 자기를 단장하였나니

6. 사라가 아브라함을 주라 칭하여 순종한 것 같이 너희는 선을 행하고 아무
두려운 일에도 놀라지 아니하면 그의 딸이 된 것이니라

7. 남편들아 이와 같이 지식을 따라 너희 아내와 동거하고 그를 더 연약한
그릇이요 또 생명의 은혜를 함께 이어받을 자로 알아 귀히 여기라 이는
너희 기도가 막히지 아니하게 하려 함이라

8. 마지막으로 말하노니 너희가 다 마음을 같이하여 동정하며 형제를 사랑
하며 불쌍히 여기며 겸손하며

9. 악을 악으로, 욕을 욕으로 갚지 말고 도리어 복을 빌라 이를 위하여 너희
가 부르심을 받았으니 이는 복을 이어받게 하려 하심이라

10. 그러므로 생명을 사랑하고 좋은 날 보기를 원하는 자는 혀를 금하여 악
한 말을 그치며 그 입술로 거짓을 말하지 말고

11. 악에서 떠나 선을 행하고 화평을 구하며 그것을 따르라

12. 주의 눈은 의인을 향하시고 그의 귀는 의인의 간구에 기울이시되 주의 얼굴은 악행하는 자들을 대하시느니라 하였느니라

13. 또 너희가 열심으로 선을 행하면 누가 너희를 해하리요

14. 그러나 의를 위하여 고난을 받으면 복 있는 자니 그들이 두려워하는 것을 두려워하지 말며 근심하지 말고

15. 너희 마음에 그리스도를 주로 삼아 거룩하게 하고 너희 속에 있는 소망에 관한 이유를 묻는 자에게는 대답할 것을 항상 준비하되 온유와 두려움으로 하고

16. 선한 양심을 가지라 이는 그리스도 안에 있는 너희의 선행을 욕하는 자들로 그 비방하는 일에 부끄러움을 당하게 하려 함이라

17. 선을 행함으로 고난 받는 것이 하나님의 뜻일진대 악을 행함으로 고난 받는 것보다 나으니라

18. 그리스도께서도 단번에 죄를 위하여 죽으사 의인으로서 불의한 자를 대신하셨으니 이는 우리를 하나님 앞으로 인도하려 하심이라 육체로는 죽임을 당하시고 영으로는 살리심을 받으셨으니

19. 그가 또한 영으로 가서 옥에 있는 영들에게 선포하시니라

20. 그들은 전에 노아의 날 방주를 준비할 동안 하나님이 오래 참고 기다리실 때에 복종하지 아니하던 자들이라 방주에서 물로 말미암아 구원을 얻은 자가 몇 명뿐이니 겨우 여덟 명이라

21. 물은 예수 그리스도께서 부활하심으로 말미암아 이제 너희를 구원하는 표니 곧 세례라 이는 육체의 더러운 것을 제하여 버림이 아니요 하나님을 향한 선한 양심의 간구니라

22. 그는 하늘에 오르사 하나님 우편에 계시니 천사들과 권세들과 능력들이 그에게 복종하느니라

## 베드로전서 4장

1. 그리스도께서 이미 육체의 고난을 받으셨으니 너희도 같은 마음으로 갑옷을 삼으라 이는 육체의 고난을 받은 자는 죄를 그쳤음이니
2. 그 후로는 다시 사람의 정욕을 따르지 않고 하나님의 뜻을 따라 육체의 남은 때를 살게 하려 함이라
3. 너희가 음란과 정욕과 술취함과 방탕과 향락과 무법한 우상 숭배를 하여 이방인의 뜻을 따라 행한 것은 지나간 때로 족하도다
4. 이러므로 너희가 그들과 함께 그런 극한 방탕에 달음질하지 아니하는 것을 그들이 이상히 여겨 비방하나
5. 그들이 산 자와 죽은 자를 심판하기로 예비하신 이에게 사실대로 고하리라
6. 이를 위하여 죽은 자들에게도 복음이 전파되었으니 이는 육체로는 사람으로 심판을 받으나 영으로는 하나님을 따라 살게 하려 함이라
7. 만물의 마지막이 가까이 왔으니 그러므로 너희는 정신을 차리고 근신하여 기도하라
8. 무엇보다도 뜨겁게 서로 사랑할지니 사랑은 허다한 죄를 덮느니라
9. 서로 대접하기를 원망 없이 하고
10. 각각 은사를 받은 대로 하나님의 여러 가지 은혜를 맡은 선한 청지기 같이 서로 봉사하라
11. 만일 누가 말하려면 하나님의 말씀을 하는 것 같이 하고 누가 봉사하려면 하나님이 공급하시는 힘으로 하는 것 같이 하라 이는 범사에 예수 그리스도로 말미암아 하나님이 영광을 받으시게 하려 함이니 그에게 영광과 권능이 세세에 무궁하도록 있느니라 아멘
12. 사랑하는 자들아 너희를 연단하려고 오는 불 시험을 이상한 일 당하는 것 같이 이상히 여기지 말고
13. 오히려 너희가 그리스도의 고난에 참여하는 것으로 즐거워하라 이는 그의 영광을 나타내실 때에 너희로 즐거워하고 기뻐하게 하려 함이라

14. 너희가 그리스도의 이름으로 치욕을 당하면 복 있는 자로다 영광의 영
    곧 하나님의 영이 너희 위에 계심이라
15. 너희 중에 누구든지 살인이나 도둑질이나 악행이나 남의 일을 간섭하는
    자로 고난을 받지 말려니와
16. 만일 그리스도인으로 고난을 받으면 부끄러워하지 말고 도리어 그 이름
    으로 하나님께 영광을 돌리라
17. 하나님의 집에서 심판을 시작할 때가 되었나니 만일 우리에게 먼저 하면
    하나님의 복음을 순종하지 아니하는 자들의 그 마지막은 어떠하며
18. 또 의인이 겨우 구원을 받으면 경건하지 아니한 자와 죄인은 어디에 서
    리요
19. 그러므로 하나님의 뜻대로 고난을 받는 자들은 또한 선을 행하는 가운데
    에 그 영혼을 미쁘신 창조주께 의탁할지어다


## 베드로전서 5장

1. 너희 중 장로들에게 권하노니 나는 함께 장로 된 자요 그리스도의 고난의
   증인이요 나타날 영광에 참여할 자니라
2. 너희 중에 있는 하나님의 양 무리를 치되 억지로 하지 말고 하나님의 뜻
   을 따라 자원함으로 하며 더러운 이득을 위하여 하지 말고 기꺼이 하며
3. 맡은 자들에게 주장하는 자세를 하지 말고 양 무리의 본이 되라
4. 그리하면 목자장이 나타나실 때에 시들지 아니하는 영광의 관을 얻으리
   라
5. 젊은 자들아 이와 같이 장로들에게 순종하고 다 서로 겸손으로 허리를 동
   이라 하나님은 교만한 자를 대적하시되 겸손한 자들에게는 은혜를 주시
   느니라
6. 그러므로 하나님의 능하신 손 아래에서 겸손하라 때가 되면 너희를 높이
   시리라

7. 너희 염려를 다 주께 맡기라 이는 그가 너희를 돌보심이라

8. 근신하라 깨어라 너희 대적 마귀가 우는 사자 같이 두루 다니며 삼킬 자를 찾나니

9. 너희는 믿음을 굳건하게 하여 그를 대적하라 이는 세상에 있는 너희 형제들도 동일한 고난을 당하는 줄을 앎이라

10. 모든 은혜의 하나님 곧 그리스도 안에서 너희를 부르사 자기의 영원한 영광에 들어가게 하신 이가 잠깐 고난을 당한 너희를 친히 온전하게 하시며 굳건하게 하시며 강하게 하시며 터를 견고하게 하시리라

11. 권능이 세세무궁하도록 그에게 있을지어다 아멘

12. 내가 신실한 형제로 아는 실루아노로 말미암아 너희에게 간단히 써서 권하고 이것이 하나님의 참된 은혜임을 증언하노니 너희는 이 은혜에 굳게 서라

13. 택하심을 함께 받은 바벨론에 있는 교회가 너희에게 문안하고 내 아들 마가도 그리하느니라

14. 너희는 사랑의 입맞춤으로 서로 문안하라 그리스도 안에 있는 너희 모든 이에게 평강이 있을지어다

:: **색인**

## [숫자]



## [영문]



## [한글]

### ㄱ

## ㄹ

## ㅂ

- 바벨론 제국  108, 139, 467
- 바벨론 탈무드  331
- 바이킹(Viking)  185
- 바쿠스(Bacchus)  350
- 반공주의자  154, 155
- 발렌티누스  354
- 백두산(白頭山)  144
- 백백교  462
- 백정  271
- 범신론  98
- 베드로후서  14, 17, 107, 468
- 베르디(Giuseppe Verdi)  185
- 베스타 신전(Temple of Vesta)  373
- 벨기에  254, 255
- 벨직 신앙고백서(Begic Confession)  167, 170, 171, 176
- 병자호란  186
- 보델로(bordello, 브라덜[brothel])  214
- 보스턴(Boston)  454
- 보스턴 종교(Boston Religion)  455, 456

- 보편구원론  455
- 보편론자(Universalist)  455
- 본도  4, 14, 15, 17, 141, 255, 476
- 본디오 빌라도  158, 199, 388, 406, 407
- 부루투스(Brutus)  273
- 부여족  142
- 부정선거  41, 317
- 부활과 영생  32, 33
- 북방계  18, 142
- 북애자(北崖子)  144
- 불가리아  18
- 불가타(Vulgate)  448
- 불가항력적 은혜(Irresistible Grace)  20
- 불교  109, 144, 245
- 비두니아  4, 14, 15, 17, 141, 476
- 비상계엄령  57, 150, 250
- 비인간화  254, 255, 256, 270
- 빌라(villa)  349
- 빌라도의 보고서  407
- 빌립보 교회  151, 266, 273, 342, 441

## ㅅ

- 사도행전  382, 389, 390, 396, 461, 468
- 사라  226, 234, 235, 236, 237, 480
- 사마리아인  152
- 사마천  304
- 사무라이  244, 356
- 사이비  53, 54, 64, 165, 246, 370, 376, 377, 378, 425, 427, 462, 473, 508

- 사이코패스(psychopath)  269
- 사이토 마코토  149, 150
- 사주팔자  52
- 사탄의 학교(사탄의 회당)  351
- 사투르날리아(Satrunlia)  353
- 사투르누스(Saturnus)  353
- 사회심리학  165, 273

:: **참고도서 및 자료**

## [성경 및 사전류]

- Amplified Bible
- Bible Hub(https://biblehub.com)
- Greek–English Bible
- New American Standard Bible(NASB)
- New International Version(NIV)
- Revised Standard Version(RSV)
- 개역개정
- 개역한글
- 고영민, 『원문번역주석성경(신약)』 서울: 쿰란출판사, 2015.
- 표준새번역
- DNTB(Dictionary of New Testament Background)
- Midrash
- NTSK(The New Treasury of Scripture Knowledge)
- TDNT((Theological Dictionary of the New Testament)
- TDOT(Theological Dictionary of the Old Testament)
- 브리태니커 사전
- 표준국어대사전(국립국어원)
- 한국민족문화대백과사전

## [도서]

- Benton, John. *Christians in a PC World*. MI: EP Books, 20ˑ3.
- Bromiley, Geoffrey W. *Theological Dictionary of the New Testament*. MI: William B. Eerdmans Publishing Company, 2000.
- Crompton, Louis. *Homosexuality & Civilization*. MA: Havard University Press, 2003.
- Elliott, J. H. *1 Peter: A New Translation with Introduction and Commentary*. New York: Doubleday, 2000.

- Ferguson, Everett. *Backgrounds of Early Christianity*, 2nd ed. MI: B. Eerdmans Publishing Co., 1993.
- Gloer, W. Hulitt. *As You Go: An Honest Look at the First Followers of Jesus*. GA: Peake Road, 1996.
- Gurthrie, George H., Carson, D. A., Beale, G. K., McDonough, Sean M. *Commentary on the New Testament Use of the Old Testament*. MI: Baker Academic, 2007.
- Lutske, Jaclyn, and Mary F. Henggeler. "The Rhetorical Triangle: Understanding and Using Logos, Ethos, and Pathos." *Indiana University School of Liberal Arts*, 2009.
- McKnight, Scot. *The NIV Application Commentary: 1 Peter*. MI: Zondervan Publishing House, 1996.
- Owles, R. Joseph. *The Didache: The Teaching of the Twelve Apostles*. CreateSpace Independent Publishing Platform, 2014.
- Palmer, Edwin H. *The Five Points of Calvinism, 3rd Edition*: A study Guide. MI: Baker Publishing Group, 2010.
- Stark, Rodney. *The Rise of Christianity*. San Francisco: Princeton University Press, 1996.
- Thornton S. Graves, "The Devil in the Playhouse" in *the Southern Atlantic Quarterly*(1920), 19(2): 131–140.
- Witherington III, Ben. *New Testament History: A Narrative Account*. MI: Baker Academic, 2001.
- J. C. 라일. 『거룩: 코람데오시리즈 1』 장호준 옮김. 서울: 복있는 사람, 2009.
- R. C. 스프로울(Sproul). 『웨스트민스터 신앙고백서 해설 3권: 정부, 가정, 교회, 그리고 최후의 일들(23~33장)』 이상웅·김찬영 옮김. 서울: 부흥과개혁사, 2011.
- 강성호. 『한국기독교 흑역사』 서울: 도서출판 짓다, 2016.
- 강인철. 『종속과 자율: 대한민국의 형성과 종교정치』 오산: 한신대학교출판부, 2013.
- 김상우·백승대. 『내란 종결자 이재명』 서울: 매직하우스, 2025.
- 김석동. 『김석동의 한반도 DNA를 찾아서』 파주: 김영사, 2022.
- 김세민. 『교리가 이끄는 삶: 경건과 개혁을 위한 기초교리 학습교재』 서울: 밴드오브 퓨리탄스, 2012)
- ______. 『그리스도가 이끄는 삶: 하이델베르그 요리문답 학습교재』 서울: 밴드오브

퓨리탄스, 2013)

• _____. 『21세기 한국교회를 위한 갈라디아서 강설』 서울: ㅈ 식공감, 2025.

• 김학모 편역. 『개혁주의 신앙고백』 서울: 부흥과개혁사, 2015.

• 노재관. 『일반서신 연구: 개론과 신학』 서울: 도서출판 칼빈서적, 1995.

• 단테 알리기에리(Dante Alighieri). 『신곡: 지옥편』 박상진 옮김. 서울: 민음사, 2007.

• 데이비드 머리(David Murray). 『구약 속 예수: 성경 가득 계시된 예수 그리스도와 복음』 조계광 옮김. 서울: 생명의 말씀사, 2014.

• 데이비드 웰스(David F. Wells). 『거룩하신 하나님』 윤석인 옮김. 서울: 부흥과개혁사, 2007.

• 레이 로렌스(Ray Laurence). 『로마 제국 쾌락의 역사』 최기철 옮김. 서울: 미래의 창, 2011.

• 루시오 데 사우사 & 오카 미오코. 『대항해 시대의 일본인 노예: 기록으로 남은 16세기 아시아 노예무역』 신주현 옮김. 부산: 산지니, 2021.

• 리처드 개핀(Richard B. Gaffin, Jr.). 『구속사와 오순절 성령강림』 김귀탁 옮김. 서울: 부흥과개혁사, 2010.

• 리처드 도킨스(Richard Dawkins). 『만들어진 신: 신은 과연 인간을 창조했는가?』 이한음 옮김. 서울: 김영사, 2007.

• 마이클 셔머(Michael Shermer). 『왜 사람들은 이상한 것을 믿는가』 류운 옮김. 서울: 바다출판사, 2007.

• 마이클 호튼(Michael Horton). 『언약신학』 백금산 옮김. 서울: 부흥과개혁사, 2009.

• _________. 『그리스도 없는 기독교』 김성웅 옮김. 서울: 부흥과개혁사, 2011.

• 마틴 로이드 존스(Martyn Lloyd Jones). 『로이드 존스 교리 강좌 시리즈 2: 성령 하나님과 놀라운 구원』 임범진 옮김. 서울: 부흥과개혁사, 2011.

• _____________. 『로이드 존스 교리 강좌 시리즈 1: 성부 하나님과 성자 하나님』 임범진 옮김. 서울: 부흥과개혁사, 2011.

• _____________. 『십자가와 구속』 서문 강 옮김. 서울: 기독고문서선교회, 2001.

• 매튜 미드(Matthew Mead). 『유사 그리스도인』 김은홍 옮김. 서울: 지평서원, 2012.

• 박석순 & 데이비드 크레이그. 『기후 종말론』 서울: 어문학사, 2023.

• _____________________. 『트럼프는 왜 기후협약을 탈퇴했나?: 미국의 새로운 기후에너지 정책』 서울: 세상바로보기, 2024.

• 박순경, 이덕일 외 7인. 『환단고기에서 희망의 빛을 보다: 단군, 환단고기, 그리고 주체사관』 인천: 도서출판 말, 2022.

- 박장호. 『The Reed』 고령: 도서출판 온엘, 2022.
- 박형용. 『성경해석의 원리』 서울: 도서출판 엠마오, 1991.
- 박희석. 『칼빈이 말하는 그리스도인의 생활원리』 서울: 총신대학교출판부, 2011.
- 발레루스 파테르쿠러스. 『빌라도의 보고서』 구영재 옮김. 서울: 아가페출판사, 2007.
- 발렌티누스(Valentinus). 『연대기』(The Chronography).
- 배기성. 『역사는 반복된다』 고양: 왕의서재, 2023.
- 백중현. 『대통령과 종교: 종교는 어떻게 권력이 되었는가?』 서울: 인물과사상사, 2014.
- 북애자. 『揆園史話』(규원사화) 민영순 옮김. 서울: 도서출판 다운샘, 2020.
- 성헌식. 『산서성의 지배자 고구리』 부천: 시민혁명 출판사, 2024.
- 스티븐 제이 굴드(Stephen Jay Gould). 『다윈 이후』 홍욱희·홍동선 옮김. 서울: 사이언스북스, 2008.
- 양지환. 『책보고 한국 중세사 복원 자료집』 부천: 시민혁명 출판사, 2025.
- 웨인 그루뎀(Wayne A. Grudem). 『틴데일 신약주석 시리즈 17: 베드로전서』 왕인성 옮김. 서울: CLC, 2020.
- 윈스롭 허드슨(Winthrop S. Hudson) & 존 코리건(John Corrigan). 『미국의 종교: 미국의 종교적 삶의 발전에 대한 역사적 탐구』 배덕만 옮김. 서울: 성광문화사, 2008.
- 윌리엄 바클레이(William Barclay. 『바클레이의 팔복·주기도문 해설』 문동학 옮김. 서울: 크리스천다이제스트, 2011.
- 윌리엄 셰익스피어(William Shakespeare). 『줄리우스 시저』(THE TRAGEDY OF JULIUS CAESAR). EPUB, 2023.
- 이용훈. 『찐 삼국사: 고구려 본기』 부천: 시민혁명 출판사, 2023.
- 이창신. 『인류 혐오의 역사』 서울: 지식공감, 2022.
- 제임스 길리건(James Gilligan). 『왜 어떤 정치인은 다른 정치인보다 위험한가』 이희재 옮김. 서울: 교양인, 2023.
- 제임스 파판드레아(James L. Papandrea). 『로마에서 보낸 일주일: 1세기 로마에서 그리스도를 따른다는 것』 오현미 옮김. 고양: 북오븐, 2021.
- 제자원 편. 『그랜드 종합주석 16권』 서울: 성서교재간행사, 1995.
- 존 번연(John Bunyan). 『악인 씨의 삶과 죽음』 고성대 옮김. 서울: 크리스천다이제스트, 2015.
- 존 오웬(John Owen). 『그리스도의 죽으심: 택함 받은 자를 위한 대속의 은혜』 조계광 옮김. 서울: 생명의말씀사, 2014.

- _____. 『택함 받은 자를 위한 대속의 은혜 그리스도의 죽으심』 김창영 펴냄. 서울: 생명의말씀사, 2014.
- _____. 『영의 생각, 육신의 생각』 서울: 청교도신앙사, 2011.
- _____. 『죄 죽임』 김귀탁 옮김. 서울: 부흥과개혁사, 2011.
- 존 카터 코벨(Jon Carter Covell). 『한국문화의 뿌리를 찾아』 김유경 옮김. 서울: 학고재, 1999.
- 존 칼빈(John Calvin). 『기독교강요: 상/중/하』 원광연 옮김. 고양: 크리스챤다이제스트, 2003.
- _____. 『성경주석 10: 히브리서·베드로전서·베드로후서·골로새서·빌레몬서』 김영진 발행. 서울: 성서교재간행사, 1995.
- 존 파이퍼(John Piper). 『존 파이퍼가 풀어 쓴 칼빈주의 5대 강령: 나는 나를 구원할 수 없습니다』 윤종석 옮김. 서울: 부흥과개혁사, 2015.
- _____. 『하나님의 두 가지 뜻』 허동원 옮김. 서울: 지평서원, 2015.
- 코넬리우스 반틸(Cornelius Van Til). 『변증학』 서울: 개혁주의신학사, 2012.
- 코넬리우스 타키투스(Cornelius Tacitus). 『연대기』(Annals).
- 쿠어트 알란트(Kurt Aland). 『인물로 본 초대 교회사』 김성주 옮김. 서울: 엠마오, 1992.
- 크리스토퍼 라이트(Christopher Wright). 『구약의 빛 아래서 그리스도를 아는 지식』 홍종락 옮김. 서울: 성서유니온선교회 2010.
- 클라렌스 바우만(Clarence Bouwman). 『벨직 신앙고백서 해설』 손정원 옮김. 서울: 솔로몬, 2016.
- 토마스 왓슨(Thomas Watson). 『예수님의 팔복해설』 라형택 옮김. 서울: CLC, 1990.
- 토머스 보스턴(Thomas Boston). 『인간 본성의 4중 상태』 스데반 황 옮김. 서울: 부흥과개혁사, 2016.
- 팔머 로벗슨(Palmer Robertson). 『선지자와 그리스도』 한정건 옮김. 서울: 개혁주의신학사, 2007.
- 폴 블룸(Paul Bloom). 『공감의 배신』(Against Empathy) 이은진 옮김. 서울: 시공사, 2023.
- 폴 존슨(Paul Johnson). 『기독교의 역사』 김주한 옮김. 서울: 포이에마, 2013.
- _____. 『유대인의 역사』 김한성 옮김. 서울: 포이에마, 2014.
- 폴 트립(Paul David Tripp). 『돈과 섹스』 이지혜 옮김. 서울: 다바서원, 2014.
- 프란시스 쉐퍼(Francis A. Schaeffer). 『프란시스 쉐퍼 전집: 기독교사회관』 김창영 펴

냄. 서울: 생명의말씀사, 2010.

- 프레더릭 더글러스(Frederick Douglass). 『미국 노예, 프레더릭 더글러스의 삶에 관한 이야기』 손세호 옮김. 서울: 지식을만드는지식, 2014.
- 필립 샤프(Philip Schaff). 『교회사 전집 1: 사도적 기독교』 이길상 옮김. 서울: 크리스챤다이제스트, 2004.
- ________. 『교회사 전집 2: 니케아 이전의 기독교』 이길상 옮김. 서울: 크리스챤다이제스트, 2004.
- 허순길. 『벨기에 신앙고백서 해설: 개혁교회 신앙고백』 광주: 셈페르 레포르만다, 2016.
- 황순종·나영주. 『우리 고대 역사의 영웅들』 부천: 시민혁명 출판사, 2024.

## [기타 자료]

- Archives of Sexual Behavior, "Increased High Risk Sexual Behavior After September 11 in Men Who Have Sex with Men: An Internet Survey" Vol. 34, Oct. 2005. pp.527–535.
- DW(Deutsche Welle), "The Dark Legacy of Sexual Liberation in Germany" (2020.06.17.)
- 〈KBS〉 역사스페셜, "조선 사람은 왜 일본 박람회장에 전시됐나"(2011.12.08.)
- Psychology Today, "Sexuality Issues After Disasters: Why might sexual affairs increase during social and natural crisis?" at https://www.psychologytoday.com(2024.07.01.)
- 〈SBS〉 뉴스, "깊이만 지하 20층…놀라운 거대 '지하 도시' 포착"(2015.04.02.)
- Spiegel International, "The Roots of Abuse Decades of Molestation Haunt Odenwaldschule"(2010.07.22.)
- The Mirror, "I grew up in Amish community—I couldn't shower or wash hair for 19 years."(2023.11.02.)
- 〈고신뉴스〉 "[기자수첩] 교회대기업의 횡포"(2015.01.22.)
- 〈골프타임즈〉 "[우리 문화 원형 찾기 1] 서글(한자)을 버리면 한글도 반쪽 글" (2016.02.23.)
- 〈국민일보〉 "'일본인 조상 중 상당수는 한국인이다' 도발적 학설 제시한 美 사학자 코벨"(2006.12.15.)

- 〈기독신보〉 "조기성교육, 소아성애 필연적…수많은 피해자 양산"(2022.10.27.)
- 〈대구신문연구원〉 "중국의 동북공정과 저우언라이의 양심선언"(2024.04.22.)
- 〈데일리연합〉 "7만명 거주했던 세계 최대 지하도시 발견"(2022.05.17.)
- 〈동북아역사재단 뉴스레터〉 "저우언라이와 한반도"(2015년 02월호)
- 〈미디어오늘〉 "중 역사왜곡 비판 저우언라이 다시보기"(2004.10.06.)
- 〈법률방송뉴스〉 "소아성애가 권리?…월커스 교수, 내한 강연 '도괄적 성교육' 비판"
  (2022.10.14.)
- 〈브레이크뉴스〉 "우리역사 바로알아야 긍정의 힘이 생긴다!"(2010.07.12.)
- 〈브레이크뉴스〉 "우리 민족은 역사적으로 아시아 종갓집이며 큰집이다"(2010.08.23.)
- 〈아사히신문〉 "박람회장에 조선 동물 두 마리가 있는데, 아주 우습다"(1907.06.16.)
- 〈아시아경제〉 "고구려의 동맹이던 돌궐, 어떻게 소아시아까지 흘러갔을까?"
  (2017.07.31.)
- 〈에큐메니안〉 "불의한 통치자 찬양은 정치적 우상 숭배"(2025.01.07.)
- 〈오마이뉴스〉 "기독교인들의 비밀 생활공간, 지하도시: 카파도키아 데린쿠유"
  (2011.05.21.)
- 〈장흥신문〉 "장흥동학 전사자 1,510명 새로 확인"(2007.02.01.)
- 〈장흥타임스〉 "'장흥동학' 이제 밝은 대낮으로 나오다"(2004.02.28.)
- 〈조갑제닷컴〉 "한국의 음란한 민낯"(2014.04.05.)
- 〈천도교신문〉 "동학농민혁명 130주년, 장흥 석대들에서 보국안민, 광제창생을 다시
  외치다"(2024.01.17.)
- 〈코리아 히스토리 타임스〉 "美 학자 코벨, '일본왕가는 가야인들이 세웠다'"
  (2018.06.01.)
- 〈한겨레〉 "[단독] 마오쩌둥 '요동은 원래 조선 땅' 발언 확인"(2014.02.28.)
- 〈한겨레〉 "말 타고 장흥 석대들 전투 지휘…동학혁명 여성 선봉장 이소사"
  (2021.03.08.)
- 〈한국경제〉 "미국 오키나와해역서 수폭 분실"(1989.05.09.)
- 〈한국창조과학회〉 "창세기 대홍수 고대 문명들은 다 같이 홍수 설화를 가지고 있다
  는데, 이는 노아 홍수를 의미한다는 것이 사실입니까?"(2005.06.25.)

# 에필로그

초대교회의 일치된 전승에 따르면, 베드로 사도가 61년부터 로마에 머물면서 복음을 전하고, 소아시아 지역 교회들을 향해 63~64년에 편지를 쓴 다음 생명의 위협을 받고 있었을 때, 로마의 그리스도인들이 그에게 도시를 떠나 몸을 피해야 한다는 조언을 했습니다. 그리스도인들의 간절한 부탁을 받아들여서 로마를 벗어나려고 하는데, 그는 로마로 들어오시는 예수님을 만났고, 곧바로 "주님, 어디로 가시나이까?"(Domine, quo vadis?)라고 물었습니다. 예수님은 "나는 십자가에 못 박히려 로마에 가노라"고 대답하셨고, 다시 베드로는 "주님, 또 십자가에 못 박히시는 겁니까?"라고 물었으며, 예수님은 "그렇다, 베드로야. 나는 다시 십자가에 못 박힐 것이다"라고 하셨습니다. 베드로는 예수님이 무슨 뜻으로 말씀하셨는지 깨달았습니다. 자기 자신이 로마에서 져야 할 순교의 십자가를 두고 왔다는 사실, 즉 순교를 피해 로마를 벗어나고자 한 사실을 부끄럽게 여기고, 다시 로마로 향해서 주님을 위해 기꺼이 죽기로 다짐하며 되돌아갔습니다. 또 전승에 따르면, 67년에 베드로의 아내가 먼저 베드로가 보는 앞에서 십자가에 못 박혔고, 고통스러워하는 아내를 향해 베드로는 주님을 기억하라면서 격려했습니다. 곧이어 자기 차례가 되자, 베드로는 감히 예수님처럼 똑같이 십자가에 못 박힐 수는 없다면서, 형을 집행하던 사람에게 자기를 거꾸로 못 박혀 죽게 해달라고 요청함으로써 아내와 그는 십자가에 못 박혀 순교했습니다.

순교를 몇 년 앞두고 쓴 편지에서 베드로 사도가 그리스도인들에게 강조했던 것은 세상의 종말이 가까이 왔다는 것이었습니다. "말세"(벧전 1:5), "예수 그리스도께서 나타나실 때에"(벧전 1:7, 13), "오시는 날에"(벧전 2:12), "만물의 마지막이 가까이 왔으니"(벧전 4:7), "하나님의 집에서 심판을 시작할 때가 되었나니"(벧전 4:17), "목자장이 나타나실 때에"(벧전 5:4) 등의 표현을 했는데, 이는 하나님이 뜻하신 구원과 심판에 대한 완전한 성취가 얼마 남지 않았다는 의미입니다. 그래서 세상의 종말이 곧 온다는 것이 베드로가 제시한 첫 번째 하나님의 뜻이었습니다. 베드로가 제시한 두 번째 하나님의 뜻은 그리스도인들의 "선행"(벧전 2:15, 20, 3:2, 6, 11, 13, 17)이었습니다. 이 "선행"은 하나님의 명령과 교훈을 따르고 하나님을 의뢰하는 삶으로써, 모든 행실에 있어 거룩해야 하는 거룩한 삶입니다. 즉 "선행"은 하나님을 사랑하고 이웃을 사랑하는 삶입니다(마 12:30~31). 이것이 바로 성경의 교훈대로 살아가는 그리스도인의 윤리입니다. "선을 행함으로 고난 받는 것이 하나님의 뜻일진대 악을 행함으로 고난 받는 것보다 나으니라"(벧전 3:17)는 교훈처럼 억울하게 고난을 받아도 종말이 오는 순간까지 이런 윤리적 삶을 계속 이어가야 합니다. 단순히 그리스도인들이 고난받는 삶이 하나님의 뜻이라기보다는, 더 정확히 표현해서 고난과 박해 유무와 상관없이 "선행"을 이어가는 것이 하나님의 뜻입니다. 베드로의 교훈을 요약하자면, 세상의 종말이 곧 온다는 것은 하나님의 첫 번째 뜻이고, 두 번째 뜻은 제2의 '페푸자'를 제시하며 미혹하는 사이비 종말론자를 따르는 삶도 아니고, 심판에 대한 두려움에 사로잡혀 육체적으로 깨끗하게 살고자 금욕주의에 빠지는 삶도 아니며, 세상의 종말이 오기 전에 마지막으로 맘껏 즐기는 삶이나 세상의 종말은 없다면서 쾌락을 즐기자는 음분(淫奔)의 삶도 아니고, 무서워서 몸을 피하려고 핵 대피소와 같은 제2의 '데린쿠유'를 찾는 삶도 아니며, 바로 예수 그리스도가 재림하시는 그 순간까지 "선행"을 이어가는 것입니다. "만물의 마지막이 가까이 왔으니 그러므로 너희는 정신을 차리고 근신하여 기도하라"(벧전 4:7)는 말씀은 곧 세상의 종말이 임박했으니 하나님을 더욱 의지하라는 교훈이고, "무엇보다도 뜨겁게 서로 사랑할지니"(벧전 4:8)라는 말씀은 박해와 고난에도 불구하고 이웃을 사랑하고 섬기라는 교훈입니다. 그러므로 그리스도인들이 당하는 고난과 박해는 하나님의 구원 계획이 성취되는 과정으로써 하나님의 섭리 가운데 있음을 알아야 합니다. 이사야 선지자를 통해 "나는 빛도 짓고 어둠도 창조하며 나는 평안도 짓고 환난도 창조하나니 나는 여호와라 이 모든 일들을 행하는 자니라 하였노라"(사 45:7)고 하셨듯이 하나님의 섭리 속에 그리스도인이 받는 고난이 있습니다. 그래서 그리스도인은 고난과 하나님의 뜻에 대해 성경의 교훈대로 이해해야 합니다. 하나님의 뜻에 대해서도 여러 가지로 접근해서 이해할 수 있지만 말세에 관련하여 두 가지 뜻이 있음을 알아야 합니다. 먼저 하나님이 기뻐하시는 적극적인 뜻이 있고, 다음으로는 하나님이 기뻐하시지 않지만, 사탄과 이 세상 사람들에게 제한적으로 허용하신 소극적인 뜻이 있습니다. 세상의 종말과 최후 심판이 하나님의 적극적인 뜻에 따른 일이라면, 말세를 살아가는 그리스도인들도 피할 수 없는 고난과 박해와 재앙은 하나님의 소극적인 뜻에 따른 일이라고 이해할 수 있습니다.

사람들은 초대형 재연재해와 그 피해를 보면서 "하늘도 무심하지"라는 표현을 줄곧 사용합니다. 이 말의 사전적 의미는 하늘 즉 신이 사람들을 보살펴 주지 않는다고 생각될 정도로 안타깝거나 절망적이라는 뜻입니다. 창세기 6장 5~8절을 보면, "여호와께서 사람의 죄악이 세상에 가득함과 그의 마음으로 생각하는 모든 계획이 항상 악할 뿐임을 보시고 땅 위에 사람 지으셨음을 한탄하사 마음에 근심하시고 이르시되 내가 창조한 사람을 내가 지면에서 쓸어버리되 사람으로부터 가축과 기는 것과 공중의 새까지 그리하리니 이는 내가 그것들을 지었음을 한탄함이니라 하시니라 그러나 노아는 여호와께 은혜를 입었더라"는 말씀이 기록되어 있습니다. 죄 때문에 대홍수라는 재앙을 당했던 것이고, 노아의 가족만 구원받아서 그 후로 노아의 세 아들에게서 고든 인류가 태어나 온 세계로 흩어져 지금까지 살게 되었습니다. 하나님은 "땅이 있을 동안에는 심음과 거둠과 추위와 더위와 여름과 겨울과 낮과 밤이 쉬지 아니하리라"(창 8:22)고 약속해 주셨고, 비록 "추위와 더위"로 인해서 어렵고 힘든 삶을 살더라도, 자연재해로 인해 고통을 당하더라도 하나님을 예배하고 경외하는 삶을 이어갈 수 있는 기회를 주셨습니다. *"추위와 더위"*
와 자연재해로 인해 "하늘도 무심하지" 또는 "신도 무심하시지"라는 말
을 할 것이 아니라, *"땅이 있을 동안에는"* 즉 땅이 없어질 인류의 종말
이 오기 전까지는 *"심음과 거둠"*의 복을 누릴 수 있으니 오히려 하나님
을 찾아야 하고, 하나님을 의지하는 삶을 살아야 합니다. 베드로 사도
는 말세에 그리스도인들이 "하나님도 무심하시지"라는 원망을 할 게 아
니라, 종말이 올 때까지 *"추위와 더위"*와 자연재해가 계속되듯이, 고난
과 환란도 당연히 있음을 받아들이고, 전적으로 하나님을 경외하라고
교훈한 것입니다. 그러므로 말세를 살아가는 동안 그리스도인들은 육체
적으로는 고통스러운 일이 있더라도, 영적으로는 기쁜 마음으로 구원의
영광스러움을 누려야 합니다.

끝으로 이 책을 출간할 수 있도록 힘과 격려의 의미로 도움을 준 이상
희 집사와 송숙인 집사에게 감사를 드리고, 이 책을 읽는 독자 모두 *"그
리스도의 평강"*(Pax Christiana)을 누리기를 기원합니다.

21세기 한국교회를 위한

# 베드로전서 강설

| | |
|---|---|
| **초판 1쇄** | 2025년 8월 29일 |
| **지은이** | 김세민 |
| **발행인** | 김재홍 |
| **교정/교열** | 김혜린 |
| **디자인** | 박효은 |
| **마케팅** | 이연실 |
| **발행처** | 도서출판지식공감 |
| **등록번호** | 제2019-000164호 |
| **주소** | 서울특별시 영등포구 경인로82길 3-4 센터플러스 1117호(문래동1가) |
| **전화** | 02-3141-2700 |
| **팩스** | 02-322-3089 |
| **홈페이지** | www.bookdaum.com |
| **이메일** | jisikwon@naver.com |
| **가격** | 23,000원 |
| **ISBN** | 979-11-5622-953-7  93230 |